Ciclo A

2014
Manual para **proclamadores** de la **palabra**

Toribio Tapia Bahena
y
Feliciano Tapia Bahena

LTP
RECURSOS
CATÓLICOS
EN ESPAÑOL

ÍNDICE

Las lecturas biblicas han sido aprobadas por el Department of Communications de la USCCB.

© 2013 Arquidiócesis de Chicago
Liturgy Training Publications
3949 South Racine Avenue
Chicago IL 60609
1-800-933-1800
fax: 1-800-933-7094
e-mail: orders@ltp.org

Visítanos en internet:
www.LTP.org.

Diseño original: Jill Smith
Caligrafía de portada:
Barbara Simcoe

Impreso en los Estados Unidos de América

ISBN 978-1-61671-085-9

MP14

LTP es una casa editora comprometida con la conservación del medio ambiente. (*Manual para proclamadores de la palabra 2014*) fue impreso con tinta a base de soya y en papel certificado según SFI® (Iniciativa por una silvicultura sustentable) *Certified Fiber Sourcing Standard* CERT – 0048484, que confirma que el productor del papel ha seguido un proceso responsable en la obtención de la fibra. La pulpa de madera empleada en este papel proviene de residuos o trozos de madera inapropiados para otros usos. El proceso termomecánico empleado sobre la pulpa es 100% más eficiente que los procesos convencionales sobre fibra de madera.

Además, este papel fue producido empleando tecnología completamente libre de cloro. Para minimizar las emisiones de gases y carbón a la atmósfera se usaron biocombustibles renovables.

Nihil Obstat
Reverendo Daniel A. Smilanic, JDC
Vicario de Servicios Canónicos
Arquidiócesis de Chicago
19 de abril 2013

Imprimatur
Reverendísimo John F. Canary, STL, DMIN
Vicario General
Arquidiócesis de Chicago
19 de abril 2013

El *Nihil Obstat* e *Imprimatur* son declaraciones oficiales de que un libro es libre de errores doctrinales y morales. No existe ninguna implicación en estas declaraciones de que quienes han concedido el *Nihil Obstat* e *Imprimatur* estén de acuerdo con el contenido, opiniones o declaraciones expresas. Tampoco ellos asumen alguna responsabilidad legal asociada con la publicación.

INTRODUCCIÓN

Este *Manual para proclamadores de la palabra* es un instrumento que LTP ofrece a las asambleas litúrgicas de la Iglesia católica con un propósito fundamental: ayudar a los lectores y proclamadores de la palabra para que la participación de todos los fieles en las celebraciones litúrgicas sea cada vez más plena, activa y consciente; buscamos que la asamblea vibre con la presencia de Cristo, Palabra del Padre, en cada celebración y en la vida actual de la Iglesia.

En relación a la palabra de Dios, la Iglesia vive un momento doblemente importante. El impulso sorprendentemente nuevo y vitalizador del Concilio Vaticano II y, más recientemente, una nueva etapa actualizada y abierta por el Sínodo de la Palabra, recogida en la exhortación apostólica *Verbum Domini* sobre la Palabra de Dios en la vida y en la misión de la Iglesia (2010). En relación a la palabra de Dios y la celebración litúrgica, el Papa Benedicto XVI, junto con todos los padres sinodales, invita a vivir la actualidad de la palabra en el presente de la Iglesia con un sabor muy vivo, personal y eclesial. Estas son sus palabras: "La Iglesia no puede ser comprendida como si fuera solamente un acontecimiento del pasado, sino que es una relación vital, en la cual cada fiel está llamado a entrar personalmente. En efecto, hablamos de la presencia de Dios entre nosotros hoy" (*Verbum Domini*, 51).

¿Cuáles son algunos aspectos clave para comprender la íntima relación entre la palabra de Dios y la liturgia eclesial dominical? O más específicamente, ¿qué podemos decir de la estructura y contenido propio del ciclo litúrgico A, en el que se ubica el manual de este año 2014? Y en cuanto al ministerio de proclamar la palabra, ¿qué criterios, recomendaciones y sugerencias debemos seguir?

Estas tres preguntas corresponden a los tres apartados de la presente introducción. Esperamos responder adecuadamente y motivar a que sigas indagando más por tu propia cuenta, con tu equipo parroquial de proclamadores y con los líderes de la parroquia y de las oficinas diocesanas según corresponda. El ministerio que desempeñas es tan digno y valioso que merece poner toda tu energía y dedicación para que lo realices con plena conciencia y dedicación, de modo que refleje una espiritualidad de servicio eclesial cualificado y a la altura de las circunstancias y la exigente misión actual de la Iglesia, que anuncia celebrando la presencia viva de la Palabra encarnada: Jesucristo.

La palabra de Dios y la celebración litúrgica

El Sínodo de la Palabra al que hemos hecho referencia, pone al centro de la vida y la misión de la Iglesia la Palabra revelada en la Sagrada Escritura. Esto es muy importante, especialmente ahora que en los mismos ambientes católicos venimos experimentando una serie de crecientes desafíos en cuanto a la Sagrada Escritura. Me vienen a la mente los siguientes. Los hermanos cristianos que vuelven a la Iglesia traen un especial modo de ver y valorar la Biblia; los nuevos movimientos que intentan defender la fe con la Biblia en mano y una lista de citas o ideas ya fijas en la memoria; la profunda sed y hambre de la palabra de Dios que experimentan personas, culturas y comunidades que caminan en pos de verdad, dignidad, libertad y fraternidad auténticamente humanas. Parte de esta compleja realidad es también el aumento y crecimiento de cursos bíblicos, materiales y programas que, aunque siguen siendo muy incipientes, nos hacen ver el camino a seguir.

La palabra de Dios es esencial en la vida de la Iglesia, y especialmente en la celebración litúrgica, donde tiene un rol privilegiado y de importancia vital. En primer lugar, porque la vida de la comunidad cristiana, y desde sus mismos inicios, está tejida con la liturgia y la palabra de Dios de forma inseparable y fructuosa. No hay Iglesia sin palabra de Dios. En segundo lugar, porque la estructura orgánica del Leccionario nos facilita una visión y una espiritualidad bíblico-litúrgica-eclesial muy necesaria y oportuna para nuestro tiempo. Finalmente, en cuanto al ministerio propio de la proclamación: hay una nueva etapa y sensibilidad para realizar este hermoso ministerio que siempre ha formado parte de la vida de la Iglesia.

Desarrollemos un poquito estas tres ideas que consideran la palabra de Dios en la celebración litúrgica.

La vida de la Iglesia se da en la unidad de liturgia y palabra de Dios.

El Concilio Vaticano II, asumiendo la renovación bíblica y litúrgica, puso a la Iglesia en una nueva conciencia de su identidad, al renovar los tres aspectos principales de su misión (espiritual, profética y sacramental). Mirando a los orígenes vemos claramente esta relación Biblia-liturgia. De hecho, la

Biblia es un gran libro litúrgico y la gran variedad de celebraciones de fe de las comunidades fueron dando forma a la Biblia. La Biblia es el gran relato de un pueblo que recuerda y celebra la obra de Dios en su historia y en su caminar de esperanza. El entero Nuevo Testamento, y no sólo Hechos de los Apóstoles, es prueba fehaciente de este proceso iniciado y potenciado en el mismo culto judío semanal, donde se solía leer los textos sagrados en las sinagogas, en las escuelas rabínicas y en los atrios del templo (cf. Lc 4:16–21; Jn 7:15; Hch 13:27). A las lecturas del Antiguo Testamento y la entonación de Salmos que san Justino denominaba "escritos de los profetas" se añadieron lecturas de las "memorias" o "enseñanza de los apóstoles". Fue hasta mucho más adelante que se llegó al formato de lecturas con las que ahora contamos en el Leccionario.

Verbum Domini, en su número 57, se refiere a la palabra de Dios en la celebración litúrgica a través del Leccionario. Poniendo en alto la importancia de la liturgia dominical enriquecida por la Sagrada Escritura, gracias a la renovación conciliar. A lo largo de todo el año en cada ciclo, especialmente los domingos, se van hilando los textos más importantes del evangelio correspondiente (Mateo en nuestro ciclo A, en este caso) relacionando las tres (o más) lecturas con el criterio central que es celebrar la persona de Cristo, su vida, muerte y resurrección. El Papa no tiene ningún problema en mencionar que a veces no es fácil descubrir la relación entre unas y otras lecturas; sin embargo esto será siempre una oportunidad para mirar con más amplitud la unidad de toda la Biblia. Se menciona pues la importancia de crear apoyos y subsidios que ayuden a esta comprensión de la Biblia dentro del Leccionario en cada liturgia dominical, y eso es justamente lo que pretende nuestro *Manual para proclamadores de la palabra*.

El ministerio de lectores o, mejor dicho de proclamación de la palabra, también tiene un papel muy importante en esta reflexión sobre la palabra de Dios y la liturgia eclesial. En primer lugar porque se vincula justamente con la misión de anunciar el mensaje de Dios, como lo hicieron los profetas, el mismo Jesús y los primeros cristianos hasta nuestros días. No es el único modo, pero es un modo privilegiado en donde la liturgia sacramental ofrece un contexto vivo y diferente para la palabra que se ve, se siente, se proclama, se ora, se escucha, se piensa se celebra y se vive. *Verbum Domini* (n. 58) nos transmite la preocupación de los padres sinodales porque se avance y se mejore en cuanto a la proclamación de la palabra durante la celebración eucarística. No basta con saber leer, es muy importante formar en varios aspectos a los lectores para este ministerio. Se reco-mienda que "sean realmente idóneos y estén seria-mente preparados". Los tres campos de preparación que menciona el Papa son, el de la preparación bíblica, el de la litúrgica y el de la técnica. Este *Manual* se enfoca sobre todo en la parte bíblica y técnica, aunque aquí y allá encontrarás algunos elementos de tipo litúrgico. Confiamos en que la preparación litúrgica se vaya implementando en la parroquia junto con los demás ministerios eclesiales como el de la comunión, el del coro, los acólitos, colecta, bienvenida, etc.

Ciclo litúrgico A y Evangelio de san Mateo

Me gustaría sugerir que pensemos en el ciclo A del año litúrgico como un proceso en lugar de un "ciclo". La historia organizada por el año civil y culturalmente vivida al ritmo de las estaciones, las fiestas, sus ritos y narraciones, forman un camino vivo (contexto dinámico) y muy complejo, denso. Esa historia, con todos sus otros detalles imposibles de apuntar siquiera aquí, es el lugar donde se vive y anuncia el evangelio, es la realidad en la que la Iglesia existe y celebra el misterio de ser sacramento de la obra de Cristo.

Esta celebración tiene muchas expresiones, formas y momentos. El año litúrgico con sus tres ciclos (A, B y C), sus estaciones (Cuaresma-Pascua, Tiempo Ordinario, Adviento-Navidad), sus fiestas y dedicaciones especiales, colores, símbolos, etc. no es otra cosa que la celebración del misterio de la salvación realizado en Jesucristo, en su misterio de vida, muerte y resurrección. El ciclo litúrgico es una de las creaciones más hermosas que tenemos en la Iglesia, porque nos ayuda a adentrarnos por distintas vías en el inmenso misterio de Jesucristo nuestro Señor. Sin el año litúrgico, la Iglesia no sería lo que es.

Éste es mí mandamiento: que se amen los unos a los otros como yo les he amado.

Proclamemos la grandeza del Señor y alabemos todos juntos su poder.

Las lecturas, como ya sabemos, salvo algunas excepciones, son siempre tres. El lugar central pertenece siempre al evangelio, que fija la perspectiva desde la cual se mira el tema bíblico de cada domingo. La primera lectura, tomada del Antiguo Testamento, hace resonancia en la mayoría de las veces al evangelio; caso muy distinto con la segunda lectura que, al ser tomada del Nuevo Testamento, va ilustrando acompasadamente la vida de la Iglesia desde su propia fuente con la vida y el testimonio de los primeros cristianos, temas que complementan la línea que abre el evangelio.

El salmo no es "cosa aparte"; por medio de él la asamblea extiende su respuesta como oyente atenta y activa de la palabra, respuesta gozosa a la primera lectura, a la vez que disposición a la segunda. El salmo nos permite saborear el ritmo de la palabra en cadencia de participación común. Sea entonado, cantado, leído o proclamado, el salmo permite asentar lo oído y aviva el anhelo de participar de esa palabra.

El Evangelio de san Mateo

Es un escrito fascinante que desarrolla su narración tomando el mismo hilo que encontramos en el Evangelio de San Marcos, pero diseña su propia arquitectura. Vamos a establecer las grandes líneas de su diseño, fijándonos en el comienzo y en el final.

En los primeros dos capítulos, san Mateo nos habla del origen de Jesús y de los sucesos de su infancia que revelan su identidad verdadera. Hacia el final, Mateo introduce el relato de la aparición de Jesús resucitado a las mujeres, y el famoso episodio del envío discipular por todo el mundo (cap. 28). Tanto el principio como el final del evangelio, son característicos de san Mateo.

En el centro, el evangelio de Mateo se organiza en cinco grandes discursos en los cuales Jesús proclama el reino de los cielos y sus exigencias (caps. 5–7), la misión y los discípulos por el reino (cap. 10), la explicación del reino en parábolas (cap. 13), la vida de la comunidad que ha aceptado vivir en el reino (cap. 18) y la esperanza de la manifestación definitiva (caps. 23–25). Sirvan estas anotaciones para comprender un poco su estructura que va haciéndonos notar por medio de una frase típica: "cuando acabó Jesús estos discursos . . ." (7:28; 11:1; 13:52; 19:1; 26:1).

Los especialistas en Mateo (Ulrich Luz, Pierre Bonard) le reconocen el nombre que se le ha dado a este evangelio a lo largo de la historia como el "evangelio eclesial", especialmente porque va mostrando, o hace "transparente" la vida de la comunidad cristiana en la que nace y a la que se dirige. Este evangelio se inscribe en un ambiente de judíos convertidos al cristianismo (por eso su constante referencia al Antiguo Testamento y a tradiciones judías), pero también desarrolla una tradición claramente vinculada a la figura de Pedro. En este evangelio, el apóstol Pedro es como ejemplo típico de todo discípulo (14:28–33), como una persona "de poca fe" que cree en el Señor, representante de un postura moderada del cristianismo ante el judaísmo por el bien de la unidad (17:24–27), pero mucho más importante es el dato de que Pedro no sólo es prototipo del discípulo sino alguien de quien se afirma algo muy único y especial: alguien en quien se edifica la Iglesia con la confianza (metáfora de las llaves) y la responsabilidad (metáfora de atar y desatar) que Jesús deposita en todos mediante su persona y liderazgo.

El ambiente en el que nace el evangelio de Mateo abre ventanas para comprender la situación social de la comunidad en que nace, y también nos da luz para nuestra situación social actual. Es un evangelio, como dijimos, judeocristiano y presenta a Jesús y su obra como cumplimiento de las promesas y expectativas del pueblo de Israel. A lo largo del escrito se va relacionando a Jesús con las conocidas "citas de cumplimiento" (1:22–23; 2:5–6; 2:15; 2:17–18; 2:23; 4:14–16; 8:17; 12:17–21; 13:35; 21:4–5; 27:9–10), pero no lo hace de una forma ingenua. Al mismo tiempo, encontramos un capítulo (23) en donde se desarrolla una fuerte polémica contra los judíos. La comunidad de Mateo vive pues en una relación crítica en cuanto a la tradición de Israel y la nueva propuesta de Jesús. Un estudioso clásico de Mateo (Wolfang Trilling) dedica todo un trabajo para defender la tesis de que en Mateo siembra la propuesta para la edificación del "verdadero pueblo de Dios, el verdadero Israel". En él hay cabida para todos (judíos y no judíos) siempre y cuando asuman los criterios nuevos del reino de Dios en donde la justicia mayor y mejor es el criterio básico de su vida.

Esta comunidad, la Iglesia de Mateo, puede ser ubicada con mucha probabilidad en Antioquía. Una de las ciudades más importantes de la provincia romana de Siria. Hay quienes atribuyen la casi desaparición de los profetas itinerantes, con lo que inició el cristianismo, a la situación social de esta Iglesia que es más urbana, cosmopolita y sedentaria. Dando paso más bien a una organización eclesial más ligada a la diversidad de ministerios y a la organización jerárquica, con la preocupación de no caer en los abusos contra la fraternidad propios de algunos ambientes griegos o judíos.

Ciertamente la de Mateo es una Iglesia que vive en base a una fe profunda de que la Iglesia es una comunidad en donde nadie debe ser excluido. Es mixta y no pretende componerse de un grupito de quienes se consideran a sí mismos como puros pues "reunieron a todos los que encontraron, buenos y malos, y la sala del banquete se lleno de comensales" (Mt 22:10); es una Iglesia que tiene como referencia última y única la experiencia de la misericordia de Dios mostrada en Jesús (18:23–35). Este es nuestro Evangelio de Mateo.

Criterios y sugerencias para el ministerio de lectores

Lo más importante que hacen los laicos en la liturgia no es su ministerio o servicio sino su *participación*. Participar en forma activa y consciente en la liturgia fue el sueño del Vaticano II hace 50 años (*Sacrosanctum Concilium* 14). Este criterio de participación nos conduce a un segundo criterio que es el del *servicio*. Lo sabemos pero hay que recordarlo, diariamente, o por lo menos cada fin de semana, que todo ministerio es un servicio, no un privilegio y mucho menos un poder. Esos podercitos que ilusionan, hacen que uno pierda la cordura y hasta llegar a pensar (o hacer pensar a otros) que uno se puede adueñar de las cosas de Dios. Todo ministerio es parte de la manera de ser de la Iglesia al servicio (*diakonía*) del evangelio anunciado a los hermanos, viviendo y celebrando con ellos el don de la fe. El tercer criterio para conducir nuestros ministerio litúrgicos es el de *comunión*, o pastoral de conjunto, o colaboración, trabajo de equipo. Este criterio encierra todo eso, pero seguimos prefiriendo el concepto de comunión que es más amplio y en él cabe todo lo demás. La selección, participación, preparación personal y grupal, evaluación, formación y convivencia de los ministerios litúrgicos y de los lectores apuntan sólo a esto: a vivir la comunión y dar testimonio de ella, primero en la vida comunitaria de la parroquia.

El cuarto criterio es mucho más práctico y a lo mejor es el que todos estamos ya esperando de esta introducción que ya se va alargando. Al asunto de la *preparación* técnica.

Nos interesa que queden claros otros criterios para que los asuntos prácticos tengan por un lado más sentido, pero también más posibilidad de ser mejorados por gente que hace su ministerio consciente de las metas más importantes. ¿Por qué soy o somos lectores? ¿Por qué la participación? ¿Qué, porqué y para qué celebramos la eucaristía? Ojalá que los criterios básicos que hemos mencionado nos sirvan de guía para responder estas y otras preguntas.

La participación, el servicio y la comunión no caen del cielo ni se dan por arte de magia; precisan de una decisión y dedicación específica para que podamos tener lectores "aptos y diligentemente preparados". Esta recomendación de las normas del Misal Romano y del Leccionario, puede llevarnos por caminos muy nuevos y profundos. Sigue siendo necesaria una escuela de formación para lectores que implemente integralmente ese importante ministerio. Programas de formación integral abarcando el campo litúrgico, bíblico y técnico pastoral, siguen siendo una gran necesidad. Pero aquí sólo podemos mencionarlos.

El propósito de este material, decíamos al principio, es ayudar en este ministerio. Esta ayuda apunta a la mejor comprensión de las lecturas bíblicas: Un análisis mínimo del texto y de su sentido es algo indispensable. Si no entendemos la lectura, difícilmente podremos proclamarla debidamente. Por eso, a veces apuntamos a la vida donde nació el texto (datos del autor, contexto histórico) pero también a la vida nuestra (sugerencias de aplicación, o alguna relación con la fiesta que se celebra o al tiempo litúrgico vigente en ese momento), porque son modos de

Díchosos los pobres de espíritu, porque de ellos es el Reíno de los cíelos.

Sincera es la palabra del Señor y todas sus acciones son leales.

adentrarnos en el texto bíblico, de darle importancia y hacerlo nuestra prioridad.

El segundo modo o propósito es la orientación técnica, lo más práctico. En esto, las notas al margen son uno de los distintivos y aportes más claros de este *Manual para proclamadores*. La técnica de un buen lector y proclamador tiene que ver con su personalidad, la personalidad (digamos así) del texto y el momento de la Iglesia (litúrgico y de la vida de la comunidad presente). Las indicaciones prácticas que van al margen de la lectura son conscientes de eso. Tratan de tomar en cuenta la vida y el sentido del texto; sugerimos dónde poner énfasis, pausas, espacios, relevancia, variación de tonos. Eso mismo va unido siempre a los matices que te recomendamos como lector o lectora. En relación a postura, dicción, entonación, lenguaje corporal, actitud ante la asamblea; en ocasiones hasta sugerimos pistas para la meditación personal o cómo seguir viviendo en el espíritu del mensaje que has proclamado.

Para terminar —y completar— ofrecemos una serie de recomendaciones prácticas para tomar en cuenta y seguir desarrollando este hermoso ministerio de proclamar la palabra de Dios.

Preparación remota

1. Asiste al grupo de lectores y proclamadores de tu parroquia. Ora y participa en la preparación de la liturgia. Es muy importante que te asegures de tener correctas: fecha, hora y lectura que te han asignado.
2. En casa, toma tu biblia y lee lo que hay antes y después de la lectura que preparas. Capta la unidad que tiene el conjunto. Ora; agradece a Dios por su palabra y solicita la gracia de vivir lo que estás preparando.
3. Cerciórate de conocer cada *palabra* de tu texto. Léelo en voz alta y asegúrate de que pronuncias cada palabra debidamente. Si tienes alguna duda, consulta y no dejes nada a la casualidad. Luego domina el texto por sus *líneas*; dales la entonación, pausas e impostación adecuadas. Apóyate en las notas marginales y en las negrillas del texto. Visualiza tu postura corporal.
4. Planea ese día de tal modo que dispongas de unos 15 minutos para informarte si habrá algún rito o momento especial durante la celebración, para asegurarte de que tienes marcada la página de tu lectura, y saludar a los ministros que participarán en la liturgia.

Preparación inmediata

1. Cuida tu apariencia y llega con anticipación a la iglesia.
2. Concéntrate brevemente en oración: sosiégate y ponte en presencia de Dios. Participa activamente en la celebración. Ocupa tu lugar.
3. Aclárate la voz otra vez. Camina hacia el ambón con dignidad y reverencia. Adopta una postura erguida, digna; localiza tu lectura. Antes de iniciar, respira profundamente, y mira amablemente a la asamblea a la que sirves. Tras el anuncio de la lectura, haz un brevísimo silencio. Luego procede a proclamar las líneas del texto.
4. Al pronunciar la frase conclusiva a la proclamación, haz contacto visual con la asamblea y recibe su respuesta de alabanza. Tú también, interiormente, da gracias a Dios por su palabra. Al retirarte del ambón, con reverencia dirígete a tu lugar o al sitio que tengas asignado para el resto de la celebración.

---

50 años del Concilio Vaticano II

En 1963, los obispos del mundo reunidos en concilio publicaron la constitución sobre la liturgia *Sacrosanctum Concilium*. Fue el primer documento conciliar que transformaría la vida de la Iglesia entera. Y para que los frutos conciliares llegaran a todos los bautizados, nació esta editora, *Liturgy Training Publications*. Hoy celebramos los frutos y el espíritu del Vaticano II, la comunión de vida eclesial y los esfuerzos de tantos católicos que edifican al Pueblo de Dios. Este *Manual* allí se inscribe. Y ahora lo renovamos con nueva tipografía y adicionando el Salmo responsorial para su meditación, para orar leyendo y leer orando. Pues los primeros en acoger la palabra hemos de ser nosotros, quienes proclamamos la palabra. ¡Que ella nos renueve!

I DOMINGO DE ADVIENTO

I LECTURA   Isaías 2:1–5

Lectura del libro del profeta Isaías

Visión de **Isaías**, hijo de **Amós**, acerca de **Judá** y **Jerusalén**:
En **días futuros**,
    el **monte** de la casa del **Señor**
    será **elevado** en la cima de los **montes**,
    encumbrado sobre las montañas
    y **hacia** él confluirán **todas las naciones**.

Acudirán pueblos **numerosos**, que dirán:
"**Vengan**, **subamos** al monte del Señor,
    a **la casa** del Dios de Jacob,
    para que **él** nos instruya en sus caminos
        y podamos **marchar** por sus sendas.
Porque de Sión **saldrá** la ley,
    de Jerusalén, la **palabra** del **Señor**".

Él será el **árbitro** de las naciones
    y el **juez** de pueblos numerosos.
De las **espadas** forjarán **arados**
    y de las **lanzas**, **podaderas**;
    ya no **alzará** la espada pueblo contra pueblo,
    ya no se adiestrarán para la guerra.

¡Casa de Jacob, **en marcha**!
Caminemos a la luz del **Señor**.

Une tu corazón al del profeta Isaías y medita este texto antes de proclamarlo. Abraza tu vocación profética de amar a Dios y al pueblo.

Mientras lees, ve combinando en la narración sentimientos y emociones de futuro ya presente, de algo que va a venir pero puede ya estar sucediendo.

Transmite a la comunidad la gran alegría de ser invitada a caminar con el Señor. Finaliza la lectura con la certeza de una fe inmensa, de un deseo claro, de una esperanza de quien ve a Dios con el corazón.

El Adviento es nuestro regalo y oportunidad. Queremos aprender a esperar, a disponernos activa y conscientemente a hacer realidad lo que esperamos. La sabiduría milenaria de la Iglesia nos coloca en sintonía con el espíritu de san Mateo, la visión del profeta Isaías y la invitación directa de san Pablo, al inicio de esta temporada litúrgica.

| I LECTURA | *Cantemos la paz que brota de la justicia.* Isaías sirvió |

como profeta de Dios unos ocho siglos antes de que naciera Jesús de Nazaret. De familia acomodada, rompió el estereotipo de que el profetismo sólo se da entre los pobres. La respuesta a Dios y la opción por la justicia es lo que convierten a una persona en profeta. Al llamado interno de Dios, Isaías respondió con pasión invencible, con amor inteligente y con esperanza inmensa, abierta a una paz nueva. Todo profeta es un soñador, e Isaías nos comparte su visión y su misión de "caminar con el Señor".

"Caminar a la luz del Señor" es estar dispuesto a encontrarse con él, abrirse a que nos enseñe caminos nuevos aunque no siempre hayan de coincidir con los nuestros. Andar los senderos del Señor exige comprometerse por la paz y construir una comunidad que la haga vida. Por eso, Isaías habla de que los instrumentos para dar muerte hay que convertirlos en herramientas para dar vida. Uno no se debe preparar para hacer daño a nadie sino para hacer el bien. Este bello canto por la paz, tiene mucha tela de donde cortar y seguir reflexionando en la paz verdadera que brota de la justicia, la verdad y del diálogo entre hermanos y hermanas. Nada que ver con la paz impuesta o aquella que brota del miedo, las armas, la ignorancia, el silencio, o como simple ausencia de guerra. La paz brota de la justicia, de la equidad y nace de la vida en Dios. Sólo

Para meditar

SALMO RESPONSORIAL   Salmo 121:1–2, 4–5, 6–7, 8–9

R. Qué alegría cuando me dijeron: "Vamos a la casa del Señor".

Qué alegría cuando me dijeron: "Vamos a la casa del Señor". Ya están pisando nuestros pies tus umbrales, Jerusalén. **R.**

Allá suben las tribus, las tribus del Señor. Según la costumbre de Israel, a celebrar el nombre del Señor. En ella están los tribunales de justicia en el palacio de David. **R.**

Deseen la paz a Jerusalén: "Vivan seguros los que te aman, haya paz dentro de tus muros, seguridad en tus palacios". **R.**

Por mis hermanos y compañeros voy a decir: "La paz contigo". Por la casa del Señor nuestro Dios, te deseo todo bien. **R.**

II LECTURA   Romanos 13:11–14

Lectura de la carta del apóstol san Pablo a los romanos

Hermanos: Tomen en cuenta el **momento** en que vivimos.
Ya es hora de que se **despierten** del sueño,
    porque **ahora** nuestra salvación está **más cerca** que cuando
        empezamos a creer.
La noche está avanzada y se **acerca** el día.
Desechemos, pues, la obras de las tinieblas
    y **revistámonos** con las armas de la luz.

Comportémonos **honestamente**, como se hace **en pleno día**.
Nada de comilonas ni borracheras,
    nada de lujurias ni desenfrenos, **nada** de pleitos **ni** envidias.
Revístanse más bien, de nuestro Señor **Jesucristo**
    y que el **cuidado** de su cuerpo **no dé ocasión**
        a los **malos deseos**.

Como un hermano, sincero, honesto y preocupado por sus hermanos y hermanas, realiza está proclamación. La comunidad podrá sentir el calor de tu corazón.

Sin romper el ritmo de la lectura, ve marcando tonos diferentes para que los oyentes noten cuando el mensaje tiene sabor a urgencia, a corrección, a invitación o a desafío.

Antes de leer observa con qué gusto las personas y tú mismo se arreglan para la misa, se bañan, se peinan y se visten de limpio y colores. Todos deseamos profundamente: ser nuevos y mejores ante el Señor.

entonces, un pueblo puede decir con todas las letras: "somos verdadero pueblo de Dios".

II LECTURA *Despiertos y atentos caminen en santidad.* Este es un tiempo de gracia. No se mide por los días y los años que pasan sino por la calidad y la disposición para hacer el bien (Rom 13:11), por llevar una existencia con calidad, pues el cristiano se provee de lo necesario para vivir con transparencia y autenticidad. No se trata de aparentar sino de trasparentar; no de cubrirse sino de revestirse, y no de revestirse de cualquier cosa sino del mismo Jesús. En el apartado sobre la vida moral, el

Catecismo de la Iglesia nos enseña lo que san Pablo llama "vivir en Cristo". Tengamos en cuenta que la Carta a los Romanos llama a la comunión como signo de que hemos aceptado a Cristo que nos libera del pecado y de que estamos revestidos de él, más allá de nuestra limitaciones. Roma, la capital del Imperio, necesitaba este mensaje paulino, tanto como hoy nuestras ciudades modernas.

Somos proclamadores de la palabra de Dios y las lecturas de este domingo junto con el Salmo nos invitan a una espiritualidad viva, mostrando a los demás que estamos revestidos del Evangelio de Cristo Jesús. Por eso, al ejercer nuestro ministerio durante

este inicio de Adviento, miremos con amor a la asamblea, como Cristo. Tratemos con cariño a los hermanos y hermanas, y hagámonos signo de que el Señor está viniendo y vive en todo lo que hacemos.

EVANGELIO *Un llamado a la constancia de la esperanza.* Recordemos que el evangelio de san Mateo nace en y se destina a una comunidad de judeo-cristianos. Eran gente que apreciaba su tradición, sus Escrituras, su historia, y se sabía "pueblo elegido de Dios". Esas personas se van abriendo, no sin dolor, a una nueva propuesta, a un proyecto nuevo que viene de

EVANGELIO   Mateo 24:37–44

Lectura del santo Evangelio según san Mateo

En **aquel** tiempo, Jesús dijo a sus **discípulos:**
"**Así** como sucedió en tiempos de **Noé**,
    así **también** sucederá cuando venga el **Hijo del hombre.**
Antes del diluvio, la gente **comía, bebía** y **se casaba**,
    hasta **el día** en que Noé entró en el **arca.**
Y cuando **menos** lo esperaban, sobrevino el **diluvio**
    y se llevó a **todos.**
Lo mismo sucederá cuando venga el **Hijo del hombre.**
Entonces, de **dos hombres** que estén en el campo,
    uno será llevado y **el otro** será dejado;
    de **dos mujeres** que estén **juntas** moliendo trigo,
    una será **tomada** y la otra **dejada.**

Velen, pues, y **estén** preparados,
    porque no saben **qué día** va a venir su **Señor.**
Tengan por cierto que si un padre de familia
    supiera **a qué hora** va a venir el **ladrón**,
    estaría **vigilando** y **no dejaría** que se le metiera
      por un boquete **en su casa.**
También ustedes **estén preparados**,
    porque a la hora que **menos lo piensen,**
    vendrá el **Hijo del hombre".**

Mira a la asamblea haciéndole saber la importancia de ser una comunidad atenta, despierta y caminando a la espera del Señor.

Haz que se perciban los dos niveles de la narración del evangelio: el del evangelista que nos anuncia lo que Jesús dijo y el de la comparación que Jesús propone para hacernos pensar.

Haz sentir a todos que estamos llamados a vivir nuestra fe siempre (en las buenas y en las malas) y de forma continua; dale a esto un sentido de urgencia.

Culmina con fuerza y claridad la conclusión de esta lectura. Aquí está el propósito central del texto y de este primer domingo de adviento.

Jesús de Nazaret. Consideremos esto para entender que la vida no debe vivirse sin hacer algo extraordinario, algo que valga la pena desde la perspectiva de lo que Jesús dijo e hizo. La vida no es para "irla pasando", o para sobrellevarla; hay que vivirla con sentido; hay que buscar realizarnos como personas y con los demás; hay que ponernos metas que respondan a la voluntad de Dios. Nada de andar como autómatas, dormidos o distraídos. Imagina y visualiza a tu comunidad despierta y alerta a la venida del Señor.

Sabemos que el Señor, siempre presente en nuestra vida, se manifestará plenamente. De ahí que ese encuentro entre el discípulo y el Maestro, en preparación al encuentro definitivo, debe generar fidelidad, no miedo; compromiso no pasividad.

Y no se trata de hacer como que esperamos; no es un juego de apariencias. Dios sabe perfectamente quién realmente vive con sentido y quién no. Él conoce las intenciones de las personas. Por eso, lo importante no es saber *cuándo* viene el Señor sino *cómo* estamos viviendo para cuando él venga. La pregunta no es por *el día y la hora* sino por *el verdadero sentido de la vida*. No hagamos de nuestras preguntas una forma de evitar el compromiso, la responsabilidad y el gozo de vivir como Dios manda.

El evangelio nos invita a vivir en plenitud, y esto se consigue confiando en Dios, que es la mejor razón para vivir cada instante como si fuera el primero y el último. Esta conciencia presente y continua nos hace más libres y responsables. Nos ayuda a vivir en el tiempo (*chronos*: horas, días, etc.) sin quedar atrapados en la angustia y la desesperación de lo que va a pasar. Confiar en Dios nos hace ser más generosos y abiertos al encuentro novedoso con él. Podemos ajustar un verso de Antonio Machado: "Bueno es saber que los vasos nos sirven para beber, pero mucho más bueno sería saber, para qué nos sirve la sed".

II DOMINGO DE ADVIENTO

I LECTURA   Isaías 11:1–10

Lectura del libro del profeta Isaías

En aquel día **brotará** un renuevo del tronco de Jesé,
   un vástago **florecerá** de su raíz.
Sobre él **se posará** el espíritu **del Señor**,
   espíritu de sabiduría e inteligencia,
   espíritu de consejo y fortaleza,
     espíritu de piedad y temor de Dios.

No juzgará por apariencias,
   ni sentenciará de oídas;
   defenderá con justicia al **desamparado**
     y con equidad **dará** sentencia al pobre;
   herirá al violento con el **látigo** de su boca,
   con el soplo de sus labios **matará** al impío.
Será la justicia su **ceñidor**,
   la fidelidad **apretará** su cintura.

Habitará el **lobo** con el **cordero**,
   la **pantera** se echará con el **cabrito**,
   el **novillo** y el **león** pacerán **juntos**
   y un **muchachito** los apacentará.
La **vaca** pastará con la **osa**
   y sus **crías** vivirán **juntas**.
El león comerá paja con el **buey**.

Describe con fuerza y claridad las características de este vástago que proclama el profeta. Ayuda a los oyentes a visualizar sus cualidades.

La convivencia entre los diferentes (lobo, cordero, etc.) pide un cambio de tono en tu proclamación. Aquélla es descripción del Mesías, ésta de la realidad consecuente.

I LECTURA *El reino de Dios hunde sus raíces en la historia.* Los sesenta y seis capítulos del libro de Isaías contienen mensajes que habrían sido pronunciados a lo largo de unos cuatro siglos. Pero esto sólo se supo hasta finales del siglo XVIII de nuestra era, cuando se identificó a los "tres Isaías". Así, en general, se dice que del capítulo 1 al 39 pertenece al "primer Isaías", es decir al profeta del siglo VIII a. C., del 40 al 55 a un profeta anónimo ("segundo Isaías") del exilio babilónico, y del 56 al 66 a varios profetas anónimos, posteriores al exilio que readaptaron temas en el mismo espíritu del profeta primero. Esto nos ayuda a entender cómo el espíritu de profecía acompaña al pueblo en todos los momentos de su historia para ejecutar la salvación de Dios que celebramos a lo largo del año litúrgico.

Isaías, desilusionado por los líderes del pueblo, retrata cómo serán las relaciones entre las gentes cuando se implante el reinado de Dios. Sus palabras derrochan esperanza. Señala que, cuando surja ese vástago de Jesé, habrá justicia para los débiles y los pobres, y se experimentará una pacífica armonía nunca antes vista entre la vaca y la osa, el lobo y el cordero, el niño y la víbora.

Cuando llegues a la narración donde el niño entra en escena, ofrece un tono de ternura pausada y de grandiosidad.

Culmina la narración con un tono de promesa posible, mirando a la asamblea con la confianza que Dios mismo tiene puesta en su pueblo.

Para meditar

El **niño** jugará sobre el agujero de la **víbora**;
   la **creatura** meterá la mano en el **escondrijo** de la **serpiente**.
No harán **daño** ni estrago por **todo** mi monte santo,
   porque **así** como las aguas **colman** el mar,
   así está **lleno** el país de la **ciencia** del Señor.
Aquel día la raíz de Jesé **se alzará**
   como bandera de los pueblos,
   la buscarán **todas** las naciones
   y **será gloriosa** su morada.

SALMO RESPONSORIAL   Salmo 71:1–2, 7–8, 12–13, 17

R. Que en sus días florezca la justicia, y la paz abunde eternamente.

Dios mío, confía tu juicio al rey, tu justicia al hijo de reyes: para que rija a tu pueblo con justicia, a tus humildes con rectitud. **R.**

Que en sus días florezca la justicia y la paz hasta que falte la luna; que domine de mar a mar, del Gran Río al confín de la tierra. **R.**

Porque él librará al pobre que clamaba, al afligido que no tenía protector; él se apiadará del pobre y del indigente, y salvará la vida de los pobres. **R.**

Que su nombre sea eterno y su fama dure como el sol; que él sea la bendición de todos los pueblos y lo proclamen dichoso todas las razas de la tierra. **R.**

II LECTURA   Romanos 15:4–9

Lectura de la carta del apóstol san Pablo a los romanos

Hermanos:
Todo lo que en el pasado ha **sido escrito** en los libros santos,
   se escribió para instrucción **nuestra**, a fin de que,
   por la paciencia y el consuelo **que dan las Escrituras**,
   mantengamos la esperanza.

La asamblea necesita sentir que nuestra esperanza tiene bases en la historia. Al decir "hermanos" haz vibrar el sentimiento fraterno en quienes te escuchan.

No hay miedo ni víctimas; no impera la fuerza sino la justicia del pastoreo, "porque la tierra está llena del conocimiento de Yahvé" (Is 11:9); es decir, las personas, y hasta el lugar en el que viven, estarán compenetrados de lo que Dios quiere, de su voluntad. Este anuncio profético nos ayuda a entender el beneficio inmenso de la llegada de Jesús a la historia: la reconciliación de todos entre sí, en alianza, gracias al reinado de la justicia de Dios.

II LECTURA *Que nuestro corazón sea conforme al de Jesús.* San Pablo invita a los fieles de Roma a avivar su esperanza cristiana. Los seguidores de Jesús creen firmemente en la salvación (Rom 5:2) entendida como la bella responsabilidad de vivir renovándose y comprometidos en la transformación de la creación entera (Flp 1:20; Rom 8:20s). Para esto hay que ser constantes y perseverantes (5:4; 15:4). De hecho, si reunimos las perspectivas de Isaías y de Pablo, estaremos ante una de las coyunturas más álgidas de nuestro tiempo: la virtud de la hospitalidad. Los Obispos de los Estados Unidos han insistido mucho en la hospitalidad como requisito

Como un padre o madre bendice a sus hijos, así expresa la segunda parte de la lectura: "Que Dios, fuente de toda paciencia y consuelo, les conceda…"

Como maestro que sabe lo que enseña, concluye la exhortación final ("por lo tanto…") animando y como desafiando. La acogida y hospitalidad es de urgencia extrema.

Haz resonar la invitación al arrepentimiento como un profeta del tamaño y estatura de Juan: fuerte, decidido y sin miedo.

Al describir a Juan cambia un poco el tono de tu voz, y preséntalo como un hombre recio y de personalidad indómita: decidido, sobrio y claro.

Que Dios, fuente de **toda** paciencia y consuelo,
les **conceda** a ustedes **vivir** en **perfecta** armonía unos
con otros,
conforme al espíritu de Cristo Jesús,
para que, con un **solo** corazón y una **sola** voz
alaben a Dios, **Padre** de nuestro Señor **Jesucristo**.

Por lo tanto,
acójanse los unos a los otros como **Cristo** los acogió a ustedes,
para **gloria** de Dios.
Quiero decir con esto,
que Cristo se **puso al servicio** del pueblo judío,
para **demostrar** la fidelidad de Dios,
cumpliendo las promesas hechas a los patriarcas
y que por su **misericordia** los paganos **alaban** a Dios,
según aquello que dice la Escritura:
Por eso te **alabaré y cantaré** himnos a tu **nombre**.

EVANGELIO   Mateo 3:1–12

Lectura del santo Evangelio según san Mateo

En aquel tiempo,
comenzó **Juan el Bautista** a predicar
en el **desierto** de Judea, diciendo:
"**Conviértanse**, porque ya **está cerca** el Reino de los cielos".
Juan es aquel de quien el profeta Isaías hablaba, **cuando dijo:**
Una voz **clama** en el desierto:
Preparen el camino del Señor, **enderecen** sus senderos.

Juan usaba una túnica de pelo de camello,
ceñida con un cinturón de cuero,
y se alimentaba de saltamontes y de miel silvestre.

básico para vivir el evangelio en la Iglesia y en la sociedad de nuestros días.

Estamos en camino a la Navidad, y las lecturas no podían ser más oportunas. El nacimiento de Jesús nos abre a la esperanza de unas mejores relaciones donde la convivencia sea lo normal y no la violencia; donde la aplicación de la justicia no sea un privile-

gio para los que más tienen. No basta con sentirnos beneficiados con la llegada del Mesías; es necesario asumir responsabilidad de este gran acontecimiento: abracemos la vida en sus manifestaciones más vulnerables.

EVANGELIO   *Enderecemos los senderos, el Señor está llegando.* Juan Bautista fue un gran profeta judío, respetado por muchos. Juan se entendía como "la voz que clama en el desierto" y san Mateo

lo presenta preparando al pueblo para recibir al Mesías.

Juan invita a la conversión. Decimos que convertirse significa "cambiar de mente"; etimológicamente eso parece. Sin embargo, cuando en el Nuevo Testamento se habla de conversión podría referirse a algo más que cambiar de pensamiento. En algunos textos, conversión puede significar también percepción, resolución, opinión (por ejemplo en 1 Cor 14:15; Rom 7:25; 1:28;

Acudían a oírlo los habitantes de Jerusalén,
    de **toda** Judea y **de toda** la región cercana al Jordán;
confesaban sus pecados y **él** los bautizaba en el río.

Al ver que muchos **fariseos y saduceos**
    iban a que **los bautizara**, les dijo:
"**Raza de víboras**, ¿**quién** les ha dicho que **podrán escapar**
    al castigo que les aguarda?
Hagan ver con obras su **arrepentimiento**
    y no se hagan **ilusiones** pensando que tienen
        por **padre** a Abraham,
    porque **yo les aseguro** que **hasta** de estas piedras **puede** Dios
        sacar **hijos** de Abraham.
Ya el hacha **está puesta** a la raíz de los árboles,
    y todo árbol que no dé fruto, será **cortado y arrojado** al fuego.

Yo los bautizo **con agua**,
    en señal de que ustedes se **han arrepentido**;
    pero el que viene **después** de mí, es **más fuerte** que yo,
    y **yo ni siquiera** soy digno de quitarle las sandalias.
Él los bautizará en el **Espíritu Santo** y su fuego.
Él tiene el bieldo en su mano para **separar** el trigo de la paja.
Guardará el trigo en su granero
    y **quemará** la paja en un fuego que **no se extingue**".

La crítica a los fariseos exige una pausa. Contrasta la descripción con la recriminación. Nadie de los presentes está exento de está llamada de atención. Hazla sentir, para luego fortalecer el sentido del bautismo que Juan.

Como Mateo, matiza la diferencia entre la misión de Juan y la de Jesús.

14:5). Esto nos lleva a entender que la conversión incluye cambiar el modo de percibir y de resolver situaciones. Más todavía, si en el Antiguo Testamento "pecar" significaba especialmente *no dar en el blanco*, convertirse tendrá un matiz de acertar, de tener puntería, de estar en lo correcto. Con razón la conversión no debe estar al margen del Reino de los Cielos; en otras palabras, no hay conversión auténtica sin disponibilidad para asumir el proyecto de Jesús.

Desde esta perspectiva no basta pertenecer a un grupo o pueblo para sentirse seguro o una persona de bien. Hay que comportarse conforme a esa pertenencia; no es suficiente con sentirse elegido hay que responder a la elección.

Pertenecemos al pueblo de Dios si damos frutos de conversión. La descendencia de Abraham puede surgir de fuera de Israel, Dios puede suscitarla incluso de lo que es incapaz de vida (piedras). De ahí que la vida sin conversión permanente no tenga sentido; esto es lo que dice el Bautista, cuando afirma que el hacha está puesta a la raíz de los árboles "y todo árbol que no dé buen fruto será cortado y arrojado al fuego" (v. 10). Es decir, la vida sin frutos de conversión pierde su sentido para el reino de Dios. Si alguien vive sin reconocer sus faltas y sin proporcionar frutos buenos, su vida es un desperdicio.

Nuestro ministerio al proclamar la Palabra, responde a la invitación de ser oyentes e intérpretes de la palabra. Esto también supone convertirnos y dar frutos. Nuestro quehacer tiene que estar respaldado por haber abrazado y haberse dejado abrazar por la palabra de Dios.

INMACULADA CONCEPCIÓN DE LA VIRGEN MARÍA

Con el corazón puesto en la Madre de Dios, proclama está lectura del drama humano con realismo y crudeza. Todos sabemos de lo que está hablando el autor del Génesis.

La interrogación de Dios al hombre es al estilo de un juez justo y bueno. Transmite el sano interés de Dios por la desnudez de Adán. Es un diálogo que ha de resonar en la experiencia de los oyentes en la asamblea.

Emite el juicio de Dios contra la serpiente como quien declara una sentencia eterna e inapelable.

I LECTURA   Génesis 3:9–15, 20

Lectura del libro del Génesis

Después de que el hombre y la mujer
    comieron del fruto del árbol **prohibido**,
    el Señor Dios **llamó** al hombre y le preguntó:
    "¿Dónde estás?"
Éste le respondió:
    "**Oí** tus pasos en el jardín; y **tuve miedo**,
    porque estoy **desnudo**, y me **escondí**".
Entonces le dijo Dios:
    "**¿Y quién** te ha dicho que estabas **desnudo**?
    ¿**Has comido** acaso del árbol del que te **prohibí** comer?"

Respondió **Adán**:
    "**La mujer** que **me diste** por compañera
    me **ofreció** del fruto del árbol **y comí**".
El Señor Dios dijo a **la mujer**: "**¿Por qué** has hecho esto?"
Repuso la mujer: "La serpiente **me engañó** y comí".

Entonces dijo el Señor Dios a la serpiente:
    "Porque has hecho **esto**,
serás **maldita** entre **todos** los animales
    y entre **todas** las bestias salvajes.
Te **arrastrarás** sobre tu vientre
    y **comerás polvo** todos los días de tu vida.

Celebramos que la Madre de Dios fue preservada de la culpa del pecado original. Ella es, como decía el Papa Juan Pablo II, un faro intenso para la humanidad, por su fe en Dios, y para la Iglesia en su tarea de la Nueva Evangelización.

I LECTURA   Como Monseñor Arnulfo Romero predicaba, nosotros no tenemos culpa del pecado original. Nuestra responsabilidad está en los pecados personales que cometemos. El pecado original puede ser entendido como la falta de una herencia, de la herencia con Dios. El drama que nos transmite el Génesis es el drama de la humanidad que, representada en Adán y Eva, nos pone ante la vida y todas sus consecuencias. No es posible vivir esquivando el ejercicio de la libertad de elegir y decidir, tampoco es posible vivir en la trampa de culpar a otros y a otros y a otros de la responsabilidad propia y común. El juicio de la verdad, de la conciencia y del Creador de la vida nos desnuda frente a la realidad del drama humano y del propio camino personal. Este relato del Génesis refleja una visión de la vida humana responsable ante Dios y los demás. El castigo es una consecuencia que no acaba con el transgresor; por más que el pecado tenga consecuencias, nunca serán más grandes

Con tono pausado y claro concluye la lectura haciendo sentir la esperanza que da saberse protegido por Dios que cuida a la humanidad.

Para meditar

Pondré **enemistad** entre ti y la mujer,
    entre tu descendencia y **la suya**;
    y su descendencia **te aplastará** la cabeza,
    mientras tú **tratarás** de morder su talón".

El hombre le puso a su mujer el nombre de "**Eva**",
    porque ella fue la madre de **todos** los vivientes.

SALMO RESPONSORIAL   Salmo 97:1, 2–3ab, 3cd–4

R. Canten al Señor un cántico nuevo, porque ha hecho maravillas.

Canten al Señor un cántico nuevo, porque ha hecho maravillas. Su diestra le ha dado la victoria, su santo brazo. R.

El Señor da a conocer su victoria; revela a las naciones su justicia: se acordó de su misericordia y su fidelidad en favor de la casa de Israel. R.

Los confines de la tierra han contemplado la victoria de nuestro Dios. Aclamen al Señor, tierra entera, griten, vitoreen, toquen. R.

Proclama con entusiasmo. Esta lectura está llena del entusiasmo de saber que estamos en los planes de Dios y que en Jesús son mucho más claros aun.

Vivir una vida sin mancha es destino y llamado para todos y para toda la Iglesia. Marca el énfasis de este llamado que Dios hace a su pueblo. Mira a la comunidad como quien invita a un camino que ya ha sido andado.

II LECTURA   Efesios 1:3–6, 11–12

Lectura de la carta del apóstol san Pablo a los efesios

Bendito sea Dios,
    Padre de nuestro Señor **Jesucristo**,
    que nos ha bendecido **en él**
    con **toda** clase de bienes espirituales y celestiales.
Él nos **eligió** en Cristo, **antes** de crear el mundo,
    para que fuéramos **santos e irreprochables** a sus ojos,
    por **el amor**, y **determinó**, porque **así** lo quiso, que,
    por medio de Jesucristo, **fuéramos** sus hijos,
    para que **alabemos y glorifiquemos** la gracia
    con que nos **ha favorecido** por medio de su Hijo amado.

que el proyecto de Dios. De ahí que, para el caso de la fiesta de la Inmaculada, la descendencia de la Vida no tiene el destino marcado por el pecado sino por la esperanza, estamos llamados a vivir no bajo el imperio del pecado sino del proyecto salvífico de Dios. Que Eva, es decir la Vitalidad que es madre de todo lo viviente, siga alimentando esta humanidad y toda la vida para continuar avanzando hacia la plenitud en la que hemos sido creados desde el principio.

II LECTURA   Este himno de la Carta a los Efesios da un panorama amplio y sólido en el que habrá de ubicar la fiesta de hoy en el amplio plan de salvación, que es obra de Dios Padre, Hijo y Espíritu Santo. Esta salvación es nuestra herencia en Cristo, y nos coloca, como Iglesia, abrazando una misión que la trasciende. En otras palabras, la misión de la Iglesia es como las capas de una cebolla. La cebolla

es la misión, las capas todo lo demás. Son parte, y parte importante en la medida en que se les considera en el todo más amplio y pleno.

EVANGELIO   Quienes se acercan con atención a la palabra de Dios por un lado y, por otro valoran, aprecian y respetan las celebraciones de la vida de la Iglesia, no tendrán problema en reconocer que la Biblia no da para todo. Nuestro

Mientras proclamas la lectura procura poner a los oyentes en relación a las tres personas de la Santísima Trinidad y así puedas concluir suave y confiadamente acerca de nuestra herencia en Dios.

Con Cristo somos **herederos** también nosotros.
Para **esto** estábamos destinados,
   por **decisión** del que lo hace todo **según** su voluntad:
   para que **fuéramos** una alabanza **continua** de su gloria,
   nosotros, los que ya antes **esperábamos** en Cristo.

EVANGELIO   Lucas 1:26–38

Lectura del santo Evangelio según san Lucas

En aquel tiempo,
   el **ángel** Gabriel fue enviado por Dios
   a una ciudad de Galilea, llamada **Nazaret**,
   a una **virgen** desposada con un varón de la estirpe de David,
   llamado **José**. La virgen se llamaba **María.**

Entró el ángel a donde ella estaba y le dijo:
   "**Alégrate**, **llena** de gracia, el Señor **está** contigo".
Al oír **estas** palabras,
   ella se preocupó **mucho**
   y se preguntaba **qué querría decir** semejante saludo.

El ángel le dijo:
   "**No temas**, María, porque **has hallado** gracia ante Dios.
   Vas **a concebir** y a dar a luz **un hijo**
   y le pondrás por nombre **Jesús**.
Él será **grande** y será llamado **Hijo** del Altísimo;
   el Señor Dios le dará el trono de David, **su padre**,
   y él **reinará** sobre la casa de Jacob **por los siglos**
   y su reinado **no tendrá fin**".

Indica con el tono de tu voz la apertura de un relato de hechos. Estas marcando la entrada a un lugar y tiempo en el que suceden cosas de máxima importancia y quieres que quede claro.

Sin exagerar, da una variación hacia un tono solemne y amplio cuando dices el saludo del ángel Gabriel. Esto marcará el ambiente del asunto que tenemos enfrente. Es de Dios.

texto no tiene nada que ver con la Inmaculada Concepción de María. Es sobre el anuncio del nacimiento de Jesús. Mis hermanas y hermanos que son, como yo por nacimiento y opción, marianos, debemos ampliar la mirada. El dogma es como citábamos a Juan Pablo II una especie de faro que nos lleva a otra cosa más importante. El texto bíblico no sólo se anuncia el nacimiento de Jesús sino que describe la persona de María, la Madre de Jesús. Entonces

sí empezamos a contemplar a esta joven nazarena que vive su embarazo con entusiasmo en medio de tantos desafíos como podemos imaginar por las costumbres, la religión, las ideas sobre la mujer… todo lo tuvo en contra. Pero nada detiene a una madre cuando abraza la vida y entiende su destino en las manos de Dios. San Lucas nos ayuda a entender esta visión y esta decisión narrándonos detalles que ella vivió,

ella es una mujer buena, llena de gracia, contra toda la opinión de los vecinos. Detalles que ella no supo pero que debieron de haber sucedido, como el trabajo de Dios en el corazón de José para no dejarse abatir por las costumbres honorables de su tiempo. También nos narra acciones clave de esta mujer que ha merecido nuestra máxima admiración, devoción y reconocimiento como modelo y prototipo de fe.

Aunque es diferente el tono del mensajero de Dios con el de la joven embarazada, debes hacer sentir en la comunidad el carácter claro y decidido de María. No tiene una pizca de miedo, más bien un torrente de seguridad. Realza con fuerza sus palabras y su persona.

María le dijo entonces al ángel:

"**¿Cómo** podrá ser esto, puesto que yo **permanezco virgen**?"

El ángel le contestó:

"El Espíritu Santo **descenderá** sobre ti

y el **poder** del Altísimo te cubrirá con su sombra.

Por eso, **el Santo**, que va a nacer **de ti**,

será llamado **Hijo de Dios.**

Ahí tienes a tu parienta **Isabel**,

que a pesar **de su vejez**, **ha concebido** un hijo

y ya va en el **sexto** mes la que llamaban **estéril**,

porque no hay **nada imposible** para Dios".

María contestó:

"**Yo soy** la esclava del Señor;

cúmplase en mí lo que me has dicho".

Y el ángel **se retiró** de su presencia.

Todas estas acciones que conforman su vida y veremos a lo largo de la vida de Jesús y de la vida de la Iglesia misma se resumen en su disposición profunda y su respuesta plena. ¡Esa es fe!

NUESTRA SEÑORA DE GUADALUPE

I LECTURA   Zacarías 2:14–17

Lectura del libro del profeta Zacarías

"Canta de gozo y regocíjate, Jerusalén,
pues vengo a vivir **en medio de ti**, dice el Señor.
Muchas naciones se unirán al Señor en aquel día;
ellas también serán **mi pueblo**
y yo habitaré **en medio** de ti
y sabrás que el Señor de los ejércitos
me ha enviado **a ti**.
El Señor tomará nuevamente a Judá
como su **propiedad personal** en la tierra santa
y Jerusalén volverá a ser la ciudad elegida".

¡Que todos guarden silencio ante el Señor,
pues **él se levanta** ya de su santa morada!

O bien:

I LECTURA   Apocalipsis 11:19; 12:1–6, 10ab

Lectura del libro del Apocalipsis del apóstol san Juan

Se **abrió** el templo de Dios en el cielo
   y **dentro** de él se vio el **arca de la alianza**.
Apareció entonces **en el cielo** una figura **prodigiosa**:
   una mujer **envuelta** por el sol,

Deja que tu voz y tu presencia transparenten el gozo de la presencia de Dios en tu interior. Anuncia el gozo de Dios a la comunidad.

Subraya los pronombres de segunda persona: tú, ti. Haz que la asamblea se sienta destinataria de las palabras del profeta.

Sin exagerar demasiado imprime carácter y seguridad a toda tu persona: postura gallarda, voz fuerte y mirada aguda.

I LECTURA   **ZACARÍAS.** El sueño de todos los profetas —y de cada fiel— es que Dios mismo venga a vivir en medio de su pueblo. El profeta Zacarías mira cumplida esa ensoñación en el regreso de los desterrados a su patria, Judea, y en la reconstrucción del viejo templo de Jerusalén, la morada de Dios. El gozo por la presencia de Dios con los suyos es incontenible. Pero el profeta amplía el horizonte nacional de la pertenencia a Dios, como otros profetas del exilio y posteriores.

En la Escritura encontramos muchas mediaciones de la presencia de Dios con los suyos: la zarza ardiente y parlante, la nube, la columna de fuego, la roca y su agua, el arca de la alianza, el maná, etc. aunque, sin duda, el templo cristalizaba todas las figuras y sus respectivas teologías. El correr de los siglos ha acendrado la búsqueda de Dios entre nosotros, pero también nos ha vuelto más sensibles a sus mediaciones. ¿Cómo notar la presencia de Dios?

Más que nunca, caemos en la cuenta de que nuestro mundo requiere re-construcción, que nuestros sistemas y modos de ordenar la existencia y la sociedad de las personas, requieren nueva savia y vitalidad.

Son tiempos para voces como la de Zacarías, que llamen a la reconstrucción con Dios en medio del pueblo. El Dios de la biblia se da a conocer como salvación. Y la Escritura nos la traduce como vida, verdad, bienestar, alegría, diálogo, firmeza, libertad, comunidad, paz, seguridad, equidad, dignidad y todos esos valores que el espíritu humano ansía.

María de Guadalupe también llega en esta línea de reconstrucción y esperanza alegre. Ella es como punto de encuentro de los anhelos del universo autóctono y el Evangelio de Jesucristo. Ella nos trae la

con la luna **bajo sus pies**
y con una corona de **doce** estrellas en la cabeza.
Estaba **encinta** y a punto de **dar a luz**
y **gemía** con los dolores del parto.

Pero apareció también en el cielo **otra** figura:
un **enorme** dragón, color de fuego,
con **siete** cabezas y **diez** cuernos,
y una corona en **cada una** de sus siete cabezas.
Con su cola
barrió la tercera parte de las estrellas del cielo
y las **arrojó** sobre la tierra.
Después se detuvo **delante** de la mujer que iba a dar a luz,
para **devorar** a su hijo, en cuanto éste **naciera**.
La mujer dio a luz un **hijo varón**,
destinado a gobernar **todas** las naciones
con cetro **de hierro**;
y su hijo fue llevado **hasta Dios** y hasta su trono.
Y la mujer **huyó** al desierto, a un lugar **preparado** por Dios.

Entonces **oí** en el cielo una voz **poderosa**, que decía:
"**Ha sonado** la hora de la victoria de nuestro Dios,
de su dominio y de su reinado, y **del poder** de su Mesías".

Las figuras de la mujer y del dragón deben ser puestas en escena con sentido dramático. No minimices al dragón. Deja la lucha pendiente en la conciencia de los presentes.

Eleva tu mirada por encima de la asamblea y concluye la proclamación con mucha decisión y firmeza.

Para meditar

SALMO RESPONSORIAL   Judit 13:18bcde, 19

R. Tú eres el orgullo de nuestra raza.

El Altísimo te ha bendecido, hija, más que a todas las mujeres de la tierra. Bendito el Señor, creador del cielo y tierra. **R.**

Que hoy ha glorificado tu nombre de tal modo, que tu alabanza estará siempre en la boca de todos los que se acuerden de esta obra poderosa de Dios. **R.**

presencia de Dios, y nos urge el silencio para mirar lo que hace el Señor que se levanta por los suyos.

I LECTURA | **APOCALIPSIS.** La salvación es un drama cósmico que acontece en lo más íntimo del drama de los seres humanos. Las señales cósmicas de la séptima trompeta muestran que la fidelidad de Dios está vigente (arca de la alianza) y se vuelve realidad en la mujer vestida de sol y a punto de dar a luz. La mujer es la comunidad creyente que alumbra una nueva humanidad, mesiánica, que se ve asediada por los usos y mandatos del imperio romano. Esta

hora de angustia, persecución y acoso, obliga a los fieles a refinar su sentido de lucha, de resistencia, de organización y de solidaridad para mantener viva su fe y esperanza.

Al meditar esta lectura en la fiesta de Maria de Guadalupe, toma en cuenta que los símbolos tienen un poder inmenso. Antes de analizar y descifrar, déjate abrazar por el misterio de la lectura y del hecho guadalupano y desde adentro de dicho misterio procura sacar el mensaje de esperanza que el texto ofrece a un pueblo amenazado por el mal pero sostenido por la fidelidad de Dios en Cristo. El cielo y la tierra son parte de la misma realidad, como el bien y el mal

también se debaten continuamente en la densidad de nuestro presente. Anima, despierta y concientiza sobre la lucha en nuestro tiempo y la certeza de la victoria en Cristo por María.

EVANGELIO | *María, mujer, madre y profeta, ¡muéstranos el camino!* San Lucas subraya la presencia de Jesús a través de María y sus efectos. De hecho, al aceptar la Virgen ser madre del Redentor (v. 38) suscita la presencia del Espíritu, de la vida, del aliento de esperanza, de la que Isabel es la primera beneficiada. La presencia de ese Espíritu a través de María es tan

Esfuérzate porque la comunidad sienta la presteza de María que se pone en camino. El encuentro con Isabel es una imagen muy viva y presente en la conciencia de la comunidad.

Observa a la asamblea invitándole a unirse a la fe de Isabel. Es la actitud de Juan Diego que en su humildad reconoce a la Madre de Dios y acepta su presencia.

El Magníficat es una bella tradición viva en muchos hogares católicos. Haz que resuene la fuerza profética de María. No hay que descuidar esta dimensión de nuestra fe mariana.

EVANGELIO   Lucas 1:39–48

Lectura del santo Evangelio según san Lucas

En aquellos días, María se **encaminó presurosa** a un pueblo de las montañas de Judea, y entrando en la casa de Zacarías, saludó a Isabel. En cuanto ésta oyó **el saludo de** María, la creatura **saltó en su** seno.

Entonces Isabel **quedó llena** del Espíritu Santo, y levantando la voz, exclamó: "**¡Bendita tú** entre las mujeres y **bendito el fruto** de tu vientre! ¿Quién soy yo, para que la madre de mi Señor venga a verme? Apenas llegó **tu saludo** a mis oídos, el niño saltó **de gozo** en mi seno. **Dichosa** tú, que has creído, porque **se cumplirá** cuanto te fue anunciado de parte del Señor".

Entonces dijo María: "Mi alma **glorifica** al Señor y mi espíritu se llena **de júbilo** en Dios, mi salvador, porque puso sus ojos en la **humildad** de su esclava".

O bien: Lucas 1:26–38

profunda que mueve el fruto en las entrañas de Isabel. Por eso, la Visitación es fiesta del Espíritu en dos mujeres, María e Isabel, que provocan el encuentro del Redentor con la humanidad, de lo nuevo con lo antiguo. Así se abre la esperanza de que se cumplan las cosas oídas y creídas; de que las promesas del Señor se hagan realidad. En María cobra sentido la bienaventuranza de la fe: creer que el Señor cumple sus promesas.

El ángel dio a María, como señal de que Dios cumple sus promesas, el embarazo de Isabel (v. 36). El embarazo de una mujer anciana y estéril, se convierte para la jovencita en signo de que Dios se manifiesta y hace surgir la vida donde no había posibilidades. Esto hará de Isabel la primera testigo de la presencia del Salvador.

Estas dos afirmaciones tienen relación con la Virgen de Guadalupe según la presenta el códice indígena del *Nican Mopohua*. En la primera aparición a Juan Diego, la Virgen pide no un templo sino una casita sagrada, dando a entender con mucha probabilidad, que había necesidad de un lugar de encuentro más que de culto. El mensaje de Guadalupe no es ajeno a la vida; ella se presenta como la "Madre del verdadero Dios por quien se vive". El lugar (casa y templo) que pide es para escuchar llantos y tristezas de su pueblo, y remediar sus penas, miserias y dolores. Ella trae al pueblo ultrajado y sin futuro, el amor del Dios de la vida para todos los que la clamen, la busquen y confíen. Y Dios cumple sus promesas hasta nuestros días.

El prodigio del Tepeyac comenzó en 1531 y se hace presente en cada esfuerzo personal y comunitario de tantas personas que, a partir de su fe en Jesucristo, de la devoción y el amor a la Virgen de Guadalupe, cobran ánimo para vivir y luchar por su dignidad y su futuro.

III DOMINGO DE ADVIENTO

I LECTURA   Isaías 35:1–6a, 10

Lectura del libro del profeta Isaías

Con el corazón, contempla el sufrimiento de los pobres del mundo mientras proclamas este hermosísimo mensaje de esperanza en Dios, fiel a su alianza.

Esto dice el Señor:
"**Regocíjate**, yermo sediento.
Que se **alegre** el desierto y se **cubra** de flores,
    que **florezca** como un campo de lirios,
    que se alegre y **dé gritos** de júbilo,
    porque le será dada la **gloria** del Líbano,
    el **esplendor** del Carmelo y del Sarón.

Ellos **verán** la gloria del Señor,
    el **esplendor** de nuestro Dios.
Fortalezcan las manos cansadas,
    afiancen las rodillas vacilantes.
Digan a los de corazón apocado:
'**¡Ánimo! No teman.**
He aquí que su Dios,
    vengador y justiciero,
        viene **ya** para salvarlos'.

Rebosante de confianza entona la invitación de Dios a que nadie ceda a las amenazas de la injusticia. La desgracia no tiene la última palabra en la vida de los que creen.

Se **iluminarán** entonces los ojos de los ciegos,
    y los oídos de los sordos se **abrirán.**
Saltará como un ciervo el cojo,
    y la lengua del mudo **cantará.**

Regocíjate y manifiesta este sentir cuando menciones los frutos y señales que produce Dios en aquellos a quienes elige, cuida, protege y rescata.

Volverán a casa los **rescatados** por el Señor,
    vendrán a Sión con **cánticos** de **júbilo,**
        coronados de **perpetua** alegría;
    serán su escolta el **gozo** y la **dicha,**
    porque la pena y la aflicción **habrán terminado**".

I LECTURA   *El profeta sabe consolar y animar el pueblo.* Con un poquito de historia en la mano se puede llegar a entender la realidad del bíblico pueblo de Israel: pequeño, débil y a merced de las grandes potencias de su tiempo que le oprimen y esclavizan sin escrúpulo. Esclavitud, deportación, y exilio son vejaciones que casi acaban con su identidad, su esperanza y sus ganas de luchar. Todos conocemos personas, culturas, naciones y comunidades que bien pueden representar al pueblo de Dios

a quien el profeta invita a no desfallecer, sino a fortalecer las manos y amacizar los pies de todos los de corazón afligido.

Del profeta aprendemos que la esperanza es activa; la esperanza está llena de convicciones, no vive de la inercia. Por eso, hay que evitar la indiferencia y apurarnos en los proyectos y actitudes que hacen presente el Reino de Dios. En otras palabras, la esperanza nos fortalece para hacer algo que valga la pena, nos pone en pie y nos mantiene en lucha.

Como antes Israel, ahora hay un pueblo de Dios en medio de las naciones, en medio de las culturas y con ojos cansados, a punto de desfallecer, por tanto sufrimiento. Con todo, hombres y mujeres, niños y ancianos se resisten a la muerte más cruel, la muerte de la esperanza. Urgen profetas de este pueblo y para este pueblo de Dios que tiene un mensaje para todas las naciones ciegas y atontadas de poder.

Para meditar

SALMO RESPONSORIAL   Salmo 145:6c–7, 8–9a, 9bc–10

R. Ven, Señor, a salvarnos.

El Señor mantiene su fidelidad perpetuamente, hace justicia a los oprimidos, da pan a los hambrientos. El Señor liberta a los cautivos. **R.**

El Señor abre los ojos al ciego, el Señor endereza a los que ya se doblan, el Señor ama a los justos, el Señor guarda a los peregrinos. **R.**

Sustenta al huérfano y a la viuda y trastorna el camino de los malvados. El Señor reina eternamente; tu Dios, Sión, de edad en edad. **R.**

II LECTURA   Santiago 5:7–10

Lectura de la carta del apóstol Santiago

Mira a la asamblea transmitiendo confianza: ella sabe que la paciencea no es pasividad.

Hermanos:
Sean pacientes hasta la venida del Señor.
Vean cómo el labrador, con la **esperanza** de los frutos **preciosos**
    de la **tierra**,
    aguarda **pacientemente** las lluvias tempraneras y las tardías.
Aguarden **también** ustedes **con paciencia**
y mantengan **firme** el ánimo,
    porque la venida del Señor **está cerca.**

Como quien conoce la vida de su comunidad urge desafiante la necesidad del cambio.

No murmuren, hermanos, los unos de los otros,
    para que el día del juicio no sean **condenados.**
Miren que el juez ya está a la puerta.
Tomen como **ejemplo** de paciencia
    en el sufrimiento **a los profetas**,
    los cuales hablaron **en nombre** del Señor.

II LECTURA   *Paciencia activa y esperanza consistente.* Me gusta observar la paz de los ancianos. Sentados en la plaza, platican con sus amigos y recuerdan sus historias. O rodeados de la familia, ellos alimentan la memoria de los jóvenes para que miren con claridad el futuro desde su pasado. Son pacientes porque tienen esperanza, porque vivieron lo mejor que pudieron. También he visto unos cuantos hombres casi ancianos que viven con desesperación porque sienten que no hicieron mucho y sienten que les queda poco tiempo…

La Carta de Santiago no se caracteriza por exponer grandes temas teológicos. Es más bien práctica y enseña cómo hacer vida la fe. El texto de hoy forma parte de una lista de exhortaciones o consejos prácticos para la vida cristiana como la paciencia, la moderación, la honestidad, la oración por los hermanos, la corrección fraterna, etc. Concretamente, Santiago nos pone en actitud de adviento. Podríamos decir que la paciencia y la esperanza excluyen la prisa, no la pasión; alguien puede tener paciencia sólo cuando ha actuado. Como el sembrador, que es paciente sólo si ha trabajado como corresponde, el cristiano puede esperar porque se ha esforzado. Puede confiar en el Señor porque se ha confiado activamente siéndole fiel.

EVANGELIO   Mateo 11:2–11

Lectura del santo Evangelio según san Mateo

En aquel tiempo, Juan se encontraba **en la cárcel**,
    y habiendo oído hablar de **las obras** de Cristo,
    le mandó **preguntar** por medio de dos discípulos:
"¿Eres tú el que **ha de venir** o tenemos que esperar a otro?"

Jesús les respondió:
"**Vayan** a contar a Juan lo que están **viendo y oyendo**:
    los ciegos **ven**, los cojos **andan**,
    los leprosos **quedan limpios** de la lepra,
    los sordos **oyen**, los muertos **resucitan**
    y **a los pobres** se les anuncia el Evangelio.
Dichoso aquél que no se sienta **defraudado** por mí".

Cuando se fueron los discípulos,
    Jesús se puso a hablar a la gente acerca **de Juan**:
"¿Qué fueron ustedes a ver **en el desierto**?
¿Una caña **sacudida** por el viento? No.
Pues entonces, ¿**qué** fueron a ver?
¿A un hombre **lujosamente** vestido?
No, ya que los que visten con lujo **habitan** en los palacios.
¿**A qué** fueron, pues? ¿A ver **a un profeta**?
Sí, yo se **lo aseguro**; y a uno que es todavía **más** que profeta.
Porque de él **está escrito**:
He aquí que yo envío a mi **mensajero**
    para que vaya **delante** de ti y te prepare el **camino**.
Yo les aseguro que **no ha surgido** entre los hijos de una mujer
    ninguno más grande que Juan el **Bautista**.
Sin embargo, el **más pequeño** en el **Reino de los cielos**,
    es todavía **más grande** que él".

Imprime un solmene tono anecdótico al inicio de esta proclamación, como quien abre la puerta y anuncia la entrada de un personaje muy importante.

La respuesta de Jesús incluye una audiencia (los discípulos enviados por Juan), un mensaje y un destinatario (Juan). También está la intención de Mateo y la situación de aquella comunidad eclesial. Medita, ora y visualiza este escenario antes para el momento de la proclamación.

La respuesta de Jesús se vuelve enseñanza magistral después de "Cuando se fueron los discípulos". Acentúa con tu voz y tu mirada esta diferencia. Que la asamblea sienta el cambio.

EVANGELIO *La buena nueva del Reino no es una ilusión.* En el evangelio distinguimos dos momentos de entendimiento. El primero tiene que ver con la obra de Jesús y sus signos concretos. Quiero decir con esto que, la pregunta de si Jesús es el Mesías, o no, se responde con hechos. La realidad está cambiando gracias a Jesús, y eso hace que la pregunta sea pregunta de ciego por voluntad. No quieren reconocer lo que ven, y esto es una actitud de rechazo a Jesús y sus obras. El segundo momento de comprensión se relaciona con las actitudes de rechazo o aceptación ante el reino anunciado por Jesús, y que se dibujan en otros relatos que siguen como Mt 11:20–24 y 11:25–30, donde encontramos ejemplos del rechazo colectivo de unas ciudades donde Jesús anduvo anunciando y realizando obras prodigiosas, o la hermosa oración de Jesús agradeciendo al Padre su voluntad de revelar la aceptación y entendimiento del reino a los sencillos y humildes. Esto le da contexto a la actitud de los discípulos de Juan (en la pregunta del Bautista).

El Evangelio del Reino no es algo ilusorio, sino real. Algo que se puede y se debe experimentar ya. La felicidad es posible y debemos trabajar para hacerla realidad. No es fácil. Se necesitan personas determinadas, aventadas, decididas a volver realidad lo escuchado del Reino que Jesucristo ha sembrado. Nos corresponde cultivar esa obra.

IV DOMINGO DE ADVIENTO

I LECTURA   Isaías 7:10–14

Lectura del libro del profeta Isaías

En **aquellos** tiempos, **el Señor** le habló a Ajaz diciendo:
"**Pide** al Señor, tu Dios, **una señal** de abajo, en **lo profundo**
    o de **arriba**, en lo alto".
Contestó Ajaz: "**No** la pediré. **No** tentaré al Señor".

Entonces dijo Isaías: "Oye, pues, **casa** de David:
¿No satisfechos con **cansar** a los hombres,
    quieren cansar **también** a mi Dios?
Pues bien, **el Señor mismo** les dará por eso **una señal**:
He aquí que la virgen **concebirá** y dará a luz un hijo
    y le pondrán el nombre de **Emmanuel**,
    que quiere decir **Dios-con-nosotros**".

Dios toma la iniciativa en todo, siempre. Ayuda a la asamblea a revivir este sentimiento cuando inicies esta lectura.

Aunque corto, el texto te da oportunidad de ejercitar tu don de buen narrador; procura que los personajes (Dios, Ajaz, el profeta) no se pierdan en el diálogo.

Al mencionar la señal que es la Virgen y el Dios con nosotros, sube el tono y contempla brevemente la asamblea. Por el adviento, este es el nervio de la lectura.

Para meditar

SALMO RESPONSORIAL   Salmo 23:1–2, 3–4a, 5–6

R. Va a entrar el Señor: Él es el Rey de la Gloria.

Del Señor es la tierra y cuanto la llena, el orbe y todos sus habitantes: él la fundó sobre los mares, él la afianzó sobre los ríos. **R.**

¿Quién puede subir al monte del Señor? ¿Quién puede estar en el recinto Sacro? El hombre de manos inocentes y puro de corazón. **R.**

Ése recibirá la bendición del Señor, le hará justicia el Dios de salvación. Éste es el grupo que busca al Señor, que viene a tu presencia, Dios de Jacob. **R.**

I LECTURA | *La promesa del salvador nos confirma y reafirma la fe.* La dinastía de David está a punto de ser tragada por las potencias enemigas. Esto haría estremecer a quienes no alcanzan a ver más allá de los datos históricos duros, pero Ajaz ha decidido creerle a Dios y sus promesas.

Aunque Isaías anunciaba quizá el nacimiento de Ezequías, el heredero del trono, los cristianos oyeron el anuncio del nacimiento del Mesías esperado. Así la historia adquirió un sentido más amplio al ser contemplada con nuevos ojos. En esa línea, el primer problema es creer cuando la calamidad nos abate, y abrirnos a lo que nos desafía y que, aunque nos da miedo, será nuestro mejor futuro. Ahora bien, la calamidad sacude y destruye (Is 7:10–14). De allí la necesidad de estar firmes y es que, si las personas no se afianzan en el Señor, no podrán sobrevivir (7:9). Abrirse al proyecto de Dios, creerle, significa hacer de la palabra de Dios nuestro punto de apoyo; hacer de la fe nuestro centro de gravedad.

Ojalá este texto nos renueve el corazón de adviento para mirar con más amplitud la presencia de Dios en nuestras vidas y en la historia misma de la humanidad.

Imagina la llegada de un nuevo líder a la comunidad que presenta, con respeto y dignidad su persona, su fe y su compromiso con el Evangelio. Ese es el espíritu para esta lectura.

Pareciera que Pablo se cree mucho y es un poco adulador en su fe. Muchos pensaron eso antes. Imprime un sentido de alta dignidad que no raye en la arrogancia.

II LECTURA   Romanos 1:1–7

Lectura de la carta del apóstol san Pablo a los romanos

Yo, **Pablo**, siervo de Cristo Jesús,
   he sido **llamado** por Dios para ser apóstol
   y **elegido** por él para **proclamar** su Evangelio.
Ese Evangelio, que, **anunciado** de antemano
   por los profetas en las **Sagradas Escrituras**,
   se refiere a su Hijo, **Jesucristo**, nuestro Señor,
   que nació, en cuanto a su condición **de hombre**,
del linaje **de David**,
   y en cuanto a su condición de espíritu **santificador**,
   se manifestó con **todo** su poder como **Hijo** de Dios,
   a partir de su **resurrección** de entre los muertos.

Por medio de **Jesucristo**,
Dios me **concedió** la gracia del apostolado,
   a fin de **llevar** a los pueblos **paganos** a la **aceptación** de la fe,
   para **gloria** de su nombre.
Entre ellos, **también** se cuentan ustedes,
   llamados a pertenecer a **Cristo Jesús**.

A **todos** ustedes, los que viven en Roma,
   a quienes Dios **ama** y ha llamado a la **santidad**,
   les deseo **la gracia y la paz** de Dios, nuestro **Padre**,
   y de Jesucristo, **el Señor**.

II LECTURA *El verdadero orgullo del discípulo es anunciar las maravillas de Cristo.* Aunque Pablo no ha fundado la Iglesia de Roma, se dirige a ella con la confianza de su vocación y llamado a edificar el pueblo de Dios que ha de constituirse a partir de todos los elegidos. El apóstol refleja su conciencia histórica al ubicarse a sí mismo en el plan de Dios y, con la profunda experiencia de ser discípulo del Señor, exhorta a los cristianos a que asuman con dignidad su llamado y su misión cristiana. La salvación de Jesús, si bien es personal, está dirigida a todos. La tarea del discípulo misionero tiene dirección, lugar concreto (Roma en este caso), y es lo que le da orientación a nuestra vida.

EVANGELIO ¡No dudes en recibir en tu casa a Jesús! El centro del relato de san Mateo es Jesús. Su nacimiento llega en un momento crucial de la historia de los descendientes de Abraham. Jesús es hijo de un pueblo y de una familia. El evangelio nos toma de la mano para descubrirnos quién es Jesús, el Mesías: la salvación que Dios ofrece a su pueblo.

La primera frase es tajantemente clara y anuncia el sentido del texto. Tómala muy en cuenta, pues debe llamar la atención de los oyentes.

Como quien pinta con la voz, ve dibujando todo lo que "estaba pensando" san José. Es una trama complicada, no fácil de entender con los criterios de un hombre.

El mensaje del ángel pide una lectura más pausada que la del párrafo anterior. Allá era una especie de confusión que va y que viene. Aquí es más bien la paz profunda de Dios que aclara el sentido de las cosas.

Usa el mismo tono del principio de esta lectura. No es ni el ángel, ni los pensamientos y sentimientos de José, sino el evangelista quien concluye la enseñanza del porqué sucedieron las cosas. Toma su lugar.

EVANGELIO   Mateo 1:18–24

Lectura del santo Evangelio según san Mateo

Cristo vino al mundo de la siguiente manera:
Estando **María**, su madre, **desposada** con José,
   y **antes** de que vivieran juntos,
   sucedió que ella, por obra del **Espíritu Santo**,
   estaba **esperando** un hijo.
José, su esposo, que era hombre **justo**,
   no queriendo ponerla en **evidencia**, pensó dejarla **en secreto**.

Mientras pensaba **en estas cosas**,
   un ángel del Señor le dijo en sueños:
"José, **hijo** de David, **no dudes** en recibir en tu casa
   a **María**, tu esposa,
   porque ella **ha concebido** por obra **del Espíritu Santo**.
Dará a luz un hijo y **tú** le pondrás el nombre **de Jesús**,
   porque **él salvará** a su pueblo de sus pecados".

Todo esto sucedió
   para que **se cumpliera** lo que había **dicho** el Señor
   por boca del profeta Isaías:
He aquí que la virgen **concebirá** y **dará a luz** un hijo,
   a quien pondrán el nombre de **Emmanuel**,
   que quiere decir **Dios-con-nosotros**.

Cuando José **despertó** de aquel sueño,
   hizo lo que le **había mandado** el ángel del Señor
   y **recibió** a su esposa.

Con la aparición del ángel a José, el evangelista nos introduce en el mundo de Dios, o mejor dicho, hace presencial a Dios en nuestro mundo con el proyecto de Jesús, pues él será el cumplimiento de todas sus promesas. De ahí que la referencia a Isaías, además de insertar el lugar de la misión de Jesús en la historia de la salvación, revela el significado más hermoso y profundo del nombre y la manera de ser de Dios: un Dios cercano.

El evangelista, sin embargo, nos hace descubrir una actitud implícita en José y María: renuncian a *su propio futuro* para abrirse generosamente *al proyecto de Dios*. José piensa en solucionar todo mediante sus propias valoraciones (v. 19); así estaba mandado y era claro lo que debía hacer. Sin embargo, una vez que percibe la voz de Dios a través de su ángel decide abrazar un proyecto ajeno, como hizo también María (v. 18). Así lo indica la primera cita de cumplimiento del evangelio de Mateo: "todo esto sucedió para que se cumpliera lo que había dicho el Señor…" (v. 22), refiriéndose a la actitud de María pero también a la disponibilidad extrema de José. El proyecto es lo dicho por Dios. Esta disposición para hacer suyo el proyecto salvador de Dios, al precio de los propios planes, queda clara cuando afirma: "Cuando José despertó …hizo lo que le había mandado el ángel del Señor y recibió a su esposa… Ella dio a luz un hijo, al cual llamó Jesús" (vv.24–25).

NATIVIDAD DEL SEÑOR, MISA DE LA VIGILIA

La perseverancia es una especie de terquedad insistente para algo realmente bueno. Asume esa actitud y proclama con insistencia y fuerza esta lectura.

Todos los oyentes saben que no hay nupcias sin amor. Ayúdales a visualizar cuán importante es la alianza de amor entre Dios y su pueblo.

Sella la última frase como una declaración de algo que ya está sucediendo (memoriza esta frase y mira confiado a la comunidad cuando la proclames).

I LECTURA   Isaías 62:1–5

Lectura del libro del profeta Isaías

Por amor a Sión no me callaré
   y por **amor** a Jerusalén no me daré **reposo**,
   hasta que **surja** en ella esplendoroso el justo
   y **brille** su salvación como una antorcha.

Entonces las naciones verán tu justicia,
   y tu gloria **todos** los reyes.
Te llamarán con un nombre **nuevo**,
   pronunciado por **la boca** del Señor.
Serás corona de gloria en la **mano** del Señor
   y **diadema** real en la palma de su mano.

Ya no te llamarán "**Abandonada**",
   ni a tu tierra, "**Desolada**";
   a ti te llamarán "**Mi complacencia**"
   y a tu tierra, "**Desposada**",
   porque el Señor se ha complacido **en ti**
   y se **ha desposado** con tu tierra.

Como un joven se desposa con una doncella,
   se desposará **contigo** tu hacedor;
   como el esposo **se alegra** con la esposa,
   así **se alegrará** tu Dios contigo.

A veces nos sentimos solos, incluso desanimados y como que hasta le perdemos gusto a la vida, porque nos asalta la impresión de que todo empeora. No pocos insisten en que estamos metidos en un callejón sin salida, y hasta les damos la razón al decir: "¿Qué le vamos a hacer?" "¡Ni modo!", "Ya ni llorar es bueno". Prestamos voz al desánimo y a la frustración. Sin embargo, en el fondo, nos resistimos a vivir desgraciados, apachurrados por la fatalidad. Esta resistencia es de máxima importancia para los cristianos, y para todos los que queremos

esforzarnos por ser discípulos de Jesús. No se puede seguir a Jesús sin fe, sin lucha o resistencia, en una palabra, sin esperanza. Dios se ha hecho cercano en el nacimiento de su Hijo para ofrecernos salvación y alentar nuestra vida. Hagamos un plan de vida en esta Navidad para decidirnos a vivir con Jesús, es decir, para darle cabida en nuestra relación con los demás.

I LECTURA *Dios está cerca para salvar.* El evangelio subraya la presencia salvadora de Jesús y explica de qué manera su salvación es realidad, desde los

mismos títulos que le darán al recién nacido. Así indica que será llamado Jesús, *porque* él salvará a su pueblo de sus pecados (Mt 1:21). Su nombre "Jesús" significa precisamente "Dios salva", es decir, Dios socorre, acoge, libra de un peligro y, sobre todo, garantiza una vida con sentido. Entendamos que la salvación consiste en librarnos de cualquier cosa que limite o se oponga al proyecto de vida que Dios tiene para nosotros. Y en esto nadie queda excluido pues "pueblo" somos todos. Dios no nos salva a "control remoto" ni a distancia. Su *salvación* es *cercanía;* por eso, Jesús será llamado

Para meditar

SALMO RESPONSORIAL   Salmo 88:4–5, 16–17, 27 y 29

R. Cantaré eternamente las misericordias del Señor.

Sellé una alianza con mi elegido, jurando a David mi siervo: "Te fundaré un linaje perpetuo, edificaré tu trono para todas las edades". R.

Dichoso el pueblo que sabe aclamarte: caminará, oh Señor, a la luz de tu rostro; tu nombre es su gozo cada día, tu justicia es su orgullo. R.

Él me invocará: "Tú eres mi padre, mi Dios, mi Roca salvadora". Le mantendré eternamente mi favor y mi alianza con él será estable. R.

II LECTURA   Hechos 13:16–17, 22–25

Lectura del libro de los Hechos de los Apóstoles

Revístete de la personalidad de Pablo para que los oyentes reciban este mensaje sobre cómo Dios actúa en la historia.

Al llegar Pablo a Antioquía de Pisidia,
    se puso **de pie** en la sinagoga
    y haciendo una señal **para que se callaran**, dijo:

"Israelitas y cuantos temen a Dios, **escuchen**:
    El Dios del pueblo de Israel **eligió** a nuestros padres,
    engrandeció al pueblo
    cuando éste vivía como **forastero** en Egipto y lo
sacó de allí con todo su poder.
Les dio por rey a David, de quien hizo **esta alabanza**:
He hallado a David, hijo de Jesé,
    hombre según mi corazón,
    quien realizará todos mis designios.

Haz un énfasis significativo cuando llegues al nacimiento del Salvador.

Del **linaje** de David, conforme a la promesa,
    Dios hizo nacer para Israel **un Salvador,** Jesús.
Juan **preparó** su venida,
    predicando **a todo el pueblo** de Israel
    un bautismo **de penitencia**,
    y hacia **el final** de su vida,
Juan decía:
    'Yo **no soy** el que ustedes piensan.
    Después de mí
    viene uno a quien **no merezco** desatarle las sandalias' ".

Con la elocuencia de Pablo, da voz a Juan Bautista, ejemplo de quienes preparan el camino del Señor: Haz tuyas su identidad (sabe quién es), humildad (no se hace menos) y claridad (sabe quién es el Señor)

Emmanuel, es decir, *Dios con nosotros* (1:23; 28:20). Dios está cerca.

II LECTURA *Las personas necesitamos colaborar en el plan de salvación.* Sin la participación de la virgen María y de san José, el proyecto de Dios quedaría en palabras. María acepta ser madre y asume las consecuencias, mortales en aquel tiempo —¡y en éste!— y José, por su parte, colabora en este proyecto de salvación aun cuando resulte difícil compren-

derlo en su totalidad. A la vez, se necesita una especial asistencia de Dios a través de su Espíritu: "lo engendrado en ella es del Espíritu Santo" (Mt 1:20).

El profeta Isaías (62:1–5) es muy optimista por dos razones: el profeta no guardará silencio, no callará "hasta que irradie como luz su justicia y su salvación brille como antorcha" (v. 1). Podríamos decir que, ante la presencia intensamente salvadora del Hijo de Dios se necesita ser como Isaías: no hay que callar en tanto que la salvación de Dios no se vaya haciendo presente. Esta salvación hecha realidad es lo que da nueva

identidad al pueblo de Dios. Y desde esta perspectiva, el contenido de Hechos de los Apóstoles (13:16–17, 22–25), la presencia de la salvación no es una simple acción sino una reacción, es decir, tiene que ver con lo que realmente necesita la humanidad; por eso es historia de salvación. De ahí que María de Nazaret sea reconocida en la Iglesia como prototipo de la fe, es decir modelo y ejemplo a seguir. Creer y seguir a Jesús tiene que ver con una fe viva que reaviva y nos convierte en profetas de esperanza para el mundo actual.

EVANGELIO   Mateo 1:1–25

Lectura del santo Evangelio según san Mateo

Genealogía de Jesucristo,
   hijo de David, hijo de Abraham:
Abraham **engendró** a Isaac, Isaac a Jacob,
   Jacob a Judá y **a sus hermanos**;
   Judá **engendró** de Tamar a Fares y a Zará;
   Fares a Esrom, Esrom a Aram, Aram a Aminadab,
   Aminadab a Naasón, Naasón a Salmón,
   Salmón engendró **de Rajab** a Booz;
   Booz engendró de Rut a Obed,
   Obed a Jesé, y Jesé **al rey David**.

David engendró de la mujer de Urías **a Salomón**,
   Salomón a Roboam, Roboam a Abiá, Abiá a Asaf,
   Asaf a Josafat, Josafat a Joram, Joram a Ozías,
   Ozías a Joatam, Joatam a Acaz, Acaz a Ezequías,
   Ezequías a Manasés, Manasés a Amón, Amón a Josías,
   Josías engendró a Jeconías y a sus hermanos,
   durante **el destierro** en Babilonia.

Después del destierro en Babilonia,
   Jeconías **engendró** a Salatiel, Salatiel a Zorobabel,
   Zorobabel a Abiud, Abiud a Eliaquim,
   Eliaquim a Azor, Azor a Sadoc, Sadoc a Aquim,
   Aquim a Eliud, Eliud a Eleazar, Eleazar a Matán,
   Matán a Jacob, y Jacob engendró **a José**,
   el esposo de María, de la cual nació **Jesús**, llamado Cristo.

De modo que **el total** de generaciones
   desde Abraham hasta David, es de **catorce**;
   desde David **hasta la deportación** a Babilonia, es **de catorce**,
   y de la deportación a Babilonia **hasta Cristo**, es de **catorce.**

Muestra en los primeros versos tus dotes de buen narrador. Proclama con emoción la belleza de la historia a través de los nombres que forman la genealogía de Jesús.

Las explicaciones que ofrece Mateo ("de modo que el total de generaciones" y "todo esto sucedió para que") son muestra de su genio catequético y habilidad pedagógica. No desaproveches esta oportunidad de que a todos suene más comprensible el evangelio.

EVANGELIO   *Jesús, el Emmanuel, es de nuestra familia humana.* Llama enormemente la atención que el evangelio de Mateo inicie con la lista familiar a la que pertenece Jesús. Esos listados servían para señalar que alguien no era "nuevo" ni extraño, sino que pertenecía a una raza o linaje honorable. Mateo señala que Jesús es descendiente de Abraham y de David (Mt 1:1, 2, 6, 17). Así entendemos que de una generación a otra, en ese pasar la vida, se pasa también el ansia de salvación que los creyentes en Dios abrigan siempre. Ese anhelo tiene respuesta en la carne y sangre Jesús. El Dios-con-nosotros halla su tiempo y lugar en el seno de nuestra familia humana.

A fin de cuentas, por ser uno de nuestra raza, en su familia hay de todo, unos que son ejemplares y otros que no. Así es el caminar humano donde se muestra el Dios que salva. Es una historia marcada por la fidelidad esforzada (Abraham y David), pero también por errores y pecados. Esto significa que el Hijo de Dios asume nuestra historia entera, nuestra familia humana, con sus aciertos y errores. Podríamos decir, por tanto, que la presencia salvífica del Hijo de Dios no excluye absolutamente a nadie; al contrario, congrega a todos.

Un poco de justicia: José es poco valorado en los evangelios y en toda la historia de la Iglesia. Resalta con fuerza la calidad de su fe.

Cristo vino al mundo de la siguiente manera:
Estando María, su madre, **desposada** con José,
    y **antes** de que vivieran juntos,
    sucedió que ella, **por obra** del Espíritu Santo,
    estaba **esperando** un hijo.
José, su esposo, que era hombre **justo**,
    no queriendo ponerla **en evidencia**,
    pensó dejarla **en secreto**.

Mientras pensaba en estas cosas,
    un ángel del Señor le dijo **en sueños:**
    "José, **hijo** de David,
    no dudes en recibir en tu casa a María, tu esposa,
    porque ella ha concebido **por obra** del Espíritu Santo.
Dará a luz un hijo
    y **tú** le pondrás el nombre de **Jesús**,
    porque él **salvará** a su pueblo de sus pecados".

Todo esto sucedió
    para que **se cumpliera** lo que había **dicho** el Señor
    por boca del profeta **Isaías:**
He aquí que la virgen concebirá y dará a luz un hijo,
    a quien pondrán el nombre de Emmanuel,
    que quiere decir Dios-con-nosotros.

Cuando José **despertó** de aquel sueño,
    hizo lo que **le había mandado** el ángel del Señor
    y **recibió** a su esposa.
Y sin que él **hubiera tenido** relaciones con ella,
    María dio a luz un hijo
    y él le puso por nombre **Jesús**.

Versión corta: Mateo 1:18–25

Los sueños son algo muy serio y profundo en la vida de las personas y la cultura del tiempo de Jesús (algo parecido a los pueblos indígenas de las Américas). Nárralos con dignidad, respeto y credibilidad.

La salvación de Dios requiere la respuesta de todas las personas. Quizás por eso enlista Mateo, además de María la madre de Jesús, a cuatro mujeres: Tamar, Rajab, Rut y la mujer de Urías (Betsabé). Ellas tomaron iniciativas o desempeñaron un papel muy importante en el proyecto de salvación de Dios. Aquellas mujeres —y aquí entran las posibilidades que tiene todo ser humano— decidieron involucrar su vida en la vida del pueblo de Dios. Allí se les dio la salvación.

NATIVIDAD DEL SEÑOR, MISA DE MEDIANOCHE

Nuestro pueblo sufre, a veces muy calladamente, pero se nota en los rostros y hasta en la inmensidad de risas y entretenimientos… Apropia el mensaje del profeta y llena los corazones de esta buena noticia.

Como tejiendo con la palabra, amaciza nudos de vez en cuando, y refuerza verbos "engrandecer", quebrantar" para que se sienta el poder de la presencia de Dios.

Los dones que llegan con el niño de la casa de David nos alcanzan hoy… Proclama esta parte como quien danza en la historia universal de salvación.

I LECTURA   Isaías 9:1–3, 5–6

Lectura del libro del profeta Isaías

El pueblo que caminaba en tinieblas
   vio una **gran luz**;
     sobre los que **vivían** en tierra de sombras,
       una luz **resplandeció**.

Engrandeciste a tu pueblo
   e hiciste **grande** su alegría.
Se gozan en tu presencia como gozan al **cosechar**,
   como **se alegran** al repartirse el botín.
Porque tú **quebrantaste** su **pesado** yugo,
   la barra que **oprimía** sus hombros y **el cetro** de su tirano,
   como en el **día** de Madián.

Porque un niño **nos ha nacido**, **un hijo** se nos ha dado;
   lleva sobre sus hombros **el signo** del imperio y su nombre será:
"Consejero **admirable**", "Dios **poderoso**",
"**Padre** sempiterno", "**Príncipe** de la paz";
   para **extender** el principado con una paz **sin límites**
   sobre el **trono** de David y sobre su reino;
   para **establecerlo** y consolidarlo
   con la **justicia** y el derecho, desde **ahora y para siempre**.
El **celo** del Señor lo **realizará**.

A veces pensamos que lo práctico es lo mejor, o que lo importante es lo espectacular. La fiesta de la Navidad nos recuerda que lo más relevante siempre será la fraternidad en la construcción de la paz, y que lo más importante siempre aparecerá envuelto en sencillez. Y es que Dios ha querido manifestarse, de manera especial, en los pobres y sencillos, como en su Palabra eterna envuelta en pañales.

I LECTURA   *Y la paz con equidad y justicia…* Con la imagen de la luz, el profeta habla del cambio profundo que sucederá en el caminar del pueblo, terminado el destierro. Tiene la convicción de que Dios nunca abandonará a los suyos, y de que la opresión y el sufrimiento no son definitivos. La razón profunda de este cambio es el niño recién nacido. Los cristianos leyeron este anuncio como una profecía — es decir, esta promesa— sobre el nacimiento de Cristo. Con él, llega una época de paz, de esperanza firme y compromiso generoso "con la justicia y el derecho" (v. 6).

El anuncio de Isaías hace sentido con el nacimiento de Jesús, no porque el profeta tenga dotes de adivino, sino por el sentido profundo de las cosas y de los acontecimientos. Los cristianos entendieron esto y se hicieron Iglesia: Dios ve mucho más allá que nosotros y teje su plan de salvación para nosotros. No hay mejor manera de prepararnos para el encuentro definitivo con Jesús que cultivando una mentalidad abierta a la obra de Dios, ahora mediante el impensado nacimiento de Jesús.

II LECTURA   *El verdadero fervor existe para practicar el bien.* Tito es el primer misionero cristiano de origen pagano y un ejemplo de eficacia pastoral y de colaboración. Discípulo de Jesús bajo el

SALMO RESPONSORIAL   Salmo 95:1–2a, 2b–3, 11–12, 13

R. Hoy nos ha nacido un Salvador: el Mesías, el Señor.

Canten al Señor un cántico nuevo, canten al Señor, toda la tierra; canten al Señor, bendigan su nombre. **R.**

Proclamen día tras día su victoria. Cuenten a los pueblos su gloria, sus maravillas a todas las naciones. **R.**

Alégrese el cielo, goce la tierra, retumbe el mar y cuanto lo llena; vitoreen los campos y cuanto hay en ellos. Aclamen los árboles del bosque. **R.**

Delante del Señor, que ya llega, ya llega a regir la tierra: regirá el orbe con justicia y los pueblos con fidelidad. **R.**

II LECTURA   Tito 2:11–14

Lectura de la carta del apóstol san Pablo a Tito

Querido hermano:
La **gracia** de Dios se ha **manifestado**
para salvar a **todos** los hombres
   y nos ha enseñado a **renunciar**
      a la vida sin religión y a los deseos mundanos,
      para que vivamos, ya **desde ahora**,
      de una manera **sobria**, justa y fiel a Dios,
      en espera de la **gloriosa** venida del **gran** Dios y Salvador,
   Cristo Jesús, **nuestra** esperanza.
Él se entregó por nosotros para redimirnos
   de todo pecado y purificarnos,
a fin de convertirnos en **pueblo suyo**,
   fervorosamente entregado a practicar el bien.

liderazgo de Pablo. Esta carta, junto con la de Timoteo, se cuenta entre las Cartas Pastorales por el sentido práctico de sus orientaciones para el ministerio de los pastores. Me gustaría resaltar una valiosa línea que brota de este texto para nuestra vida hoy: vivir con sobriedad.

Típicamente el que no está sobrio es aquel que "no anda en sus cabales" y que por estar "fuera de sí" no sabe conducirse en la vida y hasta puede hacerse daño o dañar a los demás. Una sobriedad integral resulta muy saludable, pues nos impulsa a practicar el bien que la presencia de Jesús y de nuestros hermanos nos exigen.

EVANGELIO *Con el nacimiento de Jesús es posible la verdadera fraternidad.* La referencia de Lucas al edicto de César Augusto no es casual ni inocente. En tiempos de Augusto, autoridad suprema del imperio romano, se habían multiplicado las inscripciones que lo aclamaban "salvador" y "dios". Ante esta pretensión Lucas deja claro que el verdadero Salvador ha llegado. Es lo que anuncia el ángel a los pastores. Lucas deja claro que ante una realidad de opresión absoluta por parte de alguien que se presenta como "salvador" y "señor" llega el verdadero Salvador y Señor. Podríamos decir, por tanto, que Jesús nace para que no

haya más dominación de unos sobre otros; él es el único Señor, el único Mesías. Todos los demás, sin excepción, somos hermanos.

El evangelio también subraya la grandeza de Jesús recién nacido en la sencillez de su nacimiento. En tres ocasiones se menciona el modo en que es presentado Jesús; así, se dice que María dio a luz su primogénito "lo envolvió en pañales y lo acostó en un pesebre porque no tenían sitio en el albergue" (v. 7); el ángel indica a los pastores como señal de reconocimiento, "un niño envuelto en pañales y acostado en un pesebre" (v. 11); posteriormente, cuando los pas-

La 'movilidad humana' o migración mundial desafía todas esas formas internas de control en países e imperios. Toma en cuenta este dato al proclamar el evangelio.

La familia en donde nace Jesús, es ordinaria y sencilla. La distingue su fe y la manera de conducirse en la vida. Ayuda a los oyentes a ver con estos ojos a José y María.

Orienta tu corazón hacia los pobres y sencillos de tu comunidad al proclamar. Ellos deben resonar en la imagen de María y los pastorcillos.

Imprime poder a las palabras del ángel para que todos sintamos la protección de Dios y la certeza de que nadie, absolutamente nadie, está por encima de él y su voluntad.

EVANGELIO   Lucas 2:1–14

Lectura del santo Evangelio según san Lucas

Por **aquellos** días,
   se **promulgó** un edicto de César Augusto,
   que **ordenaba** un censo de todo el imperio.
Este **primer** censo se hizo cuando **Quirino**
      era gobernador de Siria.
Todos iban a empadronarse, **cada uno** en su **propia** ciudad;
   así es que **también** José,
      perteneciente a la casa y familia **de David**,
   se dirigió **desde** la ciudad de **Nazaret**, en Galilea,
   a la ciudad de David, llamada **Belén**, para **empadronarse**,
   juntamente con María, **su esposa**, que estaba encinta.

Mientras estaban ahí, le **llegó** a María el tiempo de **dar a luz**
   y tuvo a su hijo **primogénito**;
   lo **envolvió** en pañales y **lo recostó** en un pesebre,
   porque **no hubo** lugar para ellos en la posada.

En **aquella** región había unos pastores
   que pasaban la noche en el campo,
   vigilando **por turno** sus rebaños.
Un **ángel** del Señor se les apareció
   y **la gloria** de Dios los **envolvió** con su luz
   y **se llenaron** de temor.
El **ángel** les dijo: "**No teman**. Les traigo una **buena** noticia,
   que causará **gran** alegría a **todo** el pueblo:
   hoy les ha nacido, en la ciudad de David, **un salvador**,
   que es el **Mesías**, **el Señor**.
Esto les servirá **de señal**:
   encontrarán al niño **envuelto** en pañales
      y **recostado** en un pesebre".

De pronto se le unió al ángel **una multitud** del ejército celestial,
   que **alababa** a Dios, diciendo: "**¡Gloria** a Dios en el cielo,
   y en la tierra **paz** a los hombres de **buena** voluntad!"

tores van a Belén, se dice que "encontraron a María y a José y al niño acostado en un pesebre" (v. 16). El nacimiento de Jesús es presentado de manera sencilla y profunda; y es que, no es necesariamente lo grandioso lo que cambia la historia sino lo profundo; lo que hace avanzar la vida no es la espectacularidad sino la gratuidad.

Los primeros destinatarios del anuncio del nacimiento de Jesús según Lucas fueron los pastores (2:8–20). Ellos eran representantes natos de las clases marginadas, equiparados a recaudadores y publicanos, ladrones por obligación y profesión. A ellos el ángel les pide que no tengan miedo por-

que les anuncia una gran alegría que será también para todo el pueblo (v. 10). Son estas personas despreciadas las primeras en darse cuenta de que un nuevo tiempo ha iniciado. Ellas fueron capaces de aceptar y reconocer, la señal dada por el ángel: "un niño envuelto en pañales y acostado en un pesebre" (v. 13). Reconocieron la grandeza inmensa en la sencillez concreta. Los pastores son modelo de quien reconoce al Mesías: "se volvieron glorificando y alabando a Dios por todo lo que habían oído y visto" (v. 20). El evangelio precisa que el nacimiento de Jesús es una invitación clara a evitar las exclusiones; por eso insiste en que los

primeros destinatarios y portavoces son los más excluidos; no desea afirmar que los pastores fueran buenos sino que tenían necesidad de ser integrados a la comunidad en el nuevo tiempo iniciado con el nacimiento de Jesús. Las barreras no las pone Dios; las inventamos y conservamos los seres humanos para defender falsos intereses. Por eso mismo, a nosotros —obviamente con la ayuda de Dios— nos corresponde derribarlas. Además, el evangelio insiste en que una cosa realmente importante en la vida de fe es captar en lo ordinario lo extraordinario, en lo humano lo divino, en lo sencillo lo profundo...

NATIVIDAD DEL SEÑOR, MISA DE LA AURORA

I LECTURA   Isaías 62:11–12

Lectura del libro del profeta Isaías

Escuchen lo que el Señor hace oír
   hasta el **último** rincón de la tierra:

   "**Digan** a la hija de Sión:
   Mira que **ya llega** tu salvador.
El **premio** de su victoria lo acompaña
   y **su recompensa** lo precede.
   Tus hijos serán llamados '**Pueblo santo**',
   '**Redimidos** del Señor', y **a ti** te llamarán
   'Ciudad **deseada**, Ciudad **no abandonada**'".

SALMO RESPONSORIAL   Salmo 96:1 y 6, 11–12

R Hoy brillará una luz sobre nosotros, porque nos ha nacido el Señor.

El Señor reina, la tierra goza, se alegran las islas innumerables. Los cielos pregonan su justicia y todos los pueblos contemplan su gloria. R.

Amanece la luz para el justo, y la alegría para los rectos de corazón. Alégrense, justos con el Señor, celebren su santo nombre. R.

II LECTURA   Tito 3:4–7

Lectura de la carta del apóstol san Pablo a Tito

Hermano:
Al **manifestarse** la bondad de Dios, nuestro salvador,
   y su amor **a los hombres**, él **nos salvó**,

La proclamación del nuevo comienzo para el pueblo te pide conciencia, claridad y fuerza contundente al proclamar la Palabra. Hazte sentir.

Impregna de solemnidad el anuncio que pide el Señor. La comunidad está sedienta de nueva vida, de nuevas promesas.

Para meditar

La palabra "hermano" está muy desgastada en nuestros ambientes. Rescata su sentido y pronúnciala desde tu corazón; dísela con ternura a la comunidad.

La Navidad nos asoma al misterio de nacer a la vida. Cada vez que nace un niño o niña, la bondad creadora de Dios se manifiesta y nos recuerda la vocación máxima: cuidar la vida, cultivar a diario la alegría y la ternura de poder ver, sentir y aspirar a ser felices.

I LECTURA *El Señor se hace oír en todos los rincones de la vida.* Después del exilio, la comunidad se encuentra con sentimientos encontrados: el recuerdo de un pasado tormentoso y la oportunidad de ser un pueblo nuevo. Debe descubrir la presencia de Dios en todo

momento, especialmente viendo hacia adelante, a un futuro mejor. La imagen de Jerusalén como esposa recala en la identidad de los rescatados por el Señor y relanza a un nuevo proyecto de pueblo con nuevos espacios, metas e instituciones que sustenten el bienestar de todos. Más que un re-encuentro es un nuevo noviazgo, una nueva etapa del pueblo de Dios. No hay verdadero pueblo de Dios si el pueblo no descubre a Dios, y su propia historia, con nuevos ojos y nueva esperanza. Hasta el último rincón de la ciudad, hasta en el último recoveco de la vida y de la conciencia se hace oír el Señor,

la auténtica escucha se presenta como necesaria cualidad de todos.

II LECTURA *La misericordia de Dios nos apremia.* Tito presenta otro discurso sobre lo que significa la bondad de Dios en Cristo, en la vida ordinaria de cada bautizado. Todo lo que el cristiano hace es sólo una respuesta a la salvación ya realizada y ofertada por Dios. Nada de lo que hacemos nos salva, es Dios mismo quien nos salva. Esto debe darnos mucha paz y confianza para hacer los esfuerzos máximos de respuesta, sin ansiedad desesperada,

Haz que la misericordia que aquí se anuncia llegue al corazón de los presentes. Inyecta misericordia a tu mirada y al color de tu voz.

Recalca las personas de la Santísima Trinidad en la obra de Jesús que nos nace y nos hace renacer.

Inicia con una pausa breve mientras observas a la asamblea, como quien está continuando la segunda parte de un relato.

Enfatiza la ansiedad y prontitud para que la asamblea perciba la alegría de los pobres en la urgencia que brota cuando encuentran al Señor y sus buenas noticias.

Esfuérzate para que todos perciban la ternura y sabiduría de María junto a Jesús y los pastores.

Guarda en tu oración a los pobres y necesitados de la comunidad parroquial y del vecindario.

no porque nosotros hubiéramos hecho algo **digno de merecerlo**,
sino por **su misericordia.**
Lo hizo mediante **el bautismo**, que nos **regenera** y nos renueva,
por **la acción** del Espíritu Santo,
a quien Dios derramó **abundantemente** sobre nosotros,
por Cristo, nuestro **Salvador.**
Así, **justificados** por su gracia,
nos convertiremos en **herederos**,
cuando se realice **la esperanza** de la vida eterna.

EVANGELIO   Lucas 2:15–20

Lectura del santo Evangelio según san Lucas

Cuando los ángeles los dejaron para **volver** al cielo,
los pastores se dijeron unos a otros:
"**Vayamos** hasta Belén,
para ver **eso** que el Señor nos ha **anunciado**".

Se fueron, pues, **a toda prisa** y encontraron a María,
a José **y al niño**, recostado en el pesebre.
Después de verlo, **contaron** lo que se les había dicho
de aquel niño,
y cuantos los oían quedaban **maravillados.**
María, por su parte,
guardaba todas estas cosas y las **meditaba** en su corazón.

Los pastores se **volvieron** a sus campos,
alabando y **glorificando** a Dios
por **todo** cuanto habían visto y oído,
según lo que se les había **anunciado.**

más bien con gozo, responsabilidad y confianza en la obra de Dios. Cada vez que abrimos los ojos, en realidad no podemos sino dar gloria a Dios por su bondad sin límites. Esa es nuestra herencia, vivir en la salvación otorgada por Cristo.

EVANGELIO San Lucas pone una nota muy interesante al combinar ingredientes divinos (los ángeles) con los nuestros: Los pastores tienen una visión clara, una contemplación profunda. Con todo, aquello no les deja quietos y absortos, como "fuera del mundo". Todo lo contrario, su sabiduría contemplativa los mueve a mirarse y ponerse de acuerdo entre sí para caminar, andar, avanzar y ver lo que se les ha anunciado.

El evangelio de Lucas es el que pone más énfasis en los pobres como destinatarios del mensaje de Jesús, del amor de Dios. Y no es una visión dulzona o ingenua como diciendo que los pobres son buenos o no requieren convertirse. Es más bien una prueba para comprender la manera de ser de Dios, su absoluta bondad y justicia.

María es al mismo tiempo una mujer, joven y pueblerina. Es de aquel grupo de gentes (mujeres, niños y pastores) que valían cero a la izquierda en el templo, la religión, la cultura y el estado.

A los niños se les prohibirá acercarse a Jesús y él los pondrá en el centro de los reflectores del reino; a los pobres se les acusaba de pecadores y causantes de su propio destino, Jesús los adoptará, igual que a estos pastorcillos, como heraldos y testigos de la misericordia de Dios; a las mujeres que no tienen crédito alguno, Jesús las constituye en testigos privilegiadas de su resurrección. Meditemos, como María, muy atentamente éstas y otras muchas cosas más.

NATIVIDAD DEL SEÑOR, MISA DEL DÍA

Pocas buenas noticias llegan a nuestra vida. La televisión, la tecnología y el correo no traen casi ninguna. Por eso tu proclamación deberá ser como luz que rompe esas paredes de desesperanza pasiva.

Eres centinela de la paz (en la casa, el trabajo, o a nivel internacional): ¡Despiértanos! No con voz estruendosa sino con la fuerza de la convicción.

Haz una oración personal con esta lectura. Así, la proclamación se convertirá en tu programa de vida. Ver y ayudar a ver.

I LECTURA   Isaías 52:7–10

Lectura del libro del profeta Isaías

¡**Qué hermoso** es ver correr sobre los montes
    al mensajero que **anuncia** la paz,
    al mensajero que trae **la buena nueva**,
    que **pregona** la salvación,
    que dice a Sión: "Tu Dios **es rey**"!

Escucha: Tus centinelas **alzan** la voz
    y todos a una gritan alborozados,
    porque ven **con sus propios ojos** al Señor,
    que retorna a Sión.

Prorrumpan en gritos **de alegría**, ruinas de Jerusalén,
    porque el Señor **rescata** a su pueblo, **consuela** a Jerusalén.
Descubre el Señor su santo brazo
    a la vista **de todas** las naciones.
Verá la tierra **entera**
    la salvación que viene de **nuestro** Dios.

"Lo malo no es tener problemas, lo peor es estar solos" decía en cierta ocasión una anciana con su sabiduría alegre y cordial. La soledad no sólo es dolorosa sino desorientadora y desalienta; baja las ganas de vivir, aturde los sentidos para ver, escuchar, caminar y gozar con los amigos y con Dios.

I LECTURA *Gocemos de la belleza de la armonía que trae la justicia.* Estamos ante uno de los texto más hermosos sobre la hermosura (permítaseme esta redundancia) de la presencia de Dios. Cuando Dios reina las cosas cambian. No sólo cambia la mirada para ver las cosas de otra manera; la realidad misma cambia. Esta profecía, anuncio esperanzador de Isaías se cumplió y se seguirá cumpliendo mientras haya necesidad de ello y fe en Dios. Alguna

antropóloga inglesa, de fama, escribió alguna vez que el anuncio profético es una broma universal porque nunca se cumple. Muchos estarían de acuerdo y desean que ya no soñemos con la justicia y un mundo al modo de Dios. Sin embargo, aquí estamos. Aquí está la Navidad. Aquí andan las comunidades que creen, esperan y luchan, justamente porque hay sueños por realizar. Aquí estamos haciéndonos Iglesia y con Isaías

Para meditar

SALMO RESPONSORIAL   Salmo 97:1, 2–3ab, 3cd–4, 5–6

R. Los confines de la tierra han contemplado la victoria de nuestro Dios.

Canten al Señor un cántico nuevo, porque ha hecho maravillas. Su diestra le ha dado la victoria, su santo brazo. R.

El Señor da a conocer su victoria; revela a las naciones su justicia: se acordó de su misericordia y su fidelidad en favor de la casa de Israel. R.

Los confines de la tierra han contemplado la victoria de nuestro Dios. Aclamen al Señor, tierra entera, griten, vitoreen, toquen. R.

Toquen la cítara para el Señor, suenen los instrumentos: con clarines y al son de trompetas aclamen al rey y Señor. R.

O bien:

Para meditar

SALMO RESPONSORIAL   Salmo 147:12–13, 14–15, 19–20

R. El verbo se hizo carne y habitó entre nosotros.

Glorifica al Señor, Jerusalén; alaba a tu Dios, Sión, que ha reforzado los cerrojos de tus puertas y ha bendecido a tus hijos dentro de ti. R.

Ha puesto paz en tus fronteras, te sacia con flor de harina; él envía su mensaje a la tierra y su palabra corre veloz. R.

Anuncia su palabra a Jacob, sus decretos y mandatos a Israel; con ninguna nación obró así, ni les dio a conocer sus mandatos. R.

II LECTURA   Hebreos 1:1–6

Lectura de la carta a los hebreos

Abre con un tono magistral, como quien va a iniciar una enseñanza amplia y de máximo alcance. Ese es el asunto aquí.

En **distintas** ocasiones y **de muchas** maneras
    habló Dios en el pasado a nuestros padres,
    por **boca de los profetas**.
Ahora, **en estos** tiempos,
    nos ha hablado **por medio de su Hijo**,
    a quien constituyó **heredero** de todas las cosas
    y por medio del cual **hizo** el universo.

Enumera pausadamente las cualidades de la revelación de Dios y de Jesús mismo, mirando de vez en cuando a la comunidad. Se está poniendo fundamento a la fe.

El Hijo es el **resplandor** de la gloria de Dios,
    la imagen **fiel** de su ser
    y el sostén **de todas las cosas** con su palabra **poderosa**.

que nos abre los ojos para repensar y transformar la imagen y función de quienes cuidan de la fe (centinelas), para que no solo avisen de peligros y desgracias, sino que vean y anuncien los pasos de la vida y la alegría de las noticias de salvación.

II LECTURA La Carta a los Hebreos, como cada escrito del Nuevo Testamento, refleja la vida de una comunidad, su fe y sus desafíos. Particular y profunda en su mensaje y sus propuestas; centrada en Cristo y su obra redentora, típicamente se ha considerado la carta del sacerdocio. No porque sea para los sacerdotes católicos sino porque considera a Cristo como sacerdote para la salvación del mundo. Los destinatarios, aquí llamados "hebreos", serían judíos, cristianos de segunda generación. Entre otras cosas, toda segunda generación cae en serios descuidos, deja de respetar sus raíces, descuida la vida intercomunitaria y se confunde al construir su identidad. Por eso, esta carta recurre a Cristo como centro y culmen del tiempo, para ubicarnos en la historia de la revelación.

Él mismo, después de efectuar la **purificación** de los pecados,
se sentó **a la diestra** de la majestad de Dios, en **las alturas**,
tanto **más encumbrado** sobre los ángeles,
cuanto **más excelso** es el nombre que, **como herencia**,
le corresponde.

Porque ¿**a cuál** de los ángeles le dijo Dios:
Tú eres mi Hijo; yo te he engendrado hoy?
¿O de qué ángel dijo Dios: Yo seré para él un padre
y él será para mí un hijo?
Además, en **otro** pasaje,
cuando introduce en el mundo a **su primogénito**, dice:
Adórenlo todos los ángeles de Dios.

EVANGELIO   Juan 1:1–18

Lectura del santo Evangelio según san Juan

En el principio **ya existía** aquel que es la Palabra,
y aquel que es **la Palabra** estaba con Dios y **era Dios**.
Ya en el principio él estaba **con Dios**.
Todas las cosas vinieron a la existencia **por él**
y sin él **nada** empezó de cuanto existe.
Él era **la vida**, y la vida era **la luz** de los hombres.
La luz **brilla** en las tinieblas
y las tinieblas **no la recibieron**.

Hubo un hombre **enviado** por Dios, que se llamaba Juan.
Este vino como **testigo**, para dar **testimonio** de la luz,
para que todos creyeran **por medio de él**.
Él no era la luz, sino **testigo** de la luz.

Las preguntas no deben sonar como adivinanzas o cuestionamiento a los oyentes, sino como una invitación directa a pensar bien las cosas de Dios; el asunto de Jesús.

Acompaña esta bella pieza de poesía teológica con elocuencia y ritmo suave. Con tu actitud, invita contemplar el misterio.

EVANGELIO *Para que tengamos vida y no caminemos confundidos.* Este evangelio remarca que la función de la Palabra de Dios tiene que ver con la vida (1:3). Para dejarlo bien claro dice que Él mismo es la vida (5:24; 6:35; 11:25–26). De hecho, el fin de la encarnación es que el ser humano participe de la vida divina (3:16), de la vida eterna, la que no se acaba (17:3).

Es tan real esa vida que todos, sin excepción, pueden participar de ella; la única condición es creer (3:15). Creer significa, entre otras cosas, estar dispuesto a ejecutar la voluntad de Dios; volverse verdaderos discípulos viviendo en el amor, la verdad, la unidad, etc. Por eso, la vida eterna se comienza a experimentar desde ahora (Jn 11).

Jesucristo es la Luz (1:4–5, 9). La luz ilumina para orientar. El tema de la luz adquiere todavía más significado cuando lo relacionamos con la proclamación que hará Juan el Bautista al señalar a Jesucristo como "el Cordero de Dios que quita el pecado del mundo" (1:29). Gracias a la Encarnación, el ser humano no sólo tiene posibilidades de arrepentirse, de abandonar las tinieblas,

Esta narración sobre el Bautista es una obra de arte por su brevedad. Siéntela y transmítela así.

Aquel que es la Palabra era la luz **verdadera**,
    que ilumina **a todo hombre** que viene a este mundo.
En el mundo **estaba**;
    el mundo había sido hecho **por él**
    y, sin embargo, el mundo **no lo conoció**.

Vino a los suyos y los suyos **no lo recibieron**;
    pero **a todos** los que lo recibieron
    les **concedió** poder llegar a ser **hijos** de Dios,
    a los que **creen** en su nombre,
    los cuales **no nacieron** de la sangre,
    ni del deseo de la carne, ni por voluntad **del hombre**,
    sino que nacieron **de Dios**.

Y aquel que es la Palabra **se hizo hombre**
    y **habitó** entre nosotros.
Hemos visto **su gloria**,
    gloria que le corresponde como a **Unigénito** del Padre,
    lleno de gracia y **de verdad**.

Juan el Bautista **dio testimonio** de él, clamando:
    "**A éste** me refería cuando dije:
    'El que viene **después** de mí, tiene **precedencia** sobre mí,
    porque **ya existía** antes que yo' ".

De su plenitud hemos recibido **todos** gracia sobre gracia.
Porque **la ley** fue dada por medio de Moisés,
    mientras que la gracia y la verdad vinieron **por Jesucristo**.
A Dios **nadie** lo ha visto **jamás**.
    El Hijo **unigénito**, que está en el seno del Padre,
    es quien lo **ha revelado**.

Versión corta: Juan 1:1–5, 9–14

Imagina y visualiza un símbolo (el evangelista, la luz, etc.) dentro de ti al proclamar el evangelio. Desde allí comunica el evangelio.

sino que, sobre todo, tiene la seguridad de que puede —si así lo quiere— recapacitar siempre. No basta con abandonar las tinieblas; es indispensable recapacitar en las causas, consecuencias y pretextos por los que abandonamos la luz; en otras palabras, no es suficiente con arrepentirnos, es indispensable recapacitar, es decir, reflexionar cuidadosa y detenidamente sobre nuestro comportamiento, como hacen precisamente aquellos y aquellas que se saben con Dios vivo en medio de nosotros.

SAGRADA FAMILIA

I LECTURA   Eclesiástico 3:3–7, 14–17

Lectura del libro del Eclesiástico (Sirácide)

El Señor **honra** al padre en **los hijos**
  y **respalda** la autoridad de la madre **sobre** ellos.
El que **honra** a su padre queda **limpio** de pecado;
  y **acumula** tesoros, el que **respeta** a su madre.

Quien **honra** a su padre,
  encontrará **alegría** en sus hijos
  y su oración **será escuchada**;
  el que **enaltece** a su padre, tendrá **larga vida**
  y el que **obedece** al Señor, **es consuelo** de su madre.

Hijo, **cuida** de tu padre **en la vejez**
  y en su vida **no** le causes tristeza;
  aunque chochee, **ten** paciencia con él
  y **no** lo menosprecies por estar tú en **pleno** vigor.
El bien hecho al padre **no quedará** en el olvido
  y **se tomará a cuenta** de tus pecados.

SALMO RESPONSORIAL   Salmo 127:1–2, 3, 4–5

R. ¡Dichoso el que teme al Señor, y sigue sus caminos!

¡Dichoso el que teme al Señor, y sigue sus caminos! Comerás del fruto de tu trabajo, serás dichoso, te irá bien. **R.**

Tu mujer, como parra fecunda, en medio de tu casa; tus hijos, como renuevos de olivo, alrededor de tu mesa. **R.**

Ésta es la bendición del hombre que teme al Señor. Que el Señor te bendiga desde Sión, que veas la prosperidad de Jerusalén, todos los días de tu vida. **R.**

Dirígete a los adultos como hijos responsables de honrar a sus padres/madres, a los ancianos de la comunidad. Necesitamos recuperar el sentido de este mandamiento.

Haz énfasis al distinguir la obediencia a Dios del respeto y cuidado para con los hermanos, especialmente si son frágiles por razón de edad.

Proponte vivir una espiritualidad de cordialidad con los ancianos de tu comunidad. Son la base de nuestro presente y la imagen de nuestro futuro.

Para meditar

Casi por finalizar el año civil recordamos a la familia de Jesús, María y José en Nazaret. Esta fiesta es reciente y fue establecida por el papa León XIII para que nuestras familias tuvieran un punto de referencia litúrgico. Hoy día, resulta que la familia es a veces poco valorada, e incluso atacada, por lo que se hace necesario retomar la palabra de Dios para hacer de ella un espacio privilegiado de vida y comunión donde se haga realidad el Evangelio.

I LECTURA *Sin principios, no podemos vivir en familia.* El Sirácide o Eclesiástico nació en un momento en el que las tradiciones y valores judíos se veían amenazados por los modos griegos de entender y organizar el mundo. Por eso, el autor recurre al consabido modelo familiar, y actualiza el cuarto mandamiento de la ley de Dios: honrar a los padres. Ante el individualismo y atomización de la familia, la solidaridad y el apoyo a los padres resulta de vital importancia. De hecho, el mandamiento es parte viva de nuestra tradición y doctrina católica. Por desgracia, lo hemos reducido a la "obediencia de los niños" cuando en realidad empuja a los adultos a abrazar su responsabilidad de cuidar y honrar la vida de los padres ya ancianos e incapacitados para procurarse el propio sostén.

También hoy día, la familia confronta retos fundamentales y se resquebraja cuando no dedicamos tiempo a Dios, a la vida en común, y a los valores en los que creemos. Es momento de afinar los principios que aviven nuestra convivencia familiar y nos lleven a ser misericordiosos, bondadosos, humildes, amables, y comprensivos, como san Pablo nos recuerda hoy.

II LECTURA   Colosenses 3:12–21

Lectura de la carta del apóstol san Pablo a los colosenses

Hermanos:
Puesto que Dios los ha elegido a **ustedes**,
    los ha consagrado **a él** y les ha dado **su amor**,
      sean **compasivos**, magnánimos, **humildes**, afables y **pacientes**.
Sopórtense **mutuamente**
    y **perdónense** cuando tengan quejas contra otro,
    como el Señor **los ha perdonado** a ustedes.
Y sobre **todas** estas virtudes, tengan **amor**,
    que es el vínculo de la **perfecta** unión.

Que en sus corazones **reine** la paz de Cristo,
    esa paz a la que han sido **llamados**,
    como miembros de un **solo** cuerpo.
Finalmente, sean **agradecidos**.

Que la palabra de Cristo **habite** en ustedes con **toda** su riqueza.
Enséñense y aconséjense **unos a otros** lo mejor que sepan.
Con el corazón **lleno** de gratitud, **alaben** a Dios
    con salmos, himnos y **cánticos espirituales**;
    y **todo** lo que digan y todo lo que hagan,
    háganlo en el nombre del **Señor Jesús**,
    dándole gracias a **Dios Padre**, por medio **de Cristo**.

Mujeres, **respeten** la autoridad de sus maridos,
    como lo quiere el Señor.
Maridos, **amen** a sus esposas **y no sean** rudos con ellas.
Hijos, obedezcan **en todo** a sus padres,
    porque eso es **agradable** al Señor.
Padres, no exijan **demasiado** a sus hijos,
    para que **no se depriman**.

Forma breve: Colosenses 3:12–17

Declama esta lectura como poesía. No es común encontrar un canto como éste para una vida verdaderamente feliz. Analiza sus partes y su contenido antes de proclamarla.

Enfatiza más el perdón que el "sopórtense" ya que en nuestro idioma español, este verbo tiene una connotación un poco negativa o insuficiente (de aguantar).

Pausa tu lectura para pronunciar la frase "Finalmente, sean agradecidos".

Las virtudes y recomendaciones tienen por fundamento al Señor Jesús y su obra redentora.

II LECTURA *Como el Señor… así nosotros.* Pablo es exigente consigo mismo más que con nadie; su invitación a vivir en la paz de Cristo tiene el peso de su propio testimonio. Pablo toma la palabra de Jesús y su obra redentora hasta sus últimas consecuencias y nos invita a hacer lo mismo. Las orientaciones prácticas de esta lectura son un programa muy claro y vivible cada día. El amor, del que tanto hablamos y buscamos de una y de otra forma, se traduce en respeto; no como pretexto para "no meterse en la vida de los demás" sino como un camino de interesarse en las personas y tratarlas con cordialidad y paciencia.

La generosidad en nuestras relaciones cotidianas ha de generar un intercambio de la gracia dentro del Cuerpo de Cristo. Este es al camino que Pablo propone a los cristianos de Colosas y a nosotros mismos. Estos consejos prácticos cuando se dan, es decir, cuando se viven, son testimonio vivo del verdadero deseo de edificarnos mutuamente en la unidad. La igual dignidad bien podría ser sinónimo de la auténtica humildad que, a través del perdón y del apoyo mutuo nos conduce a la paz interior que toma forma clara en un canto de alabanza a Dios por el don de su Hijo. En pocas palabras y siendo sinceros, "es más fácil ser bueno que ser malo" como decía acertadamente una persona de mi pueblo a quien todos catalogábamos de "loco".

La familia humana en todas sus formas (nuclear, extendida, etc.) esta llamada a vivir la santidad a ejemplo de la familia de Jesús, y en esta lectura encontramos un camino claro para llegar a ser lo que Cristo nos ha dado por herencia, desde ya.

Que nuestras familias retomen con ahínco de profetas en pequeña comunidad cristiana el camino del amor como testimonio eficaz de salvación concreta y global.

EVANGELIO   Mateo 2:13–15, 19–23

Lectura del santo Evangelio según san Mateo

Después de que los magos **partieron** de Belén, el **ángel** del Señor
   se le apareció **en sueños** a José y le dijo:
"**Levántate**, **toma** al niño y a su madre, y **huye** a Egipto.
Quédate allá **hasta** que yo te avise,
   porque **Herodes** va a buscar al niño **para matarlo**".

José **se levantó** y **esa misma** noche
   tomó al niño y a su madre y **partió** para Egipto,
   donde **permaneció** hasta la muerte de Herodes.
Así se cumplió lo que dijo el Señor por medio del profeta:
De Egipto **llamé** a mi hijo.

Después de muerto Herodes,
   el **ángel** del Señor se le **apareció** en sueños a José y le dijo:
"**Levántate**, toma al niño y a su madre
   y **regresa** a la tierra de Israel,
   porque **ya murieron** los que intentaban
   quitarle la vida al niño".

Se levantó José, **tomó** al niño y a su madre
   y **regresó** a tierra de Israel.
Pero, habiendo oído decir que **Arquelao** reinaba en Judea
   en lugar de su padre, Herodes,
   tuvo **miedo** de ir allá, y advertido en sueños,
   se **retiró** a Galilea
y se fue a vivir en una población llamada **Nazaret**.
Así se cumplió lo que habían dicho los profetas:
   Se le llamará **nazareno**.

La mención de los magos señala otro desarrollo. De la adoración del recién nacido a la huida. Inicia tu proclamación como un testigo ocular de estos hechos.

Haz resonar el mandato del Señor a José. Sin duda que hará fuerte eco en la experiencia de la asamblea. Muchos han sentido este imperativo interior de ir al extranjero para salvar la vida y la de los suyos.

La salida de José y de su familia también está llena de Dios. Dale ese tono a tu lectura.

Haz sentir a la asamblea esta dinámica de Dios que protege y salva a las personas que escuchándole, toman camino desconocido.

EVANGELIO *Una familia que tiene que irse a tierra extranjera.* Con el evangelio vamos aprendiendo cómo es el nuevo Israel, el pueblo mesiánico, a la luz de algunos textos bíblicos (Mt 2:15; cf. Ex 4:22). Notamos la incorporación de extranjeros al nuevo pueblo de Dios en las mujeres que integran la familia de Jesús, luego en los magos extranjeros que lo adoran, y ahora en la fuga a Egipto, una tierra extranjera y hostil a la que tuvo que emigrar José, con María y Jesús, para sobrevivir. Nos va quedando claro que la salvación es para todos, sean judíos o extranjeros.

Con la fuga a Egipto, Jesús y sus padres experimentan y actualizan la historia de la familia de otro José que debió bajar a Egipto para sobrevivir, allí fue esclavizada y luego liberada para marchar hacia la tierra de la libertad y de la promesa. En esa familia de Nazaret se evidencia toda familia migrante, en el cuidado de sus miembros y la permanente presencia salvadora de Dios en cada momento.

Por último, Mateo menciona repetidas veces que José se encargó de tomar al niño y a su madre para cuidarlos (vv. 13, 14, 20, 21). José hizo todo para salvar la vida de su esposa y del niño, y estuvo muy atento para obedecer la voz de Dios y adoptar decisiones oportunas. Él supo recibir y seguir de forma generosa y total el proyecto de Dios, sin escatimar su propia seguridad. Por eso es santo y protector de nuestras familias migrantes, sobre todo de aquéllas que pasan por situaciones realmente difíciles y comprometedoras.

SANTA MARÍA, MADRE DE DIOS

Como un padre, madre, hermano o hermana bendice al que ama en el momento de su partida, así hazlo tú ahora. Mientras proclamas, Dios está bendiciendo a la comunidad. ¡Qué gracia la tuya al proclamar esta lectura!

Cierra la lectura con un cambio de tono y contundencia como el buen juez que con fuerza dicta una sentencia favorable.

Para meditar

I LECTURA   Números 6:22–27

Lectura del libro de los Números

En **aquel** tiempo, el Señor **habló** a Moisés y le dijo:
"Di a Aarón y a sus hijos:
'De **esta manera** bendecirán a los israelitas:
El Señor te bendiga y te proteja,
    haga **resplandecer** su rostro sobre ti y te conceda su favor.
Que el Señor te mire con **benevolencia**
    y te conceda la paz'.

Así invocarán mi nombre sobre los israelitas
    y yo los bendeciré".

SALMO RESPONSORIAL   Salmo 66:2–3, 5, 6 y 8

R. El Señor tenga piedad y nos bendiga.

El Señor tenga piedad y nos bendiga, ilumine su rostro sobre nosotros: conozca la tierra tus caminos, todos los pueblos tu salvación. **R.**

Que canten de alegría las naciones, porque riges la tierra con justicia, riges los pueblos con rectitud y gobiernas las naciones de la tierra. **R.**

¡Oh Dios, que te alaben los pueblos, que todos los pueblos te alaben! Que Dios nos bendiga; que le teman hasta los confines del orbe. **R.**

Este domingo junta tres motivos: la solemnidad de santa María, Madre de Dios, la octava del Nacimiento del Señor y el comienzo de un nuevo año que, desde hace varias décadas, coincide con la Jornada Mundial por la Paz. Tomaremos en cuenta algunos de estos elementos en nuestra reflexión, partiendo de la memoria de la maternidad de María como un impulso a vivir mejor la Navidad.

I LECTURA *Un deseo de bendición que se convierte en compromiso.* Esta bellísima bendición es una auténtica perla en la tradición bíblica y cristiana. Esta pieza literaria está muy bien lograda; tiene buen ritmo y medida. Búscale sentido y sabor, disfrútala y hazla parte de tu vida y de tu visión de la vida. La liturgia de hoy (la plegaria eucarística) nos despliega una visión que debemos interiorizar y que es el nervio de la espiritualidad de la Iglesia: la vida como bendición. Nuestros padres y abuelos han vivido su fe con ese espíritu de bendecir a los hijos con una variedad de bendiciones que parecen enraizar en este texto.

La bendición nos da la oportunidad para comenzar cristianamente el año nuevo con la seguridad de que Dios es fuente de bendición, y nos dispone a ser canales de esta misma bendición. ¡Qué mejor manera de construir la paz que haciéndonos merecedores de la bendición de Dios porque nosotros mismos somos bendición para las personas que nos rodean! Bendición y gracia son sinónimos de vida plena para quienes creen en Dios. Ojalá fuésemos más conscientes de las bendiciones de Dios a

II LECTURA   Gálatas 4:4–7

Lectura de la carta del apóstol san Pablo a los gálatas

Hermanos:
Al llegar la **plenitud** de los tiempos,
   envió Dios a su Hijo, nacido de **una mujer**,
   nacido **bajo la ley**,
   para **rescatar** a los que **estábamos** bajo la ley,
   a fin de hacernos **hijos suyos**.

Puesto que **ya son ustedes hijos**,
Dios envió a sus corazones **el Espíritu** de su Hijo,
   que clama "**¡Abbá!**", es decir, ¡Padre!
Así que ya no **eres siervo**, sino hijo;
   y siendo hijo, eres también **heredero** por voluntad de **Dios**.

EVANGELIO   Lucas 2:16–21

Lectura del santo Evangelio según san Lucas

En **aquel** tiempo,
   los pastores fueron a **toda prisa** hacia Belén
   y encontraron a **María**, a José y al **niño**,
   recostado en el pesebre.
Después de verlo,
   contaron lo que se les **había dicho** de aquel niño
   y **cuantos** los oían, quedaban **maravillados**.
María, por su parte, guardaba **todas** estas cosas
   y las meditaba **en su corazón**.

Saluda con ternura a la comunidad. Poco a poco, aumenta la fuerza de tu expresión, como revelando un camino totalmente nuevo.

Nadie escapa a cierta opresión de las leyes. Ayuda a los oyentes a sentir la gracia de Cristo haciéndonos libres para vivir como hijos. Realza esta verdad con la certeza de tu bautismo en tu voz y tu actitud.

Pronuncia con gran confianza la palabra ¡Abba!

En los pastores, visualiza a las personas que se desgastan trabajando en el campo o en la fábrica cuidando "rebaños" de otros y haciéndolos producir en abundancia sin más beneficios que un bajo salario, desconfianza y desprecio disimulados. Ellos esperan buenas noticias.

Con elocuencia de hijo que sabe qué lugar ocupa la madre en nuestras vidas, muestra la figura de María como modelo para toda la Iglesia ¡Nos falta tanto recuperar el corazón de la misión, la contemplación y el servicio profético!

---

través de la vida y los hermanos. Ojalá imaginaras, siquiera un poco, hasta dónde alcanza la bendición de un hermano o hermana que, sin que nos conozca, ha solicitado gracias a Dios para nosotros.

II LECTURA *Chiquitas y bonitas, nuestras lecturas de hoy.* De sustanciosas y sabrosas; hasta parecen una homilía bien lograda, un testimonio con frutos. Como el libro de Números, también Pablo hace gala de conciso y preciso. Dios y su pueblo caminan juntos por gracia y bendición, no por voluntad del mundo. En este

caso, tenemos un pueblo de origen celta (los "Galos") en la región de la actual Turquía. Unos de los problemas de esta comunidad es que hay un grupo que le da más fuerza a su tradición cultural (judaizantes) de vivir bajo la ley que al espíritu de Cristo. Pablo es apasionado, claro y directo en esta carta y en este texto. No olvidemos que él mismo era un judío de hueso colorado. Toda la obra de Dios se encarna en la vida y las culturas, pero ninguna cultura, absolutamente ninguna, ni siquiera la propia (judía en este caso) está por encima de la persona de Jesús y su redención liberadora.

Hay quienes opinan con buenas razones que este texto muestra la primera vez en que se nombra "Abba" al Padre en los escritos del NT. Palabra cariñosa que los judíos no se animaban a usar en el trato con Dios, pero que Jesús habría adoptado como parte de su mensaje central de confianza y amor.

EVANGELIO *La responsabilidad de no olvidar la presencia de Dios en nuestro caminar.* Dice el evangelio que María "guardaba todas estas cosas y las meditaba en su corazón" (Lc 2:19). ¿Qué guardaba? "Estas cosas" refiere tanto al

Los pastores se volvieron a sus campos,
    alabando y **glorificando** a Dios
    por todo cuanto habían **visto y oído**,
    según lo que se les **había anunciado**.

Cumplidos los **ocho** días, **circuncidaron** al niño
    y le pusieron el nombre **de Jesús**,
    aquel mismo que había dicho el ángel,
    antes de que el niño fuera concebido.

Lee el último párrafo con tono sereno. Es una forma de amacizar el sentido histórico y real de todo el relato de María, el Niño y los pastores.

nacimiento de Jesús (vv. 6ss) como a la presencia de los pastores y la admiración que provocaba lo que contaban (vv. 8–18). "Guardar" tiene el alcance de "preservar", "conservar", "proteger", "conservar en la memoria", reflejando siempre cuidado y responsabilidad. Pero la María-Madre, además de "guardar", meditaba en su corazón; es decir, buscaba captar el verdadero sentido de lo que sucedía (véase: 14:31; Hech 4:15; 17:18, entre otros). Esto no era tan fácil. El mismo evangelio presenta a José y María admirados de lo que iban descubriendo (v. 33) y desconcertados por lo que no comprendían (v. 50). Y es que, en aquel Niño, se dejarían al descubierto las verdaderas intenciones del ser humano.

Estamos por terminar el tiempo de Navidad que también es profundamente mariano por la presencia de María en el nacimiento y manifestación de Jesús. Dios quiso que la Virgen María estuviera al lado de Jesús desde el inicio de su vida, en su ministerio, en su muerte al pie de la cruz, así como en la alegría de la Pascua y Pentecostés.

EPIFANÍA
DEL SEÑOR

Proclama con personalidad profética; tu convicción es total porque crees en Dios, en el pueblo, en ti y en el mensaje que anuncias.

Un pueblo sin visión y sin esperanza es un pueblo sin vida y sin conciencia de Dios. Ayúdale a ver. Mírale con intensidad increpante cuando pronuncies las palabras que nos jalan a ver.

La visión profética no consiste en raras "comunicaciones directas" con Dios. Es más bien un espíritu vivo de esperanza para ver más allá de la desgracia y acompañar a los demás caminando con ellos en la promesa de Dios. Transmite este mensaje. ¡Cómo quisiera que todo el pueblo se convirtiera en profeta! Dijo Moisés y decimos nosotros ahora.

I LECTURA   Isaías 60:1–6

Lectura del libro del profeta Isaías

Levántate y resplandece, **Jerusalén**,
   porque **ha llegado** tu luz
   y **la gloria** del Señor alborea sobre ti.
Mira: las tinieblas **cubren** la tierra
   y **espesa** niebla **envuelve** a los pueblos;
   pero sobre ti **resplandece** el Señor
   y **en ti** se manifiesta su gloria.
Caminarán los pueblos **a tu luz**
   y los reyes, **al resplandor** de tu aurora.

Levanta los ojos y mira **alrededor**:
   todos se reúnen **y vienen** a ti;
   tus hijos llegan **de lejos**, a tus hijas las traen **en brazos**.
Entonces verás esto **radiante** de alegría;
   tu corazón **se alegrará**, y se ensanchará,
   cuando se **vuelquen** sobre ti los **tesoros** del mar
   y te traigan **las riquezas** de los pueblos.
Te **inundará** una multitud de camellos y dromedarios,
   procedentes de **Madián** y de **Efá**.
Vendrán **todos** los de Sabá
   trayendo **incienso y oro**
   y proclamando **las alabanzas** del Señor.

La cercanía elimina la lejanía y genera fraternidad. Por experiencia sabemos la importancia de hacernos cercanos, de ser hermanos; nos duele la discriminación y el desprecio. Las Escrituras nos muestran que, gracias a la Encarnación, nadie es extraño: todos somos hermanos. Ni siquiera la lejanía cultural o geográfica es obstáculo para ser hermanos.

I LECTURA   *Un encuentro que orienta.* Me permito un ejemplo simple. Jerusalén para los judíos es como "México" para los mexicanos que vivimos en el extranjero. Representa la ciudad principal, el país, el pueblo y el lugar a donde hay que ir a ver a nuestra madre del cielo, la Virgen de Guadalupe. Jerusalén es también ciudad santa y símbolo del origen y destino del pueblo de Dios. De hecho, Jerusalén es tierra santa de judíos, musulmanes y cristianos. Claro, el turismo también es parte aunque sea algo diferente.

La tarea del profeta Isaías es grande y difícil: reanimar a los que han regresado del exilio; deben despertar y revestirse de fortaleza (52:1). Aunque ya están en 'su' tierra, su existencia sigue siendo penosa. Para reanimarlos el profeta recurre a un lenguaje poético, tan alentador como exigente, pues Jerusalén no ha sido restablecida con el soñado esplendor. Entonces el profeta alienta la esperanza a la restauración, a embellecerla para el encuentro de *todos*, los de lejos y los de cerca. Para Isaías la ciudad santa, Jerusalén, no sólo brillará sino que iluminará y orientará, pues será punto de congregación porque es punto de orientación.

Con palabras del profeta, la liturgia retoma el tema de la luz que brilla no para un pueblo sino para todos. La luz, la presencia de Dios, debe convertirse no sólo en punto

Para meditar

SALMO RESPONSORIAL   Salmo 71:1–2, 7–8, 10–11, 12–13

R. Se postrarán ante ti, Señor, todos los pueblos de la tierra.

Dios mío, confía tu juicio al rey, tu justicia al hijo de reyes: para que rija a tu pueblo con justicia, a tus humildes con rectitud. **R.**

Que en sus días florezca la justicia y la paz hasta que falte la luna; que domine de mar a mar, del Gran Río al confín de la tierra. **R.**

Que los reyes de Tarsis y de las islas le paguen tributo; que los reyes de Sabá y de Arabia le ofrezcan sus dones, que se postren ante él todos los reyes, y que todos los pueblos le sirvan. **R.**

Porque él librará al pobre que clamaba, al afligido que no tenía protector; él se apiadará del pobre y del indigente, y salvará la vida de los pobres. **R.**

II LECTURA   Efesios 3:2–3a, 5–6

Lectura de la carta del apóstol san Pablo a los efesios

Hermanos:
Han oído hablar de la **distribución** de la **gracia** de Dios,
    que se me ha **confiado** en favor de ustedes.
Por revelación se me **dio a conocer** este misterio,
    que no **había sido** manifestado a los hombres
        en otros tiempos,
    pero que ha sido revelado **ahora** por el Espíritu
    a sus **santos** apóstoles y profetas:
    es decir, que por el Evangelio,
    también los paganos son **coherederos** de **la misma** herencia,
    miembros del **mismo** cuerpo
    y **partícipes** de **la misma** promesa en Jesucristo.

La seguridad de Pablo no es pedantería, sino convicción y testimonio de quien ha decidido vivir en Cristo. Transmite esta actitud en tu postura personal, entonación y mirada.

Lleva a la comunidad de la mano hasta el mensaje central que contiene el texto: "es decir…" como quien fundamentó y ahora concluye el punto; allí está la comezón.

---

de atracción o de referencia sino en punto de orientación. Isaías está pensando en la restauración de Israel. Nosotros podríamos decir, retomando Mt 2:1–12, que el nacimiento de Jesús es punto de encuentro para que todos los seres humanos, aunque diferentes o mejor dicho precisamente por diferentes, tengamos una razón compartida y nos hermanemos.

II LECTURA *En el encuentro se manifiesta el misterio.* La Carta a los Efesios es una de las más visitadas, y con razón, pues presenta una visión amplísima de Cristo y de la Iglesia. Alguien diría, una "alta teología", pero que abre caminos nuevos, hermosos y desafiantes para vivir el misterio y el ministerio. Para muestra, el botón de esta lectura. El autor nos hace ver que el mejor espacio para que el misterio de Dios se revele es el encuentro entre los distantes y los cercanos, entre extraños, entre judíos y paganos. Aquí palpita viva la convicción de que, a partir del Dios de Jesús, todos cabemos en la comunidad. Todos —sin excepción— estamos incluidos en el Cuerpo del Señor. Por eso, nada de restricciones en nuestra visión de Cristo, de la Iglesia y de nuestra comunidad. Nada de divisiones con pretexto de ser más puros y santos. Afuera los miedos discriminatorios y racistas; no más particularismos chatos y proyectos que "incluyen, pero no dejan participar". Todos somos uno en Cristo, el único Señor. Dios se revela en los diferentes (diversidad cultural) y en los pobres (desigualdad social) porque todos somos igualmente dignos, en Cristo.

EVANGELIO   Mateo 2:1–12

Lectura del santo Evangelio según san Mateo

Como quien fue testigo ocular, pinta con tu voz y tu mirada este cuadro del encuentro de personas y actitudes ante Dios.

Jesús nació en **Belén de Judá**, en tiempos del rey Herodes.
Unos **magos** de Oriente
    llegaron entonces a Jerusalén y **preguntaron**:
"¿**Dónde** está el rey de los judíos que **acaba** de nacer?
Porque **vimos surgir** su estrella y **hemos venido** a adorarlo".

Al enterarse **de esto**,
    el rey Herodes se **sobresaltó** y **toda** Jerusalén con él.
Convocó entonces a los sumos sacerdotes
        y a los escribas del pueblo
    y les preguntó **dónde** tenía que nacer el Mesías.
Ellos le contestaron:
"**En Belén de Judá**, porque **así** lo ha escrito el profeta:
Y tú, **Belén**, tierra de Judá,
    no eres **en manera alguna** la menor
    entre las ciudades **ilustres** de Judá, pues **de ti** saldrá un jefe,
    que será el pastor de mi pueblo, Israel".

Todo enfoca lo pequeño (niño, Judá, pastores) y a las actitudes que provoca tanto en Herodes como en los Magos. Narra con maestría estos detalles y contrastes. Haciéndolo bien, el evangelio casi se explica por sí mismo.

Los Magos en realidad representan la actitud profunda y sincera de la fe de los "paganos"; los que buscan a Dios porque ya lo tienen dentro. Trata de corregir el sentimiento de falsa seguridad de los que creen y viven instalados en sus seguridades.

Entonces Herodes llamó **en secreto** a los magos,
    para que le **precisaran** el tiempo
    en que se les había aparecido la estrella
    y los mandó a Belén, **diciéndoles**:
"**Vayan** a averiguar **cuidadosamente qué hay** de ese niño,
    y cuando lo encuentren, **avísenme**
    para que yo **también** vaya a adorarlo".

La estrella iba delante de ellos… Remacha la imagen de Dios guiando comunidades y caminando. "No caminamos porque vemos, vemos porque caminamos".

Después de oír al rey, los magos se pusieron **en camino**,
    y **de pronto** la estrella que habían visto surgir,
    comenzó a guiarlos,
        hasta que se detuvo **encima** de donde estaba el niño.
Al ver **de nuevo** la estrella, se llenaron de **inmensa** alegría.

EVANGELIO *Los considerados lejanos se disponen a hacerse cerca-nos.* Pensemos en la frase: "unos magos que venían de Oriente". Para los lectores actuales el término "mago" no representa mayor problema. Sin embargo, no hay que olvidar que esos personajes ejercían una profesión penalizada en la Biblia: la magia; se dedicaban a la astrología, práctica que no goza de buena reputación (1 Sam 28:3; Dt 18:9–13; Dan 1:20; 2:2–10). Además, procedían "de Oriente", término que indica un lugar lejano, todo lo que estuviera más allá del Río Jordán.

De lo anterior, tenemos que los magos son mucho más misteriosos. Ellos son un verdadero símbolo de personas excomulgadas y alejadas por cuestiones geográficas, culturales u otras. Sin embargo, el nacimiento de Jesucristo garantiza la cercanía y convergencia de todos; la lejanía se supera; no somos extraños, somos hermanos.

Contrastemos a los Magos con Herodes. Ellos buscan por sí mismos (Mt 2:1–2), Herodes consulta a los sumos sacerdotes y escribas, e incluso a los propios magos (vv. 4, 7). Ellos sienten inmensa alegría (Mt 2:10) al estar tan cerca de encontrar al rey de los judíos que ha nacido, pero Herodes miedo, y tiembla la gente de Jerusalén (v. 3); el rey tiene más información que los magos (vv. 2, 7, 9, 10) pero no más disponibilidad. Por último, mientras Herodes busca al niño para matarlo (vv. 13, 16–17, 20) ellos quieren adorarlo (v. 11).

El nacimiento de Jesús rompe cualquier tipo de barreras. Llama la atención que unos extranjeros entren a casa de unos judíos cuando esto estaba expresamente prohibido. Así lo aclara Hechos de los Apóstoles cuando Pedro afirma: "ustedes saben que le está prohibido a un judío juntarse con un

Nota cómo solo al final se hace referencia sutil al mensaje de un ángel, todo lo demás son diálogos de personas y actitudes ante la obra de Dios y su rostro concreto: este niño.

Entraron en la casa y **vieron** al niño con **María**, su madre,
   y **postrándose**, lo adoraron.
Después, abriendo sus cofres, le ofrecieron regalos:
   oro, **incienso y mirra**.
Advertidos durante el sueño de que **no volvieran** a Herodes,
   regresaron a su tierra por **otro** camino.

extranjero o entrar en su casa" (Hechos 10:28; 11:3). Y este mismo libro nos transmite lo que se convirtió en un principio básico de apertura a todas las personas: "a mí (Pedro) me ha mostrado Dios que no hay que llamar profano o impuro a ningún hombre" (v. 28).

Pero también sorprende en este evangelio que el rey de los judíos (v. 2) que apacentará al pueblo de Israel (2:6) sea encontrado, reconocido y adorado, primero, por extranjeros. Es interesante constatar que Mateo habla de Jesús como rey sólo aquí en la Epifanía ante los magos de Oriente y al final, en la entrada de Jerusalén (21:5), en el momento del juicio (27:11, 29), en la crucifixión (27:39, 42) y, sobre todo, en el juicio final (25:34, 40). Especialmente útil es esta última referencia en la que Jesús es presentado como el rey ante quien serán congregadas todas las naciones (v. 32). Coherente con esta universalidad el evangelio de Mateo, al final (28:19) presentará a Jesús encargando a sus discípulos que hagan discípulos suyos a todas las gentes.

Parece pues que, en su sencillez, este evangelio manifiesta el primer milagro de la Encarnación: la apertura y cercanía con los lejanos. Además estos extranjeros son capaces de percibir al recién nacido con buenas intenciones, postrarse, adorarlo y ofrecerle sus dones. Sus mismas ofrendas manifiestan el reconocimiento de Jesús, como rey y como Hijo de Dios.

BAUTISMO
DEL SEÑOR

I LECTURA   Isaías 42:1–4, 6–7

Lectura del libro del profeta Isaías

Esto dice el Señor:
  "**Miren** a mi siervo, a quien **sostengo**,
  a mi **elegido**, en quien tengo **mis complacencias**.
En él he puesto mi espíritu
  para que **haga brillar** la justicia sobre las naciones.

No gritará, **no clamará**, **no hará oír** su voz por las calles;
  no romperá la caña **resquebrajada**,
  ni apagará la mecha que aún humea.
Promoverá con firmeza la justicia,
  no **titubeará** ni se doblegará
  hasta **haber establecido** el derecho sobre la tierra
  y hasta que las islas **escuchen** su enseñanza.

Yo, el Señor,
  fiel a mi designio de salvación,
  te llamé, te tomé de la mano, **te he formado**
  y te he constituido **alianza** de un pueblo,
  luz de las naciones,
  para que **abras** los ojos de los ciegos,
  saques a los cautivos de la prisión
  y de la mazmorra a los que **habitan** en tinieblas".

Llama la atención de la asamblea para que vea tus palabras como sosteniendo al siervo de Dios.

Ve detallando las características del siervo. Es de suma importancia que la asamblea vea con claridad lo que proclamas.

La conclusión debe estar inyectada del amor de una madre que conoce el origen y el destino de sus hijos desde su corazón.

Por ser elegidos, los cristianos nos sentimos privilegiados en lugar de responsables. El profeta aclara que la elección es para dar testimonio no para la irresponsabilidad. En sintonía con el libro de los Hechos, la elección —en este caso el bautismo— es para entusiasmarnos por la misión, igual que Jesús.

| I LECTURA | *La elección genera responsabilidad.* Es el primer canto del Siervo de Yahveh (los otros son: Is 49:1–7; 50:4–9 y 52:13—53:12) y los cristianos primeros lo entendieron referido a Jesús. No sabemos con precisión a quién retrataba

este canto. Hay quienes piensan que fue un personaje individual (Moisés, David, Jeremías, Ezequiel o el mismo Segundo Isaías); otros, que es un personaje colectivo que habla del pueblo de Israel; y otros más que —como asumimos en este comentario—es una figura simbólica enfatizando ciertos elementos de la existencia ante Dios que Jesús llevará a plena expresión. El texto presenta a un personaje cercano al Señor: él lo ha elegido, lo sostiene, lo considera digno de complacencia. Sin embargo, esta preferencia de ninguna manera lo privilegia; por el contrario, lo llama "a ser alianza de un pueblo, a ser

luz de las naciones; para abrir los ojos al ciego…" (42:6–7). La elección está en orden a la salvación de todos.

| II LECTURA | *La elección es para hacer el bien.* Las posibilidades que ofrece el bautismo de Jesús, y las responsabilidades que suscita, están abiertas a todos, sin excepción, pues Jesucristo "es el Señor de todos" (Hech 10:36). Ahora bien, la relación que hace Pedro en casa de Cornelio entre el bautismo en el Espíritu y la capacidad de pasar la vida haciendo el bien le da una connotación muy importante.

Para meditar

SALMO RESPONSORIAL   Salmo 28:1a y 2, 3ac–4, 3b y 9c–10

R. El Señor bendice a su pueblo con la paz.

Hijos de Dios, aclamen al Señor, aclamen la gloria del nombre del Señor, póstrense ante el Señor en el atrio sagrado. **R.**

La voz del Señor sobre las aguas, el Señor sobre las aguas torrenciales. La voz del Señor es potente, la voz del Señor es magnífica. **R.**

El Dios de la gloria ha tronado. En su templo, un grito unánime: ¡Gloria! El Señor se sienta por encima del aguacero, el Señor se sienta como rey eterno. **R.**

II LECTURA   Hechos 10:34–38

Lectura del libro de los Hechos de los Apóstoles

En aquellos días,
    Pedro se dirigió a **Cornelio** y a los que estaban en su casa,
      con **estas** palabras:
"Ahora caigo en la cuenta de que Dios
    no hace distinción de personas,
    sino que **acepta** al que lo teme y practica la justicia,
    sea de la nación que fuere.
Él **envió** su palabra a los hijos de Israel,
    para **anunciarles** la paz por medio de Jesucristo,
      Señor de todos.

Ya saben ustedes lo sucedido **en toda Judea**,
    que tuvo principio **en Galilea**,
    después del bautismo **predicado** por Juan:
    cómo Dios **ungió** con el **poder** del Espíritu Santo
      a **Jesús de Nazaret**
    y cómo éste pasó haciendo el bien,
    sanando a **todos** los oprimidos por el diablo,
    porque Dios **estaba con él**".

Marginal notes (left column):

Dale a este discurso la fuerza de tu propia experiencia de fe. Como quien está seguro y convencido de lo que ora, ve y entiende.

Inclina un poco tu rostro hacia la comunidad y cambia el tono indicando la nueva certeza que ahora tiene el apóstol Pedro.

Como extendiendo tu mano hacia la comunidad, muéstrale confianza y reconoce lo que ya saben de Jesús.

Podríamos decir que el bautismo no es porque queramos sólo ser buenos; esto nos introduciría peligrosamente en un callejón de egoísmos en el que nuestra preocupación sería hacer lo que nos hace sentir bien. El bautismo muestra que queremos comprometernos a hacer el bien. Deseamos hacer el bien por la necesidad de las personas que nos rodean, y no porque hacerlo nos haga sentir satisfechos.

EVANGELIO   *Jesucristo es el Mesías y no otro.* El evangelio presenta el bautismo de Jesús insistiendo en que

Juan hasta quería impedírselo pues reconocía que él era quien debía ser bautizado por Jesús (v. 14). La insistencia está en relación con los versículos previos (3:1–2) donde enfatiza (vv. 11–12) que el mensaje de Juan, aunque importante, no es definitivo. Desde el comienzo, Mateo presentará dos perspectivas salvíficas muy claras. Una, la de Juan, que subraya el juicio; y otra, la de la misericordia de Jesús. El evangelista aclara que el Bautista no es el mesías. Tengamos esto en cuenta para no darle el lugar de Cristo a nadie más; sino que, teniendo a Jesucristo por centro de nuestra vida, le demos justo valor y lugar a todo lo demás.

El bautismo provoca bendiciones. Se pensaba que el cielo era la morada de Dios y, como tal, fuente de bendiciones y salvación divinas. El cielo es la sede de la gracia, de la verdad y de la fidelidad de Dios (Sal 119:89; 89:3); desde ahí él bendice y salva (Gen 49:25; 1Re 8:35; Is 63:19). Quizás por esto, el centro en el relato del bautismo de Jesús está en que los cielos se abren y una voz se escucha. Este es el sentido del bautismo de Jesús. Si el cielo era el lugar donde habitaba Dios, un signo del inicio de su presencia salvadora era precisamente que los cielos se abrieran para que descendiera (cf. Is 63:19). La apertura de los cielos indica la

EVANGELIO   Mateo 3:13–17

Lectura del santo Evangelio según san Mateo

En aquel tiempo,
  Jesús llegó de Galilea al río **Jordán**
  y le pidió a Juan que **lo bautizara**.
Pero **Juan** se resistía, **diciendo**:
"**Yo soy** quien debe ser **bautizado** por ti,
    ¿y tú vienes a que yo te bautice?"
Jesús le respondió:
"**Haz** ahora lo que te digo, porque **es necesario**
    que **así** cumplamos **todo** lo que Dios quiere".
Entonces Juan **accedió** a bautizarlo.

Al **salir** Jesús del agua, una vez **bautizado**,
  se le **abrieron** los cielos y vio al Espíritu de Dios,
  que **descendía** sobre él en forma de **paloma**
  y **oyó** una voz que decía, desde **el cielo**:
"**Éste** es mi Hijo **muy amado**, en quien tengo
    mis **complacencias**".

Inicia abriendo el telón de un acontecimiento de suma importancia. Este evangelio es el inicio de la misión de Jesús.

El diálogo de Juan y Jesús debe proclamarse con fuerza. Son dos grandísimos personajes. También con suma claridad, son diferentes y todos deben saberlo.

Las últimas palabras son el telón que cierra la obra que empieza. Imprime un sabor de solemnidad y apertura mirando la puerta del templo atrás de los oyentes.

---

cercanía de Dios. De allí vienen todas las bendiciones.

La bendición de Dios es cercana. Mateo había presentado a Jesús como el Emmanuel, "Dios con nosotros" (1:23) que salva a su pueblo (v. 21). Ahora, con el bautismo, dice de qué manera Dios se acerca, con su Espíritu Santo. Y esta presencia no es ficticia, pues Mateo afirma que el Espíritu fue percibido en forma de paloma. Sabemos bien que el Espíritu no tiene figura de paloma; simplemente se quiere dejar claro que la presencia del Espíritu no es imaginaria.

Dios se complace en Jesús. Isaías adelanta la complacencia de Dios en su siervo con palabras muy parecidas a las de Mateo. El canto del profeta dice "este es mi siervo a quien yo sostengo, mi elegido en quien me complazco" (42:1) y en el evangelio se afirma: "este es mi Hijo amado en quien me complazco" (3:17); ésta y otras semejanzas hacen que, con razón podamos leer cristianamente ese pasaje. Ya el profeta retrataba a un personaje que, por la presencia del Espíritu de Dios, trabajaría por la justicia y en favor de los más desprotegidos (vv. 1–2, 6–7); alguien que, por su fidelidad a la voluntad de Dios, sería punto de encuentro (v. 6).

La descripción de este personaje prepara el bautismo de Jesús mostrándonos un modelo a seguir. La voz en Mateo presenta al Hijo en una especie de revelación a los testigos inmediatos que, de acuerdo al v. 5, son gente de Jerusalén, de toda Judea y de toda la región del Jordán; incluso pudieron haber sido testigos también los fariseos y saduceos (v. 7). A ellos la voz celeste les muestra que Jesús es su Hijo Amado en quien Dios se complace. Podríamos decir que en Mateo el bautismo está en función de una especie de teofanía y acreditación de Jesús, que será complementada con la transfiguración en 17:5: "Éste es mi Hijo Amado, en quien me complazco; escúchenlo".

II DOMINGO ORDINARIO

I LECTURA Isaías 49:3, 5–6

Lectura del libro del profeta Isaías

El **Señor** me dijo:
"**Tú eres** mi siervo, **Israel**;
   en ti **manifestaré** mi gloria".

Ahora habla el Señor,
   el que **me formó** desde el seno materno,
      para que fuera su servidor,
   para **hacer** que Jacob **volviera** a él
      y **congregar** a Israel en **torno** suyo
   —tanto **así** me honró el **Señor**
   y mi Dios fue mi fuerza—.
Ahora, pues, dice el Señor:
"**Es poco** que seas mi siervo sólo
      para restablecer a las tribus de Jacob
   y reunir a los **sobrevivientes** de Israel;
   te voy a **convertir** en **luz** de las naciones,
   para que mi salvación **llegue** hasta
      los **últimos** rincones de la tierra".

Imagina a una persona o una familia, cansada ya de caminar en la vida. Visualízala y diles que Dios está con ellos siempre.

Enfatiza el "seno materno", todos tenemos la vida conectada fuertemente con la maternidad de la tierra, la historia, la cultura, nuestra madre y Dios mismo.

Observa la parte más apropiada de la comunidad presente para indicar que lo débil, lo frágil y lo sencillo es Luz de Dios para todos.

El pecado desanima porque disminuye la vida, esa verdadera felicidad que Dios nos ofrece. Nos ocurre cuando perdemos el rumbo y hasta pensamos que así tienen que ser las cosas. Entonces, Dios nos da el norte: seguir al Cordero de Dios. Si crecemos como discípulos del Cordero de Dios que quita el pecado del mundo ciertamente la vida será mejor, de buena calidad. Con esta clave, identificamos las implicaciones y consecuencias de la salvación.

| I LECTURA | *Para que la salvación sea la de Dios debe alcanzar a* |

todos. Estamos ante el segundo canto del Siervo de Yahvé (Is 49:1–13). Este capítulo pertenece al denominado Segundo Isaías, donde se reúnen oráculos de un profeta anónimo que ejerció su ministerio entre los desterrados de Babilonia, cuando Ciro era el rey (año 553–539 a. C.). Ante aquellos judíos que se instalaban en la tierra extranjera —unos resignados, sin esperanza y otros que se resistían manteniendo su identidad y soñando con el retorno- ese profeta aclara que la fidelidad a Dios se manifiesta en la restructuración y reconciliación de la comunidad, y no sólo de los más cercanos, sino

de todos sin excepción (49:3, 5–6) pues "poco es que seas mi siervo para restaurar las tribus de Jacob y hacer volver lo que quede de Israel. Te voy a hacer luz de los gentiles, para que mi salvación alcance hasta los confines de la tierra" (v. 6).

| II LECTURA | *Somos santificados en la misma medida en que nos* |

santificamos con los demás. La ciudad de Corinto, capital de la provincia romana de Acaya (Grecia), era próspera, con un culto importante a Afrodita que incluía la prostitución sagrada (1 Cor 6:15–20). La capital era

Para meditar

SALMO RESPONSORIAL   Salmo 39:2 y 4ab, 7–8a, 8b–9, 10

R. Aquí estoy, Señor, para hacer tu voluntad.

Yo esperaba con ansia al Señor: él se inclinó y escuchó mi grito; me puso en la boca un cántico nuevo, un himno a nuestro Dios. **R.**

Tú no quieres sacrificios ni ofrendas, y, en cambio, me abriste el oído; no pides sacrificio expiatorio, entonces yo digo: "Aquí estoy". **R.**

Como está escrito en mi libro: "para hacer tu voluntad". Dios mío, lo quiero, y llevo tu ley en las entrañas. **R.**

He proclamado tu salvación ante la gran asamblea; no he cerrado los labios, Señor, tú lo sabes. **R.**

II LECTURA   1 Corintios 1:1–3

Lectura de la primera carta del apóstol san Pablo a los corintios

Yo, Pablo, **apóstol** de Jesucristo por **voluntad** de Dios,
    y **Sóstenes**, mi colaborador,
    saludamos a la comunidad cristiana que está en Corinto.
A **todos** ustedes,
    a quienes Dios **santificó** en Cristo Jesús
    y que son su pueblo santo,
    así como a **todos** aquellos que en **cualquier** lugar
    invocan el nombre de Cristo Jesús,
        Señor nuestro y Señor de ellos,
    les deseo la gracia y la paz de **parte** de Dios, nuestro **Padre**,
    y de Cristo Jesús, **el Señor**.

Un saludo honorable es signo de amor y de respeto. Hasta de admiración. Únete al espíritu de Pablo y saluda a tu comunidad con estas palabras.

Toma la decisión de mantener esta actitud en tu vida ordinaria en tus relaciones con todos los miembros de tu comunidad.

punto de encuentro desde lo deportivo hasta las religiones y cultos más variados. En un ambiente así, no se veía necesario que las convicciones religiosas alcanzaran el aspecto comunitario; al menos no era un imperativo. Aquí es donde Pablo, escribiendo a la comunidad de Corinto, insiste en que el cristiano puede ser santificado, a la letra "consagrado", sólo en la medida en la que vive su santificación o consagración vinculado a los demás miembros de la comunidad.

EVANGELIO   *El Cordero que hace posible la eliminación del pecado desde la raíz.* Guardemos en mente que Juan el Bautista presenta a Jesús como el "cordero de Dios que quita el pecado del mundo". Siendo un pueblo de pastores, el cordero (o la oveja) desempeña un papel importante (lo mismo que el pastor, por ejemplo en el Sal 23), para expresar su propia identidad en la Alianza y la Pascua, sus dos eventos centrales (en Ex 12; 53:7). Ciertamente en estos textos la sangre del cordero está en relación con la preservación de la vida y la liberación; sin embargo, aunque expía o "lleva" el pecado de Israel, no lo

quita. De ahí que el pueblo de Israel viviera con la esperanza de que en la plenitud de los tiempos dejara de existir el pecado (Is 11:9).

Quitar (en griego *airein*) *el pecado* significaría, entre otras cosas, eliminar lo que se opone a la vida auténtica que ofrece Dios, lo que se opone a los valores; esta acción incluye el perdón pero también la posibilidad real de que el mal se corte de raíz.

El Cordero de Dios nos ayuda a acertar, no sólo a evitar el pecado. El pecado en nuestra manera común de pensar es *hacer algo malo*. Para la mentalidad israelita (y para muchos de los primeros cristianos)

EVANGELIO Juan 1:29–34

Lectura del santo Evangelio según san Juan

Inicia con suavidad y discreción la presencia del que vio —Juan— para que puedas resaltar notablemente lo que vio: Al Cordero de Dios en Jesús.

Distingue las dos exclamaciones de Juan. Una es testimonio visual (certeza y emoción) y otro es testimonio de fe (certeza y convicción). Haz sentir ambas dimensiones de la fe.

En **aquel** tiempo,
vio Juan el Bautista a **Jesús**, que venía hacia él, y **exclamó:**
"Éste es el **Cordero de Dios**, el que quita el **pecado del mundo**.
Éste es **aquél** de quien yo he dicho:
'El que viene **después** de mí,
tiene **precedencia** sobre mí, porque **ya existía** antes que yo'.
Yo no lo **conocía**,
pero he venido a **bautizar** con **agua**,
para que él sea dado a **conocer** a **Israel**".

Entonces Juan dio **este testimonio**:
"Vi al Espíritu **descender** del cielo
en forma de **paloma** y posarse sobre él.
Yo no lo **conocía**,
pero el que me envió a **bautizar** con **agua** me dijo:
'**Aquél** sobre quien veas que **baja** y se posa el **Espíritu Santo**,
ése es el que ha de **bautizar** con el **Espíritu Santo**'.
Pues bien, yo lo vi y doy **testimonio**
de que éste es el **Hijo de Dios**".

Termina en forma más serena. Juan está juntando y aclarando. Haz lo mismo. La gente debe saber que nadie suplanta a Cristo en la comunidad.

pecar tiene detrás el sentido de transgredir pero también el de "no dar en el blanco". En ese sentido, el pecado no es sólo faltar contra algo o alguien sino al mismo tiempo, no tener objetivos fijos, no tener claridad del blanco al que se apunta. De allí que la proclamación de que el Cordero de Dios *quita* el pecado no incluye sólo el perdón sino que va más allá: a capacitar para acertar cada vez más y mejor. El Cordero de Dios purifica pero sobre todo, si las personas así lo quieren, ofrece las capacidades —según el evangelio de Juan— para que el pecado se vaya erradicando del mundo. De hecho, el verbo griego que utiliza Juan para decir "quitar" tiene el sentido de "levantar de la superficie", "llevar lejos", "retirar". Esta eliminación del pecado va más allá de los pecados personales; el texto bíblico se refiere al *pecado del mundo.* "Mundo" es la humanidad incrédula. De esta manera, Jesucristo, el Cordero de Dios, realmente ofrece la seguridad —si el ser humano pone lo que está de su parte— no sólo de evitar el pecado sino de enfocar su proyecto de vida en los principios que generan la vida de calidad que Dios ofrece.

Pero para esto hay que hacernos discípulos del Cordero de Dios. Vale la pena tomar por el contexto en que ha sido puesta esta declaración de Juan el Bautista que a Jesús se le presenta como el Cordero de Dios *para que se le siga.* Es lo que sucede con dos de los discípulos de Juan: lo siguieron. Es decir, enfocaron todo su proyecto de vida en la oferta que Jesús trae de parte de Dios. No basta con que alguien perciba la presencia del mal en el mundo, ni basta aceptar a Jesús como el Cordero de Dios; lo indispensable es seguirlo, que hagamos suya su misión de eliminar desde la raíz el pecado.

III DOMINGO
ORDINARIO

I LECTURA   Isaías 8:23—9:3

Lectura del libro del profeta Isaías

En otro tiempo el Señor **humilló**
   al país de **Zabulón** y al país de **Neftalí**;
   pero en el **futuro** llenará de **gloria** el camino del mar,
   más allá del **Jordán**, en la región de los **paganos**.

El pueblo que caminaba en **tinieblas**
   vio una **gran luz**.
Sobre los que vivían en **tierra de sombras**,
   una luz **resplandeció**.

Engrandeciste a tu **pueblo**
   e hiciste **grande** su **alegría**.
Se gozan en tu **presencia** como gozan al **cosechar**,
   como se **alegran** al repartirse el botín.
Porque tú **quebrantaste** su pesado yugo,
   la barra que **oprimía** sus hombros
   y el cetro de su **tirano**,
   como en el día de **Madián**.

Inicia con la certeza de quien ve algo que los demás no saben. Puedes aventar una mirada hacia fuera de la Iglesia por una ventada, como indicando que algo viene de allá.

Poco a poco acerca el mensaje al corazón de la comunidad. Como quien camina por en medio de la comunidad hasta plantarse al centro, frente a ellos.

Tú conoces las cargas más pesadas de tu vida y de tu comunidad. No desperdicies esta oportunidad de inyectar vida con la esperanza de Dios.

El profeta Isaías nos lleva por un camino de luz para el bien personal y de las personas que conviven con nosotros, de tal manera que podamos vivir en la unidad garantizada por el Señor Jesús. Así rebasamos los intereses egoístas que hemos ido creando algunas personas o grupos.

I LECTURA   *Por más oscuro que esté el camino existe la esperanza de la luz.* Las palabras de Isaías están enmarcadas por la frase "en otro tiempo" (8:23) y la declaración "desde ahora y hasta siempre" (9:6) que señala la fidelidad del Señor. Si la oscuridad en la vida tiene su explicación inmediata en la responsabilidad de la persona y las circunstancias que la rodean, la fidelidad está garantizada por Dios. La luz de Dios no es cualquier luz; es una "luz grande", que abarca todo y que va más allá de cada individuo. La luz de Dios para su pueblo no es para que éste se contemple a sí mismo, sino para que pueda andar con seguridad los caminos del Señor. Y es que "una criatura nos ha nacido, un hijo se nos ha dado" (v. 5). No hay razón para que el pueblo o sus miembros se sientan confundidos o perdidos, desanimados o desesperanzados. El niño trae: consejo, fortaleza, paz y reconciliación de manera permanente y para todos (vv. 5–6). El nacimiento se convierte en fuente de vida en la familia, la comunidad eclesial y en los ministerios que realizamos y compartimos.

II LECTURA   *En y desde el Señor Jesús todos, sin excepción, estamos llamados a vivir sin discordias.* San Pablo conoce los desafíos de la unidad; su propia experiencia con la iglesia de Jerusalén, con Santiago y con Pedro. Por eso ahora, ante los desafíos de la comuni-

Para meditar

SALMO RESPONSORIAL   Salmo 26:1, 4, 13–14

R. El Señor es mi luz y mi salvación.

El Señor es mi luz y mi salvación, ¿a quién temeré? El Señor es la defensa de mi vida, ¿quién me hará temblar? **R.**

Una cosa pido al Señor, eso buscaré: habitar en la casa del Señor por los días de mi vida;

gozar de la dulzura del Señor contemplando su templo. **R.**

Espero gozar de la dicha del Señor en el país de la vida. Espera en el Señor, sé valiente, ten ánimo, espera en el Señor. **R.**

II LECTURA   1 Corintios 1:10–13, 17

Lectura de la primera carta del apóstol san Pablo a los corintios

Hermanos:
Los **exhorto**, en nombre de nuestro Señor **Jesucristo**,
    a que todos vivan en **concordia**
y no haya **divisiones** entre ustedes,
    a que estén **perfectamente unidos**
    en un mismo **sentir** y en un mismo **pensar**.

Me he enterado, **hermanos**, por algunos **servidores** de **Cloe**,
    de que hay **discordia** entre ustedes.
Les digo **esto**, porque **cada uno** de ustedes
    ha tomado partido, **diciendo**:
    "Yo soy de **Pablo**, Yo de **Apolo**,
    Yo de **Pedro**, Yo de **Cristo**".
¿Acaso **Cristo** está dividido?
¿Es que Pablo fue **crucificado** por ustedes?
¿O han sido **bautizados** ustedes en nombre de **Pablo**?

Por lo demás, no me envió Cristo a **bautizar**,
    sino a **predicar** el **Evangelio**,
    y eso, no con **sabiduría** de **palabras**,
    para no hacer **ineficaz** la **cruz** de **Cristo**.

Sé fuerte, firme y claro. Todos sabemos de la división que aqueja nuestra vida y nuestra comunidad.

Haz de esta proclamación un buen ejercicio de comunicación clara, sincera y útil.
No es un reproche. Es una invitación sincera a mejorar.

Nadie niega —con palabras— la importancia del evangelio. Sin embargo, vivimos sumidos en cierto sacramentalismo, así que remacha (con san Pablo y el papa Pablo VI) que la evangelización es la verdadera fuente de vida para la Iglesia.

dad de Corinto, apunta a la más sabia y efectiva forma de unidad. Si todos nos orientamos al nombre de Jesús, nos descubriremos viendo el mismo punto. Nos descubriremos más unidos de lo que pensamos que estamos y sobre todo más transformados en el mismo sentir y pensar.

Las divisiones (v. 10) cortan, distancian, y llevan a la ruptura. Esa separación profunda (discordia) amenaza a la Iglesia cuando los líderes en turno pierden la visión de su lugar y su función y se ponen directa o indirectamente como referencia. Ese egoísmo eclesial pretende consciente o inconscientemente suplantar a Cristo; ocupar su lugar

de Cabeza de la Iglesia. No menos responsables son los demás miembros de la comunidad que por comodidad (acomodo) o ignorancia (irresponsabilidad) entran en ese juego que carcome la unidad, haciendo porosa y débil la misma fe en Jesús.

Estar "unidos en una misma forma de pensar y en idénticos criterios" no es invitar a la uniformidad, al estilo de quienes promueven un tipo de unidad que atenta contra la pluralidad y diversidad y, a fin de cuentas, anula la dignidad de las identidades múltiples. Estar unidos tiene el matiz de adecuar, ceder y dejar que el otro ceda. Es resultado de dialogar a la sombra de la cruz de Jesús.

EVANGELIO *La Buena Nueva comienza en un lugar de mestizaje.* La presencia del Señor rompe barreras (2:1–12), y Jesús inicia su ministerio en una región donde se mezclaban gentes diferentes por sus procedencias y maneras de pensar. Jesús fue a residir a Cafarnaúm, *en el territorio de Zabulón y Neftalí* (v. 13), en la Galilea de los gentiles. En Galilea, el reino de los cielos está cerca; es decir, todo lo bueno que sirve para la realización plena del ser humano está en tierra sospechosa, al alcance de todos.

Y no hay mejor manera de entrar en relación con los diferentes y diversos, más

EVANGELIO   Mateo 4:12–23

Lectura del santo Evangelio según san Mateo

Al enterarse **Jesús** de que **Juan** había sido **arrestado**,
    se retiró a **Galilea**, y dejando el pueblo de **Nazaret**,
    se fue a vivir a **Cafarnaúm**, junto al lago,
    en territorio de **Zabulón** y **Neftalí**,
    para que **así** se **cumpliera** lo que había
        anunciado el profeta **Isaías**:

Tierra de **Zabulón** y **Neftalí**, camino del mar,
    al otro lado del **Jordán**, **Galilea** de los **paganos**.
El **pueblo** que caminaba en **tinieblas** vio una **gran luz**.
Sobre los que vivían en **tierra de sombras** una **luz** resplandeció.

Desde entonces comenzó Jesús a **predicar**, diciendo:
    "**Conviértanse,** porque ya está **cerca** el **Reino** de los **cielos**".

Una vez que **Jesús** caminaba por la ribera del mar de **Galilea**,
    vio a dos hermanos, **Simón**, llamado después **Pedro**, y **Andrés**,
    los cuales estaban echando las **redes** al **mar**,
        porque eran **pescadores**.
Jesús les **dijo**:
    "**Síganme** y los haré **pescadores de hombres**".
Ellos **inmediatamente** dejaron las redes y lo **siguieron**.

Pasando **más adelante**, vio a **otros** dos hermanos,
    Santiago y **Juan**, hijos de **Zebedeo**,
    que estaban con su **padre** en la **barca**,
    remendando las redes, y los llamó **también**.
Ellos, dejando **enseguida** la barca y a su padre, lo **siguieron**.

Andaba por **toda** Galilea, **enseñando** en las **sinagogas**
    y proclamando la **buena nueva** del **Reino de Dios**
    y **curando** a la gente de **toda enfermedad** y **dolencia**.

Forma breve: Mateo 4:12–17

Inicia la proclama del evangelio haciendo un énfasis en la persona de Juan y esas tierras de Jesús. La asamblea podrá hacer la conexión con la primera lectura.

Presenta a Jesús con el poder que sus propias palabras le otorgan. La invitación a la conversión lo conecta con Juan y nos invita a ver más allá.

Resalta con naturalidad los nombres de los discípulos. Todos deben sentir resonancia con sus propios nombres.

Haz una conexión fuerte y clara entre la invitación de Jesús y la respuesta de quienes le siguen. No hay seguimiento sin desprendimiento y entrega.

Abre la mirada y el tono de tu voz al concluir. Jesús siguió y sigue. El reino siguió y sigue.

---

que con la solidaridad que alivia. San Mateo ubica el llamado de los primeros discípulos antes de un resumen sobre la misión de Jesús (vv. 23–25); así muestra que la misión de Jesús, y de sus discípulos, tiene efecto inmediato en la vida de las personas; la Buena Nueva del Reino consiste en la curación de toda enfermedad y dolencia del pueblo. No se entiende la enseñanza sin esta acción de alivio por parte de Jesús hacia las personas más desprotegidas.

Inicia un tiempo de apertura; la proclamación de la Buena Nueva del Reino y la acción aliviadora de Jesús unen lo separado;

Galilea, Decápolis, Jerusalén y Judea, y del otro lado del Jordán.

Por eso, la misión es congregar —más que capturar— para la vida. Mateo enfatiza la tarea misionera a través de la red de pescar (véase por ejemplo, Mt 13:47–50). La imagen del pescador no es ajena al Antiguo Testamento y uno de los matices principales es el de congregar a las personas, juntarlas, atraerlas para hacerles el bien (así Jer 16:16; también Am 4:2; Hab 1:14–15). Como Jesús y los discípulos: congregarán a las gentes para compartirles el sentido de y por la vida.

Congregar para la vida renunciando a algo. Para la tarea es indispensable dejar las redes y seguir a Jesús. En aquel tiempo, la familia/casa estaba organizada de tal manera que el "padre", además de ser cabeza de la casa, era dueño de vidas y hacienda, juez y sacerdote familiar. En la "nueva familia/casa", en cambio, las relaciones deben estar regidas por la fraternidad (Mt 23:1–12). Desde aquí debemos afirmar que Jesús —y el Reino— es un valor absoluto; seguir a Jesús es un fin en sí mismo, no es un medio para conseguir otros fines (véase también 13:44–46).

LA PRESENTACIÓN DEL SEÑOR

I LECTURA   Malaquías 3:1–4

Lectura del libro del profeta Malaquías

Esto dice el Señor:
"He aquí que **yo envío** a mi mensajero.
El preparará al camino **delante de mí**.
De improviso entrará en el santuario el Señor, a quien ustedes
      buscan, **el mensajero** de la alianza a quien ustedes **desean**.
Miren: **Ya va entrando**, dice el Señor de los ejércitos.

¿Quién podrá soportar **el día de** su venida?
¿Quién quedará en pie cuando aparezca?
Será **como fuego** de fundición, como **la lejía** de los lavanderos.
Se sentará como un fundidor que **refina la** plata; como a la plata
      y al oro, **refinará** a los hijos de Leví
y así podrán ellos ofrecer, como es debido, **las ofrendas** al Señor.
Entonces agradará al Señor la **ofrenda** de Judá y de Jerusalén,
      como en los días pasados, como en los **años antiguos**".

SALMO RESPONSORIAL   Salmo 23:7, 8, 9, 10

R. El Señor, Dios de los ejércitos: él es el Rey de la gloria.

¡Portones, alcen los dinteles, que se alcen las antiguas compuertas: va a entrar el Rey de la gloria! **R.**

¿Quién es ese Rey de la gloria? —
El Señor, héroe valeroso; el Señor, héroe de la guerra. **R.**

¡Portones, alcen los dinteles, que se alcen las antiguas compuertas: va a entrar el Rey de la gloria! **R.**

¿Quién es ese Rey de la gloria? —
El Señor, Dios de los ejércitos: él es el Rey de la gloria. **R.**

Llama la atención de la asamblea. Ya casi no buscan y tú quieres que limpien sus ojos que vuelvan a mirar.

Extiende tus manos hacia ellos mismos como quien muestra el lugar donde está viniendo el Señor.

Termina en forma serena como quien sabe que el Señor ya está aquí y las consecuencias que esto tiene.

Para meditar

La de hoy es una fiesta muy antigua. La iglesia de Jerusalén la celebraba ya en el siglo IV, a los cuarenta días de la Epifanía, el 14 de febrero. El Concilio Vaticano II restauró esta fiesta con sentido cristológico. Celebramos la fe de la familia de Jesús. También es día de la "Candelaria" o procesión de las candelas (luces) que vienen de la "luz para iluminar a los gentiles y gloria de tu pueblo Israel" (Lc 2:32). La procesión nos recuerda que Jesucristo, Luz del mundo, se manifiesta a su pueblo, en Simeón y Ana.

I LECTURA Malaquías es el último de los "Profetas menores". Escribe años después del retorno del exilio cuando la restauración del templo estaba avanzada y el culto restablecido. El profeta anuncia la inminente intervención de Yahvé, para hacer justicia. Urge la presencia de Dios, pues la injusticia domina. Bien sabemos que cuando las cosas no van bien, aunque se vean bien, la mente se turba y el corazón se embota. Preguntamos por la justicia divina, pues el malvado prospera y a los pobres les va mal. Escandaliza que los injustos, los ricos y opresores vivan tan bien y

hasta con buena conciencia religiosa, en tanto que los justos, los fieles y humildes no ven la suya. El mundo parece "patas p'arriba". Urge que llegue el "Día de Yahvé", para que desnude la mentira escondida, haga público el pecado de los opresores y deje al descubierto toda la iniquidad. Dios tiene que tomar partido por los suyos, sus fieles, los veraces y honestos, para asegurarles una vida mejor, restituirles su dignidad y credibilidad, pues son pobres no por malvados o pecadores, sino por ser víctimas de la injusticia dominante. En juego está el honor de Dios mismo. Él se debe vindicar.

II LECTURA   Hebreos 2:14–18

Lectura de la carta a los Hebreos

Hermanos:
Todos los hijos de una familia tienen la **misma sangre**;
por eso, **Jesús** quiso ser de nuestra **misma sangre**,
para destruir con su muerte al diablo, que mediante la muerte,
dominaba a los hombres, y para **liberar** a aquellos que,
por temor a la muerte, **vivían como esclavos** toda su vida.

Pues como bien saben, Jesús no vino a ayudar a **los ángeles**,
sino a los **descendientes** de Abraham;
por eso tuvo que hacerse semejante a sus hermanos **en todo**,
a fin de llegar a ser sumo sacerdote, **misericordioso** con ellos y
    fiel en las relaciones que median entre Dios y los hombres,
    y expiar así **los pecados del pueblo**.
Como él mismo fue **probado** por medio del sufrimiento,
puede ahora **ayudar a los** que están sometidos a la prueba.

EVANGELIO   Lucas 2:22–32

Lectura del santo Evangelio según san Lucas

Transcurrido el tiempo de la purificación de María,
según la ley de Moisés, ella y José llevaron al niño a Jerusalén
para presentarlo al Señor, de acuerdo con lo escrito **en la ley**:
Todo primogénito varón será consagrado al Señor,
y también para ofrecer, **como dice la ley**,
un par de tórtolas o dos pichones.

Vivía en Jerusalén un hombre llamado Simeón,
varón **justo** y **temeroso de Dios**,
que **aguardaba** el consuelo de Israel; en él moraba
el **Espíritu Santo**,

El mensaje está dirigido a toda la Iglesia, en sus distintas comunidades. Visualízate hablando a toda la comunidad, no solo a los presentes. Hazte sentir porque…

Estás presentando al verdadero y único sacerdote que salva. Mira a los hermanos con insistencia, abrázalos con tu mensaje.

"Precisamente" lleva a una gran conclusión cristológica. Ponla en la mesa en forma muy clara. Que los oyentes la sigan repitiendo en su interior.

Usa los primeros versos con maestría; como quien abre una puerta para presentar por un lado la tradición judía y por el otro, enfrente, algo muy nuevo.

Con más cercanía y usando un tono diferente ayuda a la asamblea a situarse en el presente. Imagínate a un lado del viejo Simeón. Estás viendo al que ve.

Sólo entonces, el culto, la ofrenda que se presenta en el templo, será verdadero y agradable a Dios y al pueblo. El culto es inseparable de la justicia.

II LECTURA Cuesta mucho trabajo contemplar a un hijo pequeño y aceptar que tendrá que luchar, sufrir y entregarse para vivir su misión y su destino. Más cuesta, imaginar a Dios sufriendo para redimirnos. En el fondo de la dificultad que tienen los cristianos para aceptar el sufrimiento de Cristo en su misión salvífica, se encuentra el anhelo humano de querer evitar el dolor y el sufrimiento. También se

encuentra el impedimento de tener una imagen de Dios que, siendo todopoderoso, evita el dolor, no lo merece. Ambas razones tienen su lugar en la historia, pero no en la historia del cristianismo y del Dios que se nos revela en Jesús. El poder de Dios revelado en Jesús no está en evitar, sino en asumir y vencer el sufrimiento y a la muerte misma. Sólo así se vence todo aquello que detenta el poder de matar. Dios asume y vence no sólo el dolor y la injusticia, sino sus más graves consecuencias: la muerte del alma, de todo proyecto de vida, del sentido de existir. La redención de Cristo por medio del sufrimiento es también una confirma-

ción más de su auténtica humanidad y divinidad abrazadas en la encarnación.

EVANGELIO San Lucas narra cómo María y José llevan a su hijo a presentarlo al Señor, hasta su templo de Jerusalén y también a realizar la ofrenda del rescate por él.

El evangelista dirige la historia hacia el templo, lugar de plenitud del pueblo de Israel. En el templo, la consagración (presentación) es una ofrenda que nos hace pensar en el sacrificio. De hecho, como el sacrificio humano estaba prohibido, la ley judía man-

Carga de vida y emoción las palabras de un viejo que ve satisfecha toda su existencia y la de sus hermanos.

Al decir "Palabra del Señor" recorre con tu mirada a toda la asamblea con la misma fuerza y convicción que embriagaba a Simeón.

el cual le había revelado que **no moriría** sin haber visto antes al Mesías del Señor. Movido por el **Espíritu**, fue al templo, y cuando José y María entraban con el niño Jesús para cumplir con lo prescrito **por la ley**, Simeón lo tomó en brazos y **bendijo** a Dios, diciendo:

"Señor, ya puedes dejar morir en paz a tu **siervo**,
según lo que me habías **prometido**,
porque mis ojos **han visto** a tu Salvador,
al que has preparado para bien de **todos los pueblos**;
luz que alumbra a las naciones
y **gloria** de tu pueblo, Israel".

Forma larga: Lucas 2:22–40

daba hacer una sustitución por un animal puro, cordero o paloma (cf. Ex 13 y Lev 12). Unido a esto, se cita la purificación de la mujer que ha dado a luz (cf. Lev 12). En Israel, la mujer, al dar a luz, quedaba manchada, por eso tenía que realizar un rito de purificación antes de reincorporarse a la vida comunitaria, de lo que, extrañamente, han quedado vestigios en nuestro pueblo hasta tiempos muy recientes. Por ejemplo, a los cuarenta días del parto, las mujeres iban a presentarse a la iglesia del pueblo y prendían una veladora al santo patrono del lugar o al Santísimo.

Lo más importante de este pasaje es la revelación de Simeón. Jesús ha sido ofrecido al Padre, y el anciano, recibida la fuerza del Espíritu, profetiza agudizando el sentido y abriendo la mirada para garantizar que el antiguo Israel de la esperanza puede descansar tranquilo. Simeón, que ha visto al Salvador, sabe que su meta es ahora el triunfo de la vida. Es tiempo de esperanza, porque Jesús no es sólo gloria de Israel, es el principio de luz y salvación para las gentes.

Al mismo tiempo, las palabras de Simeón reflejan dolor y lucha; anuncian un destino de hondo sufrimiento a María. Desde el principio, María aparece como signo de la Iglesia, que, portando en sí toda la gracia salvadora de Jesús, viene a ser señal de división y enfrentamiento. Desde su entrada en el templo, Jesús se revela como Siervo de dolores, cordero del sacrificio, signo de contradicción para Israel, origen de dolor para María, por un camino que culminará en la cruz, y será redentor.

Todo el que tiene y sigue a Jesús ha de tomar ese camino de dureza, entrega y muerte; y, en esa andadura, no irá jamás en soledad, le guía y alumbra la fe y el sufrimiento con sentido de la Madre de Jesús, Madre nuestra: María.

V DOMINGO ORDINARIO

No hay peor crisis que el egoísmo personal y social. Intenta 'gritar' esto cuando proclamas esta lectura profética.

Todos queremos ser luz. Muestra la respuesta potente que Dios da a esos anhelos. Todos queremos sanar ¡Aquí está el remedio!

Toma el lugar del profeta y haz resonar esta sabiduría divina. (Muchos sospechan de este tipo de anuncios y convicciones)

I LECTURA   Isaías 58:7–10

Lectura del libro del profeta Isaías

Esto dice el **Señor**:
"**Comparte** tu **pan** con el **hambriento**,
   abre tu **casa** al **pobre sin techo**,
   viste al **desnudo** y no des la **espalda** a tu **propio hermano**.

Entonces **surgirá** tu luz como la **aurora**
   y **cicatrizarán** de prisa tus heridas;
   te **abrirá** camino la **justicia**
      y la **gloria del Señor** cerrará tu **marcha**.

Entonces clamarás al **Señor** y él te **responderá**;
   lo **llamarás**, y él **te dirá**: 'Aquí **estoy**'.

Cuando renuncies a **oprimir** a los demás
   y **destierres** de ti el gesto **amenazador**
   y la palabra **ofensiva**;
   cuando **compartas** tu pan con el **hambriento**
   y **sacies** la necesidad del **humillado**,
   brillará tu luz en las tinieblas
   y tu oscuridad **será** como el mediodía".

Antes que preocuparnos por dar testimonio, debemos ocuparnos en hacer el bien. El testimonio es consecuencia de nuestra opción de vivir en el amor. Desde esta perspectiva, tenemos que ser luz pero no con cualquier comportamiento bueno sino con los que refiere el evangelio que dijo y vivió Jesús y los expresan, sobre todo, las bienaventuranzas.

I LECTURA *La ofrenda que agrada a Dios es la que construye la fraternidad.* El pueblo se presenta ante Dios como con pretensiones (Is 58:2–3a); dice que quiere conocer sus caminos, sus

mandatos ... En realidad, son sus propios caminos los que recorre (56:11) y busca una cercanía sin compromiso, superficial. Por eso, el Señor desenmascara su falsa piedad: ésa de mortificarse y golpear al prójimo, de ayudar y obsesionarse por el negocio. Por eso, el verdadero ayuno y la ofrenda grata a Dios consistirá no en uno mortificarse sino en hacer algo para aliviar la aflicción del prójimo. De ahí que la ofrenda más agradable a Dios no es cuando *uno le da algo* sino cuando *uno mismo se da*. Esta solidaridad garantiza una ruta permanente de acceso a Dios (vv. 8–9).

II LECTURA Pablo continúa con el tema de la sabiduría. Esa actitud que no se queda encerrada en lo intelectual. La comunidad de Corinto vivía la influencia de la filosofía griega en donde la razón ordenada (lógica) y expuesta en formas elocuentes y convincentes (retórica) llevaba a muchos a reducir la fe a conceptos y la evangelización en una ristra de bellas palabras y discursos. Pablo conoce bien estos modos. Por eso se presenta con otro estilo. humilde, poniendo la propia inteligencia al servicio del encuentro fraterno y cordial con otros discípulos, no de una doctrina, sino de una persona. Jesús.

Para meditar

SALMO RESPONSORIAL   Salmo 111:4–5, 6–7, 8a y 9

R. El justo brilla en las tinieblas como una luz.

En las tinieblas brilla como una luz el que es justo, clemente y compasivo. Dichoso el que se apiada y presta y administra rectamente sus asuntos. **R.**

El justo jamás vacilará, su recuerdo será perpetuo. No temerá las malas noticias, su corazón está firme en el Señor. **R.**

Su corazón está seguro, sin temor, reparte limosna a los pobres, su caridad es constante, sin falta, y alzará la frente con dignidad. **R.**

II LECTURA   1 Corintios 2:1–5

Lectura de la primera carta del apóstol san Pablo a los corintios

Habla con la confianza de estar entre amigos. No es la primera vez que proclamas y tampoco es la primera vez que Pablo les habla.

Hermanos:
Cuando **llegué** a la ciudad de ustedes
    para **anunciarles** el Evangelio,
    no busqué hacerlo mediante la **elocuencia** del lenguaje
      o la **sabiduría humana**,
    sino que **resolví** no hablarles sino de **Jesucristo**,
    más aún, de Jesucristo **crucificado**.

Con Pablo, revístete de humildad sincera ante tu comunidad; ellos te conocen y les sirves desde tu fragilidad y tu fe sincera.

Me presenté ante ustedes **débil y temblando de miedo**.
Cuando les **hablé** y les **prediqué** el Evangelio,
    no quise convencerlos con palabras de hombre sabio;
    al contrario, los **convencí** por medio del **Espíritu**
      y del **poder de Dios**,
    a fin de que la fe de ustedes **dependiera** del **poder** de **Dios**
    y **no** de la sabiduría de los **hombres**.

Pon en relevancia el poder de Dios y del Espíritu que nos hace a todos humildes y serviciales.

La debilidad personal bien entendida y asumida nos abre a los demás; por eso es tan peligroso que alguien se sienta super-hombre o super-mujer (super-discípulo), hasta para hacer el bien. Alguien así se convierte en bienhechor, no en hermano, y cree que "es mejor dar que recibir". Por eso Pablo nos refiere al Crucificado, es decir, a quien entregó toda la vida.

Cuando habla del poder de Dios, Pablo se refiere a lo que se puede hacer siendo Dios; es el poder, o la fuerza, que Dios ejerce a través de las personas, de su amor. Este tipo de poder revelado en Jesús, puede

llevarnos a ser servidores del evangelio con inteligencia humilde y servicial.

EVANGELIO *El comportamiento, como la luz, debe orientar.* Una persona o comunidad sólo puede orientar si no vive para sí, y si va más allá de sí. Ahora bien, esas imágenes, las de la sal y la luz, siguen inmediatamente a las bienaventuranzas. Desde aquí, la comunidad eclesial y cada discípulo de Jesús crece en su capacidad de orientar, en la medida en que encarna las bienaventuranzas, entendidas éstas no como un programa individual para sentirse bien, sino como el proyecto de vida

que evidencia la gran verdad de todo el evangelio: que la única manera de hacer presente en la historia a Dios Padre es construyendo la fraternidad entre sus hijos e hijas (cf. 5:16; 6:7–15).

Un comportamiento así nadie lo puede derrumbar. El evangelio garantiza que una vez que el testimonio es sólido nadie puede derrumbarlo; ni siquiera quien lo ha dado puede ocultarlo. En contrapartida, el exhibicionismo, esa actitud errada de hacer las cosas para ser vistos y parecer buenos (6:1–18) cae por su propio peso: la autosatisfacción estéril. Más aún, san Mateo deja claro

EVANGELIO   Mateo 5:13–16

Lectura del santo Evangelio según san Mateo

En **aquel** tiempo, Jesús dijo a sus **discípulos:**
   "Ustedes son la **sal de la tierra.**
   Si la sal se vuelve **insípida**, ¿con qué se le devolverá el **sabor?**
Ya no sirve para **nada** y se **tira** a la calle para que la pise la gente.

Ustedes son la **luz del mundo.**
No se puede **ocultar** una ciudad construida
      en **lo alto** de un monte;
   y cuando se **enciende** una vela,
   no se esconde **debajo** de una olla,
   sino que se pone sobre un **candelero,**
   para que **alumbre** a **todos** los de la casa.

Que de **igual** manera **brille** la luz de ustedes ante los hombres,
   para que viendo las **buenas obras** que ustedes hacen,
   den **gloria** a su **Padre**, que está en los cielos".

Proclama el evangelio con ternura y cercanía. La exigencia de Jesús está llena de amor.

El evangelio de este domingo es declaración al estilo de las bienaventuranzas. No lo conviertas en reclamo. Ojalá despierte y anime a los que piensan que nada son.

Culmina extendiendo las manos hacia toda la comunidad, mientras los peinas con tu mirada llena de confianza.

---

que ni la persecución y la muerte del enviado acaban con el testimonio (10:28–31).

Y para evitar el protagonismo inadecuado hay que convencernos de que es más importante el testimonio que la persona que está detrás. A la esperanza alentadora de que la luz no puede ser apagada, el evangelio agrega una responsabilidad: "Tampoco se enciende una lámpara para ponerla debajo de un recipiente" (v. 15). El testimonio es para mostrarlo; se trata de que sea visto. Sin embargo, caeríamos en esa trampa que Jesús señala: "Todas sus obras (los escribas y fariseos) las hacen para ser vistos por los hombres" (23:5). Por eso, el testimonio sólo

es auténtico si alumbra; es decir, si orienta "a todos los de la casa" (v. 16). Podemos decir entonces que la finalidad inmediata y más importante del comportamiento del discípulo misionero está en la edificación de la comunidad humana; en que realmente sirva para que otros construyan una auténtica comunidad de hermanos.

El protagonismo del testimonio lo tiene el actuar de la persona y el reconocimiento del Padre: "para que vean sus buenas obras y alaben a su Padre que está en los cielos" (v. 16). Una vez que el evangelio ha señalado el modo de testimoniar aclara la finalidad. Pero las buenas obras no refieren cualquier

comportamiento, sino a la práctica de las bienaventuranzas y de todo el Sermón del monte (5:1–7:27). Es importante el que actúa pero sobre todo lo que hace; las obras buenas van más allá de quien las hace. Sólo cuando el protagonismo es el comportamiento coherente y no el sujeto se puede hablar de un auténtico alcance misionero del testimonio. Pero la simple constatación del testimonio expresado en las buenas obras no es suficiente; se vuelve necesario que el comportamiento conduzca a dar gloria al Padre, que, con mucha seguridad, consiste en construir la urgente e irrenunciable tarea de la fraternidad (6:7–15).

VI DOMINGO ORDINARIO

I LECTURA   Eclesiástico 15:15–21

Lectura del libro del Eclesiástico (Sirácide)

Si tú lo **quieres**, puedes guardar los **mandamientos**;
  permanecer **fiel** a ellos es cosa **tuya**.
El **Señor** ha puesto delante de ti **fuego** y **agua**;
  extiende la **mano** a lo que **quieras**.
Delante del **hombre** están la **muerte** y la **vida**;
  le será dado lo que él **escoja**.

Es **infinita** la **sabiduría** del **Señor**;
  es **inmenso** su **poder** y él lo ve **todo**.
Los **ojos** del **Señor** ven con **agrado**
  a quienes lo **temen**;
  el **Señor** conoce a **todas** las **obras** del **hombre**.
A **nadie** le ha **mandado** ser **impío**
  y a **nadie** le ha dado **permiso** de pecar.

SALMO RESPONSORIAL   Salmo 118:1–2, 4–5, 17–18, 33–34

R. Dichosos los que caminan en la voluntad del Señor.

Dichoso el que con vida intachable camina en la voluntad del Señor; dichoso el que guardando sus preceptos lo busca de todo corazón. **R.**

Tú promulgas tus decretos para que se observen exactamente; ¡ojalá esté firme mi camino para cumplir tus consignas! **R.**

Haz bien a tu siervo: viviré y cumpliré tus palabras; ábreme los ojos y contemplaré las maravillas de tu voluntad. **R.**

Muéstrame, Señor, el camino de tus leyes y lo seguiré puntualmente; enséñame a cumplir tu voluntad y a guardarla de todo corazón. **R.**

Personas y comunidades nos movemos en un dilema: cumplir normas o vivir principios. Hay gente que piensa que ambas cosas se contradicen y se excluyen, otras, incluso, que son, sin más, perfectamente combinables. Cierto que el evangelio no elimina los mandamientos, pero sí los subordina a los principios. La vida cristiana no es una insinuación a lo fácil, sino una invitación a lo que vale la pena. Quien abraza esta invitación se va haciendo sabio, pues sabe vivir de acuerdo al Espíritu de Dios.

I LECTURA   *Libres para realizar el bien.* El Eclesiástico es el libro de "la sabiduría de Jesús ben Sirá"; escrito hacia el siglo II a. C., conserva orientaciones claras y precisas sobre la sabiduría. Principio y fundamento es que el sabio respeta y reverencia la Ley de Dios.

Para la cultura israelita, la Ley, aunque expresada en mandamientos, no se reduce a ellos.

El primer aspecto que resalta en nuestro texto es que el cumplimiento de los principios y de los mandamientos no es por obligación sino por convicción. Los principios o valores que nos guían no se pueden vivir sólo "porque está mandando". Ni siquiera los mandamientos. Esto nos convertiría en una especie de autómatas que no piensan y que actúan sin convicciones. El segundo aspecto que resalta es la libertad entendida como la capacidad de hacer el bien y no principalmente como el derecho a actuar al gusto personal.

II LECTURA   Estando en Éfeso, a Pablo le llegan noticias de que en Corinto hay quienes encumbran las bellas ideas y discursos. Por eso, Pablo propone

Como verdadero maestro, con humildad, proclama el mensaje de Pablo a quienes espera se ubiquen ante Dios y ante ellos mismos.

Usa la frase "por el contrario" para dar un giro al argumento. Afirma con fuerza y entereza lo que de aquí sigue.

El párrafo final pide una comparación entre la antigua y la nueva sabiduría. Resalta enfáticamente el don del Espíritu.

II LECTURA   1 Corintios 2:6–10

Lectura de la primera carta del apóstol san Pablo a los corintios

Hermanos:
Es **cierto** que a los **adultos** en la fe les predicamos la **sabiduría**
   de este **mundo**
   ni la de aquellos que **dominan** al **mundo**,
   los cuales van a quedar **aniquilados**.
Por el contrario, predicamos una sabiduría **divina**, **misteriosa**,
   que ha permanecido **oculta**
   y que fue **prevista** por **Dios** desde antes de los **siglos**,
   para conducirnos a la **gloria**.
Ninguno de los que **dominan** este mundo la **conoció**,
   porque, de haberla **conocido**, nunca hubieran **crucificado**
     al **Señor** de la **gloria**.

Pero lo que **nosotros** predicamos es, como dice la **Escritura**,
   que lo que Dios ha preparado para los que lo aman,
   ni el ojo lo ha visto, ni el oído lo ha escuchado,
   ni la mente del hombre pudo siquiera haberlo imaginado.
A nosotros, **en cambio**, Dios nos lo ha **revelado**
   por el **Espíritu** que conoce **perfectamente** todo,
   hasta lo más **profundo** de **Dios**.

como criterio de vida la sabiduría de la cruz, que viene de Dios, y hace que la persona vea las cosas a profundidad (v. 10). Nuestros tiempos también tienden a presentar como sabio al que más información tiene, o a quien transmite dicha información (la suya). En realidad, descubrimos mucha ignorancia y necedad en los preparados y mucha disponibilidad y apertura en quienes son catalogados por el mundo como ignorantes. El criterio de Pablo es válido para todos.

| EVANGELIO | *El discípulo sabio vive principios y no sólo cumple mandamientos.* Quizá los primeros seguidores |

interpretaran de manera encontrada la actitud de su Maestro ante la Ley. Así, unos exigirían cumplir ciertas normas para ser discípulos de Jesús; y otros desecharían toda norma, afirmando que Jesús las había superado totalmente. ¿Dónde estamos?

Con buenas intenciones. La vida del discípulo no se reduce a vivir correctamente; hay que preguntarse si se hace con buenas intenciones y si el comportamiento es significativo para la comunidad. A esto se refiere el cumplimiento de la Ley y los Profetas. No se trata de cantidad; tampoco de 'calidad', entendida ésta como la actitud mediocre de quienes piensan que "peor es

no hacer nada". Llevar a plenitud la ley y los profetas se refiriere a la radicalidad, es decir al hecho de acudir a la raíz y a lo más profundo del comportamiento. De esa radicalidad le viene la importancia al más pequeño de los mandamientos.

Se trata de ir a la raíz para vivir en permanente convicción por hacer el bien. La ley prohibe matar. Jesús va a la raíz: reprueba el rencor o la mínima violencia. No sólo merecen "juicio" quienes matan sino quien se "enoje" con su hermano (v. 21). Pero el evangelio baja a detalles. El menor insulto merece condenación. El término *raká* era frecuente, pero no provocaba mayor daño o

EVANGELIO   Mateo 5:20–22a, 27–28, 33–37

Lectura del santo Evangelio según san Mateo

En aquel tiempo, Jesús dijo a sus discípulos:
"Les aseguro que si su justicia **no es mayor** que la de los escribas
 y fariseos, ciertamente **no entrarán** en el Reino de los cielos.

Han oído ustedes que se dijo a los antiguos: **No matarás** y el que
mate será llevado ante el tribunal. Pero yo les digo:
Todo el que **se enoje** con su hermano,
será llevado también ante el tribunal.

También han oído que se dijo a los antiguos:
No cometerás adulterio;
 pero yo les digo que quien **mire con malos deseos** a una mujer,
ya cometió adulterio con ella en su corazón.

Han oído que se dijo a los antiguos:
No jurarás en falso y le cumplirás al Señor lo que le hayas
prometido con juramento.
Pero yo les digo: No juren de ninguna manera,
ni por el cielo, que es el trono de Dios; ni por la tierra,
porque es donde él pone los pies; ni por Jerusalén,
que es la ciudad del gran Rey.

Tampoco jures por tu cabeza,
porque no puedes hacer blanco o negro uno solo de tus cabellos.
    Digan simplemente sí, cuando es sí; y no, cuando es no.
Lo que se diga de más, viene del maligno".

Forma Larga: Mateo 5:17–37

Estás ante un discurso largo. Ayudará que descubras el hilo de "antes" y de "ahora", así podrás guiarte, pues se reconoce el pasado para crecer en el presente.

Ve mencionando poco a poco cada sentencia del pasado con cierta nostalgia dándole, a su vez, fuerza y autoridad a las afirmaciones de Jesús.

Cada nuevo mandato envíalo con tu voz y tu mirada a diferentes lugares y personas de la asamblea. Que se sientan desafiados a vivir con plenitud.

No suavices ninguna de las nuevas exigencia de Jesús. Tampoco recalques con exageración ninguna en especial. Todas son invitaciones, no acusaciones.

Concluye con animosidad la invitación a respetar el nombre de Dios. En esto se basa todo el relato.

---

molestia, era algo así como "cabeza hueca"; de modo semejante *morós*, también corriente. Sin embargo, aunque un insulto sea "común" no significa que no merezca atención. Incluso va creciendo la pena; todos son reos del tribunal, del sanedrín o de la *gehena*. El evangelio, en su afán de convencer de que ni siquiera el menor insulto debe ser pasado por alto, va aumentando la pena. Y es que, si alguien es capaz de la menor violencia y la deja crecer, tarde o temprano puede llegar a matar a su semejante. Y aunque no llegara a hacerlo, dejó de hacer lo más por cumplir lo menos. Pero no se trata

sólo de evitar palabras ofensivas, sino de apostar por la reconciliación. No importa si el hermano se enoja con razón o sin razón. No se trata de ver a quién le toca la iniciativa, sino de optar por la reconciliación.

Jesús va pues a la interioridad del hombre, a la raíz del comportamiento. Y este principio vale para los otros dos casos de este domingo. No basta con evitar el adulterio, hay que ver con respeto a toda mujer. Ante la dificultad para ajustarse a este principio, Jesús es tan drástico como acertado, y exige cortar de tajo con los comportamientos que impidan su puesta en práctica.

También en el asunto del juramento (vv. 33-37) Jesús va a la raíz; pide que no se jure. La razón es sencilla y profunda: "limítense a decir 'sí, sí' 'no, no' (v. 37). Jesús no deslegitima las promesas, reprueba la desconfianza acumulada. Una persona que ha vivido de la mentira tiene que jurar pues sólo así obtiene crédito. Pero eso no es lo normal. Lo natural y normal es crear un estado absoluto de confianza en el que cada persona es digna de crédito por decir sí o no. Lo demás, la desconfianza y la incoherencia, es cosa del maligno (v. 37).

VII DOMINGO ORDINARIO

Dos matices de voz y entonación son necesarios: el del narrador y la voz de Dios. Con la solemnidad de un Padre amoroso, despliega estos sabios consejos.

El mandato del amor al prójimo debe ser puesto en relevancia: todos recordarán a Jesús diciendo esto también a sus discípulos.

I LECTURA   Levítico 19:1–2, 17–18

Lectura del libro del Levítico

En aquellos días, dijo el **Señor** a **Moisés**:
   "**Habla** a la **asamblea** de los **hijos de Israel** y **diles**:
   'Sean **santos**, porque **yo**, el **Señor**, soy **santo**.

No **odies** a tu **hermano** ni en lo **secreto** de tu **corazón**.
Trata de **corregirlo**, para que no cargues **tú** con su **pecado**.
No te **vengues** ni guardes **rencor** a los **hijos** de tu **pueblo**.
Ama a tu **prójimo** como a ti mismo. Yo soy el **Señor**' ".

Para meditar

SALMO RESPONSORIAL   Salmo 102:1–2, 3–4, 8 y 10, 12–13

R. El Señor es compasivo y misericordioso.

Bendice, alma mía, al Señor, y todo mi ser a su santo nombre. Bendice, alma mía, al Señor, y no olvides sus beneficios. **R.**

Él perdona todas tus culpas, y cura todas tus enfermedades; él rescata tu vida de la fosa y te colma de gracia y de ternura. **R.**

El Señor es compasivo y misericordioso, lento a la ira y rico en clemencia. No nos trata como merecen nuestros pecados ni nos paga según nuestras culpas. **R.**

Como dista el oriente del ocaso, así aleja de nosotros nuestros delitos; como un padre siente ternura por sus hijos, siente el Señor ternura por sus fieles. **R.**

Las relaciones humanas no son fáciles; las dificultades con los demás nos desaniman y las enemistades nos entristecen. Cierto, no siempre somos culpables, pero tampoco somos siempre las víctimas. Por eso, el amor a los enemigos es un mensaje de esperanza y exigencia cuando somos víctimas, pero una fuerte llamada de atención cuando somos responsables directos o cómplices de alguna indeseable situación.

I LECTURA *Vale la pena solucionar las dificultades entre nosotros porque Dios es santo. Si nosotros, lectores*

modernos, buscamos el trasfondo humano del Levítico, percibiremos a personas y comunidades con un profundo sentido religioso que buscan darle sentido a su existencia en medio de dificultades y preguntas. Resulta fundamental plantearse lo del amor al prójimo: el porqué, el cómo y el para qué (Lev 19). La razón para amar al prójimo es precisamente que Dios es santo; es decir, el amor abre a la trascendencia de Dios. Podríamos decir que de cómo concibamos a Dios, depende cómo entendamos y vivamos nuestras relaciones. Si Dios es santo la comunidad debería ser santa (Ex 19:5). Y el

mejor modo de serlo es amando a todas las personas, incluidos los enemigos. Cierto que este pasaje del Levítico se ciñe a los miembros del pueblo de Israel, pero su límite no significa invalidez; el amor al lejano empieza necesariamente por el amor al cercano, al del propio grupo.

II LECTURA Como notamos, Pablo alerta a la iglesia de Corinto sobre los males que amenazan y sus causas principales. El grupismo alrededor de personas no muestra más que inseguridad y falta de visión de una comunidad que pertenece a

II LECTURA   1 Corintios 3:16–23

Lectura de la primera carta del apóstol san Pablo a los corintios

Hermanos:

¿No saben **ustedes** que son el **templo** de **Dios**
  y que el **Espíritu** de Dios **habita** en **ustedes**?
Quien **destruye** el **templo** de **Dios**, será **destruido** por **Dios**,
  porque el **templo** de **Dios** es **santo** y **ustedes** son ese **templo**.

Que **nadie** se **engañe**:
  si **alguno** de ustedes se tiene a sí mismo por **sabio** según
    los **criterios** de este **mundo**,
  que se haga **ignorante** para llegar a ser **verdaderamente sabio**.
Porque la **sabiduría** de este mundo es **ignorancia** de **Dios**, como
    dice la **Escritura**:
  Dios hace que los sabios caigan en la trampa
    de su propia astucia.
También dice:
  El Señor conoce los pensamientos de los sabios y los tiene
    por vanos.

Así pues, que **nadie** se **gloríe** de **pertenecer** a ningún **hombre**,
  ya que **todo** les pertenece a **ustedes**:
  Pablo, Apolo y **Pedro**, el **mundo**, la **vida** y la **muerte**,
  lo **presente** y lo **futuro**: **todo** es de **ustedes**;
  ustedes son de **Cristo**, y **Cristo** es de **Dios**.

Marginal notes (left column):

Tres afirmaciones centrales contiene el mensaje de Pablo. En la primera pon al descubierto la conciencia, así que habla con agudeza, mira con insistencia a la asamblea.

En la segunda debe haber admiración y sorpresa que contrasta con el pensamiento regular. No muestres una pizca de duda.

Invita finalmente a desterrar toda duda. La mención de nuestra pertenencia a Cristo debe ser contundente y clara.

Cristo, pero con fuertes dosis de arrogancia. Dicen que del tamaño de la arrogancia es la ignorancia y, con este dicho vinculamos ambas raíces de la división. Misma que nace en las personas y se expresa en medio de la comunidad, como una amenaza al corazón de la Iglesia. De ahí que Pablo utilice el término "templo" referido al cuerpo de cada cristiano tanto como a la comunidad. De todo lo anterior, habríamos de concluir que precisamente porque cada uno es templo de Dios, espacio sagrado, vale la pena el esfuerzo permanente de tratarnos unos a otros dignamente.

EVANGELIO *"El ojo por ojo" nos puede conducir a la ceguera.* La ley del talión, ésa de la equivalencia en el daño (Ex 21:22–27; Lev 24:20–21; Dt 19:21), es muy antigua. Ya en el siglo XVII antes de Cristo aparece como ley en el Código de Hammurabi. En su aparente barbaridad, fue uno de los grandes avances en la historia de la humanidad pues contuvo el deseo de una venganza ilimitada. Jesús presenta una alternativa para no resistir al mal con mal: ofrecer la otra mejilla, dar hasta el manto y ceder más de la cuenta (vv. 38–41).

¿Resistir la violencia o construir la reconciliación? Ahora bien, abofetear la mejilla derecha es poco común. Por eso quizá se trata más de vergüenza que de dolor.

Por su parte, el v. 40 habla de un proceso de embargo. Dar el manto es una exigencia extrema, pues se queda uno prácticamente desnudo. Esto va contra el derecho prestatario del Antiguo Testamento que afirmaba que cuando un pobre hubiera empeñado su capa o manto, se le debe devolver para que pueda dormir en ella (Ex 22:26s; Dt 24:1s).

El tercer caso se refiere a las prestaciones reclamadas por la fuerza. El verbo *obligar* (en griego *aggareúo*) designa los servicios, vehículos y acompañamiento de viaje

EVANGELIO   Mateo 5:38–48

Lectura del santo Evangelio según san Mateo

En aquel tiempo, **Jesús** dijo a sus **discípulos:**
  "**Ustedes** han oído que se dijo: Ojo por ojo, diente por diente;
  pero **yo** les digo que no hagan **resistencia** al hombre **malo.**
Si alguno te **golpea** en la mejilla **derecha,** preséntale **también**
    la **izquierda;**
  al que te quiera **demandar** en **juicio** para **quitarte** la túnica,
  cédele también el **manto.**
Si alguno te **obliga** a caminar **mil** pasos en su servicio,
  camina con él **dos mil.**
Al que te **pide, dale;**
  y al que **quiere** que le **prestes,**
  no le **vuelvas** la espalda.

Han oído **ustedes** que se dijo: Ama a tu prójimo
    y odia a tu enemigo;
  yo, **en cambio,** les digo:
  Amen a sus **enemigos,** hagan el **bien** a los que los **odian**
  y **rueguen** por los que los **persiguen** y **calumnian,**
  para que sean **hijos** de su **Padre** celestial,
  que hace **salir** su **sol** sobre los **buenos** y los **malos,**
  y **manda** su **lluvia** sobre los **justos** y los **injustos.**

Porque si **ustedes** aman a los que los aman, ¿qué
    recompensa merecen?
¿No hacen **eso** mismo los **publicanos?**
Y si saludan tan **sólo** a sus **hermanos,**
    ¿qué hacen de **extraordinario?**
¿No hacen **eso** mismo los **paganos?**
Ustedes, pues, sean **perfectos,**
    como su **Padre** celestial es **perfecto".**

Toma la postura de Jesús: bien parado, de una sola pieza y con toda certeza proclama este nuevo comportamiento. ¡Nunca nadie dijo algo semejante!

Ve alternando la voz subiendo el todo en cada nuevo mandato. Un brevísimo silencio fondo solemne a cada sentencia para los cristianos presentes.

Concluye con la confianza infinita que da la bondad de Dios. La asamblea agradecerá este buen sabor final.

impuestos por el ejército o por funcionarios, así como al abastecimiento, incluso a cualquier género de trabajo forzado y exigido por otros. El Señor dice que hay que ceder el doble.

Hasta aquí todo esto pareciera una invitación a padecer la violencia y hasta como signo de debilidad. Sin embargo, Jesús considera que la única manera de evitar la violencia es no proseguir con ella. Lo primero que pide el Señor ante la violencia es estar totalmente dispuesto a no ejercerla; y es que quien ejerce la violencia, aunque sea como recurso último, está cooperando para continuar esa espiral. Alguien tiene que cortarla con no violencia.

Y esta posibilidad de reconciliación es con todos. Los vv. 42–47 tratan el amor al enemigo. Para un judío del tiempo de Jesús "prójimo" era el miembro de su grupo religioso, el de su etnia, otro judío. Sin embargo, no fue la única manera de pensar; siempre hubo en Israel también personas o grupos convencidos de que había que respetar al enemigo. Así lo expresa, por ejemplo Prov 24:17: "no te alegres de la caída de tu enemigo, ni disfrutes con su tropiezo".

No sólo hay que tolerar, debemos amar. Jesús plantea como un imperativo la actitud de amar (en gr. *agapao*) que rebasa la simpatía y la tolerancia. Amar significa llegar a convivir con el otro como hermano. Es este tipo de amor que propone Jesús, el único que abre verdaderas posibilidades de formar una auténtica comunidad humana. Jesús no es ingenuo ante la maldad; pero sabe que la única manera de vencerla es por el amor y no por la violencia misma. Por eso quizás agrega una de las maneras más nobles de tener a una persona presente: orar por ella.

VIII DOMINGO ORDINARIO

I LECTURA   Isaías 49:14–15

Lectura del libro del profeta Isaías

Aunque breve, esta lectura encierra un mensaje de valor incalculable. Visualiza un torrente de fuerza vocal saliendo desde tu pecho. Todos deben sentir lo que escuchan.

"**Sión** había **dicho**: 'El **Señor** me ha **abandonado**,
  el **Señor** me tiene en el **olvido**'.
¿Puede acaso una **madre olvidarse** de su **creatura**
  hasta dejar de **enternecerse** por el **hijo** de sus **entrañas**?
Aunque hubiera una **madre** que se **olvidara**,
  yo **nunca** me **olvidaré** de **ti**",
  dice el **Señor todopoderoso**.

Para meditar

SALMO RESPONSORIAL   Salmo 61:2–3, 6–7, 8–9ab

R. Descansa sólo en Dios, alma mía.

Sólo en Dios descansa mi alma, porque de él viene mi salvación; sólo él es mi roca y mi salvación, mi alcázar: no vacilaré. **R.**

Descansa sólo en Dios, alma mía, porque él es mi esperanza; sólo él es mi roca y mi salvación, mi alcázar: no vacilaré. **R.**

De Dios viene mi salvación y mi gloria; él es mi roca firme, Dios es mi refugio. Pueblo suyo, confía en él, desahoga ante él tu corazón. **R.**

Nos movemos entre la confianza en la providencia de Dios y la confianza en nosotros mismos, entre la preocupación permanente por el sustento y la convicción de que la vida es más que eso. Las lecturas de hoy nos ofrecen varias claves para que hagamos una combinación adecuada entre estas actitudes.

I LECTURA *La providencia de Dios se basa en la fidelidad.* No encontró el segundo Isaías imagen mejor para hablar de la fidelidad de Dios que el amor de madre. Y para enfatizar la fidelidad extrema de Dios, dice que aunque hubiera una madre que se olvidara de su hijo, Dios no lo haría. Ni por excepción falla. El Dios fiel reconstruirá y repoblará Jerusalén.

II LECTURA Qué difícil es la fidelidad cuando la administración se come al que busca servir. Que fácil es confundir el servicio con las mil maneras de proteger a quien, por protegerle a uno mismo, le roba la conciencia y la paz. Los análisis no están prohibidos en la comunidad de los miembros de Cristo; lo que Pablo prohíbe es la madeja de actitudes y acciones que utilizan la crítica para difamar, el análisis para desprestigiar, los comentarios y habladurías para corromper. Porque entonces se va perdiendo la confianza.

Al combinar Pablo el ministerio que emana de Cristo y la administración de los misterios de Dios, los dirigentes no encuentran escape: si el ministerio emana de Cristo no lo puede ejecutar de cualquier manera; si lo que administra son los misterios de Dios, tampoco lo puede hacer a su antojo. El misterio equivale sobre todo al plan de Dios, el mismo evangelio (1 Cor 4:1). En nuestros ministerios eclesiales se da mucho la administración de personas como "recursos"

II LECTURA   1 Corintios 4:1–5

Lectura de la primera carta del apóstol san Pablo a los corintios

Hermanos:
Procuren que **todos** nos consideren como **servidores** de **Cristo**
    y **administradores** de los **misterios** de **Dios**.

Ahora bien, lo que se busca en un **administrador** es que sea **fiel**.
Por eso, lo que **menos** me **preocupa** es que me **juzguen ustedes**
        o un **tribunal humano**;
        pues **ni siquiera** yo me **juzgo** a **mí mismo**.
Es **cierto** que mi **conciencia** no me reprocha **nada**,
    pero **no por eso** he sido declarado **inocente**.
El **Señor** es quien habrá de **juzgarme**.
Por lo tanto, no **juzguen** antes de tiempo; **esperen** a que **venga**
    el **Señor**.
Entonces él **sacará** a la **luz** lo que está **oculto** en las **tinieblas**,
    pondrá al **descubierto** las **intenciones** del **corazón**
    y dará a **cada uno** la **alabanza** que **merezca**.

Margin notes (II Lectura)

Inicia suavemente la afirmación de Pablo. Es un pivote para su argumento sobre el apostolado.

"Ahora bien" abre la enseñanza de un maestro ejemplar. Toma sin temor el lugar de Pablo. Tu testimonio te avala.

Libera el miedo a la crítica que continuamente acosa a las personas. Muestra con la claridad quién es el único juez.

Todos anhelamos la verdad. Concluye confiado y seguro la promesa de Jesús.

EVANGELIO   Mateo 6:24–34

Lectura del santo Evangelio según san Mateo

En aquel tiempo, **Jesús** dijo a sus **discípulos**:
    "**Nada** puede servir a **dos amos**, porque **odiará** a **uno** y **amará**
        al **otro**,
    o bien **obedecerá** al **primero** y no le **hará caso** al **segundo**.
En resumen, no pueden **ustedes** servir a **Dios** y al **dinero**.

Por eso les digo que no se **preocupen** por su **vida**,
    pensando qué **comerán** o con qué **vestirán**.
¿Acaso no vale **más** la **vida** que el **alimento**,
    y el **cuerpo** más que el **vestido**?

Margin notes (Evangelio)

Abre la proclamación con fuerza y claridad abarcando a toda la asamblea con tu voz y tu mirada. "En resumen" es como un sello que garantiza una verdad en la que todos nos debatimos, en el fondo.

Al proclamar el cuidado de Dios por quienes deciden y optan por él, ten presente a los miles de pobres que tienen a la Providencia divina como su único amparo.

y de recursos con valía casi de personas. ¿Qué diría Pablo de esto? ¿Y qué decimos nosotros?

EVANGELIO *Desde la preocupación por el Reino todo adquiere su verdadero sentido.* Dos elementos sirven para darle un adecuado sentido a toda la unidad de los vv. 24–34. Uno, el verbo *preocuparse, tener cuidado de algo.* Pero también significa *estar demasiado preocupado o alarmado, impaciente o desasosegado, tener una preocupación desmedida.* Pero hay que ver también la frase de "no se

puede servir a Dios y al dinero" junto con la que cierra la sección: "busquen primero el Reino de Dios y su justicia, y todas esas cosas se les darán por añadidura" (v. 33).

La imposibilidad de servir a Dios y al dinero cobra sentido a partir del verbo "amar" porque Mateo reserva esta actitud sólo para Dios (22:37–40); de ahí que el servicio se entienda como indivisible pues Dios no tolera otro dios junto a sí (cf. Dt 6:4; Ex 20:3). El *dinero* (gr. *mammoná*) significa también *propiedad* y *riqueza*, "la riqueza en la que se pone totalmente la confianza" o, como dice Lucas, "el dinero injusto" (16:9). Nada puede suplir a Dios, o mejor dicho,

ningún interés puede estar por encima de los valores del Dios de Jesús.

La valoración adecuada de la vida le da sentido a la búsqueda del sustento. El discípulo no ha de vivir angustiado por la comida y el vestido. Para que sea sana la preocupación por la comida y el vestido, debe ser enfocada desde lo que vale más: la vida y el cuerpo. Pero hay más. Si Dios cuida de las aves "que no siembran ni recogen"... ¡cuánto más cuidará de las personas que trabajan! Otro tanto sucede con el vestido.

Para confiar en Dios hay que confiar en nosotros mismos y viceversa. Pero los interlocutores de Jesús, los discípulos y la

Desarrolla tu sensibilidad poética por la belleza que aquí se narra. Necesitamos apreciar la obra y el cuidado de Dios en todo.

Miren las **aves del cielo**, que ni **siembran**, ni **cosechan**,
  ni **guardan** en **graneros**
  y, **sin embargo**, el **Padre** celestial las **alimenta**.
¿Acaso no valen **ustedes** más que **ellas**?
¿Quién de **ustedes**, a fuerza de **preocuparse**, puede **prolongar** su
  vida siquiera un **momento**?

¿Y por qué se **preocupan** del **vestido**?
Miren cómo crecen los **lirios** del campo, que no **trabajan** ni **hilan**.
Pues bien, yo les **aseguro** que ni **Salomón**, en el **esplendor** de su
  gloria, se **vestía** como uno de **ellos**.
Y si **Dios** viste **así** a la **hierba** del campo, que **hoy florece** y **mañana** es **echada** al **horno**,
  ¿no hará **mucho más** por **ustedes**, hombres de **poca fe**?

Disipa la ansiedad que acosa a las personas. Ofrece la confianza en Dios como camino de lucha. Que tu propia experiencia impregne de sabor este hermoso evangelio.

No se **inquieten**, pues, pensando:
  ¿Qué **comeremos** o qué **beberemos** o con qué nos **vestiremos**?
Los que **no conocen** a Dios se **desviven** por **todas** estas cosas;
  pero el **Padre** celestial **ya sabe** que **ustedes** tienen **necesidad**
  de ellas.
Por consiguiente, busquen **primero** el **Reino de Dios** y su **justicia**,
  y **todas estas** cosas se les **darán** por **añadidura**.
No se **preocupen** por el **día de mañana**,
  porque el **día de mañana** traerá ya sus **propias preocupaciones**.
A **cada día** le **bastan** sus **propios problemas**".

"Por consiguiente…" es el sello final para la felicidad. Cierra tu proclamación con alegría y confianza. Una cordial y esbozada sonrisa podría ser un toque de seguridad acerca de lo que dices.

muchedumbre, tienen un grave problema: se con fe deficiente, pusilánimes (en gr. *oligopistoi*). Esa actitud refleja no sólo falta de confianza en Dios sino desconocimiento de sí mismo y falta de capacidad para percibir de manera adecuada al Dios providente.

La falta de fe consiste en hacer a un lado los principios de Dios y poner en su lugar el dinero, o en el desequilibrio de valores. Entonces entraría la angustia desmedida. Su contrario es la preocupación adecuada y prudente. Igualmente sería falta de fe desconfiar de la bendición de Dios cuando realmente se ha trabajado y pensar

que uno puede alargarse la existencia. Sería también un signo de falta de fe si, percibiendo que Dios se preocupa hasta por lo más caduco, uno olvidara que vela especialmente por sus hijos.

Pero además la sola preocupación no es ya ocuparse de algo. "Del dicho al hecho hay mucho trecho". Pero para el evangelio no basta hacer; hay que ir al actuar desde la raíz. Y es aquí donde entra la culminación de este pasaje: "busquen primero el Reino de Dios y su justicia… " (v. 33).

Lo más cercano textualmente para comprender lo que es el Reino de Dios son

las bienaventuranzas y el amplio bloque del discurso del sermón del monte (5:3–6:23). Ocuparse de que la pobreza se erradique, tener hambre de que la justicia se haga presente, actuar con misericordia y amar al enemigo es trabajar por el Reino y su justicia. Cuando el discípulo se esfuerza por la consecución de estos valores, todo lo demás (vestido, alimento…) viene por añadidura. En otras palabras cuando las personas centran su interés en los intereses de Dios lo demás viene por añadidura; no de manera mágica sino como consecuencia real.

MIÉRCOLES DE CENIZA

Piensa en reforzar la motivación de un pueblo ávido de Dios a través del signo de la ceniza. Apunta, como Joel, al corazón y con cuidado.

Haz que resuene en la asamblea y la Iglesia la misericordia de Dios. Haz valer tu ministerio de proclamador.

I LECTURA   Joel 2:12–18

Lectura del libro del profeta Joel

Esto dice el **Señor**:
   "**Todavía** es tiempo.
   Conviértanse a mí de todo corazón,
   con ayunos, con **lágrimas** y **llanto**;
   enluten su **corazón** y **no** sus **vestidos**.

Vuélvanse al Señor Dios nuestro,
   porque es **compasivo** y **misericordioso**,
   lento a la cólera, **rico** en **clemencia**,
   y **se conmueve** ante la desgracia.

Quizá se arrepienta, **se compadezca** de nosotros
   y nos deje una **bendición**,
   que haga posibles las **ofrendas** y **libaciones**
   al Señor, nuestro Dios.

Toquen la trompeta en Sión, **promulguen** un ayuno,
   convoquen la asamblea, **reúnan** al pueblo,
   santifiquen la reunión, **junten** a los ancianos,
   convoquen a los niños, aun a los niños de pecho.
Que el recién casado **deje su alcoba**
   y su tálamo la recién casada.

Con el Miércoles de Ceniza iniciamos cuarenta días de preparación cuaresmal; nos preparamos a la gran fiesta cristiana: la Pascua de Cristo, en la que "padecemos juntamente con él, para ser también juntamente glorificados" (Rom 8:17). Por esto la Cuaresma no consiste en retraerse en uno mismo sino en buscar al hermano desde nosotros mismos. Por eso ayunamos, para vivenciar, más que nuestra limitación, las carencias de los demás. Oramos, no para aumentar nuestra piedad, sino para reafirmar nuestra necesidad y dependencia de nuestro Padre común; somos solidarios y ayudamos porque queremos ser hermanos y no sólo bienhechores.

I LECTURA   El profeta habría predicado ante una calamidad nacional: una invasión de langostas que dejaron al pueblo sin cosecha. Joel llama a una jornada de ayuno y penitencia como expresión de la conversión "de todo corazón"; es decir, desde el centro mismo, de donde nacen todas sus acciones.

Sin ruptura no nos convertimos. Joel llama a "desgarrar el corazón". Esa expresión ('desgarrar' —en hebreo, *qaráh*— significa dejar al descubierto) indica dejar manifiestas las intenciones, hacer público lo que hay dentro de nosotros. Un vestido desgarrado deja entrever el cuerpo de la persona, y es señal de duelo y 'deshonra' pública. Así, el profeta llama a abandonar toda actitud de 'auto-estima', complacencia o engreimiento personal y colectivo (disimulado bajo formas diversas), para humillarse ante Dios. Rasgar el corazón "no los vestidos" (v. 13).

Entre el **vestíbulo** y el **altar lloren** los sacerdotes,
  ministros del Señor, diciendo:
  'Perdona, Señor, **perdona** a tu pueblo.
No entregues tu heredad a la **burla** de las naciones.
Que no digan los paganos: ¿**Dónde está** el Dios de Israel?' "

Y el Señor **se llenó** de celo por su tierra
  y tuvo **piedad** de su **pueblo**.

Invoca el perdón de Dios con la confianza de ser un digno portavoz de tu comunidad.

Para meditar

SALMO RESPONSORIAL Salmo 50:3–4, 5–6a, 12–13, 14 y 17

R. Misericordia, Señor, hemos pecado.

Misericordia, Dios mío, por tu bondad; por tu inmensa compasión borra mi culpa. Lava del todo mi delito, limpia mi pecado. **R.**

Pues yo reconozco mi culpa, tengo siempre presente mi pecado. Contra ti, contra ti solo pequé. **R.**

Oh Dios, crea en mí un corazón puro, renuévame por dentro con espíritu firme; no me arrojes lejos de tu rostro, no me quites tu santo espíritu. **R.**

Devuélveme la alegría de tu salvación, afiánzame con espíritu generoso. Señor, me abrirás los labios, y mi boca proclamará tu alabanza. **R.**

II LECTURA 2 Corintios 5:20—6:2

Lectura de la segunda carta del apóstol san Pablo a los corintios

Hermanos:
  Somos embajadores de **Cristo**,
  y por nuestro medio, es **Dios mismo** el que los exhorta a ustedes.
Es nombre de **Cristo** les pedimos que **se reconcilien** con Dios.
Al que nunca cometió **pecado**,
  Dios lo hizo "pecado" por **nosotros**,
  para que, **unidos** a él recibamos la **salvación** de Dios
  y nos volvamos **justos** y **santos**.

Como **colaboradores** que somos de Dios,
  los exhortamos a **no echar** su gracia en saco roto.

Sitúate mentalmente en medio de la asamblea y poniendo tu mano en el pecho inicia esta proclamación.

En un tono de preocupación como que increpas a la comunidad porque conoces la realidad en la que vivimos todos.

La voz profética convoca a regresar, a volver 'de todo corazón', a Dios, no a uno mismo. Esto es lo que completa y le da sentido a la jornada penitencial. No nos miramos por narcisismo masoquista y autodestrucción, sino para redescubrir al Único que nos puede reorientar en nuestro caminar.

II LECTURA *Somos personas reconciliadas, no impecables.* Mejor que nadie, Pablo experimentó en carne propia lo que es la reconciliación con Dios. Sus propias ideas de judío celoso se vieron desbaratadas en el encuentro con los cristianos a los que él perseguía. Pablo se dio cuenta de que Cristo estaba vivo en aquella gente vulnerable y desclasada por los propios esquemas sociales y religiosos que causan resentimientos y separaciones. El modo de desactivar rencillas y sanar divisiones es recurriendo a Cristo: "en nombre de Cristo, reconcíliense con Dios". Pero no se trata simplemente de revivir la misma relación, sino de restablecer una mejor. La reconciliación nos hace conscientes de los yerros

Cierra con urgencia impostergable la importancia del tiempo en presente.

Porque **el Señor** dice:
En el tiempo favorable **te escuché**
y en el día de la salvación **te socorrí.**
Pues bien,
ahora es el tiempo favorable;
ahora es el día de la **salvación.**

EVANGELIO   Mateo 6:1–6, 16–18

Lectura del santo Evangelio según san Mateo

Intenta que el mensaje caiga al centro de la comunidad. No es para nadie de "afuera" sino para nosotros mismos.

En aquel tiempo, Jesús dijo a sus **discípulos:**
"Tengan cuidado de **no practicar** sus obras de piedad
delante de los hombres para que los **vean.**
De lo contrario, **no tendrán** recompensa con su Padre celestial.

Por lo tanto, cuando des **limosna,**
no lo anuncies con **trompeta,**
como hacen los **hipócritas** en las sinagogas y por las calles,
para que los **alaben** los hombres.
Yo les aseguro que **ya recibieron** su recompensa.
Tú, **en cambio,** cuando des limosna,
que no sepa tu mano **izquierda** lo que hace la **derecha,**
para que tu limosna quede **en secreto;**
y tu Padre, que ve lo secreto, **te recompensará.**

No suavices el tono polémico del mensaje de Jesús. Invita sin temor y hasta con tu mirada, a superar toda forma de egoísmo superfluo.

Cuando ustedes hagan **oración,**
no sean como los **hipócritas,**
a quienes **les gusta** orar de pie
en las **sinagogas** y en las esquinas de las **plazas,**
para que los vea la **gente.**
Yo les aseguro que **ya recibieron** su recompensa.

---

cometidos, para, con toda humildad, buscar la comunión y la construcción de la comunidad en Dios. Es entonces que crecemos, porque Dios nos da el crecimiento. La cuaresma es el tiempo de la reconciliación; hay que aprovecharla.

| EVANGELIO | *El peligro de exhibirse.* El evangelio comienza dando la clave para que cualquier práctica religiosa, en este caso, la limosna, la oración y

el ayuno, tenga un buen comienzo: no practicar algo para *ser vistos* por los demás (6:1). Este *ser vistos* es como un alarde (v. 2), escoger lugares para exhibirse (v. 5) o victimarse (v. 16). Todos estos comportamientos colocan en el centro de atención a uno mismo y no al hermano ni a la comunidad. Cuando lo que se hace tiene como principal finalidad exhibirse, ser visto por las personas, las prácticas —por muy religiosas y piadosas que sean— no tienen ninguna validez

ante Dios y ninguna repercusión en la vida de la comunidad. La recompensa para un exhibicionista que gusta del protagonismo es que lo vean; su desgracia es que lo que hace, por más espectacular o vistoso que sea, no tiene que ver con la voluntad de Dios.

En secreto. El exhibicionismo se contrapone a la privacidad que el evangelio indica a través de la insistencia de lo "secreto": "que no sepa tu mano izquierda lo que hace tu derecha" (v. 3), "entra en tu

Tú, **en cambio**, cuando vayas a orar,
    entra en tu cuarto, **cierra** la puerta y **ora** ante tu Padre,
    que está allí, en **lo secreto**;
    y tu Padre, que ve lo secreto, **te recompensará**.

Cuando ustedes ayunen, **no pongan** cara triste,
    como esos **hipócritas** que **descuidan** la apariencia de su rostro,
    para que la gente **note** que están ayunando.
Yo les aseguro que **ya recibieron** su recompensa.
Tú, **en cambio**, cuando ayunes,
    perfúmate la cabeza y **lávate** la cara,
    para que **no sepa** la gente que estás **ayunando**,
    sino tu Padre, que está en **lo secreto**;
    y tu Padre, que ve lo secreto, **te recompensará**".

Dramatiza sutilmente la actitud a veces hipócrita del ayuno y realza la actitud alegre del sacrificio sincero.

aposento" (v. 6) y "que tu ayuno sea visto, no por la gente" (v. 18). El evangelio no se refiere tanto al espacio cuanto a la intencionalidad. Lo importante no es ser visto por los otros, sino por el Padre del cielo; no es suficiente pues con hacer el bien; es indispensable hacer *bien* el bien; es decir, con intenciones adecuadas.

No se trata de amontonar prestigio. Las prácticas religiosas no tienen como finalidad la acumulación de prestigio sino el crecimiento en la vivencia de los principios del Reino para que los hermanos sean más felices. El exhibicionismo y prestigio se los come la polilla y los corroe la herrumbre; en cambio, la vivencia de principios y la buena intención son tesoros que alcanzan al cielo (vv. 19ss).

I DOMINGO
DE CUARESMA

Describe con maestría la obra creadora de Dios. Como quien sabe pintar con la voz un cuadro lleno de vida.

I LECTURA   Génesis 2:7–9; 3:1–7

Lectura del libro del Génesis

Después de haber creado el **cielo** y la **tierra**,
   el Señor Dios **tomó** polvo del suelo y con él **formó** al hombre;
   le **sopló** en las narices un **aliento de vida**,
   y el hombre **comenzó** a vivir.
Después **plantó** el Señor **un jardín** al oriente del Edén
   y **allí** puso al hombre que **había formado**.
El Señor Dios **hizo brotar** del suelo **toda** clase de árboles,
   de **hermoso** aspecto y **sabrosos** frutos,
   y **además**, en medio del jardín,
   el **árbol de la vida** y el **árbol del conocimiento**
      del **bien** y del **mal**.

La serpiente
   era el **más astuto** de los animales del campo
      que había creado el Señor Dios, dijo **a la mujer**:
"¿Es cierto Dios **les ha prohibido** comer **de todos**
   los árboles del jardín?"

La mujer respondió:
"**Podemos** comer del fruto de **todos** los árboles del huerto,
   pero del árbol que está **en el centro** del jardín, dijo Dios:
'No **comerán** de él **ni lo tocarán**, porque de lo contrario,
   habrán de morir'".

Asume un tono astuto y sagaz al pronunciar los diálogos de la serpiente contrastando con la inocencia de Eva que representa la vida de todos los humanos.

Sentir o tener tentaciones no es ni bueno ni malo en sí mismo; es, sencillamente, humano. Todos, sin excepción, tenemos inclinación a hacer una cosa mala en lugar de otra buena; caer en la tentación, es decir, decidirnos por lo malo y no por lo bueno, es realmente el problema. Ahora bien, lo importante no es constatar que tenemos tentaciones sino que las podemos superar y que en Jesucristo tenemos la esperanza y la certeza de que lo normal no es vivir desintegrado por el pecado sino integrado por la gracia, como Él.

| I LECTURA | *Conocimiento y vida o…* Para el autor del libro del Génesis la ley de Dios no es muro para la libertad sino su facilitadora; es el eje de la vida. En la lectura de hoy, aparecen dos árboles que son como dos caminos; uno lleva a la vida, otro a la muerte. El ser humano debe optar por uno. A ese momento se le llama crisis o discernimiento, y lo conocemos como tentación. Pero no consiste en un período de prueba que se acabó o se pasó, pues, en realidad, es la condición misma de la vida de cualquier ser humano. Nunca dejamos de optar o decidir.

El hombre puede rechazar la ley de Dios y su sabiduría y querer obtener por sí mismo el conocimiento del bien y del mal, sin seguir ninguna norma superior (Ej. De alguien que anda en un lugar que desconoce y hace su propio mapa). El mapa sería sólo la proyección de sus propias ideas, lo que imagina (véase Isaías 5:20–21 para descubrir lo peligroso de este comportamiento). Quien pierde a Dios y a los hermanos como referencia de su vida y quiere orientarse a su modo, a su estilo, a lo que se le va ocurriendo termina envolviéndose en la muerte. En otras palabras, el ser humano tiene dos

No olvides en distinguir, con cierto tono lejano, las frases del narrador: un testigo de los hechos que no se mezcla, sólo cuenta lo sucedido.

La serpiente **replicó** a la mujer:
"De ningún modo. No morirán.
Bien sabe Dios
    que **el día** que coman de los frutos de **ese** árbol,
    se les **abrirán** a ustedes los ojos
    y **serán como Dios**, que conoce **el bien y el mal**".

La mujer **vio** que el árbol **era bueno** para **comer**,
    agradable a la vista y **codiciable**,
      además, para alcanzar la sabiduría.
Tomó, pues, de su fruto, **comió** y le dio **a su marido**,
    el cual **también** comió.
Entonces se les **abrieron** los ojos **a los dos**
    y se dieron cuenta de que **estaban desnudos**.
Entrelazaron unas hojas de higuera
    y se cubrieron con ellas.

La parte final del relato debe ser puesta como el resultado de la trama.

Para meditar

SALMO RESPONSORIAL Salmo 50:3–4, 5–6ab, 12–13, 14 y 17

R. Misericordia, Señor, hemos pecado.

Misericordia, Dios mío, por tu bondad; por tu inmensa compasión borra mi culpa. Lava del todo mi delito, limpia mi pecado. **R.**

Pues yo reconozco mi culpa, tengo siempre presente mi pecado. Contra ti, contra ti solo pequé, cometí la maldad que aborreces. **R.**

Oh Dios, crea en mí un corazón puro, renuévame por dentro con espíritu firme; no me arrojes lejos de tu rostro, no me quites tu santo espíritu. **R.**

Devuélveme la alegría de tu salvación, afiánzame con espíritu generoso. Señor, me abrirás los labios, y mi boca proclamará tu alabanza. **R.**

posibilidades: una, conquistar la sabiduría observando la ley de Dios y encontrarse con la vida; otra: ignorar todo esto queriendo ser como dios para sí mismo (Gen 3:5) y encontrarse con la muerte.

Al seguir los principios de la voluntad de Dios el hombre reconoce que es de barro (Gen 2:7) es decir, una cratura que depende de Dios. En hombre no tiene su vida en las manos, como si fuera su propio dueño. La vida del hombre, como un vaso de barro, se puede romper con facilidad. Reconocer esto es parte de la sabiduría. Sin embargo, el hombre tiene la tentación de rebelarse contra esta situación y sobrepasar sus propios

límites, haciendo de sí mismo su propio dios (3:5) y considerarse como norma única, exclusiva y absoluta de la vida, del bien y del mal. Aquí está el problema, el ser humano en lugar de aceptar que es humano quiere comportarse endiosado. Este es el principal obstáculo para hacer realidad el paraíso.

Desnudez (significado). El autor del Génesis hace referencia a la desnudez de Adán y Eva en dos ocasiones: 2:25 y 3:7. Para comprender mejor esto recordemos que la desnudez no debe interpretarse, en este caso, sexualmente. El autor no quiere remarcar el pecado de Adán y Eva como un abuso sexual. Además, los dos pasan de la

desnudez no percibida (2:25) a la desnudez percibida (3:7). Adán y Eva pasan de ser como niños (no percibir su desnudez) a percibir su desnudez (responsabilidad ante el mal). El autor quiere caracterizarlos como capaces de recibir la ley de Dios y de ser responsables de sus acciones ante el Señor y sus hermanos. En estas dos situaciones se reconoce el que lee el Génesis. Queda la pregunta abierta ¿cuál será el comportamiento de esta persona que recibió la ley del Señor? Pero, en el momento en que recibe los principios los comienza a quebrantar.

Sé consciente de que la asamblea tiene fresca la primera lectura. Trata de vincularte con el estilo de quien proclamó antes que tú y de ahí asume este grandioso discurso de Pablo.

Narra como un experto, recuerda que Pablo es rabino y hace una bellísima reflexión teológica de la historia.

Más que la culpa de Adán, realza la obra de Dios en Cristo. Es el corazón de este discurso.

Recapitula con fuerza el resumen que ofrece Pablo. Que se note el final del tejido del texto que proclamas.

II LECTURA   Romanos 5:12–19

Lectura de la carta del apóstol san Pablo a los romanos

Hermanos: Así como por **un solo hombre** entró el pecado en el mundo y por el pecado entró la **muerte**, así la muerte llegó **a todos los hombres**, por cuanto **todos** pecaron.

Antes de la ley de Moisés **ya había** pecado en el mundo y, si bien es cierto que el pecado no se imputa cuando no hay ley, sin embargo, la **muerte** reinó desde Adán hasta Moisés aun sobre aquellos que no pecaron con una transgresión semejante a la de Adán, el cual es **figura** del que **había** de venir.

Ahora bien, con el don no sucede como con el delito, porque si por el delito **de uno** solo murieron **todos**, ¡cuánto más la **gracia de Dios** y el don otorgado por la gracia de **un solo hombre, Jesucristo**, se han desbordado sobre todos! Y con el don no sucede como con las consecuencias del pecado de uno solo, porque ciertamente la sentencia, partiendo de **uno solo**, lleva a la condenación, pero **la obra de la gracia**, partiendo de muchos delitos, se resuelve en **justificación**.

En efecto, si por el delito **de uno solo reinó la muerte**, por un solo hombre, ¡con cuánta más razón los que reciben la abundancia de la **gracia** y el don de la **justicia**, reinarán en la vida por uno solo, **Jesucristo**!

Así pues, como el delito de **uno solo** atrajo sobre **todos** los hombres la **condenación**, así también la obra de **justicia** de **uno solo** procura para todos los hombres la **justificación**, que da la **vida**. En efecto,

Estar desnudos y percibir la desnudez. Son dos cosas distintas… complementarias. No es suficiente con estar desnudo, hay que percibir la desnudez. Todos los seres humanos transgredimos (faltamos) contra los principios que orientan nuestra vida pero no todos somos conscientes de ello. El autor quiere señalar esa misteriosa e inexplicable tendencia de todo ser humano a hacer el mal y, sobre todo, a no reconocerlo. El ser humano, en cuanto puede decidir, lastimosamente se decide por el mal. La imagen de la desnudez es para hacer reflexionar sobre el misterio del mal que el ser humano sabe

que existe, acepta pero del que no quiere responsabilizarse.

II LECTURA Cuando san Pablo retoma el relato de la creación, lo hace para recordar y actualizar de cara a Cristo y a la propia experiencia como Iglesia, cuál es el destino para el que hemos sido creados. El pecado original es una fuerte tendencia a vivir fuera de la herencia de Dios. La tendencia de culpar a "nuestro padre Adán" del pecado que está en los orígenes es una forma de repetir la irresponsabilidad a la que se refiere el texto del Génesis: no responder por nuestras acciones. Nos atre-

vemos a decir que sería como pensar que después de la muerte de Cristo, ya nada más hay que hacer. En ambos casos, la humanidad toda, y mi propia humanidad, está originada en un camino de libertad y decisiones (Adam) que a la luz de Cristo nos recuerda, nos confirma, y nos libera, al capacitarnos para vivir de forma nueva y plena el proyecto de salvación que Dios inició y ahora conduce a una nueva etapa hasta el final.

Por ello, en Cristo, nuevo Adán, el ser humano se llena de esperanza cierta. De allí que, así como en la humanidad acostumbramos fallar, en la nueva humanidad lo normal así como por la desobediencia de **un solo** hombre, **todos** fueron constituidos pecadores, así también por la **obediencia** de **uno solo todos** serán constituidos **justos**.

Forma breve: Romanos 5:12, 17–19

EVANGELIO   Mateo 4:1–11

Lectura del santo Evangelio según san Mateo

En **aquel** tiempo,
    Jesús fue conducido por el Espíritu al **desierto**,
    para ser **tentado** por el demonio.
Pasó **cuarenta** días y cuarenta noches sin **comer**
    y, al final, tuvo **hambre**.
Entonces se le acercó el **tentador** y le dijo:
"Si tú **eres** el Hijo de Dios,
    manda que **estas piedras** se conviertan **en panes**".
Jesús le respondió:
"**Está** escrito: No **sólo** de pan vive el hombre,
    sino también **de toda** palabra que **sale** de la boca de Dios".

Entonces el diablo lo llevó a la **ciudad santa**,
    lo puso en la parte **más alta** del templo y le dijo:
"Si **eres** el Hijo de Dios, **échate** para abajo, porque **está** escrito:
Mandará a sus ángeles que **te cuiden**
    y **ellos** te tomarán **en sus manos**,
    para que no **tropiece** tu pie en piedra **alguna**".
Jesús le contestó: "**También** está escrito:
    No tentarás al Señor, tu Dios".

Luego lo llevó el diablo a un monte **muy alto**
    y desde ahí **le hizo ver** la grandeza de **todos** los reinos
    del mundo y le dijo:
"Te daré todo esto, si te postras y **me adoras**".

Proclama con realismo este evangelio de las tentaciones. Todos vivimos en medio de esta experiencia continua.

Procura no dar la sensación de que Jesús es un superhéroe de Hollywood. Es una verdadera persona y nos enseña el camino.

La serenidad de Jesús debe contrastar con la astucia del diablo que hasta de la Escritura Sagrada se vale.

---

sea acertar. Lo normal en el ser del cristiano no es padecer el pecado sino vivir la gracia. Y es que el segundo Adán, el hombre definitivo, Cristo Jesús, nos ofrece la vida plena y la esperanza definitiva.

Esto se complementa con los contrastes de la lectura que nos llevan a descubrir que no hay empate sino avance: por Adán entró el pecado y, con el pecado, la muerte y la condena; por Cristo la humanidad participa definitivamente del perdón, la gracia, la vida, la salvación.

EVANGELIO *Tener tentaciones es humano, caer en ellas es inhumano.* Los primeros cristianos no tuvieron ninguna dificultad en admitir que Jesús había sido tentado por el maligno; así lo atestiguan Marcos (1:15), Mateo (4:1–11) y Lucas (4:1–13). Sin embargo, pasando los años, el riesgo de olvidar esa realidad se hizo más espeso; aquí se ubica el esfuerzo que hace la epístola a los Hebreos al insistir que tuvieran la garantía de que Jesucristo se compadecía de sus flaquezas porque él había sido probado en todo como las demás personas, menos en el pecado (4:15). No los espantaba ni desanimaba que Jesús hubiera

sido tentado; parece que más bien los llenaba de esperanza y les garantizaba que él realmente se había hecho uno de ellos; alguien realmente semejante en todo a todos, excepto en el pecado. De esta manera, los primeros cristianos no sólo se animaban sino que se llenaban de fortaleza y esperanza pues en Jesucristo —que no había pecado en absoluto— cada uno de ellos tenía la certeza de que se puede vivir en un esfuerzo permanente por vivir en la gracia.

Estas tentaciones son las más graves porque son generadoras de otras. Las tentaciones podrían haber sido otras, pero Mateo ha seleccionado precisamente éstas.

Mateo es pedagogo del ambiente judío. El uso del Antiguo Testamento tiene la finalidad de enseñar sobre la fidelidad a Dios. Esfuérzate por cumplir este cometido.

Pero **Jesús** le replicó: "**Retírate**, Satanás, porque está escrito: **Adorarás** al Señor, tu Dios, y a **él sólo** servirás".

Entonces lo dejó el **diablo**
    y se acercaron los ángeles **para servirle**.

No están escogidas al azar; responden a tres peligros fundamentales que había tenido el pueblo de Israel y que reflejan a todos y a cada ser humano.

Ante el hambre que sentía Jesús se presenta la primera tentación: convertir las piedras en pan. Comer no es malo; sin embargo, la vida no consiste en vivir preocupado por satisfacer ciertas necesidades; hay otro alimento que le concede sentido a la existencia: la palabra de Dios.

No menos grave era la tentación de querer hacer lo más práctico aunque no fuera lo más conveniente; el peligro real de estar más preocupados por triunfar que por testimoniar, la tentación de apostar por lo vistoso en lugar de lo profundo pero discreto.

Y por último, la tentación de querer combinar poder con Dios. El maligno exige servilismo y postración de quien busca y ostenta el poder; ahora bien, lo más grave es que al no poder sostenerse tal comportamiento ante el verdadero Dios, sus practicantes prefieren hacerse sus propios ídolos.

En Jesucristo el nuevo pueblo puede caminar en fidelidad. Es indiscutible la relación del pasaje de las tentaciones con el libro del Deuteronomio (caps. 6–8). El pueblo de Israel había salido de Egipto, había pasado el Mar Rojo y estaba en un tiempo de prueba; de modo semejante, según el evangelio de Mateo, Jesús ha vuelto de Egipto (2:19–23), se ha bautizado (3:13–17) y ahora, está en el desierto en un tiempo de necesidad vital (tenía hambre) y de tentaciones. Esto abre la posibilidad de que, al hablar de las tentaciones de Jesús, el evangelista las relacione con las del pueblo de Israel y las diferencie: el pueblo cayó en tales tentaciones, Jesús fue fiel a su Padre. El pueblo de Israel que había sucumbido ante las tentaciones se convertía en un ejemplo a evitar.

II DOMINGO DE CUARESMA

Impregna tu proclama de una sensación de lejanía y profundidad. Esto ayudará a sentir el llamado que Dios hace desde siempre a la humanidad.

Cada vez que menciones el nombre de Abram, piensa en su esposa Sara y también en todas las familias de los 191 millones de migrantes que andan en los caminos del mundo.

Para meditar

I LECTURA   Génesis 12:1–4a

Lectura del libro del Génesis

En **aquellos** días, dijo el Señor a **Abram**:
"**Deja** tu país, a tu parentela y la casa de tu padre,
   para **ir** a la tierra que yo **te mostraré**.
Haré nacer de ti **un gran** pueblo y te **bendeciré**.
Engrandeceré tu nombre y **tú mismo** serás una bendición.
Bendeciré a los que te bendigan,
   maldeciré a los que te maldigan.
En ti serán bendecidos **todos** los pueblos de la tierra".
Abram **partió**, como se lo había **ordenado** el **Señor**.

SALMO RESPONSORIAL   Salmo 32:4–5, 18–19, 20 y 22

R. Que tu misericordia, Señor, venga sobre nosotros, como lo esperamos de ti.

La palabra del Señor es sincera y todas sus acciones son leales; él ama la justicia y el derecho, y su misericordia llena la tierra. **R.**

Los ojos del Señor están puestos en sus fieles, en los que esperan en su misericordia, para librar sus vidas de la muerte y reanimarlos en tiempo de hambre. **R.**

Nosotros aguardamos al Señor: él es nuestro auxilio y escudo; que tu misericordia, Señor, venga sobre nosotros, como lo esperamos de ti. **R.**

Todos corremos el riesgo de desfigurar al Señor; es decir, de hacerlo a nuestro modo y conveniencia. No basta con estar abiertos a la presencia de Dios; debemos estar alertas para no manipularlo.

I LECTURA Abraham ya era un hombre mayor cuando vivía en Ur, una ciudad del actual Irak. Allí echó raíces, en la casa de su padre. Sin embargo, deja todo con la confianza absoluta puesta en el Dios único. Lo que le ha valido el más grande respeto de judíos, musulmanes y cristianos.

Abraham se ha convertido en una bendición para la entera humanidad.

Bien podríamos convocar a tres comunidades locales de las mencionadas religiones, con líderes incluidos, para reflexionar sobre el significado de la fe para nosotros hoy que vivimos en lo que Juan Pablo II llama un mundo en pedazos, con profundos anhelos de unidad (*Reconciliatio et Penitentia*). Toda persona que confía en Dios entra en un camino de bendición que conduce a los demás.

II LECTURA La Segunda carta a Timoteo (junto con la Primera y la dirigida a Tito) se cuenta entre las *Cartas Pastorales*. Habría sido enviada alrededor del año 100 d.C., en nombre de Pablo (cf. Hech 16:1). Sería como el testamento del Apóstol (4:6–8).

Pablo nombra a Timoteo su heredero y le pide que dé testimonio sin avergonzarse; el verbo *avergonzarse*, como en español tiene la connotación de sentir vergüenza a causa de algo, o de alguien. De acuerdo al texto, lo contrario a avergonzarse, es asumir

II LECTURA   2 Timoteo 1:8b–10

Lectura de la segunda carta del apóstol san Pablo a Timoteo

Sin dolorismo, haz esta lectura con la fuerza que da vivir las duras consecuencias de ser fiel al evangelio. El cristianismo no es algo light.

Lanza tu mirada a un lugar específico de la asamblea como pidiendo lo mismo que Pablo pide a su hermano Timoteo.

Querido **hermano:**
Comparte conmigo los **sufrimientos**
	por la **predicación** del Evangelio,
	sostenido por la fuerza de Dios.
Pues **Dios** es quien nos **ha salvado**
	y nos **ha llamado** a que le consagremos **nuestra vida,**
	no porque lo **merecieran** nuestras buenas obras,
	sino porque **así** lo dispuso él **gratuitamente.**

Este **don,**
	que Dios **ya** nos ha concedido por medio **de Cristo Jesús**
	desde **toda** la eternidad,
	ahora se ha manifestado con la venida **del mismo Cristo Jesús,**
		nuestro salvador, que **destruyó** la muerte
	y ha hecho **brillar** la luz de la vida y de la **inmortalidad,**
	por **medio** del **Evangelio.**

El centro del mensaje es Jesucristo mismo. Haz todo lo posible para que él quede al centro y visible y claro para todos.

EVANGELIO   Mateo 17:1–9

Lectura del santo Evangelio según san Mateo

Inicia el evangelio con un poco de prisa y emoción para conducir a la asamblea hasta el lugar donde sucedió la transfiguración. No hay camino. El texto nos lleva directamente ahí.

En **aquel** tiempo,
Jesús tomó consigo a Pedro, a Santiago y a Juan,
	el hermano de éste,
	y los **hizo subir** a solas con él a un monte **elevado.**
Ahí se **transfiguró** en su presencia:
	su rostro se puso **resplandeciente** como el sol
	y sus vestiduras se volvieron **blancas** como la nieve.

---

las consecuencias de optar por el evangelio. Ninguna vergüenza por esto.

De lo anterior, decimos que la vocación cristiana, en este caso la de quien está llamado a la responsabilidad en el liderazgo pastoral, no es simple. Ocupamos la fuerza de Dios no sólo en las dificultades, sino también en los aciertos. Esa fuerza nos hace fieles, no triunfadores.

Se recuerdan dos características de la vocación cristiana: es gratis, fundada solamente en el amor de Dios y no en nuestras buenas obras; además, es una vocación "en Jesucristo", es decir, recibida a través de su ministerio y su misterio pascual, por lo que

hay que modelar la vida a su muerte ignominiosa y a su gloriosa resurrección.

EVANGELIO *La transfiguración corrige nuestras desfiguraciones.* Para interpretar mejor la transfiguración no hay que olvidar *la desfiguración* de la persona de Jesús que hace Pedro (Mt 16:21–23) pretendiendo corregir la misión del Señor al imaginarse al Mesías a su antojo. A tal grado se oponía la idea de Pedro al plan de Dios que Jesús, comparándolo con el diablo, le dice que se retire de su presencia (véase 4:10). De este modo, podemos considerar la posibilidad de que la transfiguración tenga

la finalidad catequética de aclarar quién es Jesús y cuál debe ser la actitud del discípulo ante las constantes desfiguraciones que se pueden hacer de su persona y misión. Esto se refuerza con el hecho de que los discípulos aparecen como testigos de la transfiguración y de la voz que llega de lo alto.

Vale la pena escuchar al Hijo que se nos manifiesta en lugar del que imaginamos. Si tenemos en cuenta la progresión que lleva el evangelio, es significativa la declaración que hace la voz que llega del cielo. Es prácticamente una repetición de lo que se había escuchado en el momento del bautismo; sin

Ya conoces a Pedro. Es como nosotros: discípulo de buen corazón que no reprime sus sentimientos. Represéntale bien.

La "interrupción" de Dios debe aparecer solemne y profunda. Dios está confirmando a su Hijo amado Jesús.

Todo el relato tiene, en la actitud de Jesús, un cierre lleno de confianza, conciencia y serenidad. Transmite esto a tus oyentes.

De pronto aparecieron ante ellos **Moisés y Elías**,
    conversando con Jesús.

Entonces Pedro le dijo a Jesús:
"**Señor**, ¡**qué bueno** sería quedarnos **aquí**!
Si quieres, haremos aquí **tres chozas**,
    una para ti, otra **para Moisés** y otra **para Elías**".

Cuando **aún** estaba hablando, una nube **luminosa** los cubrió
    y de ella **salió** una voz que decía:
"**Éste** es mi Hijo **muy amado**,
    en quien **tengo puestas** mis complacencias; **escúchenlo**".
Al oír esto, los discípulos cayeron **rostro en tierra**,
    llenos de un **gran temor**.
Jesús se acercó a ellos, **los tocó** y les dijo:
"**Levántense** y no teman".
Alzando entonces los **ojos**, **ya no vieron a nadie** más que a Jesús.

Mientras bajaban del monte, Jesús **les ordenó**:
"No le **cuenten** a **nadie** lo que han **visto**,
    hasta que el Hijo del hombre **haya resucitado**
        de entre los **muertos**".

embargo, ahora se agrega el imperativo de que se le escuche. Si se acepta la posibilidad de que en el trasfondo de la complacencia de Dios en la escena del bautismo y de la transfiguración está el primer canto del siervo de Is 42:1ss podríamos ver en Mt 17:1–9 una aclaración cristológica. El Jesús que complace al Padre no es el que se imagina Pedro sino el que entrega la vida. Más aún, por eso precisamente es porque vale la pena escucharlo; lo que ha dicho y hecho lo autoriza para ser escuchado. A esta altura del evangelio el lector ya se ha percatado de los contenidos de lo que dice Jesús y de las características de lo que hace

(caps. 5–16); de este modo, no hay duda que vale la pena escucharlo.

Estemos atentos a las posibles desfiguraciones. Los peligros de las *desfiguraciones de Jesucristo* han existido siempre y los cristianos de la comunidad de Mateo no eran la excepción; tampoco nosotros. El relato de la transfiguración ponía alerta a los primeros cristianos sobre el peligro de las desfiguraciones y los invitaba a ver la gloria del Señor desde la entrega de la vida y de la resurrección. Cuando la gloria se entiende al margen de la cruz y de la resurrección, se convierte, no en cercanía de Dios sino en búsqueda de intereses. El mismo evangelio

da a entender que no fue un asunto fácil de asimilar: hay confusión sobre quién es el mayor (18:1ss), se malentiende participar del reino de Jesús (20:20–28), etc.

De ahí que, el relato de la transfiguración de Mateo, es más que una invitación a identificar a Jesús como el Hijo de Dios. En los relatos del seguimiento de los evangelios la identificación de Jesús como Hijo de Dios la puede hacer cualquiera, hasta quienes lo rechazan. Sin embargo, la transfiguración sirve para invitar a los discípulos a pasar, del reconocimiento y del miedo aterrador, al convencimiento de que vale la pena adherirse a él, escuchándolo.

III DOMINGO
DE CUARESMA

I LECTURA   Éxodo 17:3–7

Lectura del libro del Éxodo

Después de iniciar imparcialmente, haz sentir el reclamo de un pueblo poseído por la necesidad inmediata.

En **aquellos** días, el pueblo, **torturado** por la **sed**,
   fue a **protestar** contra Moisés, diciéndole:
"¿Nos has hecho **salir** de Egipto
   para **hacernos morir de sed** a nosotros,
   a nuestros hijos y a nuestro ganado?"

Sin exageración, muestra a Moisés con cierto temor. Aunque ya se sabe que no es algo típico de él, está desanimado.

Moisés **clamó** al Señor y le dijo:
"¿**Qué** puedo hacer con **este pueblo**?
Sólo falta que me apedreen".
Respondió el Señor a Moisés:
"**Preséntate** al pueblo, llevando contigo a algunos
      de los ancianos de Israel,
   toma en tu mano el cayado con que **golpeaste** el Nilo **y vete**.
Yo **estaré** ante ti, sobre la peña, en Horeb.
Golpea la peña y **saldrá** de ella agua para que beba el pueblo".

En adelante la sabiduría de Dios se hace presente de forma increíble. Las dos actitudes anteriores deben quedar enanas ante la grandeza y elocuencia de ésta.

Así lo hizo Moisés a la vista de los ancianos de Israel
   y puso por nombre a aquel lugar **Masá y Meribá**,
   por la **rebelión** de los hijos de Israel
   y porque habían **tentado** al Señor, diciendo:
"¿**Está o no está** el Señor en **medio** de **nosotros**?"

La vida cristiana consiste en el proceso de encontrarnos con Jesús en el que siempre se está creciendo en la comprensión de su persona y, sobre todo, en la experiencia de cercanía y amistad con él. Este encuentro supone una manera nueva de ver la vida propia, la historia y la realidad en la que se vive. No es posible encontrarse con Jesús y seguir viendo la realidad del mismo modo; incluso, podemos decir que no es posible encontrarse con Jesús y seguir viendo a Dios del mismo modo.

I LECTURA Este pasaje que nos presenta el relato de la roca de la cual brota agua pertenece a la marcha del pueblo de Israel por el desierto. El pueblo está en camino. Ni está en Egipto ni en la tierra prometida; es una etapa más que dolorosa. La marcha por el desierto más que de prueba es la etapa del aprendizaje, de la pedagogía de Dios, en la que el que la esperanza más que el aguante, la fidelidad más que la actitud caprichosa, serán determinantes. Lo que va aconteciendo contiene un alto contenido simbólico de experiencias religiosas futuras (maná, agua) que culminarán en la teología simbólica de Juan (cf. cap. 4) por ejemplo.

Dios termina dándole de beber a un pueblo que más que pedir, exige; un pueblo que más que confiar, prueba; un pueblo que, aunque beneficiario de Dios, sigue dudando de él: "¿Está Yahvé entre nosotros o no?" (v. 7). Y Dios con la pregunta latente, en la conciencia de Moisés "¿Qué puedo hacer con este pueblo?" Un pueblo que alega, sumido en la ignorancia, sobre permanecer o volver a la situación aparentemente cómoda de opresión.

Para meditar

SALMO RESPONSORIAL   Salmo 94:1–2, 6–7, 8–9

R. Ojalá escuchen hoy su voz: "No endurezcan el corazón".

Vengan, aclamemos al Señor, demos vítores a la Roca que nos salva; entremos a su presencia dándole gracias, vitoreándolo al son de instrumentos. **R.**

Entren, postrémonos por tierra, bendiciendo al Señor, creador nuestro. Porque él es nuestro Dios y nosotros su pueblo, el rebaño que él guía. **R.**

Ojalá escuchen hoy su voz: "No endurezcan el corazón como en Meribá, como el día de Masá en el desierto, cuando los padres de ustedes me pusieron a prueba y me tentaron, aunque habían visto mis obras". **R.**

II LECTURA   Romanos 5:1–2, 5–8

Lectura de la carta del apóstol san Pablo a los romanos

Pablo no suena ni molesto, ni urgido sino muy convencido y en paz. Como quien no tiene deuda alguna.

Hermanos:
Ya que hemos sido **justificados** por la **fe**,
    mantengámonos en paz con Dios,
    por mediación de nuestro **Señor Jesucristo**.
Por él hemos obtenido, con la **fe**,
    la **entrada** al mundo de la **gracia**, en la cual **nos encontramos**;
    por él, podemos gloriarnos de tener la esperanza de **participar**
        en la **gloria de Dios**.

Al pronunciar "la esperanza no defrauda" llena tu corazón de confianza en Dios y en tu comunidad.

La esperanza **no defrauda**,
    porque Dios **ha infundido** su amor en **nuestros** corazones
    por medio del **Espíritu Santo**, que **él mismo** nos ha dado.
En efecto, cuando **todavía** no teníamos fuerzas
    para **salir** del pecado,
    Cristo **murió** por los pecadores en el tiempo **señalado**.

Ve concluyendo la lectura sin prisa, más bien con un tono solemne y agradecido por el don de Cristo al mundo.

Difícilmente habrá **alguien** que quiera morir **por un justo**,
    aunque puede haber alguno que **esté dispuesto** a morir
    por una persona **sumamente** buena.
Y la prueba de que Dios **nos ama**
    está en que Cristo murió por **nosotros**,
    cuando **aún** éramos **pecadores**.

El texto no deja claro si Dios los llevó a un lugar donde no había agua o si ellos al acampar en Refidín, no encontraron agua para beber. Parece ser que ellos son responsables de llegar a un sitio donde no hay agua. Si esta última alternativa es la mejor, es más grave su reclamo.

La rebeldía más absurda de un pueblo se nota en la necedad de permanecer como está, agonizando en la ignorancia, sin querer comprender que las necesidades inmediatas, si no se satisfacen con la dimensión y dignidad propias de la liberación operada por Dios, se convertirán en nuevas formas

de vivir la vida sin el concurso de Dios. Pablo recordará continuamente que la roca de vida plena es Jesús y el bautismo es la confirmación de una nueva vida, donde no sólo se satisface la sed sino que se responde al aliento profundo de tener sed de Dios, de una vida nueva, digna, no fácil, pero vida de gracia.

II LECTURA Pablo escribe la Carta a los Romanos en algún invierno entre el año 50 y el 55. Había en Roma una comunidad cristiana de cierta importancia pues *"su fe era alabada en todo el mundo"*

(Rom 1:8; también Hech 28:13–15). Estamos habituados a constatar que Pablo dirige sus cartas a comunidades fundadas por él mismo; sin embargo, ésta de la carta a los Romanos ni la había fundado ni la conocía personalmente. Aunque para él prevalecía el principio de no predicar donde Cristo ya había sido anunciado (2 Cor 10:16; Rom 15:20s), quiere ir a Roma para de allí alcanzar a todas las gentes, como desde hacía años venía proyectando (Rom 1:13–15; 15:23).

La lectura de hoy pertenece al capítulo donde Pablo compara al primer Adán con el segundo y definitivo, para subrayar que la

EVANGELIO   Juan 4:5–42

Lectura del santo Evangelio según san Juan

En **aquel** tiempo, llegó **Jesús** a un pueblo de **Samaria**,
    llamado **Sicar**,
  cerca del campo que dio Jacob a su hijo **José**.
Ahí estaba el pozo de Jacob.
Jesús, que venía **cansado** del camino,
    se **sentó** sin más en el brocal del pozo.
Era **cerca** del mediodía.

Entonces llegó una **mujer de Samaria** a **sacar agua** y Jesús le dijo:
"**Dame** de beber".
(Sus discípulos habían ido al pueblo a **comprar** comida).
La samaritana le contestó:
"**¿Cómo** es que tú, **siendo judío**, me pides de beber **a mí**,
    que soy **samaritana?**"
(Porque los judíos **no tratan** a los samaritanos).
Jesús le dijo: "Si **conocieras** el don de Dios
    y **quién** es el que te pide de beber,
      tú le pedirías **a él**, y él te daría **agua viva**".

La mujer le respondió:
"**Señor**, **ni siquiera** tienes **con qué** sacar agua
    y el pozo es **profundo**,
    ¿**cómo** vas a darme **agua viva**?
¿Acaso eres tú **más** que nuestro padre Jacob,
    que nos dio **este pozo**, del que bebieron él,
      sus hijos y sus ganados?"
Jesús le contestó:
"El que bebe de esta agua **vuelve** a tener sed.
Pero el que beba del agua que yo le daré, **nunca más** tendrá sed;
    el agua **que yo le daré** se convertirá **dentro de él** en un manan-
      tial **capaz** de dar la **vida eterna**".

Atrae la atención de la asamblea con una mirada breve antes de proclamar este relato.

Todo va de forma pausada hasta que el relato toma vida con el diálogo iniciado por Jesús.

Las aclaraciones que pone el evangelista entre paréntesis, no deben distraer este diálogo. Más bien le da vida discretamente. Son aclaración y respiro a la conversación.

Presenta a la mujer como lo que es: valiente, consciente, decidida. Casi nadie ha sostenido un diálogo tan digno, honesto y fructuoso con Jesús en todos los evangelios.

---

salvación nos ha venido de Cristo. Pablo muestra la radicalidad del amor de Cristo: Cristo murió por los impíos; es decir, "la prueba de que Dios nos ama es que Cristo, siendo nosotros todavía pecadores, murió por nosotros" (5:8). Aquí puede conectar con el mensaje del evangelio: el encuentro entre Dios y las personas, siempre será "desigual" y con alto contenido de gracia. El ser humano puede gloriarse de su debilidad,

no por sí misma; sino porque la debilidad —la limitación— se convierte en un espacio de encuentro entre Dios y el ser humano, entre el ser humano y sus demás hermanos.

EVANGELIO *Un encuentro conciliador.* Los samaritanos, aunque descendientes de los antiguos israelitas (2 Re 17:29), guardaban ciertas características propias: negaban la legitimidad del templo de Jerusalén y consideraban que el único válido era el propio, edificado sobre el

Garizim. Su rivalidad con los judíos era tan fuerte que ser apodado samaritano era una ofensa grande (Jn 8:48). La historia registra enfrentamientos sangrientos entre judíos y samaritanos por causas político-religiosas. Desde esta perspectiva llama la atención el encuentro de un judío (Jesús) y una samaritana; no es un desencuentro, es un encuentro que no niega las diferencias y los peligros del conflicto, pero que apuesta por un itinerario de aprendizaje mutuo.

Ayuda con tu entonación a que se transparente la ternura de Jesús. Él va conduciendo con amabilidad y claridad a la meta de la revelación.

La mujer le dijo:
"Señor, **dame** de esa agua para que **no vuelva** a tener sed
ni tenga que venir **hasta aquí** a sacarla".
Él le dijo: "Ve a llamar a tu marido y **vuelve**".
La mujer le contestó: "No **tengo** marido".
Jesús le dijo: "**Tienes** razón en decir: 'No **tengo** marido'.
Has tenido **cinco**, y el de ahora **no es** tu marido.
En eso has dicho **la verdad**".

La mujer le dijo: "**Señor**, ya veo que eres **profeta**.
Nuestros padres dieron culto **en este monte**
y ustedes dicen que el sitio donde **se debe dar culto**
está en **Jerusalén**".
Jesús le dijo: "**Créeme**, mujer, que se **acerca** la hora
en que **ni en este** monte **ni en Jerusalén** adorarán al Padre.
Ustedes adoran **lo que no conocen**;
nosotros adoramos **lo que conocemos**.
Porque la salvación **viene** de los judíos.
Pero se **acerca** la hora, **y ya está aquí**,
en que los que quieran dar culto **verdadero**
adorarán al Padre **en espíritu y en verdad**,
porque **así** es como el Padre **quiere** que se le dé culto.
Dios **es espíritu**, y los que lo adoran **deben hacerlo**
en **espíritu** y en **verdad**".

La mujer le dijo: "**Ya sé** que va a venir el Mesías
(**es decir**, Cristo).
Cuando venga, él nos dará **razón de todo**".
Jesús le dijo: "**Soy yo**, el que habla contigo".

En **esto** llegaron los discípulos
y **se sorprendieron** de que estuviera conversando
con **una mujer**;
sin embargo, **ninguno** le dijo:
'¿**Qué** le preguntas o **de qué** hablas con ella?'

Acelera un poco el ritmo con la irrupción de los discípulos que en adelante parecen estar muy desorientados. Están como "en otro canal".

Un encuentro que nos enseña un proceso de discipulado. A Juan le gusta dar su mensaje a través de símbolos y contrastes. En esta ocasión, presenta a Jesús hablando del agua en sentido normal y en sentido simbólico, el alimento que habían comprado los discípulos y el que consiste en hacer la voluntad del Padre. A esto le agregamos, a partir de la expulsión del comercio del templo (2:13–22), las características del verdadero culto a Dios: en Espíritu y en Verdad.

Desde esta perspectiva podríamos señalar que la samaritana primero percibe a Jesús como un judío: "¿Cómo tú siendo judío, me pides de beber a mi, que soy una mujer de Samaria?" (v. 9). En un segundo momento percibe a Jesús como alguien diferente a todos los demás judíos: "Señor, el pozo es hondo… ¿cómo es que tienes esa agua viva?… ¿Te crees más que nuestro padre Jacob…?" (vv. 11–12). En un tercer momento la mujer samaritana siente necesidad de

recibir algo que ella no tiene por parte de aquel judío: "Señor, dame de esa agua, para no volver a tener sed…" (v. 15). En un cuarto momento, da un paso más y lo reconoce como profeta: "¡Señor, veo que eres un profeta" (v. 20). Y, por último, al compartir su esperanza mesiánica, Jesús se revela ante ella y le dice: "Yo soy, el que está hablando contigo" (vv. 26, 29).

Un encuentro que cambia la manera de ver (se). La samaritana, en la medida que conversa con Jesús lo va reconociendo

Resalta el bello impacto que este diálogo ha suscitado tanto en la mujer como en Jesús. Hay sintonía, hay "química" y, por la reacción de los discípulos, podría ser la intención del evangelio.

Entonces la mujer **dejó** su cántaro,
 se fue al pueblo y **comenzó** a decir a la gente:
"**Vengan** a ver a un hombre que me ha dicho **todo**
 lo que he hecho.
¿No será éste el **Mesías**?"
Salieron del pueblo y se **pusieron en camino**
 hacia donde él estaba.

Mientras tanto, sus discípulos **le insistían**: "Maestro, come".
Él les dijo:
 "Yo **tengo** por comida un alimento que ustedes **no conocen**".
Los discípulos comentaban **entre sí**:
"¿Le **habrá** traído alguien **de comer**?"
Jesús les dijo:
"Mi **alimento** es **hacer** la voluntad del que **me envió**
 y llevar a **término** su obra.
¿Acaso no dicen ustedes que **todavía** faltan **cuatro** meses
 para la **siega**?
Pues bien, **yo** les digo:
Levanten los ojos y **contemplen** los campos,
 que **ya están** dorados para la **siega**.
Ya el segador **recibe** su jornal y **almacena** frutos
 para la **vida eterna**.
De **este modo** se alegran **por igual** el sembrador y el segador.
Aquí se cumple el dicho:
'**Uno** es el que siembra y **otro** el que cosecha'.
Yo los **envié** a cosecharlo que **no habían** trabajado.
Otros trabajaron y **ustedes** recogieron su fruto".

El evangelio no disimula el amor de Jesús por los marginados y ninguneados (los samaritanos) tampoco lo hagas tú. Gózalo y asegúrate de que los demás también lo disfruten.

Muchos samaritanos de aquel poblado
 creyeron en Jesús por el testimonio de la mujer:
'Me dijo **todo** lo que he hecho'.
Cuando los samaritanos llegaron a donde él estaba,
 le rogaban que se **quedara** con ellos, y se quedó allí **dos días**.
Muchos más **creyeron en él** al oír su palabra.

mejor. Al mismo tiempo, Jesús va descubriendo a la samaritana otras dimensiones de la vida. Incluso, en el caso del templo, que descubra una dimensión totalmente nueva: Jesús es ahora el punto de encuentro y no un lugar.

Una discípula que se hace misionera. Hay que señalar que Juan hace una relación muy interesante entre el encuentro con Jesús y el compartir la buena noticia. No es posible ser discípulo sin sentirse enviado para ir al encuentro con los hermanos. Al mismo tiempo, el enviado deja el lugar para que las personas sigan creyendo, ya no por él, sino por la misma persona de Jesús.

Una mujer, ejemplo de persona de fe y de evangelizadora convencida. Por último, se debe tener en cuenta que en el evangelio de Juan las mujeres son presentadas con características muy especiales. A ellas se les atribuyen funciones y misiones que, en los otros evangelios, sólo son referidas a varones. Por ejemplo, en las bodas de Caná (Jn 2:1–11) en gran parte se da el signo por la indicación de la Madre del Señor; la samaritana es la primera que reconoce a Jesús y lo acepta (Jn 4:26) convirtiéndose en evangelizadora de Samaria (vv. 28–30, 39–42); la mujer adúltera es perdonada por Jesús (Jn 8:1–11); Marta, la hermana de María y Lázaro hace profesión de fe en Jesús (Jn 11:27); María, la madre de Jesús, se presenta como modelo para los demás discípulos al pie de la cruz

Y decían a la mujer:
"Ya **no** creemos por lo que **tú** nos has contado,
   pues **nosotros mismos** lo hemos oído
   y **sabemos** que él es, de veras, el **salvador** del **mundo**".

Forma breve: Juan 4:5–15, 19–26, 39, 40–42

(Jn 19:25–27)... Las mujeres en el cuarto evangelio son presentadas como ejemplo de personas de fe y evangelizadoras.

30 DE MARZO DE 2014

IV DOMINGO DE CUARESMA

Toma en cuenta que estás narrando una de las venas o raíces de la historia e identidad del pueblo judío. Muestra reverencia y respeto a esta memoria.

A partir de la aclaración de que Dios se fija en los corazones, cambia un poco el tono de tu voz hasta el culmen indicativo de "levántate y úngelo porque éste es".

I LECTURA   1 Samuel 16:1b, 6–7, 10–13a

Lectura del primer libro de Samuel

En **aquellos** días, dijo el Señor a **Samuel**:
"Ve a la casa de Jesé, en **Belén**,
  porque de entre sus **hijos** me he escogido **un rey**.
Llena, pues, tu cuerno de aceite **para ungirlo** y **vete**".

Cuando llegó Samuel a Belén y **vio** a Eliab,
    el hijo mayor de Jesé, **pensó:**
"Éste es, **sin duda**, el que voy a **ungir** como rey".
Pero el Señor le dijo:
"No te dejes **impresionar** por su aspecto ni por su **gran estatura**,
    pues yo lo **he descartado**,
    porque **yo no juzgo** como juzga el hombre.
El hombre se fija **en las apariencias**,
    pero el Señor se fija **en los corazones**".

Así fueron pasando ante Samuel **siete** de los hijos de Jesé;
    pero Samuel dijo: "**Ninguno** de éstos es el **elegido** del Señor".
Luego le preguntó a Jesé: "¿Son **éstos todos** tus hijos?"
Él respondió:
    "Falta el **más pequeño**, que está cuidando el rebaño".
Samuel le dijo: "**Hazlo venir**,
    porque **no** nos sentaremos a comer **hasta** que llegue".
Y **Jesé** lo mandó llamar.

El discípulo aprende a ver, es decir, a percibir la vida de otra manera, desde el ángulo del maestro. No se puede ser discípulo de Jesús y guiarse más por las apariencias que por lo realmente valioso a los ojos de Dios. Allí, en ese santuario interior de cada persona que es su conciencia, resuena la voz de Dios (Concilio Vaticano II, *Gaudium et Spes*).

I LECTURA El rey David aparece como una de las grandes figuras en la historia de Israel. Con él se consolidó una nueva institución, la monarquía, que representaba la estabilidad nacional. Este pasaje que nos presenta ahora el primer libro de Samuel nos recuerda entre otras cosas, las siguientes.

Que Dios no juzga por las apariencias sino por lo que ve en el corazón, donde están las motivaciones y las razones más profundas de los comportamientos; el hombre se fija en las apariencias, en lo que apantalla, en lo que relumbra o deslumbra. Así es como somos invitados a entrar en la perspectiva de Dios sobre nosotros mismos y nuestra comunidad. A nadie que presuma de tener fe le está permitido andar en las superficies cuando emite opiniones de sus hermanos. Esto es especialmente importante en la relaciones de los líderes comunitarios que tienen la responsabilidad de conducir con sabiduría a la comunidad.

Al final da la impresión de que sí se guiaron por las apariencias pues David era "rubio, de bellos ojos y hermosa presencia" v. 12; sin embargo, el motivo de la elección no está en eso sino en que incluso para su padre era insignificante por ser el más pequeño.

Presenta la voz del Señor en forma suave y cordial. Es como un padre que está guiando pacientemente a sus hijos.

El muchacho era rubio, de ojos vivos y buena presencia.
Entonces el Señor dijo a Samuel:
"Levántate y **úngelo**, porque **éste es**".
Tomó Samuel el cuerno con el **aceite**
    y lo **ungió** delante de sus **hermanos**.
A partir de aquel día, el espíritu del Señor estuvo con David.

Para meditar

SALMO RESPONSORIAL   Salmo 22:1–3a, 3b–4, 5, 6

R. El Señor es mi pastor, nada me falta.

El Señor es mi pastor, nada me falta: en verdes praderas me hace recostar; me conduce hacia fuentes tranquilas y repara mis fuerzas. **R.**

Me guía por el sendero justo, por el honor de su nombre. Aunque camine por cañadas oscuras, nada temo, porque tú vas conmigo: tu vara y tu cayado me sosiegan. **R.**

Preparas una mesa ante mí, enfrente de mis enemigos; me unges la cabeza con perfume, y mi copa rebosa. **R.**

Tu bondad y tu misericordia me acompañan todos los días de mi vida, y habitaré en la casa del Señor por años sin término. **R.**

Procura evitar anunciar esta buena noticia con sabor a desprecio por las personas. No hay nada de evangélico en esto.

Ayuda a ver el contraste de "luz" y "tinieblas" como capacidad de la persona. Que tu proclamación sea como un espejo para su capacidad de ser buenos.

II LECTURA   Efesios 5:8–14

Lectura de la carta del apóstol san Pablo a los efesios

Hermanos:
En **otro** tiempo ustedes fueron **tinieblas**,
    pero **ahora**, unidos al Señor, son **luz**.
Vivan, por lo tanto, como **hijos de la luz**.
Los **frutos** de la luz son la **bondad**, la **santidad** y la **verdad**.
Busquen lo que es **agradable** al Señor
    y **no** tomen parte en las obras **estériles** de los
        que son **tinieblas**.

Al **contrario**, repruébenlas **abiertamente**;
    porque, si bien las cosas que ellos hacen **en secreto**
        da rubor **aun mencionarlas**,
        al ser reprobadas **abiertamente**, todo queda **en claro**,
    porque **todo** lo que es iluminado **por la luz** se convierte en luz.

II LECTURA La Carta a los Efesios —junto con la carta a los Colosenses y la Segunda a los Tesalonicenses— contiene material que no deja dudas que sea de Pablo; sin embargo, en el momento de atribuírsela directamente a Pablo nos encontramos con serios problemas. Así que probablemente podría atribuírsele a un discípulo de Pablo que supo captar fielmente los puntos fundamentales de su maestro.

No sabemos a ciencia cierta si los destinatarios reales fueron algunos habitantes de Éfeso (Ef 1:1) pues la expresión "en Éfeso" falta en los códices más antiguos y parece haber sido agregada posteriormente. Parece ser más bien que originalmente fue una carta destinada a varias comunidades fundadas por Pablo en Asia Menor y que, posteriormente, se habría dirigida a Éfeso, una de las comunidades destinatarias pero no la única.

De acuerdo a este texto lo que caracteriza a los hijos de la luz es precisamente que disciernen lo que agrada al Señor. El mismo texto clarifica que discernir significa, entre otras cosas, tratar de descubrir, comprender a fondo, ya no sólo con la inteligencia sino también de manera cordial, pues el órgano de esta comprensión es el corazón (Rom 1:21; Col 2:2). La profundidad y seriedad de la búsqueda corresponde a los frutos: bondad, rectitud y verdad.

Ahora bien, el apóstol contrapone esta manera de comprender a profundidad lo que Dios quiere con la actitud de los irreflexivos, quienes proceden sin inteligencia y de modo imprudente. Lo que está en juego no son ideas, sino valores; no va de por medio una opinión sino la voluntad del Padre y su presencia salvadora entre las personas.

Enfatiza mucho "por eso…" y suaviza el "se dice". Quieres finalizar con una invitación personal, directa y potente a despertar.

Por eso se dice:
Despierta, tú que duermes;
     levántate de entre los muertos **y Cristo** será tu **luz**.

EVANGELIO   Juan 9:1–41

Lectura del santo Evangelio según san Juan

En **aquel** tiempo, Jesús vio al pasar a un **ciego de nacimiento**,
     y sus discípulos **le preguntaron**:
"Maestro, ¿**quién** pecó para que **éste** naciera ciego,
     él o sus **padres**?"
Jesús respondió: "**Ni él** pecó, **ni tampoco** sus padres.
Nació así para que **en él** se manifestaran las **obras de Dios**.
Es **necesario** que yo haga las obras del que **me envió**,
     mientras es de **día**,
          porque luego **llega** la noche y ya **nadie** puede trabajar.
Mientras esté en el **mundo**, yo soy la **luz del mundo**".

Visualiza muy bien cada detalle ("Jesús vio", "al pasar" "a un ciego…", "los discípulos le preguntaron", etc.). Transmite la imagen con plasticidad y colorido.

Añade un sentido de extrañeza y sinceridad a la pregunta de los discípulos. No es pregunta capciosa. Tampoco la respuesta es cerrada. Ambas preparan lo que viene.

Dicho esto, **escupió** en el suelo, hizo **lodo** con la saliva,
     se lo puso en **los ojos** al ciego y le dijo:
"Ve a **lavarte** en la piscina de **Siloé**" (que significa 'Enviado').
Él **fue**, se **lavó** y **volvió** con vista.

Haz que sobresalgan las acciones de Jesús junto con sus palabras: son como una luz que aclara toda ceguera.

Entonces los vecinos y los que lo habían visto antes
     pidiendo limosna, preguntaban:
"¿No es **éste** el que se sentaba a pedir **limosna**?"
Unos decían: "Es el **mismo**".
Otros: "No es **él**, sino que se le **parece**".
Pero él decía: "**Yo soy**".
Y le preguntaban: "**Entonces**, ¿**cómo** se te abrieron los ojos?"
Él les **respondió**: "El hombre que se llama **Jesús** hizo **lodo**,
     me lo puso en los **ojos** y me dijo: 'Ve a **Siloé** y **lávate**'.

Como que exageras un poco la reacción de la gente. Típico "chisme" de quien se acostumbra a ver todo siempre igual.

EVANGELIO   *Entre la luz y el deslumbramiento.* El simbolismo de la luz o iluminación del evangelio de Juan adquiere gran relevancia en este relato; abundan los elementos relacionados con la ceguera u oscuridad (vv. 1, 6, 39 entre otros) y sus contrarios, la vista o la claridad (vv. 5, 7, 10, 39 entre otros). Las palabras de Jesús del v. 39 parecen resumir en sentido cate-quético del relato: "para un juicio he venido a este mundo: para que los que no ven, vean; y los que ven, se vuelvan ciegos". Con mucha probabilidad el relato de la curación del ciego de nacimiento quiere señalar una doble consecuencia elemental de la presencia de Jesucristo en la historia humana: iluminar y deslumbrar. El ciego curado pasa progresivamente de sólo ser un beneficiado de Jesucristo (vv. 8–16) a reconocerlo como a un profeta (v. 17) hasta creer en él como el Hijo del Hombre (v. 35–38). Por su parte, los fariseos de mostrarse renuentes a reconocer el milagro pasan a la descalificación y expulsión del recién curado (vv. 34–35) a una ceguera culpable (v. 41). Jesús es revelación y juicio, iluminación y deslumbramiento, dependiendo de la actitud y, sobre todo, de las intenciones con las que alguien se acerque a él.

¿Realmente queremos ver? Es posible reconocer detrás de este relato un conflicto entre la comunidad que leía y escuchaba el

Algo de suma importancia: dale un protagonismo especial al ciego; él es el centro del relato. Él va abriendo sus ojos y cuestionando la ceguera.

Entonces **fui**, **me lavé** y comencé a **ver**".
Le preguntaron: "¿En **dónde** está él?" Les contestó: "**No lo sé**".

Llevaron **entonces** ante los fariseos al que había sido **ciego**.
Era **sábado** el día en que Jesús **hizo lodo** y le **abrió los ojos**.
También los **fariseos** le preguntaron
      cómo había adquirido la **vista**.
Él les contestó: "Me puso **lodo** en los ojos, me lavé y **veo**".
Algunos de los **fariseos** comentaban:
"Ese hombre **no** viene de Dios, porque **no guarda el sábado**".
Otros replicaban:
"¿Cómo puede un **pecador** hacer semejantes **prodigios**?"
Y había **división** entre ellos.
Entonces **volvieron** a preguntarle al **ciego**:
"Y **tú**, ¿qué piensas del que te **abrió los ojos**?"
Él les contestó: "Que es un **profeta**".

Pero los judíos **no creyeron** que aquel hombre,
      que había sido **ciego**,
    hubiera recobrado la **vista**.
Llamaron, pues, a sus **padres** y les **preguntaron**:
"¿Es **éste** su hijo, del que ustedes dicen que **nació ciego**?
¿Cómo es que **ahora** ve?"
Sus padres contestaron: "Sabemos que **éste** es nuestro hijo
      y que **nació ciego**.
Cómo es que **ahora** ve o quién le haya dado la vista,
      no lo sabemos.
Pregúntenselo **a él**; ya tiene edad **suficiente**
      y responderá **por sí mismo**".
Los **padres** del que había sido ciego dijeron **esto**
      por **miedo** a los judíos,
    porque **éstos** ya habían convenido en **expulsar** de la sinagoga
    a quien reconociera a **Jesús** como el **Mesías**.
Por eso sus padres dijeron: '**Ya** tiene edad; pregúntenle **a él**'.

Los personajes que aparecen en relación al asunto del ciego (discípulos, vecinos, los judíos, la familia…) dudan del ciego y también de Jesús. Retrata esas actitudes como quien presenta personas conocidas por todos.

---

evangelio de Juan (llamada por algunos "comunidad joánica") y algún grupo de judíos. Se deja entrever que estos últimos no creían que Jesús procediera de Dios porque no respetaba la costumbre del sábado (9:16) y por esto lo consideraban pecador. Además, es posible que algunos judíos que habían creído en Jesucristo hubieran sido expulsados de la sinagoga o espacios de reunión; el peligro que sentían los papás del ciego era real (vv. 22–23). Y por si todo esto fuera poco,

los judíos se declaraban discípulos de Moisés, contrarios de los que seguían a Jesús (vv. 28ss). También aparece con claridad que algunos cristianos de raíces judías no se atrevían a romper con actitudes y maneras de pensar que entorpecían su fe en Jesucristo por miedo a que los expulsaran. Otros, representados en el ciego curado, tomaban la determinación de creer en el Hijo del Hombre (9:38).

La desgracia del ser humano puede ser oportunidad para manifestar la gloria de Dios al mismo tiempo que una posibilidad de descubrir las verdaderas raíces del problema. Una clave más de interpretación es la supuesta relación entre pecado y enfermedad o desgracia; para la mayoría de las personas de aquel tiempo una desgracia individual o colectiva se explicaba a consecuencia de pecados anteriores (Ex 20:5; Num 14:18; Dt 5:9; Tob 3:3s). Los discípulos

Llamaron **de nuevo** al que había sido **ciego** y le dijeron:
"Da gloria a **Dios**.
Nosotros sabemos que **ese hombre** es pecador".
Contestó él: "Si es pecador, **yo no lo sé**;
   sólo sé que yo era ciego y **ahora** veo".
Le preguntaron **otra vez**: "¿Qué te hizo? ¿**Cómo** te abrió los ojos?"
Les contestó: "**Ya** se lo dije a ustedes y **no** me han dado **crédito**.
¿Para qué quieren oírlo **otra vez**?
¿Acaso **también** ustedes quieren hacerse discípulos **suyos**?"
Entonces ellos lo **llenaron** de **insultos** y le dijeron:
"Discípulo de **ése** lo serás **tú**.
Nosotros somos discípulos de **Moisés**.
Nosotros **sabemos** que a **Moisés** le habló Dios.
Pero **ése**, no sabemos de **dónde** viene".

Replicó **aquel** hombre:
"Es **curioso** que ustedes no sepan de **dónde** viene
   y, sin embargo, me ha **abierto** los ojos.
Sabemos que Dios no escucha a los **pecadores**,
   pero al que lo **teme** y **hace su voluntad**, a ése **sí** lo escucha.
Jamás se había oído decir que alguien
     abriera los ojos a un **ciego de nacimiento**.
Si **éste** no viniera de Dios, no tendría **ningún poder**".
Le **replicaron**:
"Tú eres **puro pecado** desde que naciste,
   ¿cómo pretendes darnos **lecciones**?"
Y lo echaron **fuera**.

Supo **Jesús** que lo habían echado fuera,
   y cuando lo **encontró**, le dijo:
"¿Crees **tú** en el **Hijo del hombre**?"
Él contestó: "¿Y **quién** es, Señor, para que **yo crea** en él?"
Jesús le dijo: "**Ya** lo has **visto**;
   el que está hablando contigo, **ése** es".

Transmite con seguridad inquebrantable la nueva confianza del que ahora ve.

se hacen eco de la opinión corriente según la cual la responsabilidad del pecado de los papás se transmitía a los hijos; pensaban que no había sufrimiento sin culpabilidad. Sin embargo, al afirmar el Señor que "ni él pecó ni sus padres" rechaza esa manera tan mecánica de pensar.

Si tomamos en cuenta además los versículos 4–5: "tenemos que trabajar en las obras del que me ha enviado mientras es de día… mientras estoy en el mundo, soy luz del mundo" podríamos decir que la ceguera de aquel hombre no era consecuencia ni de su pecado ni del de sus padres. La desgracia de un inocente, generalmente inexplicable, se convertía en un espacio para descubrir la presencia de Dios por el milagro que sucedería a continuación. Es cierto que el evangelio no explica *el porqué* de la desgracia de aquel hombre; no obstante, sí coloca la des-gracia del ser humano como un espacio para realizar las obras de la luz, las obras del Señor.

¿Vemos o estamos ciegos? La presencia de Jesús provoca simultáneamente la vista y la ceguera (v. 39). Los que no ven pero están dispuestos, recobrarán la vista; en cambio, los que ven pero insisten en cerrar los ojos se volverán ciegos. Por eso, el pecado de los fariseos no es su falta de

El que sólo "vio" al ciego, ahora cierra este relato con una llamada al discipulado. Es tu oportunidad de trasmitir este mismo sentido y emoción a la asamblea.

Él dijo: "**Creo,** Señor".
Y postrándose, lo **adoró**.

Entonces le dijo Jesús:
"Yo **he venido** a este mundo para que se **definan** los campos:
   para que **los ciegos vean**, y los que ven **queden ciegos**".
Al oír esto, algunos **fariseos** que estaban con él le **preguntaron**:
"¿Entonces, **también nosotros** estamos ciegos?"
Jesús les contestó: "Si **estuvieran ciegos, no tendrían** pecado;
   pero como **dicen** que ven, **siguen** en su **pecado**".

Forma breve: Juan 9:1, 6–9, 13–17, 34–38

vista sino que se mienten a sí mismos diciendo que ven cuando sucede precisamente lo contrario. Se hace realidad aquel dicho de que "es más fácil despertar a un dormido que a un despierto".

V DOMINGO
DE CUARESMA

Ezequiel vive enamorado y comprometido con su pueblo. Medita esto un poco antes de proclamar su mensaje.

I LECTURA   Ezequiel 37:12–14

Lectura del libro del profeta Ezequiel

Esto dice el Señor Dios:
"Pueblo mío, **yo mismo abriré** sus sepulcros,
   los **haré salir** de ellos y los **conduciré** de nuevo
      a la tierra de **Israel**.
Cuando **abra** sus sepulcros y los **saque** de ellos, **pueblo mío**,
   ustedes **dirán** que **yo soy** el Señor.
Entonces les **infundiré** a ustedes mi espíritu y **vivirán**,
   los **estableceré** en su tierra
   y ustedes **sabrán** que yo, el Señor, lo **dije** y lo **cumplí**".

La voz de Dios se funde con la del profeta. Ahora se ha de fundir también con la tuya. Saborea este don y el pueblo hará lo mismo.

Para meditar

SALMO RESPONSORIAL   Salmo 129:1–2, 3–4, 5–7ab, 7cd–8

R. Del Señor viene la misericordia, la redención copiosa.

Desde lo hondo a ti grito, Señor: Señor, escucha mi voz; estén tus oídos atentos a la voz de mi súplica. **R.**

Si llevas cuentas de los delitos, Señor, ¿quién podrá resistir? Pero de ti procede el perdón, y así infundes respeto. **R.**

Mi alma espera en el Señor, espera en su palabra; mi alma aguarda al Señor, más que el centinela la aurora. Aguarde Israel al Señor, como el centinela la aurora. **R.**

Porque del Señor viene la misericordia, la redención copiosa; y él redimirá a Israel de todos sus delitos. **R.**

La muerte es real, segura e inevitable. Sin embargo, para quien cree, también la resurrección es tan segura como real. Sólo que no es algo que haya de esperarse exclusivamente tras la muerte; es, primero, una gracia que nos beneficia y compromete desde ahora. Creer en el Resucitado afecta todo lo que nos rodea, y, para muchas personas y grupos, puede resultar hasta amenazador, porque la fe en la vida perdurable, la vida con la calidad de Dios, compromete a desarraigar lo que provoca la muerte, lo que atenta contra la vida digna en todas sus dimensiones.

I LECTURA   Ezequiel es un profeta con mucha imaginación y un lenguaje rico en simbolismos. Era sacerdote en Jerusalén cuando, junto con otros muchos israelitas, sufrió la deportación a Babilonia. Allí compartió con su pueblo, en el siglo VI a. C., la experiencia del desastre nacional.

Estamos ante una de las páginas más hermosas de Ezequiel: los huesos secos (37:1–14). Los dos elementos centrales son: los huesos y el espíritu; los huesos calcinados se refieren a lo árido, lo inerte… El espíritu,

el viento, tiene que ver con el aliento que desencadena dinamismo, que transforma.

Pero ya el profeta vislumbraba que una era cosa tener elementos de vida: "me fijé y vi que se recubrían de nervios, que la carne brotaba y que la piel se extendía por encima. Pero no había espíritu en ellos" (37:8) y otra cosa tener el aliento de Dios: "ven espíritu de los cuatro vientos, y sopla sobre estos muertos para que vivan" (v. 11). Es decir, el profeta distingue entre algo que tiene vida y lo que tiene vida de Dios.

La vida es una constatación evidente de la presencia de Dios: "sabrán que yo soy

Eres, como Pablo, un hermano seguro de si mismo y respetuoso de sus hermanos. Sabe que son capaces de Dios y del bien.

Dirígete a los bautizados presentes confiado y seguro de que son desde ya templos del Espíritu Santo.

Asesta un buen énfasis a la relación del Espíritu con Cristo. Todos deben saber que son diferentes pero que no se puede separar uno del otro.

II LECTURA   Romanos 8:8–11

Lectura de la carta del apóstol san Pablo a los romanos

Hermanos:
Los que viven en forma **desordenada** y **egoísta**
  no pueden **agradar** a Dios.
Pero ustedes **no llevan** esa clase de vida,
  sino una vida **conforme al Espíritu**,
  puesto que el Espíritu de Dios habita **verdaderamente**
    en **ustedes**.

Quien **no tiene** el Espíritu de Cristo, **no es** de Cristo.
En cambio, si Cristo **vive** en ustedes,
  aunque su cuerpo **siga sujeto** a la muerte a causa del **pecado**,
  su espíritu **vive** a causa de la actividad **salvadora** de Dios.

Si el **Espíritu** del Padre, que resucitó a Jesús de entre los muer-
    tos, habita en **ustedes**,
  entonces el **Padre**, que resucitó a Jesús de entre los muertos,
  también les dará **vida** a sus cuerpos mortales,
  por obra de su **Espíritu**, que habita en **ustedes**.

Yahvé cuando abra sus tumbas y los haga salir de ellas, pueblo mío" (v. 13). Pero esta vida, infundida por el Espíritu de Dios, está en relación a la tierra prometida: "los llevaré al suelo de Israel" (v. 12). Es decir, el pueblo tendrá acceso a la vida si vive de acuerdo a los principios de Dios. La vida que proviene de Dios no es un simple regalo, es una gracia que genera responsabilidad por vivir de acuerdo a la voluntad de Dios.

Oremos, y actuemos, para que el pueblo de Dios sepa conducirse hoy, plenamente infundido del espíritu de Dios dispuesto a despertarnos de las múltiples tumbas de muerte que nos atan a la vida de sobrevivencia.

II LECTURA El capítulo 8 de la Carta a los Romanos es una extensa y densa catequesis del protagonismo del Espíritu en la vida de una comunidad cristiana. A Pablo le gusta distinguir la "carne" del "espíritu", no porque sean elementos separables en la persona, sino porque los

entiende como dos dinamismos que la mueven y orientan de manera muy distinta.

Vivir en la carne es vivir según la mentalidad meramente humana, caduca y destinada a la muerte. Vivir en el Espíritu es dejarse llevar por la fuerza salvadora de Dios y sus criterios de vida. Entender que la vida se divide en pasiones espirituales y carnales no hace justicia al modo como Pablo (y toda la Biblia) entiende al ser humano. Son dimensiones interconectadas, no tajadas. Son sabores o fuerzas que acompañan

Un largo relato, más vale que calientes la voz y el espíritu para que se sienta muy viva esta lectura. De eso se trata precisamente, de la vida.

Identifica los personajes de la lectura y la trama que se va desarrollando antes de proclamar el evangelio, así podrás ir revelando lo que el evangelio nos revela a su vez de Jesús.

Es un relato intercalado, un poco quebrado sea por la interrupción de los discípulos por ejemplo, o por la composición de los tiempos. Aprovéchalos, como otro hilo en tu proclamación, son por ejemplo: "en aquel tiempo", "se detuvo dos días más", "ahora vamos allá", "cuando llegó", "cuando llegó María", etc.

EVANGELIO   Juan 11:1–45

Lectura del santo Evangelio según san Juan

En **aquel** tiempo, se encontraba enfermo **Lázaro**, en **Betania**,
    el pueblo de **María** y de su hermana **Marta**.
María era la que una vez **ungió** al Señor con **perfume**
    y le **enjugó los pies** con su **cabellera**.
El **enfermo** era su hermano **Lázaro**.
Por eso las dos hermanas le mandaron decir a **Jesús:**
"**Señor**, el amigo a quien tanto quieres está **enfermo**".

Al oír esto, **Jesús** dijo:
"Esta enfermedad **no acabará** en la muerte,
    sino que servirá para la **gloria de Dios**,
    para que el **Hijo de Dios** sea **glorificado** por ella".

Jesús amaba a **Marta**, a su **hermana** y a **Lázaro**.
Sin embargo, cuando se enteró de que **Lázaro** estaba **enfermo**,
    se detuvo **dos días más** en el lugar en que se hallaba.
Después dijo a sus discípulos: "Vayamos **otra vez** a Judea".
Los **discípulos** le dijeron:
"**Maestro**, hace poco que los judíos querían **apedrearte**,
    ¿y tú vas a **volver** allá?"
Jesús les contestó: "**¿Acaso** no tiene doce horas el día?
El que camina de **día** no tropieza,
    porque ve la **luz** de este mundo;
    en cambio, el que camina de **noche** tropieza,
    porque le **falta** la luz".

Dijo esto y **luego** añadió:
"**Lázaro**, nuestro amigo, se ha **dormido**;
    pero yo voy **ahora** a despertarlo".
Entonces le dijeron sus discípulos:
"**Señor**, si duerme, es que va a **sanar**".

todo el comportamiento de la persona, no tajadas para catalogar, separando (más bien integrando) toda nuestra existencia. Nuestra manera de ser, pensar, sentir y relacionarnos con Dios y con los demás. En este sentido, vivir según el espíritu de Dios no es negociable para Pablo, ni debiera serlo para ningún discípulo o discípula en nuestro tiempo.

Así pues, podemos concluir que la esperanza y la seguridad de la resurrección nos exige, nos ayuda, nos guía y nos condu-

ce a vivir con sentido y a profundidad, "ya que el Espíritu de Dios habita en nosotros" (Rom 8:9).

EVANGELIO   *Una comunidad con preguntas serias sobre la vida.* Es posible distinguir en el diálogo de Marta y María con Jesús las dudas y seguridades de aquellos primeros cristianos sobre la resurrección. En el fondo parece rondar la pregunta: ¿mueren los amigos de Jesús? El

mismo evangelio insiste en que eran amigos y que los amaba (vv. 2, 3, 5, 11, 33, 38). Se introduce un comportamiento inusual de Jesús al decir que, cuando Marta y María le avisan que su amigo Lázaro está enfermo (v. 3) todavía permanece dos días en la zona del otro lado del Jordán (vv. 6, 40) quizás para resaltar y resolver estos cuestionamientos. Esta pregunta que parece que está en el fondo del evangelio coincide con el reclamo de Marta cuando Jesús llega a su

Jesús hablaba de la **muerte**,
　　pero ellos **creyeron** que hablaba del **sueño natural**.
Entonces Jesús les dijo **abiertamente**:
"Lázaro **ha muerto**, y me alegro por ustedes
　　　de **no** haber estado ahí,
　　para que crean.
Ahora, vamos allá".
Entonces **Tomás**, por sobrenombre el **Gemelo**,
　　dijo a los **demás** discípulos:
"Vayamos **también nosotros**, para **morir** con él".

Cuando llegó **Jesús**, Lázaro llevaba **ya cuatro días** en el sepulcro.
Betania quedaba **cerca** de Jerusalén,
como a unos **dos kilómetros y medio**,
　　y **muchos** judíos habían ido a ver a **Marta** y a **María**
　　para **consolarlas** por la muerte de su hermano.
Apenas oyó Marta que Jesús llegaba, **salió** a su encuentro;
　　pero María **se quedó** en casa.
Le dijo **Marta** a Jesús:
"**Señor**, si hubieras estado aquí, no habría **muerto** mi hermano.
Pero **aún ahora** estoy **segura** de que Dios
　　te **concederá** cuanto le **pidas**".

Jesús le dijo: "Tu hermano **resucitará**".
Marta respondió:
"**Ya sé** que resucitará en la resurrección del **último día**".
Jesús le dijo: "**Yo soy** la resurrección y la vida.
El que **cree** en mí, aunque haya muerto, **vivirá**;
　　y todo aquel que está vivo y **cree en mí**,
　　　no morirá para siempre.
¿Crees **tú** esto?"
Ella le contestó:
"**Sí, Señor**. Creo **firmemente** que tú eres el **Mesías**,
　　el **Hijo de Dios**,
　　el que tenía que **venir** al mundo".

En toda la proclamación mantén un espíritu vivo de amistad sincera. Sigue tu propia experiencia de buen amigo o amiga que eres.

El diálogo de Jesús con las hermanas de Lázaro es cordial y lleno de amor. No hay reclamo de parte de Marta, hay confianza.

En realidad todos, absolutamente, van quedando sorprendidos por la vida (sensibilidad, resurrección…) que es Jesús. Que se note esto.

casa: "Señor, si hubieras estado aquí, no habría muerto mi hermano… " (v. 21; repetido por María en el v. 32) y con el reproche de algunas visitas: "éste, que abrió los ojos del ciego, ¿no podía haber hecho que éste no muriera?" (v. 37). Posiblemente se preguntaban: ¿cómo se puede explicar que los amigos de Jesús mueran sin que el Maestro intervenga? Desde esta perspectiva, la pregunta de Jesús a Marta: "¿crees esto?" (v. 26) debía resonar en cada uno de los que

escuchaban por primera vez aquel pasaje en las reuniones de la comunidad.

Una resurrección que no es sólo para la otra vida. Tengamos en cuenta que muchos israelitas pensaban que la muerte era definitiva a partir del tercer día, cuando la descomposición empezaba a borrar los rasgos personales del difunto. Cuando Jesús llegó a Betania Lázaro llevaba "cuatro días" (v. 39), es decir, no había duda de que había muerto. Esto sirve para remarcar la acción

de Jesús. Además, a propósito del lugar no hay que olvidar que Betania está muy cerca del Valle de Josafat, donde según algunas tradiciones judías Dios resucitaría a los muertos.

Existe una confesión de fe por parte de Marta (v. 22) cuando Jesús le dice que su hermano resucitará: "ya sé que resucitará en la resurrección, el último día" (v. 24). Esto que dice Marta de la resurrección concuerda, con mucha seguridad con lo que creía

Después de decir **estas palabras**,
    fue a buscar a su hermana **María** y le dijo en **voz baja**:
"**Ya vino** el Maestro y **te llama**".
Al oír **esto**, María **se levantó** en el acto
    y **salió** hacia donde estaba **Jesús**,
    porque **él** no había llegado aún al pueblo,
    sino que estaba en el lugar donde **Marta** lo había **encontrado**.
Los **judíos** que estaban con María en la casa, **consolándola**,
    viendo que ella **se levantaba** y salía **de prisa**,
    pensaron que iba al sepulcro para **llorar** ahí y la **siguieron**.

Cuando llegó **María** adonde estaba Jesús, al verlo,
    se echó a sus pies y le dijo:
"**Señor**, si hubieras estado aquí, no habría **muerto** mi **hermano**".
Jesús, al verla **llorar** y al ver llorar a los judíos
    que la **acompañaban**,
    se conmovió hasta **lo más hondo** y preguntó:
"**¿Dónde** lo han puesto?"
Le contestaron: "**Ven**, Señor, y lo **verás**".
Jesús se puso a **llorar** y los judíos **comentaban**:
"De veras **¡cuánto lo amaba!**"
Algunos decían:
    "¿No podía **éste**, que abrió los **ojos** al **ciego de nacimiento**,
    hacer que Lázaro **no muriera**?"

Jesús, **profundamente** conmovido **todavía**,
    se detuvo ante el **sepulcro**, que era una **cueva**,
    sellada con una **losa**.
Entonces dijo Jesús: "**Quiten** la losa".
Pero **Marta**, la hermana del que había muerto, **le replicó**:
"**Señor**, ya huele mal, porque lleva **cuatro días**".
Le dijo Jesús: "¿No te he dicho que **si crees**,
    verás la **gloria de Dios**?"
Entonces **quitaron** la piedra.

Otro hilo de vida en esta narración es el amor y la sensibilidad de Jesús: se conmueve y llora ante el dolor y la muerte. Transmite este sentimiento a los oyentes.

cualquier judío del siglo I y, quizás, un buen número de cristianos recién integrados a la comunidad. Es una proclamación interesante y buena, pero incompleta como se comprueba en lo que dirá Jesús (vv. 25–26). Marta tiene la creencia de su pueblo: la resurrección en el último día. Los únicos que abiertamente no creían en la resurrección eran los saduceos (véase Mc 12:18–27).

La vida impregnada de resurrección, el signo por excelencia. No es casualidad que Juan haya escogido precisamente la resurrección de Lázaro como el último signo para cerrar con broche de oro toda esta primera gran parte de su evangelio. Podría significar que para Juan el gran milagro, el signo por excelencia es la resurrección, la vida. De hecho, sorprende que a partir de esto, decidan los sumos sacerdotes y los fariseos, darle muerte (vv. 46–54). No les preocupaba que los romanos destruyeran su lugar santo y su nación sino que alguien, por estar a favor de la vida, pusiera en peligro sus intereses.

Muy pronto los cristianos constataron que, aunque Jesús había resucitado, ellos no tenían inmunidad ante la muerte; morían como todos los demás aunque seguramente menos desesperados ¿Eso significaba que la muerte terminaba con todo? No. La fe en la resurrección garantizaba creer en la vida después de la muerte; así lo habían experimentado en el contacto con Jesús. La muerte era como un sueño, algo triste y que generaba sufrimiento, pero que abría a la esperanza. No todo acababa con la muerte.

El culmen de la lectura debe ser elocuente y profundo. Transmite el poder de Jesús en su oración al Padre y la orden que llama a la vida.

Jesús **levantó** los ojos a lo alto y **dijo**:
"**Padre**, te doy **gracias** porque me has **escuchado**.
Yo **ya sabía** que tú siempre me **escuchas**;
    pero lo he dicho a causa de esta **muchedumbre** que me rodea,
    para que **crean** que tú me has **enviado**".
Luego **gritó** con voz potente: "¡**Lázaro, sal de ahí!**"
Y salió el **muerto**, atados con **vendas** las **manos** y los **pies**,
    y la **cara** envuelta en un **sudario**.
Jesús les dijo: "**Desátenlo**, para que pueda **andar**".

Muchos de los judíos que habían ido a casa de **Marta** y **María**,
    al **ver** lo que había hecho Jesús, **creyeron en él**.

Forma breve: Juan 11:3–7, 17, 20–27, 33b–45

Pero, ¿la fe en la resurrección era sólo creer en el "más allá"?

Ya hemos dicho que la proclamación de fe de Marta es incompleta y refleja que no es suficiente desplazar la resurrección al último día (v. 24); es indispensable concebir-la como algo que, porque se posee desde ahora, la muerte no la derriba porque quien vive y cree en Jesús nunca morirá (v. 26). En este sentido, la resurrección de Lázaro es una "probadita" de lo que significa la vida, la resurrección.

DOMINGO
DE RAMOS

EVANGELIO   Mateo 21:1–11

Lectura del santo Evangelio según san Mateo

Cuando se aproximaban ya a **Jerusalén**,
    al llegar a **Betfagé**, junto al **monte de los Olivos**,
    envió Jesús a **dos de sus discípulos**, diciéndoles:
"**Vayan** al pueblo que **ven** allí enfrente;
    al entrar, **encontrarán** amarrada una **burra**
        y un **burrito** con ella;
    desátenlos y **tráiganmelos**.
Si **alguien** les pregunta algo,
    díganle que el Señor **los necesita** y enseguida los devolverá".

Esto sucedió para que **se cumplieran** las palabras del profeta:
Díganle a la hija de Sión: **He aquí** que tu rey **viene a ti**, apacible
        y montado en un **burro**,
    en un **burrito**, hijo de animal de yugo.

Fueron, pues, los discípulos e **hicieron** lo que Jesús
        les había **encargado**
    y trajeron consigo la **burra** y el **burrito**.
Luego pusieron sobre ellos sus **mantos** y Jesús **se sentó** encima.
La gente, **muy numerosa**, extendía sus **mantos** por el **camino**;
    algunos cortaban **ramas** de los árboles y **las tendían** a su paso.
Los que iban delante de él y los que lo seguían **gritaban**:
"**¡Hosanna!** ¡Viva el **Hijo de David**!
¡**Bendito** el que viene en **nombre del Señor!** ¡Hosanna en el cielo!"

Empieza tu proclamación como señalando hacia adelante. El camino está abierto, está cerca y todos estamos en él, con Jesús.

Las menciones del Antiguo Testamento son externas. Imagina que otra persona entra y lo confirma a toda la asamblea.

Destaca los detalles de preparación (la burra, el burrito) y de entrada (mantos, ramas…). Son importantes para el evangelista y la asamblea debe percibirlos.

Iniciamos la Semana Santa. Celebramos la entrada del Mesías a Jerusalén y el drama de la cruz que resume el misterio de salvación. Toda la Iglesia se pone en sintonía con Jesús para aprender su tarea evangelizadora que le da razón de ser en el mundo

EVANGELIO   *Jesús está ante la muerte con total lucidez y libertad.* Este pasaje de Mateo encabeza la última parte del evangelio (Mt 21:1—28:20). Es cierto que Mateo no le da tanta importancia al viaje a Jerusalén —como Marcos y Lucas—, sin embargo, ha anunciado previamente el sentido de su visita (Mt 16:21; 20:17–19). Lo más interesante es que el evangelio de Mateo presenta a Jesús dueño de sí mismo y de la situación en todo momento; sabe lo que le espera pero no desiste, de tal manera que enfrenta su muerte con total lucidez y libertad, en una actitud de obediencia absoluta al Padre.

Un reino que excluye el daño y el dominio. La entrada mesiánica es un gesto profético de gran alcance. Como en otras ocasiones, el evangelista utiliza aquí una "cita de cumplimiento" tomada del profeta Zacarías (Zac 9:9 introducido por Is 62:11). Jesús es el Rey que llega, el Mesías esperado, pero el modo en que se manifiesta no coincide con las expectativas de quienes deseaban la restauración política de la nación de Israel. En lugar de montar un caballo, cabalgadura típica de la guerra, entra en una burrita. Es decir, Jesús no viene a imponer su Reino, llega a invitar a su Reino y no con la violencia y el poder como lo hacían los jefes de su tiempo, sino a través de la gratuidad, de la entrega de la vida.

La entrada de Jesús a Jerusalén pide una respuesta. La pregunta "¿Quién es éste?" de 21:10 pide una respuesta que el

El final dilo de memoria y con fuerza, como si estuvieras hablando en nombre de aquel pueblo y de tu asamblea también.

Al entrar Jesús en Jerusalén, **toda la ciudad** se conmovió.
Unos decían: "¿Quién es **éste**?"
Y la **gente** respondía:
    "**Éste** es el **profeta Jesús**, de **Nazaret** de **Galilea**".

I LECTURA   Isaías 50:4–7

Lectura del libro del profeta Isaías

Sintoniza tu persona como proclamador de la palabra con la persona del profeta. Llénate de confianza y transmítela a la comunidad.

En aquel entonces, dijo **Isaías**:
"El **Señor** me ha dado una **lengua experta**,
    para que pueda **confortar** al abatido
    con **palabras de aliento**.

Usa un tono sereno al proclamar con fuerza la entrega de quien ha decido seguir a Dios en todo momento.

Mañana tras mañana, el Señor **despierta** mi oído,
    para que **escuche** yo, como **discípulo**.
El Señor Dios me ha hecho oír **sus palabras**
    y yo no he opuesto **resistencia**
    ni me he **echado** para **atrás**.

Ofrecí la **espalda** a los que me **golpeaban**,
    la mejilla a los que me tiraban de la barba.
No aparté mi rostro de los **insultos** y **salivazos**.

Concluye con certeza inclinando un poco tu rostro hacia adelante como ofreciéndolo sin pena ni temor.

Pero el **Señor** me **ayuda**,
    por eso no quedaré **confundido**,
    por eso **endureció** mi rostro como **roca**
    y sé que no quedaré **avergonzado**".

---

pasaje de la entrada de Jesús a Jerusalén refleja con claridad. Por una parte, el gentío numeroso que acompaña al Señor y lo aclama (v. 8), se alegra por la llegada del Hijo de David (v. 9). Por otra, los que se sienten 'sacudidos', junto con Jerusalén, ante su llegada (v. 10); algo semejante sucedió al contarse el nacimiento de Jesús (2:3). Llama la atención que los que dan respuesta a la pregunta del v. 10 sean precisamente los que pertenecen a la gente, y que lo hagan con una especie de proclamación cercana a una profesión de fe: "Éste es el profeta Jesús, de Nazaret" (v. 11).

El gesto de Jesús narrado por el evangelio enseña a nuestros líderes eclesiales la grandeza de la sencillez para entrar hasta el fondo de las estructuras de la realidad con sencillez, sin altanería ni servilismo. Con la conciencia tranquila de quien asume con entereza las consecuencias de su entrega por el evangelio en la vida ordinaria. Ni las muchedumbres, ni los aplausos perturban al líder discípulo que sincera y humildemente busca cumplir su misión. Tampoco le atemorizan los poderes que calladamente viven preparados para poner toda su entrega en tela de juicio. Obispos, sacerdotes,

religiosas y laicos encuentran en Jesús una luz de esperanza cuando se entregan con generosidad a la misión encomendada y abrazada. Oremos por toda la Iglesia para que, al ejemplo de Jesús continúe entrando y avanzando en el misterio Pascual que iniciamos este Domingo de Ramos.

| I LECTURA | Ante la queja atrevida del pueblo de que Dios haya sido desleal a la alianza (vv. 1–3), el Señor rebate la objeción. No es una disputa, sino una respuesta clara y enérgica desde lo que Dios es: fiel a su alianza y protector de su Siervo.

Para meditar

SALMO RESPONSORIAL   Salmo 21:8–9, 17–18a, 19–20, 23–24

R. Dios mío, Dios mío, ¿por qué me has abandonado?

Al verme se burlan de mí, hacen visajes, menean la cabeza: "Acudió al Señor, que lo ponga a salvo; que lo libre si tanto lo quiere". **R.**

Me acorrala una jauría de mastines, me cerca una banda de malhechores: me taladran las manos y los pies, puedo contar mis huesos. **R.**

Se reparten mi ropa, echan a suerte mi túnica. Pero tú, Señor, no te quedes lejos; fuerza mía, ven corriendo a ayudarme. **R.**

Contaré tu fama a mis hermanos, en medio de la asamblea te alabaré. Fieles del Señor, alábenlo, linaje de Jacob, glorifíquenlo, témanle, linaje de Israel. **R.**

II LECTURA   Filipenses 2:6–11

Lectura de la carta del apóstol san Pablo a los filipenses

Cristo, siendo **Dios**,
    no consideró que debía **aferrarse**
    a las **prerrogativas** de su condición **divina**,
    sino que, por el **contrario**, **se anonadó** a sí mismo,
    tomando la condición de **siervo**,
    y se hizo **semejante** a los hombres.
Así, hecho uno de ellos, **se humilló** a sí mismo
    y por **obediencia** aceptó **incluso** la muerte,
    y una **muerte** de **cruz**.

Por eso Dios **lo exaltó** sobre **todas** las cosas
    y **le otorgó** el nombre que está sobre **todo** nombre,
    para que, **al nombre de Jesús**, **todos** doblen la rodilla
    en el **cielo**, en la **tierra** y en los **abismos**,
    y **todos** reconozcan **públicamente** que **Jesucristo** es el **Señor**,
    para **gloria** de **Dios Padre**.

La humildad de Dios, toma en el discípulo forma convirtiéndose en fe firme. Muestra lo que eres y lo que crees a tus oyentes.

La humillación de Cristo, no rebaja el sentido de lo humano, al contrario, lo reconoce en su dignidad. Transmite amor a la humanidad con tu tono y tu mirada.

Coloca el nombre de Jesús en su grandeza. Sé elocuente como Pablo.

Un personaje anónimo toma la palabra (v. 4), muy probablemente el siervo del cap. 49 que si bien no se presenta como profeta narra su vocación como de un profeta, para la palabra (cf. Jer 1:2, 7, 9), con sufrimientos a causa de la misión (Jer 1:8, 17; 10:17s), que expresa su confianza en el Señor (Jer 15:20s; 20:11–13).

Este siervo vive la escucha porque no dispone a su antojo de provisión de palabras. Además, se deja modelar la lengua y el oído por Dios, sin resistencia alguna (v. 5); no opone resistencia porque sea culpable sino porque confía en la inocencia proclamada por Yahvé.

Todo esto lo vemos cumplido en Jesús de Nazaret. En él se manifiesta la fidelidad de Dios. En él se revela con claridad nueva y definitiva, la misericordia de un Dios vivo que camina con su pueblo sufriente y con su siervo (Jesús) que ha asumido sin empacho y con toda entereza, el proyecto iniciado desde la creación y culminado con esta vida que se encamina a la pasión, como todos los siervos fieles que han encontrado en Jesús la fuerza para su testimonio y entrega.

II LECTURA Pablo en esta carta a los cristianos de Filipos incluye un himno cristológico que, seguramente, ya se cantaba en las primeras comunidades. Este himno habla del proceso pascual de Jesús, de su paso, de su tránsito. De su lucha y de su entrega humilde, fuerte y obediente hasta el final.

Pablo invoca el ejemplo de Cristo para animar y urgir a los filipenses a que se comporten de manera sencilla y servicial. Él sabe por experiencia propia que el servicio al estilo de Jesús es el único camino para

Una buena práctica y una oración profunda será de mucha ayuda para quienes comparten el ministerio de proclamar juntos este relato de la pasión.

Hay que sentir paso a paso el tejido y el peso del relato: personajes, tiempos, lugares, actitudes.

Una buena lectura en común, apoyará un buen sentido de comunidad y de trabajo en equipo. Hay que ser muy conscientes de ello.

La entrega del traidor y la actitud de Jesús es una oportunidad para adentrar en la conciencia de nuestra fragilidad como discípulos. Transmitamos con honestidad esta realidad.

EVANGELIO   Mateo 26:14—27:66

Pasión de nuestro Señor Jesucristo según san Mateo

En **aquel** tiempo, uno de los **Doce**, llamado **Judas Iscariote**,
    fue a ver a los **sumos sacerdotes** y les dijo:
"¿**Cuánto** me dan si les entregó a **Jesús?**"
Ellos quedaron en darle **treinta monedas de plata.**
Y desde ese momento **andaba buscando**
    una **oportunidad** para **entregárselo.**

El **primer día** de la **fiesta** de los panes **Ázimos,**
    los discípulos **se acercaron** a Jesús y le **preguntaron:**
"¿**Dónde** quieres que te preparemos la **cena de Pascua?**"
Él respondió:
"**Vayan** a la ciudad, a casa de Fulano, y **díganle:**
'El **Maestro** dice: Mi **hora** está ya **cerca.**
Voy a celebrar la **Pascua** con mis **discípulos** en tu **casa**'".
Ellos **hicieron** lo que Jesús les había **ordenado**
    y **prepararon** la cena de **Pascua.**

Al **atardecer,** se sentó a la mesa con los **Doce,**
    y mientras **cenaban,** les dijo:
"Yo les **aseguro** que uno de ustedes va a **entregarme**".
Ellos se pusieron **muy tristes**
    y comenzaron a preguntarle **uno por uno:**
"¿Acaso **soy yo,** Señor?"
Él respondió:
"El que **moja** su **pan** en el **mismo** plato que yo,
    ése va a entregarme.
Porque el **Hijo del Hombre** va a **morir,** como está **escrito** de él;
    pero ¡**ay de aquel** por quien el Hijo del hombre
        va a ser **entregado!**
¡**Más** le valiera a ese hombre **no haber nacido!**"

vivir la fe en el Resucitado que es al mismo tiempo, el siervo de la pasión.

Es muy probable que el himno quiera describir el camino recorrido por Cristo —en oposición al recorrido de la primera humanidad pecadora (Gen 3:5, 17–24)— a través de dos grandes formulaciones: Cristo que no duda en *despojarse de su grandeza* y vivir la realidad humana hasta sus últimas consecuencias para así salvar a los hombres (Flp 2:6–8); y Dios Padre que por ello le glorifica de forma incomparable constituyén-dole Señor del mundo (Flp 2:9–11). Este deberá ser el camino de todo cristiano.

Jesucristo ha tenido una comunión radical con los seres humanos; así se refleja con la afirmación: *se despojó de su grandeza, tomó la condición de esclavo y se hizo semejante a los hombres;* pero a la vez se subraya la posición excepcional y única de Jesús dentro del conjunto de los seres humanos, Jesús también es radicalmente distinto. ¿Qué nos enseña esta condición o modo de ser de Jesús? ¿Hacia dónde nos conduce seguir sus pasos? Tomemos esta Semana Santa y Pascua como una invitación nueva y radical para nuestra persona, y adentrarnos más en el misterio de Cristo de ahora en adelante y cada vez más. Hasta que podamos vivir con la convicción del apóstol Pablo: "¡Cristo vive en mí!"

EVANGELIO La humanidad de toda persona se ve tocada en lo más profundo por la pasión de Jesús. Sea

Con un brevísimo silencio anticipemos
las solemnes palabras de Jesús que anticipan
su entrega; la eucaristía de la Iglesia. Imprime
un tono de íntima profundidad.

Después de haber cantado el himno
entramos a una sección marcada de
conflicto y desafíos. Imprime un tono
dramático moderado.

Con un poco de entusiasmo y arrebato
pronuncia lo de Pedro. Esto contrasta
con la serenidad comprensiva de Jesús.

Entonces preguntó **Judas,** el que lo iba a entregar:
"¿Acaso **soy yo**, Maestro?"
Jesús le respondió: "**Tú lo has dicho**".

Durante la cena, Jesús **tomó un pan**, y pronunciada la **bendición**,
    lo **partió** y lo dio a sus **discípulos**, diciendo:
"**Tomen y coman**. Este es mi **Cuerpo**".
Luego tomó en sus manos una **copa de vino**,
    y pronunciada la **acción de gracias**,
    la **pasó** a sus discípulos, diciendo:
"**Beban** todos de ella, porque ésta es mi **Sangre**,
    Sangre de la **nueva alianza**,
    que será **derramada** por todos,
    para el **perdón** de los pecados.
Les digo que **ya no beberé** más del fruto de la vid,
    hasta el día en que beba con ustedes el **vino nuevo**
    en el **Reino** de mi Padre".

Después de haber cantado el **himno**,
    salieron hacia el **monte de los Olivos**.
Entonces **Jesús** les dijo:
"**Todos** ustedes se van a **escandalizar** de mí esta noche,
    porque está **escrito**:
Heriré al pastor y **se dispersarán** las ovejas del rebaño.
Pero **después** de que yo **resucite**, iré **delante** de ustedes a **Galilea**".
Entonces Pedro le replicó: "Aunque **todos** se escandalicen de ti,
    yo **nunca** me escandalizaré".
Jesús le dijo:
"**Yo te aseguro** que esta misma noche,
    antes de que el gallo cante, me habrás negado **tres veces**".
Pedro le replicó:
"Aunque tenga que **morir** contigo, **no te negaré**".
Y lo mismo dijeron **todos** los discípulos.

por la propia experiencia de la lucha y el esfuerzo por vivir más allá del sufrimiento. Sea por la sensibilidad que en todo ser humano existe y se reaviva ante el dolor de los demás. Sea también, por el impacto que la persona de Jesús sigue teniendo en toda la humanidad, especialmente en quienes le reconocen como un gran hombre que vivió justamente y murió injustamente, y en quienes, gracias a la fe, alcanzamos a ver en este hombre la revelación de Dios que nos salva y nos redime indicándonos el camino a seguir entregando la vida por la vida, y muriendo la muerte con sentido y esperanza más allá de la muerte misma. San Mateo desarrolla en este relato los detalles de lo que Jesús venía ya anunciando repetidamente a sus discípulos, como una revelación culmen del sentido de su vida y las

La oración de Jesús está llena de dolor, no de desesperación. Sabe a dónde va y también sabe la debilidad de los que le siguen. Los encuentra, los dirige, los despierta… sin coraje pero con realismo. Recuerda que para Mateo, Jesús es plenamente consciente y dueño de la situación.

Entonces Jesús fue con ellos a un lugar llamado **Getsemaní**,
  y dijo a los **discípulos**:
    "**Quédense** aquí mientras yo voy a orar **más allá**".
Se llevó consigo a **Pedro** y a los dos **hijos de Zebedeo**
  y comenzó a sentir **tristeza** y **angustia**. Entonces les dijo:
"Mi alma está llena de una **tristeza mortal**.
Quédense aquí y velen **conmigo**".
Avanzó unos pasos más,
  se postró rostro en tierra y **comenzó a orar**, diciendo:
"**Padre** mío, si es **posible**, que **pase** de mí este **cáliz**;
  pero que no se haga como **yo quiero**, sino como **quieres tú**".

Volvió entonces a donde estaban los **discípulos**
    y los encontró **dormidos**.
Dijo a **Pedro**:
"¿No han podido velar conmigo **ni una hora**?
Velen y oren, para no caer en la **tentación**,
  porque el **espíritu** está **pronto**, pero la **carne** es **débil**".
Y alejándose **de nuevo**, se puso a **orar**, diciendo:
"**Padre** mío, si este **cáliz** no puede pasar sin que yo lo **beba**,
  hágase tu voluntad".
Después **volvió** y **encontró** a sus discípulos **otra vez** dormidos,
  porque tenían los ojos **cargados** de sueño.
Los dejó y se fue a orar de nuevo por **tercera vez**,
  repitiendo las **mismas palabras**.
Después de esto, **volvió** a donde estaban los **discípulos** y les dijo:
"**Duerman** ya y **descansen**. He aquí que **llega la hora**
  y el **Hijo del hombre** va a ser **entregado** en manos
    de los **pecadores**.
¡**Levántense**! ¡**Vamos**! Ya está **aquí** el que me va a **entregar**".

Todavía estaba hablando **Jesús**, cuando llegó **Judas**,
  uno de los **Doce**,
    seguido de una chusma **numerosa** con **espadas** y **palos**,
      enviada por los **sumos sacerdotes** y los **ancianos** del pueblo.
El que lo iba a entregar les había dado **esta señal**:

Al grito de "¡Levántense!" entramos a otro cuadro: Jesús muestra la fuerza que tiene la verdad que el mismo vive. Hay drama, no miedo. Hay agitación violenta que se estrella en la serenidad de este hombre Jesús.

consecuencias también. Veamos, leamos y meditemos atentamente este relato que, a la luz del evangelio de Juan, en esta semana que estamos iniciando.

La redención no es una improvisación. En el evangelio de Mateo hay un esfuerzo por mostrar que en Jesús se cumplen todas las promesas del Antiguo Testamento. Y es que las profecías no son predicción sino promesa; la promesa a diferencia de la predicción compromete algo más que el saber anticipado; el que promete compromete su libertad. Más aún, la promesa supone continuidad y, sobre todo, fidelidad. La promesa establece un vínculo entre el que promete y quien recibe la promesa. Por lo tanto, la redención no es una improvisación, no depende de predicciones; es una promesa que tiene de respaldo la fidelidad absoluta de Dios.

"**Aquel** a quien yo le dé un **beso, ése** es. **Aprehéndanlo**".
Al **instante** se acercó a Jesús y le dijo:
"¡Buenas noches, **Maestro**!". Y lo **besó**.
Jesús le dijo: "Amigo, ¿es **esto** a lo que has venido?"
Entonces **se acercaron** a Jesús, **le echaron** mano y **lo apresaron**.

Uno de los que estaban con Jesús **sacó la espada**,
      hirió a un **criado** del sumo sacerdote y **le cortó** una **oreja**.
Le dijo entonces Jesús:
"**Vuelve** la espada a su lugar, pues **quien** usa la **espada**,
      a espada **morirá**.
¿No **crees** que si yo se lo **pidiera** a mi **Padre**,
      él pondría **ahora mismo** a mi disposición
      más de **doce legiones** de ángeles?
Pero, ¿**cómo** se cumplirían entonces las **Escrituras**,
      que dicen que **así** debe suceder?"
Enseguida dijo Jesús a aquella **chusma**:
"¿Han salido ustedes a **apresarme** como a un **bandido**,
      con **espadas** y **palos**?
Todos los días yo **enseñaba**, sentado en el **templo**,
      y no me **aprehendieron**.
Pero **todo esto** ha sucedido
      para que **se cumplieran** las predicciones de los **profetas**".
Entonces **todos los discípulos** lo **abandonaron** y **huyeron**.

Los que **aprehendieron** a Jesús
      lo **llevaron** a la **casa** del sumo sacerdote **Caifás**,
      donde los **escribas** y los **ancianos** estaban **reunidos**.
Pedro los fue siguiendo de **lejos**
      hasta el **palacio** del **sumo sacerdote**.
Entró y se **sentó** con los **criados** para ver en **qué paraba aquello**.

Los sumos sacerdotes y **todo el sanedrín**
      andaban buscando un **falso testimonio** contra Jesús,
      con ánimo de **darle muerte**; pero no lo **encontraron**,
      aunque se **presentaron** muchos **testigos falsos**.

La realización del juicio debe estar impregnada del sarcasmo de la falsedad y la injusticia. Todos deben confirmar lo que saben: es una treta en la que Jesús no cae doblegado.

La fidelidad de Dios que confía siempre en las posibilidades del ser humano. Mateo, en coherencia con lo anterior, presenta la traición de Judas en contraste con la fidelidad inamovible de Jesús que bien sabe de lo que anda haciendo en secreto (26:20–25).

El traidor tiene la oportunidad de "meter la mano en el plato" de Jesús (v. 23); este signo de fraternidad debería haber hecho que Judas cambiara de planes. Sin embargo, a una persona que traiciona de esa manera "más le valdría no haber nacido" (v. 24)

pues, desde la perspectiva del evangelio, quien no está dispuesto a comportarse como hermano más le valdría dejar de vivir; sin fraternidad, viviendo de traición, la vida carece de sentido. Ahora bien, el amor de

Al fin llegaron dos, que dijeron:
"**Éste** dijo: 'Puedo **derribar** el templo de Dios
  y reconstruirlo en **tres días'**".
Entonces el **sumo sacerdote** se levantó y le dijo:
"¿No respondes **nada** a lo que **éstos** atestiguan en **contra tuya?**"
Como Jesús **callaba**, el **sumo sacerdote** le dijo:
"Te **conjuro** por el Dios **vivo**
  que nos digas si **tú** eres el **Mesías**, el Hijo de Dios".
Jesús le respondió: "**Tú** lo has dicho.
Además, yo les **declaro**
  que **pronto** verán al **Hijo del hombre**,
    sentado a la derecha de Dios,
  venir sobre las nubes del cielo".

Entonces, el sumo sacerdote **rasgó** sus vestiduras y **exclamó**:
"¡Ha **blasfemado**! ¿Qué **necesidad** tenemos **ya** de **testigos**?
Ustedes mismos han oído la blasfemia. **¿Qué les parece?**"
Ellos respondieron: "Es reo de **muerte**".
Luego comenzaron a **escupirle** en la **cara** y a darle **bofetadas**.
Otros lo **golpeaban**, diciendo:
"Adivina **quién** es el que te ha **pegado**".

Entretanto, **Pedro** estaba **fuera**, sentado en el **patio**.
Una **criada** se le **acercó** y le **dijo**:
"**Tú también** estabas con **Jesús**, el galileo".
Pero él lo **negó** ante **todos**, diciendo:
"**No sé** de qué me estás hablando".
Ya se iba hacia el **zaguán**,
  cuando lo vio **otra criada** y dijo a los que estaban ahí:
"**También ése** andaba con **Jesús**, el nazareno".
Él de nuevo lo **negó** con **juramento**:
"**No conozco** a ese hombre".
Poco después se acercaron a **Pedro**
    los que estaban ahí y le dijeron:
"No cabe duda de que **tú también** eres de ellos,
  pues **hasta** tu **modo de hablar** te delata".

La triple negación de Pedro precisa de espacios entre una y otra. La asamblea debe percibir que, aunque seguidas, son parte de un proceso, de una mentalidad.

Jesús es mayor que la traición; es decir, la traición no detiene el amor fiel de Dios.

A pesar de la traición y la negación de algunos discípulos está la Eucaristía. Llama la atención que, a pesar de la traición de Judas y de la negación de Pedro (vv. 20–25, 30–35), se realice la Eucaristía (vv. 26–29). Más aún, es como si el evangelista quisiera señalar la finalidad de la última cena: la renovación de la alianza, "esta es mi sangre de la Alianza… para perdón de los pecados" (v. 28). La Eucaristía no sólo se da al margen de la traición porque prevalece la fidelidad de Dios sino con la finalidad de que la traición y la negación —elementos que rompen la Alianza— no se den más entre las personas.

En la hora decisiva y más difícil, la oración y la conciencia. Mateo insiste en varios

Entonces él comenzó a echar **maldiciones**
   y a jurar que **no conocía** a aquel hombre.
Y en aquel momento **cantó el gallo**.
Entonces **se acordó** Pedro de que **Jesús** había dicho:
"**Antes** de que **cante** el **gallo**, me habrás negado **tres veces**".
Y **saliendo** de ahí se soltó a llorar **amargamente**.

Llegada la **mañana**,
   todos los **sumos sacerdotes** y los **ancianos** del pueblo
   celebraron consejo **contra Jesús** para **darle muerte**.
Después de **atarlo**, lo llevaron ante el procurador, **Poncio Pilato**,
   y se lo **entregaron**.

Entonces **Judas**, el que lo había **entregado**,
   viendo que Jesús había sido **condenado a muerte**,
   devolvió **arrepentido** las **treinta monedas** de plata
   a los **sumos sacerdotes** y a los **ancianos**, diciendo:
"**Pequé**, entregando la sangre de un **inocente**".
Ellos dijeron:
   "¿Y a nosotros **qué** nos importa? Allá **tú**".
Entonces Judas **arrojó** las monedas de plata en el templo,
   se **fue** y se **ahorcó**.

Los **sumos sacerdotes** tomaron las **monedas de plata**, y dijeron:
"No es **lícito juntarlas** con el dinero de las **limosnas**,
   porque son **precio de sangre**".
Después de deliberar, **compraron** con ellas el **campo del alfarero**,
   para **sepultar** ahí a los **extranjeros**.
Por eso aquel campo se llama **hasta el día de hoy**
      "**Campo de sangre**".
Así **se cumplió** lo que dijo el profeta **Jeremías**:
*Tomaron las **treinta monedas** de plata en que fue **tasado**
   aquel a quien **pusieron precio** algunos hijos de **Israel**,
   y las dieron por el **campo del alfarero**,
   según lo que me ordenó el **Señor**.*

El escenario de Judas y los sumos sacerdotes es una oportunidad para recalcar que hay una mentalidad, más allá de las monedas, que se opone a todo lo de Jesús. No te enfrasques en la persona de Judas.

momentos en que Jesús conoce de antemano lo que va a suceder, no porque nos lo quiera mostrar "adivino" o "vidente" sino más bien para resaltar la conciencia de Jesús en estos momentos tan difíciles y nada románticos. San Mateo quiere asegurarse de que a todos nos quede claro que en Jesucristo tenemos el ejemplo de hasta dónde (toda la vida y hasta la muerte) y como (conscientes y sin renegar) debemos estar dispuestos a cumplir la voluntad de Dios. Esta fidelidad tiene su base en Dios mismo, más que en las propias fuerzas. Por eso la oración en Getsemaní nos da la pauta, el paradigma, de la fidelidad en la

El juicio ante Pilato podría ser en otro tono y con otro estilo diferente al juicio religioso. Aquel es más agresivo y este más vacilador y convenenciero, al estilo de los políticos.

Haz que quede de manifiesto el juego político de Pilato que no quiere quedar mal con nadie y, por cuidar su imagen, se queda en la complicidad dejando al inocente en manos de la muerte.

Jesús compareció ante el procurador, **Poncio Pilato**,
    quien le preguntó:
"¿Eres **tú** el rey de los **judíos**?"
Jesús respondió: "**Tú** lo has dicho".
Pero **nada** respondió a las **acusaciones** que le hacían
    los **sumos sacerdotes** y los **ancianos**.
Entonces le dijo **Pilato**:
"¿No oyes **todo** lo que dicen **contra ti**?"
Pero él **nada** respondió,
    hasta el punto de que el **procurador** se quedó **muy extrañado**.
Con ocasión de la fiesta de la **Pascua**,
    el procurador solía **conceder** a la multitud
    la **libertad** del preso que **quisieran**.
Tenían entonces un **preso famoso**, llamado **Barrabás**.
Dijo, pues, Pilato a los **ahí reunidos**:
"¿A **quién** quieren que le deje en **libertad**:
    a **Barrabás** o a **Jesús**, que se dice el **Mesías**?"
Pilato sabía que se lo habían entregado **por envidia**.

Estando él sentado en el tribunal, **su mujer** mandó decirle:
"**No te metas** con ese hombre justo,
    porque **hoy** he sufrido mucho en sueños **por su causa**".

Mientras tanto, los **sumos sacerdotes** y los **ancianos**
    convencieron a la **muchedumbre**
    de que pidieran la **libertad** de Barrabás y la **muerte** de **Jesús**.
Así, cuando el procurador les **preguntó:**
"¿A **cuál** de los dos quieren que les **suelte**?"
Ellos respondieron: "A **Barrabás**".
Pilato les dijo:
"¿Y qué voy a hacer con **Jesús**, que se dice el **Mesías**?"
Respondieron todos: "**Crucifícalo**".
Pilato preguntó: Pero, ¿qué **mal** ha hecho?"
Mas ellos seguían **gritando cada vez** con más fuerza:
    "**¡Crucifícalo!**"

que Jesús se mantiene atento y despierto y los discípulos no, especialmente Pedro que explícitamente ha presentado a Jesús su deseo de serle fiel, confiando en sus propias palabras solamente.

Dos procesos en uno para un hombre justo y abandonado por todos menos por Dios y por sí mismo. Mateo presenta paso a paso cómo se va poniendo en marcha el plan de los jefes del pueblo (26:4). En esta lista de escenas y acontecimientos que va desde el arresto hasta la decisión final de acabar con su vida mediante la crucifixión, el evangelista va poniendo frente a nosotros la injusticia de todo este plan y de este juicio.

Entonces **Pilato**,
    viendo que **nada** conseguía y que **crecía** el **tumulto**
    pidió agua y **se lavó las manos** ante el pueblo, diciendo:
"Yo no me hago **responsable** de la **muerte** de este hombre **justo**.
Allá ustedes".
Todo el pueblo respondió:
"¡Que su **sangre caiga** sobre **nosotros** y sobre **nuestros hijos**!"
Entonces Pilato **puso en libertad** a Barrabás.
En cambio a Jesús lo hizo **azotar** y lo **entregó**
    para que lo **crucificaran**.

Los **soldados** del procurador **llevaron** a Jesús al **pretorio**
    y **reunieron** alrededor de él a **todo el batallón**.
Lo **desnudaron** y le echaron encima un **manto de púrpura**,
    trenzaron una **corona de espinas** y se la pusieron **en la cabeza**;
    le pusieron una **caña** en su mano derecha,
    y **arrodillándose** ante él, **se burlaban** diciendo:
"¡Viva el **rey** de los **judíos**!",
y le **escupían**.
Luego, **quitándole** la caña, **golpeaban** con ella en la **cabeza**.
Después de que **se burlaron** de él, le **quitaron** el manto,
    le **pusieron sus ropas** y lo llevaron a **crucificar**.

Al salir, encontraron a un hombre de **Cirene**, llamado **Simón**,
    y **lo obligaron** a llevar la **cruz**.
Al llegar a un lugar llamado **Gólgota**,
    es decir, "**Lugar de la Calavera**",
    le dieron a **beber** a Jesús **vino** mezclado con **hiel**;
    él lo **probó**, pero **no lo quiso beber**.
Los que lo crucificaron **se repartieron** sus vestidos,
    echando suertes,
    y se quedaron sentados **para custodiarlo**.
Sobre su cabeza pusieron **por escrito** la **causa de su condena**:
'**Éste** es Jesús, el **rey** de los **judíos**'.
Juntamente con él, crucificaron a **dos ladrones**,
    uno a su **derecha** y el **otro** a su **izquierda**.

Sin ambages, deja que se vea el sufrimiento de Jesús y la burla de la inconciencia de quienes para lo único que viven es para obedecer órdenes.

Haz notar el cambio de escenario al pasar a la crucifixión. Las acciones de los otros (soldados, transeúntes y sumos sacerdotes) son tu recurso para intensificar la agonía de Jesús.

La muchedumbre enardecida y manipulada también tiene un papel y una responsabilidad en todo esto, pero es poca comparada con la falsa legalidad y el juego político de Pilatos que solo se lava las manos escurriéndose en medio de este asunto y aprovechando, como buen político, la situación para mantener su imagen y las cosas como estaban. La maquinación y astucia de quienes realmente están al fondo de este proceso injusto, queda puesta en claro y sobre la mesa. Los jefes religiosos son destapados por Mateo en sus intensiones, su argucia, su manipulación, sus razones "religiosas" y, de plano su desfachatez. Los interrogatorios son un proceso doloroso, pero también son actuaciones para llegar a donde ya se tenía planeado: la ejecución de este hombre justo

Los que pasaban por ahí,
   lo insultaban moviendo la cabeza y **gritándole**:
"**Tú**, que destruyes el templo y en tres días **lo reedificas**,
   sálvate a ti mismo; si eres el Hijo de Dios, **baja** de la cruz".
También se burlaban de él los **sumos sacerdotes**,
   los **escribas** y los **ancianos**, diciendo:
"Ha salvado a otros y no puede salvarse **a sí mismo**.
Si es el rey de Israel, que **baje** de la cruz y **creeremos** en él.
Ha puesto su **confianza** en **Dios**,
   que Dios lo salve **ahora** si es que **de verdad** lo ama,
      pues él ha dicho: '**Soy el Hijo de Dios**'".
Hasta los ladrones que estaban crucificados a su lado
   lo injuriaban.

La mención del cambio de tiempo es un signo muy fuerte para captar con atención la última exclamación de Jesús.

Desde el **mediodía** hasta las **tres de la tarde**,
   se oscureció **toda** aquella tierra.
Y alrededor de las **tres**, Jesús exclamó **con fuerte voz**:
"**Elí, Elí, ¿lemá sabactaní?**",
   que quiere decir: "**Dios mío, Dios mío**,
      ¿por qué me has **abandonado?**"
Algunos de los presentes, al oírlo, decían: "Está llamando a **Elías**".

Enseguida uno de ellos fue corriendo a tomar una **esponja**,
   la **empapó** en vinagre y sujetándola a una caña,
      le **ofreció de beber**.
Pero **otros** le dijeron:
"**Déjalo. Veamos** a ver si viene Elías a **salvarlo**".
Entonces Jesús, dando de nuevo un **fuerte** grito, **expiró**.

[Aquí todos se arrodillan y guardan silencio por unos instantes.]

Al momento del silencio déjate abrazar por la obra de Cristo en tu vida, tus tareas y tus luchas. Los cristianos tenemos el destino de Jesús.

y bueno pero peligroso. En ningún momento vemos a Jesús que doble las piernas, que flaquee o dude.

La fidelidad llega hasta la muerte y la cruz. La crucifixión que nos describe el evangelista hace muchas alusiones al Anti-guo Testamento, resaltando la comprobación de que todo lo que sucede tiene lugar y sentido en el plan salvífico de Dios. Si vemos con atención, a diferencia de la pasión narrada en san Juan donde, desde la cruz, Jesús todavía esta dando misión con su madre y el discípulo amado, aquí no. Aquí, en Mateo, Jesús entra en un profundo silencio que es desafiado y desafiante. Desafiado por la soledad y el abandono y hasta

Entonces el **velo** del templo **se rasgó** en dos partes,
de **arriba a abajo,**
la **tierra tembló** y las **rocas se partieron.**
Se abrieron los **sepulcros**
y resucitaron **muchos justos** que habían **muerto,**
y **después** de la resurrección de **Jesús,**
entraron en la ciudad santa y se aparecieron a **mucha gente.**
Por su parte, el **oficial** y los que estaban con él
custodiando a Jesús,
al ver el **terremoto** y las cosas que ocurrían,
se llenaron de un **gran temor** y dijeron:
"Verdaderamente **éste** era Hijo de Dios".

Estaban **también** allí,
mirando desde lejos, **muchas de las mujeres**
que habían **seguido** a Jesús desde Galilea **para servirlo.**
Entre ellas estaban **María Magdalena,**
María, la madre de **Santiago** y de **José,**
y la madre de los **hijos de Zebedeo.**

Al atardecer, vino un **hombre rico** de **Arimatea,** llamado **José,**
que se había hecho **también** discípulo de Jesús.
Se presentó a **Pilato** y le pidió el **cuerpo de Jesús,**
y Pilato **dio orden** de que se lo **entregaran.**
José **tomó** el cuerpo, **lo envolvió** en una sábana limpia
y **lo depositó** en un sepulcro **nuevo,**
que había hecho excavar en la roca para **sí mismo.**
Hizo rodar una **gran piedra** hasta la entrada del sepulcro
y **se retiró.**
Estaban ahí **María Magdalena** y la **otra María,**
sentadas frente al **sepulcro.**

Ayuda a que sobresalga la confesión de fe del oficial y los que estaban con él: en Mateo este asunto es importante.

Destaca la presencia de las mujeres que siempre estuvieron cerca de Jesús. Las discípulas de hoy merecen estar en sintonía con ellas.

por los mismos transeúntes que, al pasar, echan habladas repitiendo la actitud de sus acusadores. Desafiante porque Jesús, al quedar en el silencio inmenso de la muerte, nos lleva a todos, y Mateo nos pone los datos enfrente, a contemplar su misterio en silencio profundo, como cuando repasamos la vida en todo detalle de quien desde su muerte nos manda la intensa luz de su recuerdo vivo. Pero sabiendo que esta muerto y que no lo veremos más, nosotros mismos entramos en la soledad y el silencio contemplativo…

El último intento de callar a Jesús apoderándose hasta de su muerte (tumba) es una forma de cerrar el relato dejándolo abierto al mismo tiempo.

Al **otro día**, el siguiente de la **preparación** de la **Pascua**,
   los **sumos sacerdotes** y los **fariseos**
      se reunieron **ante Pilato** y le dijeron:
"**Señor**, nos hemos **acordado** de que ese **impostor**,
      estando **aún en vida**, dijo:
      'A los tres días **resucitaré**'.
Manda, pues, **asegurar** el sepulcro hasta el **tercer día**;
   no sea que vengan sus discípulos, **lo roben** y digan al pueblo:
   '**Resucitó** de entre los muertos',
   porque esta **última impostura** sería **peor** que la **primera**".
Pilato les dijo: "**Tomen** un pelotón de **soldados**,
   seguren el sepulcro como **ustedes quieran**".
Ellos fueron y **aseguraron** el sepulcro,
   poniendo un **sello** sobre la puerta y dejaron **ahí** la guardia.

Forma breve: Mateo 27:11–54

JUEVES SANTO

I LECTURA   Éxodo 12:1–8, 11–14

Lectura del libro del Éxodo

En **aquellos** días, el Señor les dijo a **Moisés** y a **Aarón**
en tierra de **Egipto**:
"**Este mes** será para ustedes el **primero** de **todos** los meses
y el **principio** del año.
Díganle a **toda** la comunidad de Israel:
'El día **diez** de este mes, tomará cada uno un cordero por **familia**, uno por **casa**.
Si la familia es **demasiado pequeña** para comérselo,
que se junte **con los vecinos**
y elija un cordero adecuado **al número** de personas
y a la cantidad que **cada cual** pueda comer.
Será un animal **sin defecto**, macho, de un año, cordero o cabrito.

Lo guardarán hasta el día **catorce** del mes,
cuando **toda la comunidad** de los hijos de Israel
lo inmolará **al atardecer**.
Tomarán la sangre y rociarán **las dos jambas**
y el **dintel de la puerta** de la casa
donde vayan a comer el **cordero**.
Esa noche comerán la **carne, asada** a fuego;
comerán **panes sin levadura** y **hierbas amargas**.
Comerán **así:**
con la **cintura ceñida**, las **sandalias** en los **pies**,
un **bastón** en la **mano** y a **toda prisa**,
porque es la **Pascua**, es decir, el **paso del Señor**.

Como quien lee un decreto o mandato, proclama con fuerza y a detalle esta orientación. Los oyentes harán de visualizar, como el pueblo, lo que hay que hacer.

Deberás ir variando la entonación para distinguir los pasos o componentes precisos de la celebración (el día y el mes, el cordero, etc.) y las recomendaciones secundarias para adaptar la celebración.

Resalta la importancia de la cintura ceñida y las sandalias puestas. No sólo es clave para el pueblo y el mensaje del texto. Llegará al corazón de todo cristiano que quiere caminar, avanzar y crecer.

El Triduo Pascual va desde esta tarde hasta la mañana del domingo. Tres días santos son el culmen de la Cuaresma y de esta Semana: corazón de la vida cristiana. Su puerta es la Eucaristía, la cena de despedida de Jesús con sus amigos en donde revela nuevamente su proyecto del reino y los deseos de Dios para la humanidad. Nuestra eucaristía encuentra origen, fuerza y sentido en esa última cena, en el anuncio de la pasión y en la pasión misma de Jesucristo, así como en su resurrección.

Con la Eucaristía viene el sacramento del Orden. El sacerdocio, en cualquiera de sus grados (episcopal, presbiteral y diaconal) bebe su ser y su misión no sólo de la eucaristía, sino del evangelio de Jesús muerto y resucitado. Todo cristiano (ordenado y no ordenado) anda el mismo misterio pascual de Jesús. Vida-Misa-Vida. Nuestras misas están llenas del sabor que tiene nuestra vida, llena de pasos y presencias.

Estos tres días que iniciamos están plenos de símbolos, gestos y significados. Hay que adueñarnos de ellos.

I LECTURA La fiesta del libro del Éxodo tiene varios enfoques a considerar. El primero va en relación con la vida del pueblo. La fiesta de pascua era celebrada por los pastores nómadas al inicio de la primavera. Una reunión de amigos y familia en la que comían y celebraban fortaleciendo los lazos entre ellos, aumentando la confianza y realizando ritos para ser librados de los peligros en los caminos de su labor como pastores. Es una fiesta de la vida y por la vida. Se concreta en dos ritos (pascua y panes ácimos) que tienen que ver precisamente con el nuevo camino y el nuevo alimento para continuar.

La presencia del Señor que salva y protege deberá resonar en la asamblea. Es la prueba de la vida, es la confirmación de que la celebración tiene valor y sentido. Peina a la comunidad con tu mirada mientras anuncias esto.

Yo pasaré esa noche por la tierra de **Egipto**
　　y **heriré** a **todos los primogénitos** del país de Egipto,
　　desde los hombres **hasta** los ganados.
Castigaré a **todos los dioses** de Egipto, **yo**, el Señor.
La **sangre** les servirá de **señal** en las casas donde **habitan ustedes**.
Cuando yo vea la sangre, **pasaré de largo**
　　y **no habrá** entre ustedes **plaga exterminadora**,
　　cuando **hiera yo** la tierra de **Egipto**.

Ese día será para ustedes un **memorial**
　　y lo celebrarán como **fiesta** en **honor del Señor**.
De generación en generación **celebrarán** esta festividad,
　　como **institución perpetua'''**.

Concluye como iniciaste. Convencido de que estás proclamando un mandato que por ningún motivo puede evitarse ni olvidarse.

Para meditar

SALMO RESPONSORIAL　Salmo 115:12–13, 15–16, 17–18

R. El cáliz que bendecimos es la comunión de la sangre de Cristo.

¿Cómo pagaré al Señor todo el bien que me ha hecho? Alzaré la copa de la salvación, invocando su nombre. R.

Mucho le cuesta al Señor la muerte de sus fieles. Señor, yo soy tu siervo, hijo de tu esclava; rompiste mis cadenas. R.

Te ofreceré un sacrificio de alabanza, invocando tu nombre, Señor. Cumpliré al Señor mis votos, en presencia de todo el pueblo. R.

II LECTURA　　1 Corintios 11:23–26

Lectura de la primera carta del apóstol san Pablo a los corintios

Hermanos:
Yo **recibí** del Señor **lo mismo** que les he **trasmitido**:
　　que el **Señor Jesús**, la noche en que iba a ser **entregado**,
　　tomó pan en sus manos,
　　y pronunciando la **acción de gracias**, lo **partió** y **dijo**:
"Esto es mi **cuerpo**, que se entrega por **ustedes**.
Hagan **esto** en **memoria mía**".

Busca con toda intención no asemejarte al sacerdote en la misa, cuando proclamas esta lectura. Imprímele el sabor y la entonación de un hermano que conoce las fragilidades de su comunidad y quiere que tengan presente la obra de Cristo.

Al proclamar el mensaje de Pablo ubícate, tú mismo, en la tradición de la Iglesia: un hilo de vida eucarística desde Jesús hasta el mismo día de hoy.

En segundo lugar, hay que notar la destreza para transformar estas celebraciones antiguas en la base del nuevo acontecimiento de salvación. Pongamos atención, en tercer lugar, a los detalles que ofrece el texto. Se nota que el autor sagrado tiene experiencia en este tipo de sucesos y celebraciones. En realidad, como ocurre en la biblia, primero se vive la experiencia y después se pone por escrito. Este escrito aunque suena que está "mandando" cómo hacer las cosas, más bien "describe" en detalle cómo se hacían las celebraciones de la pascua en el pueblo de Dios. Podemos identificar muchos elementos aquí. Por ejemplo, quién celebra, dónde y cómo, con quién y para qué.

El pueblo de Israel celebraba su experiencia de Dios que los liberó de la esclavitud de Egipto. Este pueblo, como todos los pueblos y culturas, atesora acontecimientos y fiestas que dan sentido a la vida y a la comunidad. Hay que descubrirlos y valorarlos para descubrirnos caminando al ritmo de nuestra comunidad y su fe. Sólo desde ahí podremos asumir nuestra historia, nuestra conciencia y un futuro nuevo cargado de sentido y esperanza. Jesús, por su parte, vivió al máximo esta conciencia histórica y desde ahí, desde adentro, abrió un nuevo horizonte, el de Dios. En la pascua Judía, Jesús inserta el sentido de la Nueva pascua del reino. ¿Dónde estamos nosotros en este proceso histórico de salvación?

II LECTURA A primera vista, esta lectura parece muy suave y como si Pablo escribiera sin sentimiento alguno su experiencia y convicción de la eucaristía: la institución dada por Jesús. Ese mismo sabor pueden tomar estas palabras cuando participamos de la misa dominical. Pero tanto lo que hace Jesús como la celebración cristiana

Lo **mismo** hizo con el cáliz **después** de cenar, diciendo:
"Este **cáliz** es la **nueva alianza** que se sella con mi **sangre**.
Hagan **esto** en **memoria mía** siempre que **beban** de él".

Por eso,
cada vez que ustedes comen de **este pan** y beben de **este cáliz**,
proclaman la muerte del Señor, **hasta que vuelva**.

EVANGELIO   Juan 13:1–15

Lectura del santo Evangelio según san Juan

Antes de la fiesta de la **Pascua**,
sabiendo Jesús que había **llegado** la hora
de pasar de este mundo al **Padre**
y habiendo amado a los **suyos**, que estaban en el **mundo**,
los amó **hasta el extremo**.

En el transcurso de la **cena**,
cuando ya el **diablo** había puesto en el corazón
de **Judas Iscariote**, hijo de **Simón**,
la idea de **entregarlo**,
Jesús, **consciente** de que el Padre había puesto en sus manos
todas las cosas
y **sabiendo** que había **salido** de Dios y a Dios **volvía**,
se levantó de la mesa, **se quitó** el manto
y tomando una **toalla**, se la **ciñó**;
luego **echó agua** en una **jofaina**
y se puso a **lavarles los pies** a los **discípulos**
y a **secárselos** con la **toalla** que se había **ceñido**.

Cuando llegó a **Simón Pedro**, éste le dijo:
"**Señor**, ¿me vas a lavar tú **a mí** los pies?"
Jesús le replicó:
"Lo que estoy haciendo tú no lo entiendes **ahora**,
pero lo comprenderás **más tarde**".

Concluye con toda la certeza del mundo, nuestra relación con Cristo y la responsabilidad con los hermanos. Alguien habrá de captar el mensaje de esta lectura por tu postura y entonación.

Proclamar el evangelio es un don que hay que apreciar con renovada sinceridad. Especialmente este que toca el corazón de la vida cristiana. Toca el corazón de los presentes en tu comunidad pintando con tu voz esta imagen de Jesús Maestro y Siervo.

Presenta a Jesús como quien está siendo testigo ocular de los hechos en el mismo momento en que estas narrando. La comunidad debe ver la decisión del verdadero maestro entrando en escena.

El diálogo de Pedro y Jesús refleja la tensión de dos mentalidades que no están en la misma frecuencia. Resalta la duda y docilidad de Pedro pero sobre todo la consistencia y claridad de Jesús.

tienen que ver con la entrega de la vida. Fijémonos cómo concluye Pablo: "Cada vez que…" Conclusión que parece suave y fácil, pero… ¡No lo es! Los cristianos de Corinto ponían la fe en Cristo por un lado y la vida con los hermanos por otro. No tenían problema en celebrar la eucaristía a la vez que ¡atizaban la segregación, separación y discordia entre los miembros de la comunidad! A nadie parece justo que se prepare una fiesta y se excluya de la mesa a los invitados principales; ni es razonable ser invitado a una comida y, en lugar de un sitio a la mesa, recibir un plato y ser enviado a comer

aparte o fuera del lugar común. Algo semejante reclama san Pablo. Con la cordialidad de un hermano y la certeza de ser apóstol, comparte y recuerda las palabras que concentran el mensaje central de la obra de Cristo y de la vida de la comunidad cristiana, cuando ella decide ser auténtica y coherente.

EVANGELIO Este texto de san Juan pertenece a una sección de relatos que condensa la pasión y la resurrección de Jesús. Libro de la pasión y la gloria, le catalogan. Y en mucho hace sentido. Este evangelio recoge las tradiciones de

comunidades en busca de los demás evangelios y de sus propias comunidades; esto ayuda a ir más profunda y ampliamente al misterio de Cristo, su obra y su sentido. En la cruz y resurrección se está confirmando lo anunciado desde el principio en el prólogo: que Jesús es el Verbo de Dios.

En este relato de despedida de Jesús se está anticipando su pasión y muerte al subir a Jerusalén. San Juan nos lleva de la mano para que veamos con claridad y entendamos de verdad el signo (servicio) de Jesús para quienes opten por vivir una vida con sentido verdadero en su testimonio y ministerio. Estamos ante el testamento de

Pedro le dijo: "Tú **no** me lavarás los pies **jamás**".
Jesús le contestó: "Si no te lavo, **no tendrás parte** conmigo".
Entonces le dijo Simón Pedro:
"En **ese caso**, Señor, **no sólo** los pies,
    sino **también** las **manos** y la **cabeza**".
Jesús le dijo:
"El que se ha **bañado** no **necesita** lavarse más que los **pies**,
    porque **todo él** está limpio.
Y **ustedes** están **limpios**, aunque no **todos**".
Como **sabía** quién lo iba a entregar, **por eso** dijo:
'**No todos** están **limpios**'.

Cuando **acabó** de lavarles los **pies**,
    se puso **otra vez** el manto, **volvió** a la mesa y les **dijo**:
"**¿Comprenden** lo que acabo de hacer con **ustedes**?
Ustedes me llaman **Maestro** y **Señor**, y dicen bien, porque **lo soy**.
Pues si **yo**, que soy el **Maestro** y el Señor, **les he lavado los pies**,
    también ustedes deben lavarse los pies **los unos a los otros**.
Les he dado **ejemplo**,
    para que lo que yo he hecho **con ustedes**,
    también ustedes lo **hagan**".

La fase final del evangelio está dedicada y decidida a desatar todo el significado de esta acción de Jesús. Haz una pausa al realizarse el cambio y conduce con habilidad a la comunidad a este nuevo escenario: Jesús está ahora en la mesa y lanza la pregunta que es invitación al mismo tiempo.

Jesús para la espiritualidad del auténtico discípulo. En el centro del tiempo sagrado de los judíos (la Pascua), Jesús se dispone a vivir y dar la enseñanza última a sus discípulos compartiendo la mesa y el sentido de su vida. Ahora mismo y en medio de una realidad llena de anhelos, dudas y hasta traiciones, es la realidad de los discípulos, aquí mismo es donde Jesús se despoja de cualquier sobre entendido o malentendido que sus mismos discípulos le hayan añadido a su persona y su misión. Jesús está seguro de que esta acción de ceñirse la toalla y lavar los pies al discípulo por parte del maestro será contundente para que se entienda de qué estamos hablando cuando hablamos de Jesús, de evangelio, de iglesia ministerial y de liderazgo de servicio. No es únicamente una crítica a la forma como se organizaba la vida social y religiosa de ese tiempo en cuanto que los amos, los dueños de la casa, los jefes de familia o responsables religiosos nunca de los nuncas se pondrían a lavar los pies del invitado, para eso tenían servidumbre y esclavos. Jesús pone una vez más en jaque el modelo de sociedad y el esquema cultural de maestros que no sirven, de esclavos que no piensan y de estos discípulos que muy posiblemente aún no entendían el modelo de comunidad al que Jesús está invitando. Nadie debe dominar a nadie, nadie debe dejarse dominar por nadie. El más grande demuestra el valor de su grandeza en el servicio. En este gesto de Jesús, en este texto de Juan y en este Jueves Santo tenemos una luz intensa para ser una comunidad eucarística que vive y celebra a Jesús y su modelo de servicio en todas las eucaristías y en todas las personas de nuestra comunidad. Que nuestro liderazgo sea el campeón de la humildad y el servicio sin exhibicionismos ni actuaciones de cada Jueves Santo, sino de todos los santos días del año.

VIERNES SANTO

I LECTURA   Isaías 52:13—53:12

Lectura del libro del profeta Isaías

He aquí que mi siervo **prosperará**,
    será **engrandecido** y **exaltado**,
    será puesto en **alto**.
Muchos se horrorizaron al verlo,
    porque estaba **desfigurado** su semblante,
    que no tenía ya aspecto de **hombre**;
    pero **muchos** pueblos se llenaron de **asombro**.
Ante **él** los **reyes** cerrarán la **boca**,
    porque **verán** lo que **nunca** se les había contado
    y **comprenderán** lo que **nunca** se habían imaginado.

¿Quién habrá de **creer** lo que hemos anunciado?
¿A quién se le revelará el **poder** del Señor?
Creció en su **presencia** como planta **débil**,
    como una **raíz** en el **desierto**.
No tenía **gracia** ni **belleza**.
No vimos en él **ningún** aspecto atrayente;
    despreciado y **rechazado** por los hombres,
    varón de **dolores**, habituado al **sufrimiento**;
    como uno del cual **se aparta** la mirada,
    despreciado y **desestimado**.

Él soportó nuestros **sufrimientos**
    y aguantó nuestros **dolores**;
    nosotros lo tuvimos por **leproso**,

Abre la proclamación de esta poderosa lectura con solemnidad. Es Dios mismo quien está hablando y presentando a su siervo y protegido. Deberá notarse con claridad esta presentación así como la conclusión.

Las pregunta sobre ¿quién habrá de creer lo que hemos anunciado? Es el inicio de un nuevo narrador. No es Dios quien está hablando sino la figura del siervo en plural. Piensa en la comunidad formada por todos los que sufren injusticias. Haz sentir un tono colectivo y realista de las desgracias.

Ve describiendo los sufrimientos poco a poco, como quien está viendo el cuerpo doliente del siervo. Una a una van tomando vida las injusticias en tu lectura y en tus palabras, una a una van haciendo eco en la vida del pueblo que escucha con fe y atención.

No hay Viernes Santo sin Domingo de Resurrección. Tampoco hay resurrección sin muerte y transformación. De hecho, celebrando el Triduo Pascual, la Iglesia se está insertando en las raíces de su propio ser. Sus más preciados escritos dan testimonio de la vida, muerte y resurrección de Jesús. ¿Qué aprendemos? Que lo principal es la coherencia de vida atemperada con la vida de Jesús. No una identidad desfigurada, como desfigurada es la fe de quien nunca sale del Viernes Santo y no ve en su vida más que sufrimiento. Dolorismo puro. Desfigurada también es la fe de quienes sólo viven en la gloria de la resurrección, y embriagados del triunfalismo no ven dolor ni penas a su alrededor, menos en sí mismos. Celebramos el misterio de Cristo y de la vida cristiana.

I LECTURA Los cánticos del siervo sufriente de Isaías fueron muy apreciados por las comunidades donde se hicieron los evangelios. En el de hoy, el profeta narra la pasión, muerte y exaltación del siervo. Para el profeta, el siervo es el pueblo y su desgracia que no quedará desamparada de la mano de Dios. Una sana teología y reflexión de fe ahora podrá identificar el sufrimiento injusto de la persona, pueblo o comunidad con el de Cristo y viceversa.

Los primeros versos (13–15) ofrecen un marco de entrada, un anuncio introductorio. El siervo asombrará a todos pues su éxito está garantizado por Dios. Nada de lo que

herido por Dios y **humillado**,
traspasado por **nuestras** rebeliones,
        triturado por **nuestros** crímenes.
Él soportó el **castigo** que nos trae la **paz**.
Por sus **llagas** hemos sido **curados**.

Todos andábamos **errantes** como ovejas,
    cada uno siguiendo su camino,
    y el **Señor** cargó sobre él **todos** nuestros crímenes.
Cuando lo **maltrataban**, se **humillaba** y **no** abría la **boca**,
    como un **cordero** llevado a degollar;
    como **oveja** ante el esquilador,
    enmudecía y **no** abría la **boca**.

Inicuamente y **contra toda justicia** se lo llevaron.
¿**Quién** se preocupó de su **suerte**?
Lo **arrancaron** de la tierra de los **vivos**,
    lo hirieron de **muerte** por los **pecados** de mi **pueblo**,
    le dieron **sepultura** con los **malhechores** a la hora de su **muerte**,
    aunque **no** había cometido **crímenes**, ni hubo **engaño**
        en su **boca**.

El **Señor** quiso triturarlo con el **sufrimiento**.
Cuando entregue **su vida** como expiación,
    verá a sus **descendientes**, prolongará sus **años**
    y por medio de **él** prosperarán los **designios** del Señor.
Por las **fatigas** de su **alma**, verá la **luz** y se **saciará**;
    con sus **sufrimientos** justificará mi siervo a **muchos**,
        cargando con los **crímenes** de ellos.

Por eso le daré una parte entre los **grandes**,
    y con los **fuertes** repartirá **despojos**,
    ya que **indefenso** se entregó a la **muerte**
    y fue contado entre los **malhechores**,
    cuando tomó sobre sí las **culpas de todos**
    e **intercedió** por los **pecadores**.

Contempla a la comunidad mientras narras. Transmite una noticia, no un reclamo. Este pueblo presente, siendo muchas veces siervo doliente con Jesús, ha cargado con culpas y miedos impuestos. Dale confianza de parte de Dios y de Jesús.

En la conclusión ("por eso le daré…") entra otra vez Dios como narrador en primera persona, cambia el tono de la narración descriptiva a la declaración solemne y definitiva.

---

parece derrota plena ganará, ninguna desgracia aunque desfigure al siervo, ha de acabar con él. La mano de Dios no abandona a su siervo. La conclusión (53:11–12) hace eco a la introducción. En la introducción y en la conclusión, es Dios mismo quien demuestra que nada de lo que sucede a su siervo le es ajeno.

La parte central del texto tiene por tema la suerte del siervo, entretejida por una densa lista de injusticias y desprecios, de vejaciones y burlas.

La imagen del siervo de Dios nos limpia los ojos hoy para mirar las consecuencias de la propuesta de Jesús. Su muerte no fue un drama superficial, sino un asesinato injusto por parte de quienes reconocían en su persona y su propuesta una amenaza al sistema de vida. La imagen del siervo y la muerte de Jesús nos ponen frente a la cobardía de una fe que muchas veces es cómplice de las injusticias. Muchos de nosotros en la Iglesia y sus estructuras deberíamos situarnos con sinceridad frente a los criterios del evangelio y de la muerte de Jesús. Esto sería signo de sincero arrepentimiento y voluntad para poder ser solidarios con un pueblo sufriente. Por cierto, más de media humanidad, es el nuevo siervo sufriente.

II LECTURA La Carta a los Hebreos tiene un sabor exhortativo, como de homilía. Tradicionalmente ha servido para estudiar el sacerdocio de Cristo y fundamentar el sacerdocio católico. Mucho hay de esto, pero conviene anotar tres coordenadas para ubicar su mensaje. Primera, Jesús no perteneció a la tribu de Leví, no

Para meditar

SALMO RESPONSORIAL   Salmo 30:2 y 6, 12–13, 15–16, 17 y 25

R. Padre, en tus manos encomiendo mi espíritu.

A ti, Señor, me acojo: no quede yo nunca defraudado; tú que eres justo, ponme a salvo. En tus manos encomiendo mi espíritu: tú, el Dios leal, me librarás. R.

Soy la burla de todos mis enemigos, la irrisión de mis vecinos, el espanto de mis conocidos; me ven por la calle y escapan de mí. Me han olvidado como a un muerto, me han desechado como a un cacharro inútil. R.

Pero yo confío en ti, Señor, te digo: "Tú eres mi Dios". En tu mano están mis azares; líbrame de los enemigos que me persiguen. R.

Haz brillar tu rostro sobre tu siervo, sálvame por tu misericordia. Sean fuertes y valientes de corazón, los que esperan en el Señor. R.

II LECTURA   Hebreos 4:14–16; 5:7–9

Lectura de la carta a los hebreos

Hermanos:
Jesús, el **Hijo de Dios**, es nuestro **sumo sacerdote**,
    que ha entrado en el **cielo**.
Mantengamos **firme** la profesión de **nuestra fe**.
En **efecto**,
    no tenemos un **sumo sacerdote**
    que no sea capaz de **compadecerse** de nuestros **sufrimientos**,
    puesto que **él mismo** ha pasado
    por las **mismas pruebas** que nosotros, **excepto el pecado**.
Acerquémonos, por tanto,
    con **plena confianza** al trono de la **gracia**,
    para recibir **misericordia**,
    hallar la **gracia** y obtener **ayuda** en el momento **oportuno**.

Precisamente por eso, **Cristo**, durante su vida **mortal**,
    ofreció **oraciones** y **súplicas**, con fuertes **voces** y **lágrimas**,
    a **aquel** que podía librarlo de la **muerte**,
        y fue **escuchado** por su **piedad**.

Pronuncia con fuerza y confianza la palabra sumo sacerdote. Reforzando la presencia de Jesús que da un nuevo sentido a todo.

Haz que la comunidad sienta confianza en la obra redentora de Cristo. Los sacrificios a la antigua ya no son necesarios. Invita con tu actitud a todos para unirnos a este plan de vida.

Resalta la vida de Jesús y sus efectos mirando fijamente a la comunidad para que se sienta invitada a vivir lo que cree.

venía de la tradición y familia sacerdotal. Él fue siempre una persona del pueblo (en griego "*laos*"), de modo que, en lógica simple, se trata de un sacerdocio nuevo. Segunda, el sacerdocio radicalmente diferente que representa Jesús, no está centrado ni en el templo ni en el culto, como ocurre con el sacerdocio del Antiguo Testamento. Es, más bien, un sacerdocio misericordioso y confiable (Heb 2:17; 7:26), que se ejerce en el templo de la vida y las relaciones humanas, liberando conciencias, sanando corazones y mostrando en todo momento el amor y la justicia de Dios para

todos. Tercera, este sacerdote y cordero inocente ofrece el evangelio, la salvación y la vida misma por su pueblo. Acerquémonos, como dice la lectura, con toda confianza al trono de la gracias para que nuestro sacerdocio (bautismal y ordenado) reciba una nueva luz y nuevo impulso. No tengamos miedo a renovar el concepto, la visión y nuestro entendimiento del sacerdocio en la Iglesia pues, centrado como está en el culto y el templo, recibiría del Sumo Sacerdote su frescura evangélica, misericordia colegial y fraternal y su disposición a entregar la vida.

EVANGELIO La pasión de Jesús ha consternado a incontables personas a lo largo y ancho de la historia. Ningún sufrimiento humano ha quedado fuera de esa experiencia. Ateos y creyentes, ricos y pobres, artistas, políticos, narcos y pueblo creyente, absolutamente nadie puede pasar frente a la persona de Jesús y su muerte sin ser tocado de algún modo. Pero en el mundo actual la pasión continúa y se extiende: millones de inocentes y cientos de profetas son desacreditados, ninguneados, burlados por sistemas de poder y legalidad y asesinados para escarmiento de

Cierra la lectura procurando que se sienta el poder transformador de la humildad y la verdadera obediencia.

A pesar de que era el **Hijo**, aprendió a **obedecer** padeciendo,
    y llegado a su **perfección**, se convirtió en la **causa**
        de la **salvación eterna**
    para **todos** los que lo **obedecen**.

EVANGELIO   Juan 18:1—19:42

Pasión de nuestro Señor Jesucristo según san Juan

En **aquel** tiempo,
Jesús fue con sus **discípulos** al otro lado del torrente **Cedrón**,
    donde había un **huerto**,
    y entraron allí **él** y sus **discípulos**.
Judas, el **traidor**, conocía **también** el sitio,
    porque **Jesús** se reunía **a menudo** allí con sus **discípulos**.

Entonces **Judas** tomó un batallón de **soldados**
    y **guardias** de los **sumos sacerdotes** y de los **fariseos**
    y entró en el huerto con **linternas**, **antorchas** y **armas**.

Una lectura tan apasionante y llena de significado como ésta, debe ser meditada con anterioridad. El evangelista cuida detalles, desarrollo y los momentos especiales. Ora y medita este texto antes de proclamarlo. Déjate leer por él, antes incluso de que lo leas.

Jesús, sabiendo **todo** lo que iba a suceder, se **adelantó** y les **dijo:**
"¿A **quién** buscan?"
Le contestaron: "A **Jesús, el nazareno**".
Les dijo Jesús: "**Yo soy**".
Estaba **también** con ellos **Judas**, el **traidor**.
Al decirles "**Yo soy**", retrocedieron y **cayeron a tierra**.
Jesús les **volvió** a preguntar: "¿A **quién** buscan?"
Ellos dijeron: "A **Jesús, el nazareno**".
Jesús contestó:
"Les he dicho que **soy yo**.
    Si me buscan **a mí**, dejen que **éstos** se vayan".
Así **se cumplió** lo que Jesús había **dicho:**
    'No he perdido a **ninguno** de los que me diste'.

Acelera el ritmo y la entonación para marcar el cambio de escenario cuando aparecen los soldados romanos y, en el mismo tono si no es que con más fuerza, haz sonar la respuesta de Jesús "Yo soy" como una rotunda afirmación de su identidad divina.

Entonces **Simón Pedro**, que llevaba una **espada**,
    la sacó e **hirió** a un **criado** del sumo sacerdote
    y **le cortó la oreja** derecha.

La acción de Pedro debe ser leída con cierta presteza, como la acción misma del discípulo, para luego imprimir la calma y seguridad nuevamente de Jesús que tiene la situación bajo control. Es la idea del evangelista.

quienes se atrevan a desafiar el orden establecido. La pasión de Cristo recuerda cómo los poderes que se oponen al proyecto de Dios son poderes reales y efectivos para intentar hacer fallar cualquier propuesta que vaya contra sus intereses.

La pasión de nuestro Señor es una dimensión del cristianismo que muchos quisieran ignorar o pasar de largo. La Iglesia ha celebrado desde siempre el misterio pascual de Cristo en todos sus componentes para evitar reduccionismos y desfiguraciones de la obra redentora de Jesús y, de ese modo también, tener una visión más clara y completa de su misión como Iglesia de Jesús.

El relato de san Juan presenta varios elementos propios. En primer lugar tenemos la perspectiva teológica que nos enseña a un Jesús que está a cargo de la situación. La pasión no es una actuación, pero tampoco es una ejecución en donde se hace lo que el poder, político o religioso, en turno decide. No se trata de que Dios goce el sufrimiento, o que haya anticipado o manipulado la realidad y la libertad de las persona para que esto sucediera. La persona de Jesús y su destino es mucho más que la suma de las cosas que hizo, dijo y vivió. La cruz de Jesús aparece en san Juan como un trono desde

el cual nuestro salvador vence al pecado y la injusticia de forma definitiva.

Algunos elementos de este evangelio nos dicen su punto de vista. Por ejemplo, el arresto de Jesús por parte de los romanos—no perdamos de vista este elemento, pues nos solemos centrar en la traición de Judas o en Pedro cortando orejas. La clave es el enfrentamiento de la seguridad y aplomo de Jesús ante quienes representan la actuación del miedo disimulado del poder cuando se ve acosado. La presencia de María con el discípulo amado junto a la cruz, la túnica, la participación de Anás, la lanzada en el costado. Todos estos detalles propios en la

Este criado se llamaba **Malco**.
Dijo **entonces** Jesús a Pedro:
"**Mete** la espada en la **vaina**.
¿No voy a beber el **cáliz** que me ha dado mi **Padre**?"

El **batallón**, su **comandante** y los **criados** de los judíos
      apresaron a Jesús,
    lo **ataron** y lo llevaron **primero** ante **Anás**,
    porque era suegro de **Caifás**, sumo sacerdote **aquel año**.
Caifás era el que había dado a los judíos **este consejo**:
'Conviene que muera **un solo hombre** por el pueblo'.

Simón Pedro y **otro** discípulo **iban siguiendo** a Jesús.
Este discípulo era **conocido** del sumo sacerdote
    y **entró** con Jesús en el **palacio** del sumo sacerdote,
    mientras Pedro **se quedaba fuera**, junto a la puerta.
Salió el otro discípulo, el **conocido** del sumo sacerdote,
    habló con la portera e **hizo entrar** a Pedro.
La portera dijo **entonces** a Pedro:
"¿No eres **tú también** uno de los discípulos de **ese** hombre?"
Él le dijo: "**No lo soy**".
Los **criados** y los **guardias** habían encendido un **brasero**,
    porque hacía **frío**, y se **calentaban**.
También **Pedro** estaba con ellos de pie, **calentándose**.

El **sumo sacerdote** interrogó a **Jesús**
    acerca de sus **discípulos** y de su **doctrina**.
Jesús le contestó:
"Yo he hablado **abiertamente** al mundo
    y he enseñado **continuamente** en la sinagoga y en el templo,
      donde se reúnen **todos** los judíos,
    y no he dicho **nada** a escondidas.
¿**Por qué** me interrogas **a mí**?
Interroga a los que me han **oído**, sobre lo que les he hablado.
Ellos saben lo que he dicho".

La primera negación de Pedro tiene un ambiente lleno de detalles importantes. Ve dibujándolos con claridad para que todos perciban mejor, por ejemplo, la presencia y el comportamiento del otro discípulo.

El interrogatorio aunque injusto, incluyendo la reacción del guardia lambiscón, pide que muestres la existencia de dos poderes, de dos fuerzas: la verdad y la artimaña, el poder autoritario y la autoridad de Jesús. Sé ecuánime en esto.

narración del evangelista Juan, nos dan a entender que él disponía de otras fuentes acerca de estos acontecimientos. También nos ayudan a comprender su visión de todo este asunto de Jesús y su obra de redención.

EL ARRESTO. El evangelio nos muestra a Jesús sin ningún miedo ni temor. Consciente y seguro de su destino y tomando el control de cómo se van dando las cosas. Notemos los personajes de Judas y Pedro, dos figuras de discípulos que, si bien son responsables de sus acciones parecen ser parte de todo el escenario. De hecho da la impresión, literariamente hablando, de que son un recurso

en la narración donde, en medio de la lucha de luz y oscuridad, se presenta el poder que quiere detener a Jesús ante el cual Jesús se deja ver, se enfrenta con aplomo y muestra lo que ha hecho siempre: ser visible, claro y transparente ante todos de quién es y cuál es su mensaje. Notemos que Jesús no ignora los detalles que van sucediéndose unos a otros como son: los soldados romanos, la señal de la traición, la reacción de un discípulo bueno pero arrebatado. Notemos también que la personalidad del maestro no se perturba por nada de eso. Sabe a dónde va y muestra clara conciencia del sentido de las cosas como están sucediendo. Este

sabor estará presente en todo el relato de la pasión y será retomado en las apariciones del resucitado. Una confianza infinita en Dios y en su proyecto de salvación en donde todo cobra sentido.

NEGACIÓN DE PEDRO. Pedro es pastor y guía de la Iglesia no porque sea perfecto, sino porque nos muestra la realidad del discipulado. La fidelidad en el seguimiento de Jesús precisa de todas nuestras fuerzas y entrega y aun así no es el resultado de un logro personal. Es un don de Dios. El deseo de Pedro de seguir al Señor hasta el final parece verse truncado en las negaciones

Apenas dijo esto, uno de los guardias
le dio una **bofetada** a Jesús, diciéndole:
"¿**Así** contestas al **sumo sacerdote**?"
Jesús le respondió:
"Si he faltado al hablar, **demuestra** en qué he fallado;
pero si he hablado como **se debe**, ¿**por qué** me pegas?"
Entonces **Anás** lo envió atado a **Caifás**, el sumo sacerdote.

Simón Pedro estaba de pie, **calentándose**, y le dijeron:
"¿No eres **tú también** uno de sus discípulos?"
Él lo negó diciendo: "**No lo soy**".
Uno de los **criados** del sumo sacerdote,
pariente de aquel a quien Pedro le había **cortado** la **oreja**, le dijo:
"¿Qué no te vi yo **con él** en el **huerto**?"
Pedro **volvió a negarlo** y enseguida **cantó un gallo**.

Llevaron a Jesús de casa de Caifás **al pretorio**.
Era **muy de mañana** y ellos **no entraron** en el palacio
para no incurrir en **impureza**
y poder así **comer** la cena de Pascua.

Salió entonces **Pilato** a donde estaban ellos y les dijo:
"¿**De qué** acusan a ese hombre?"
Le contestaron: "Si **éste** no fuera un **malhechor**,
no te lo hubiéramos **traído**".
Pilato les dijo: " Pues **llévenselo** y júzguenlo **según su ley**".
Los **judíos** le respondieron:
"No estamos **autorizados** para dar muerte a **nadie**".
Así **se cumplió** lo que había dicho **Jesús**,
indicando **de qué muerte** iba a morir.

Entró **otra vez** Pilato en el pretorio, **llamó** a Jesús y le **dijo**:
"¿Eres **tú** el **rey** de los **judíos**?"
Jesús le contestó: "¿Eso lo preguntas **por tu cuenta**
o te lo han dicho **otros**?"

La negación de Pedro por segunda y tercera vez rompe el ritmo del interrogatorio. Aquel es fuerte y consistente. Este es otro tipo de interrogatorio, entre el bullicio y la inseguridad. Aquél es adentro, ésta afuera.

Marca una clara transición con una pausa y una entonación de narrador distante el cambio de la casa de Caifás al palacio de Pilato.

Mientras presentas el diálogo de ambas partes (Pilato y los judíos) imagina a Jesús inmóvil y verdadero en medio de esta discusión plagada de cobardía y urdimbres.

---

durante este proceso. De hecho la negación había sido predicha por Jesús anteriormente (Jn 13:36–38). No es que Pedro este actuando así para cumplir lo anunciado por Jesús. Es que después de que han sucedido las cosas, el evangelista dispone de los materiales y los acomoda para darnos un mensaje: Jesús es el Señor de la vida y dueño de su destino. En él todos tenemos un lugar y nuestro comportamiento aun siendo responsabilidad nuestra habría que buscarle varios sentidos no sólo uno y superficial. Pedro decíamos es guía de la Iglesia porque es discípulo como todos nosotros y sobre todo porque sabe que la fidelidad a Dios no

es algo que se resuelve con arrebatos de palabras y emociones o reacciones. Es un camino permanente de lucha en donde el Señor resucitado es quien nos confirma en su amor.

INTERROGATORIO DE ANÁS. Anás ya ni era el sumo sacerdote pero es quien conduce el interrogatorio a un lado de Caifás. Era un hombre de influencia y que aún seguía dirigiendo y representando una mentalidad, aquélla de quienes rechazaron a Jesús y decidieron desde el principio acabar con él. Si nos fijamos bien, el juicio religioso en este evangelio no toma mucho espacio. Es el

juicio político el que más lugar ocupa, así como son los soldados romanos los que más aparecen en escena cuando la detención. No es que se ignore el rol y la influencia del poder religioso judío en contra del proyecto de Jesús. Es que esta confrontación se dio en toda la vida de Jesús. Su camino, su signo y palabras, sus acciones y confrontaciones siempre estuvieron de alguna forma relacionados con el sistema religioso de su tiempo. Volvamos con Anás. Notemos su habilidad para interrogar, quien haya vivido la experiencia de ser interrogado cuando ya se tiene la decisión hecha de

Muestra la sorpresa de Pilato recibiendo una enseñanza de este hombre que, despojado de todo, no pierde ni conciencia, ni dignidad.

No centres la fuerza de tu voz en Barrabas, ni en la muchedumbre. Enfócala en Jesús que como siervo soporta lo que ha de vencer de una vez por todas: el dolor, la muerte, y la mentira del pecado.

En adelante, tienes a Pilato entrando y saliendo, a la muchedumbre pidiendo y exigiendo y a Jesús soportando con entereza. Ve mostrando a cada cual en su momento. Que no te gane el sentimiento, sino que más bien te motive la intención del evangelista que armó cuidadosamente este relato.

Pilato le respondió: "¿**Acaso** soy yo judío?
Tu **pueblo** y los **sumos sacerdotes** te han entregado **a mí**.
¿**Qué** es lo que has hecho?"
Jesús le contestó:
"Mi Reino **no es** de este mundo.
Si mi Reino **fuera** de este mundo,
　　mis **servidores** habrían **luchado**
　　　para que **no cayera** yo en manos de los **judíos**.
　　Pero mi Reino **no es** de aquí".
Pilato le dijo: "¿Conque **tú eres rey**?"
Jesús le contestó:
"**Tú** lo has dicho. **Soy rey**.
Yo nací y **vine al mundo** para ser **testigo** de la **verdad**.
Todo el que es de la verdad, **escucha** mi voz".
Pilato le dijo: "¿Y **qué es** la verdad?"

Dicho **esto**, salió **otra vez** a donde estaban los **judíos** y les dijo:
"No encuentro en él **ninguna culpa**.
Entre ustedes es **costumbre** que por Pascua
　　ponga en **libertad** a un **preso**.
¿Quieren que les **suelte** al **rey** de los **judíos**?"
Pero todos ellos gritaron: "¡**No**, a ése no! ¡A **Barrabás**!"
(El tal **Barrabás** era un **bandido**.)

Entonces Pilato **tomó** a Jesús y **lo mandó azotar**.
Los **soldados** trenzaron una **corona de espinas**,
　　se la pusieron en la **cabeza**,
　　le echaron encima un **manto** color **púrpura**,
　　y **acercándose** a él, le decían: "¡**Viva** el **rey** de los **judíos**!",
　　　y le daban **bofetadas**.

Pilato salió **otra vez** afuera y les dijo:
"**Aquí** lo traigo para que sepan que **no encuentro** en él
　　　ninguna culpa".
Salió, pues, Jesús llevando la **corona de espinas**
　　y el **manto** color **púrpura**.

tu culpabilidad sabrá de qué estamos hablando. Esta habilidad política de la interrogación por parte del poder es una habilidad muy especial. Te van llevando, jalando, provocando y acorralando de tal manera que te harán decir lo que ellos quieren oír. Su oído es selectivo, sus preguntas trampas finas y, de cualquier modo, este jurado no descansara hasta ver logrado su propósito que ha de coincidir con el juicio que de antemano ya se tiene. De otro modo falla el sistema y eso es impensable. Anás sabe que está acusando a Jesús frente al sistema romano, para congratularse con ellos. Así que todas las preguntas giran en torno a dos temas (la

doctrina de sus enseñanzas y la organización de sus discípulos), los más apropiados para que el caso proceda. Y procedió.

SEGUNDA Y TERCERA NEGACIÓN DE PEDRO. Cuando Pedro niega conocer a Jesús, en realidad se niega a sí mismo. El temor y la fragilidad humana que vencen los buenos deseos y el entusiasmo del discípulo que quiere dar todo por Jesús y el evangelio. San Juan no ayuda a ver este drama doloroso del discípulo al negar a su maestro y su propia identidad, su propia opción. Para ayudarnos a ver, el evangelista coloca las negaciones de Pedro antes y después del careo y el interrogatorio de Anás. Veamos

en primer lugar el enfado que ocasiona a quienes interrogan una respuesta tan simple y razonable. "pregunta a los que me conocen, a los que me han visto y oído" Es una invitación para abrir el juicio más allá de las propias conclusiones. Es una sencilla invitación a ver la realidad que de hecho ya conocen, por eso han armado todo este proceso con licencia para condenar. Además de ver este componente para comprender el juicio a Jesús, podemos ver que, en cierto sentido el Maestro esta refiriendo a sus discípulos. Ellos pueden dar testimonio de él. El testimonio de Pedro se torna en doble negación misma que, por el contexto que menciona-

Pilato les dijo: "**Aquí está el hombre**".
Cuando lo vieron los **sumos sacerdotes**
    y sus servidores, **gritaron**:
"**¡Crucifícalo, crucifícalo!**"
Pilato les dijo: "**Llévenselo** ustedes y **crucifíquenlo**,
    porque **yo no encuentro** culpa en él".
Los **judíos** le contestaron: "Nosotros tenemos **una ley**
    y según esa ley **tiene que morir**,
    porque se ha declarado **Hijo de Dios**".

Cuando Pilato oyó **estas palabras**, se asustó **aún más**,
    y entrando **otra vez** en el **pretorio**, dijo a Jesús:
"¿De **dónde** eres tú?"
Pero Jesús no le respondió.
Pilato le dijo entonces: "¿**A mí** no me hablas?
¿No sabes que tengo **autoridad** para **soltarte**
    y **autoridad** para **crucificarte**?"
Jesús le contestó: "No tendrías **ninguna autoridad** sobre mí,
    si no te la hubieran dado **de lo alto**.
Por eso, el que me ha **entregado** a ti tiene un **pecado mayor**".

Desde **ese** momento, Pilato **trataba** de soltarlo,
    pero los judíos **gritaban**:
"¡Si sueltas a **ése**, no eres **amigo del César**!;
    porque **todo** el que **pretende** ser **rey**, es **enemigo** del César".
Al oír **estas palabras**, Pilato **sacó** a Jesús y lo **sentó** en el **tribunal**,
    en el sitio que llaman "el Enlosado" (en hebreo **Gábbata**).
Era el día de la **preparación** de la Pascua, hacia el **mediodía**.
Y dijo Pilato a los judíos: "**Aquí** tienen a su **rey**".
Ellos gritaron: "**¡Fuera, fuera! ¡Crucifícalo!**"
Pilato les dijo: "¿A su **rey** voy a **crucificar**?"
Contestaron los **sumos sacerdotes**:
"**No** tenemos más **rey** que el César".
Entonces se lo **entregó** para que lo **crucificaran**.

Al entregarlo para ser crucificado ya no hay, al menos en esto, nada que hacer. A partir de ahora el ritmo y estilo de narración es diferente. No hay altercados ni poderes en pugna contra Jesús. Es el duro camino a la muerte. Espeso, decidido, inevitable.

mos, se convierte en una acción doblemente significativa y doblemente dolorosa. El resucitado otorgará más tarde a Pedro el don de la fidelidad, mediante la triple afirmación de su amor.

EL PROCESO ANTE PILATO. Tan sólo por el espacio que le dedica el evangelista, podemos deducir que el proceso ante Pilato es de más importancia. Este gobernador aparece como muy manipulable; sin embargo, no parece que haya sido así en realidad. Notemos que aquí el juicio e interrogatorio es mucho menos severo; de hecho, hasta se nota cierto interés por liberarlo, o al menos

no hay persistencia para condenarlo. Notemos que dentro del palacio parece haber más calma que afuera donde hierve la muchedumbre en medio de un nudo de sentimientos entrelazados. Judíos y con fe en Dios todos, muchos paisanos, incluso discípulos y familiares. Unos siguiendo el acarreo que hacen los agitadores, otros seguramente agitados por el ambiente que abraza a todas las masas desorganizadas. Ciertamente, los líderes que entablan diálogo con Pilato se ven con la misma consigna que Anás, Caifás y el resto del poder religioso. Pilato pregunta de qué le acusan y responden con acusación en mano; él les pide que

lo juzguen, ellos responden con un juicio ya hecho y veredicto de muerte.

Por su parte, Jesús sigue siendo un enjuiciado con mucha claridad de las cosas que están sucediendo y afirmando el origen y tipo de su reinado. No está reducido a este mundo, viene de lejos y va mucho más allá de todo esto que vemos.

LA CONDENA A MUERTE. La condena de Jesús por parte de Pilato parece más bien una concesión a la presión de las autoridades judías y de la muchedumbre amontonada. Ninguno que esté en el poder de cualquier tipo resiste al miedo de perder la imagen

Transmite el dolor de Jesús cargando la cruz sin exagerar. Con tono de fuerza en el dolor y decisivo en el camino empinado de la entrega final.

Tomaron a **Jesús** y él, **cargando** la cruz,
    se dirigió hacia el sitio llamado *"la Calavera"*
    (que en **hebreo** se dice **Gólgota**), donde lo **crucificaron**,
    y con él a **otros dos**, uno de cada lado, y en **medio** a **Jesús**.
Pilato **mandó escribir** un letrero y ponerlo **encima** de la cruz;
    en él estaba escrito: '**Jesús** el **nazareno**, el **rey** de los **judíos**'.
Leyeron el letrero **muchos** judíos
    porque estaba **cerca** el lugar donde crucificaron a **Jesús**
    y estaba escrito en **hebreo, latín** y **griego**.
Entonces los **sumos sacerdotes** de los judíos le dijeron a **Pilato**:
"**No** escribas: 'El **rey** de los **judíos**', sino: '**Éste** ha dicho: Soy **rey**
    de los **judíos**'".
Pilato les contestó: "Lo escrito, **escrito está**".

Al mencionar los comentarios sobre el letrero de la cruz de Jesús, hazlo como quien a lo lejos lanza sus últimas piedras a un río que ya revuelto de por sí.

Cuando crucificaron a Jesús, los soldados **cogieron** su **ropa**
    e hicieron **cuatro partes**,
    una para **cada** soldado, y **apartaron** la **túnica**.
Era una túnica **sin costura**,
    tejida toda de una **sola** pieza de arriba a abajo.
Por eso se dijeron:
"No la **rasguemos**, sino **echemos suerte** para ver a **quién** le toca".
Así **se cumplió** lo que dice la **Escritura**:
*Se **repartieron** mi **ropa** y **echaron** a **suerte** mi **túnica**.*
Y **eso** hicieron los **soldados**.

Otro cambio de escenario: mirando a toda la comunidad y teniendo a toda la Iglesia en tu corazón, relata el encuentro con Jesús en la cruz. No es despedida, es misión.

Junto a la cruz de Jesús estaba su **madre**,
    la **hermana** de su **madre**, **María** la de **Cleofás**,
    y **María Magdalena**.
Al ver a su **madre** y junto a ella al discípulo que **tanto quería**,
    Jesús dijo a su **madre**:
"**Mujer**, ahí está tu **hijo**".
Luego dijo al **discípulo**: "Ahí está tu **madre**".
Y **desde entonces** el discípulo se la llevó a vivir **con él**.

Después de esto ve subiendo el tono y el ritmo pues Jesús está muriendo. No hay desesperación, sino la ansiedad de todo ser humano frente al misterio de la muerte. Así el silencio que prosigue, será más contundente.

Después de esto, **sabiendo** Jesús que **todo** había llegado
    a su **término**,
    para que **se cumpliera** la Escritura, dijo: "**Tengo sed**".

que ha construido para mantenerse en donde está. Los intentos de Pilato por salir de esta disyuntiva entre mandar matar a alguien que no representa peligro para él y quedar mal con los mandatarios judíos, no resultan. El miedo de un reyezuelo se ve destapado ante la presencia de 'este hombre' que siendo la verdad es juzgado con mentiras; este hombre que siendo fuente de vida es orillado y condenado a muerte. Pero más destapada se ve la conciencia de quienes por la razón que sea buscan la muerte de Jesús. Mucho se ha escrito y representado de la condena a muerte de Jesús. Los

sentimientos se hacen espesos y encontrados en nuestro pueblo católico que el día de hoy reflexiona y representa esta pasión. Ojalá que de los sentimientos pasemos a los análisis serios de las estructuras actuales que siguen condenando a la muerte en vida a tantas y tantas personas inocentes en el mundo, a las culturas, en instituciones políticas y religiosas. En la propia comunidad local (y global) encontramos toda esta trama y traba de poderes, juegos, ejecutores y ejecutados.

CRUCIFIXIÓN. La cruz de Jesús es el centro de atención en esta parte del relato.

Este instrumento de ejecución se convierte más bien en el trono desde donde Jesús como rey eterno vence la muerte con la entrega de su vida y desmantela los poderes que se oponen al proyecto de Dios. No hay Cirineo en el relato de Juan, es Jesús mismo quien lleva de principio a fin su propia cruz, como llevó su propio camino desde el inicio de su predicación. Su realeza y su salvación, como su propia muerte, se da en medio de judíos, griegos y romanos, y para ellos mismos se ofrece. La inscripción que se puso como un sarcasmo, Jesús Rey de los Judíos, es una declaración de su identidad en la cruz y puede ser leída y entendida por todos.

Había allí un **jarro** lleno de **vinagre**.
Los **soldados** sujetaron una **esponja** empapada en **vinagre**
    a una **caña** de **hisopo**
    y se la **acercaron** a la **boca**.
Jesús **probó** el vinagre y dijo: "**Todo está cumplido**",
    e, inclinando la cabeza, **entregó el espíritu**.

[Aquí se arrodillan todos y se hace una breve pausa.]

Entonces, los **judíos**,
    como era el día de **preparación** de la Pascua,
    para que los **cuerpos** de los **ajusticiados**
    no se quedaran en la cruz el **sábado**,
    era un día **muy solemne**,
    pidieron a Pilato que les **quebraran** las piernas
    y los **quitaran** de la cruz.
Fueron los soldados, le **quebraron** las piernas a **uno** y luego al **otro**
    de los que habían sido **crucificados con** él.
Pero al llegar a **Jesús**, viendo que **ya había muerto**,
    no le quebraron las piernas,
    sino que uno de los soldados le **traspasó el costado**
        con una **lanza**
    e **inmediatamente** salió **sangre** y **agua**.

El que vio da **testimonio** de esto y su testimonio es **verdadero**
    y él sabe que dice la **verdad**, para que también ustedes **crean**.
Esto sucedió para que **se cumpliera** lo que dice la **Escritura**:
No le quebrarán **ningún** hueso;
    y en **otro lugar** la Escritura dice: **Mirarán** al que **traspasaron**.

Después de esto, **José de Arimatea**, que era **discípulo** de Jesús,
    pero **oculto** por miedo a los judíos,
    pidió a Pilato que lo dejara **llevarse** el cuerpo de Jesús.
Y Pilato lo **autorizó**.
Él fue entonces y **se llevó** el cuerpo.

Jesús no está más en acción en este mundo. Transmite este sentimiento a la comunidad. Cuenta los hechos como quien está observando a distancia: la preparación a la pascua continúa, los soldados hacen su trabajo.

De igual modo, casi calladamente, y sin más animo de lucha, los otros discípulos sepultan a Jesús y tú sigues siendo un espectador que narra con naturalidad (y con fe) los hechos que estás viendo.

REPARTO DEL VESTIDO. No es raro que se repartan las pertenencias del difunto. Eso pasa siempre. Lo interesante aquí es que Jesús nunca estuvo enfocado en el tener y acumular. Lo único suyo se lo reparten los soldados como un signo de burla y despojo. Por otro lado, el evangelista puede estar indicándonos un símbolo de la unidad que se desprende de Jesús y que debe permanecer en sus discípulos y discípulas. Esa unidad a la que Jesús aludía continuamente como la forma más concreta y eficaz de mostrar que estaba asumiendo la propuesta del Padre. Continuamente encontramos también las "citas de cumplimiento" en relación al Anti-guo Testamento. En el Nuevo Testamento estas citas expresan al mismo tiempo la continuidad y novedad (o ruptura) de Jesús y del cristianismo en relación al judaísmo.

EL DISCÍPULO AMADO Y LA MADRE DE JESÚS JUNTO A LA CRUZ. Antes de hacer aplicaciones comparativas que sin duda tienen sentido (Que el discípulo amado representa a los fieles, la madre de Jesús a la Iglesia) es muy sano contemplar a un resto fiel que siempre habrá de existir. Estas mujeres y el discípulo son signo de esperanza de que la humanidad nunca está perdida y de que en medio de la fragilidad sea cual fuese, el amor será la fuerza para superar el miedo y reconocer la verdad, mantenerse en ella y dejarse envolver por ella. Jesús casi agonizando sigue admirablemente a cargo de la situación dando instrucciones e indicaciones para continuar la comunidad inaugurada por él mismo.

LA MUERTE. Pareciera que el último acto de la misión de Jesús es morir. Paradójicamente su muerte es don de vida, ya que en esta muerte entrega su último aliento y bien podríamos decir que en este acto final Jesús nos entrega su Espíritu. La muerte está llena de silencio… está llena de vacío, de preguntas, de dolor y de esperanza. En la muerte

Llegó también **Nicodemo**, el que había ido a verlo **de noche**,
    y trajo unas **cien libras** de una mezcla de **mirra** y **áloe**.

Tomaron el cuerpo de Jesús
    y lo **envolvieron** en lienzos con esos aromas,
    según **se acostumbra enterrar** entre los judíos.
Había un **huerto** en el sitio donde lo **crucificaron**,
    y en el huerto, un **sepulcro nuevo**,
    donde **nadie** había sido enterrado **todavía**.
Y como para los **judíos** era el día de la **preparación** de la **Pascua**
    y el sepulcro estaba **cerca**, allí pusieron a **Jesús**.

Jesús siente el abandono, pero es en ella, justamente donde también, Dios le recibe, le espera y lo abraza.

LA LANZADA. Los crucificados no solían recibir una lanzada en el costado para verificar su muerte. Al quebrarles las piernas se aseguraba su fallecimiento por asfixia y era todo. De nuevo el evangelista hace coincidir la condición en que muere Jesús con la Escritura y nos da el mensaje de lo que las primeras comunidades cristianas vieron como un signo de los sacramentos principales de la Iglesia. La sangre y agua, refiriéndose a la eucaristía y al bautismo cristiano.

LA SEPULTURA DE JESÚS. Siempre hay más discípulos de los que se pueden contar. Nicodemo y José de Arimatea no han sido contados entre los tradicionales Doce, pero aquí aparecen como abriéndonos los ojos de cómo puede haber simpatizantes y discípulos anónimos en los diferentes sectores y ambientes de la sociedad. Estos dos, pertenecían a las altas esferas de la sociedad pues José de Arimatea habla directamente con el Gobernador pidiendo y logrando este favor de dar digna sepultura al cuerpo de Jesús. Antes de dejar la reflexión de este evangelio recordemos cómo a lo largo de todo el relato de la pasión san Juan va dando

detalles de lugar y sobre todo del tiempo (tarde, noche, madrugada etc.) en que va sucediendo todo. Hasta llegar al último tiempo significativo. Jesús muere exactamente antes del inicio de la celebración de la pascua… Con él, verdadero cordero de Dios, se esta iniciando una nueva pascua de vida para todos de entonces y de ahora.

VIGILIA PASCUAL

Dios es creador en su palabra. Inspírate en ello para proclamar con viveza este largo y bello texto.

I LECTURA   Génesis 1:1—2:2

Lectura del libro de Génesis

En el principio **creó** Dios el **cielo** y la **tierra**.
La tierra era **soledad** y **caos**;
   y las tinieblas **cubrían** la faz del abismo.
El espíritu de Dios **se movía** sobre la superficie de las **aguas**.

Dijo Dios: "Que **exista** la luz", y la luz **existió**.
Vio Dios que la luz **era buena**, y **separó** la luz de las **tinieblas**.
Llamó a la luz **"día"** y a las tinieblas, **"noche"**.
Fue la tarde y la mañana del **primer día**.

Dijo Dios: "Que haya una **bóveda** entre las **aguas**,
   que **separe** unas aguas de **otras**".
E hizo Dios una **bóveda**
   y **separó** con ella las aguas de **arriba**, de las aguas de **abajo**.
Y **así** fue.
Llamó Dios a la bóveda **"cielo"**.
Fue la tarde y la mañana del **segundo día**.

Dijo Dios:
   "Que **se junten** las aguas de **debajo** del cielo en un **solo** lugar
   y que aparezca el **suelo seco**". Y **así** fue.
Llamó Dios "tierra" al suelo seco y "mar" a la masa de las aguas.
Y vio Dios que era **bueno**.

Dijo Dios: "**Verdee** la tierra con plantas que den semilla
   y **árboles** que den fruto y semilla,
   según su **especie**, sobre la tierra". Y **así** fue.

Anima la conciencia de tu asamblea. Como si fueses leyéndoles en el interior un mensaje que ya, de un modo u otro, todos tienen interiorizado.

La resurrección de Jesús es el acontecimiento central de nuestra fe. Cristo ha vencido a la muerte, es decir, al mal, al odio, a la injusticia, a la insolidaridad, al pecado. La celebración de la Resurrección se desarrolla en cuatro partes elementales que reflejan una coherencia interior, dinámica y progresiva: en primer lugar el rito de la luz en el que, desde fuera de la iglesia y en torno al fuego nuevo, iniciamos una procesión siguiendo al Cirio Pascual, símbolo de Cristo, Luz del mundo; lo acompañamos con cirios encendidos en las manos y escuchamos el pregón inicial de la gran fiesta pascual. En segundo lugar, la proclamación de la palabra tiene hoy más lecturas, sobre todo del AT, que nos van conduciendo desde la primera creación hasta la nueva creación o resurrección de Jesús; aquí se cumple lo que Jesús dijo a los de Emaús: "todo lo escrito en la ley de Moisés y en los profetas y salmos acerca de mí, tenía que cumplirse" (Lc 24:27). En tercer lugar, el rito del bautismo en el que los catecúmenos son recibidos en la Iglesia junto con los penitentes bajo el signo de la pascua de Cristo, al mismo tiempo que toda la comunidad cristiana celebra y renueva sus promesas y compromisos de fe. Y, por último, el rito de la comunión; en esta noche, la principal de todo el año para la identidad y la fe de la Iglesia, participamos del Cuerpo y de la Sangre del Resucitado re-viviendo el acontecimiento de la vida, muerte y resurrección de Jesús como salvador del mundo. Vivamos y celebremos con intensidad y a conciencia estos ritos sagrados que la Iglesia ha formalizado en todo su caminar desde la resurrección de Jesús y que, a lo largo de la historia ha recibido bellas y acertadas calificaciones. Como indica el rito del fuego en la Vigilia "Esta es la noche…" "Que es la madre de todas las

Recuerda al mejor 'contador' de historias que hayas conocido y como captaba tu atención de chico. Dale vida al texto con la expresión de tu voz y tu persona.

La proclamación hasta antes de llegar a la creación de la persona humana puede ser acompañada de un discreto movimiento de tu mano derecha y tu mirada alrededor del espacio presente.

Imprime solemnidad y bondad a la frase "y vio Dios que era bueno". Convence a tu audiencia de ello. La creación no es menos que la vida humana, sólo diferente.

Brotó de la tierra **hierba verde**, que producía **semilla**,
    según su **especie**,
    y árboles que daban **fruto** y llevaban **semilla**, según su especie.
Y vio Dios que era **bueno**. Fue la tarde y la mañana del **tercer día**.

Dijo Dios: "Que haya **lumbreras** en la bóveda del cielo,
    que separen el **día** de la **noche**,
    señalen las **estaciones**, los **días** y los **años**,
    y **luzcan** en la bóveda del cielo para **iluminar** la tierra".
Y **así** fue.
Hizo Dios las **dos grandes** lumbreras:
    la lumbrera **mayor** para regir el **día**
    y la **menor**, para regir la **noche**;
    y **también** hizo las **estrellas**.
Dios puso las **lumbreras** en la bóveda del cielo
    para **iluminar** la tierra,
    para **regir** el día y la noche, y **separar** la luz de las tinieblas.
Y vio Dios que era **bueno**.
Fue la tarde y la mañana del **cuarto día**.

Dijo Dios: "**Agítense** las aguas con un **hervidero** de seres vivientes
    y **revoloteen** sobre la tierra las **aves**, bajo la bóveda del cielo".
Creó Dios los **grandes animales marinos**
    y los **vivientes** que en el agua se **deslizan** y la **pueblan**,
    según su **especie**.
Creó **también** el mundo de las **aves**, según sus **especies**.
Vio Dios que era **bueno** y los **bendijo**, diciendo:
"Sean **fecundos** y **multiplíquense**; llenen las **aguas** del mar;
    que las aves **se multipliquen** en la tierra".
Fue la tarde y la mañana del **quinto día**.

Dijo Dios: "**Produzca** la tierra vivientes, según sus **especies**:
    animales **domésticos**, **reptiles** y **fieras**, según sus **especies**".
Y **así** fue.
Hizo Dios las **fieras**, los animales **domésticos** y los **reptiles**,
    cada uno según su especie.
Y vio Dios que era **bueno**.

noches" diría San Agustín. Miguel de Cervantes hará de decir con su pluma al Quijote que esta es "la noche que fue nuestro día". ¿Qué me gustaría que mi comunidad dijera después de celebrar y saborear esta Vigilia Pascual? ¿Qué necesitamos hacer en nuestro modo de preparar para que esta preparación sea un camino para una autentica celebración comunitaria y de fe? Personalmente podríamos hacer el propósito de integrar los símbolos, los gestos y las acciones de la celebración de la Vigilia de la Iglesia para sentir con mayor plenitud la gracia de la noche de la vida que en Jesús y en nuestros

hermanos se torna alegría pascual, profética, cordial y actual.

I LECTURA — El libro acerca del principio de las cosas, o Génesis, es el primer libro del Pentateuco y el más sabroso en su lectura. Todo el libro nos lleva de la mano para que vayamos contemplando todo: La obra buena de Dios (cap. 1) y el origen del mal (cap. 2–3), para empezar.

Para ubicar el sentido de la lectura conviene ponernos en perspectiva de la historia. El pueblo de Israel llegó a la buena conciencia de que Dios es creador de la vida

hasta mucho tiempo después de haberlo experimentado como Dios de la libertad (liberación de Egipto) y de la alianza en el camino del desierto. Un proceso normal y comprensible para cualquier pueblo incluso para cualquier persona. Primero esta la experiencia y después la conclusión. San Agustín dirá muy acertadamente, primero es el libro de la Vida y después el libro de la Biblia. Los grandes enigmas de la vida nunca pueden evitarse y dan identidad a un pueblo cuando empieza a elaborar respuestas a preguntas como ¿Quién es el creador de todas las cosas y de las personas? ¿Cuál es

Al iniciar lo correspondiente a la vida humana, asesta un breve silencio mientras recorres con la mirada a la asamblea.

Dijo Dios: "Hagamos al **hombre** a **nuestra imagen** y **semejanza**;
que domine a los **peces** del mar, a las **aves** del cielo,
a los **animales domésticos**
y a **todo animal** que se arrastra sobre la tierra".

Y creó Dios al **hombre** a su **imagen**;
a imagen **suya** lo creó;
hombre y **mujer** los **creó**.

Y los **bendijo** Dios y les **dijo**:
"Sean **fecundos** y **multiplíquense**, llenen la tierra y sométanla;
dominen a los **peces** del mar, a las **aves** del cielo
y a **todo ser viviente** que se mueve sobre la tierra".

Asegúrate de hacer sentir la distinción entre ser imagen de Dios y la encomienda de cuidar la vida. La primera es con regocijo, la segunda una exhortación tierna a los hermanos de la asamblea.

Y **dijo** Dios:
"**He aquí** que les entrego **todas** las plantas de semilla
que hay sobre la **faz** de la **tierra**,
y **todos** los árboles que producen **frutos** y **semilla**,
para que les sirvan de **alimento**.
Y a **todas** las fieras de la tierra, a **todas** las aves del cielo,
a **todos** los reptiles de la tierra, a **todos** los seres que respiran,
también les doy por alimento las **verdes plantas**". Y **así** fue.
Vio Dios **todo** lo que había hecho y lo encontró **muy bueno**.
Fue la tarde y la mañana del sexto día.

Así quedaron concluidos el cielo y la tierra con todos sus
ornamentos, y terminada su obra, descansó Dios
el séptimo día de todo cuanto había hecho.

Forma breve: Génesis 1:1, 26–31a

Para meditar

SALMO RESPONSORIAL   Salmo 103:1–2a, 5–6, 10 y 12, 13–14ab, 24 y 35c

R. Envía tu Espíritu, Señor, y repuebla la faz de la tierra.

Bendice, alma mía, al Señor, ¡Dios mío, qué grande eres! Te vistes de belleza y majestad, la luz te envuelve como un manto. R.

Asentaste la tierra sobre sus cimientos, y no vacilará jamás; la cubriste con el manto del océano, y las aguas se posaron sobre las montañas. R.

De los manantiales sacas los ríos para que fluyan entre los montes, junto a ellos habitan las aves del cielo, y entre las frondas se oye su canto. R.

---

nuestro destino? ¿Por qué existe el mal, la muerte y demás desgracias? Ésta es pues la historia del origen de la vida y de las cosas. El Creador es vida y produce vida sólo con su presencia, misma que se hace notar mediante su palabra. *Dabar* es la acción misma de la vida creada y creadora.

Con un lenguaje poético y popular, al mismo tiempo que profundo, se va dejando en claro que todo es obra de la sabiduría y del amor de Dios. El texto bíblico resalta la bondad de la creación y la excepcional bondad de la creación del género humano, diciendo respectivamente que Dios "vio que era bueno" y "muy bueno".

En una forma de cadencia y ritmo fabuloso vemos cómo va brotando la vida de las manos del Creador, por días, por pasos, por formas y modos; poco a poco va avanzando la vida hasta llegar al culmen de su expresión en el nacimiento de la humanidad. La humanidad es parte de la vida; de hecho, somos una síntesis de los elementos naturales, vegetales, minerales y cósmicos. Hay una tradición muy vieja en la interpretación de estos textos que ha sido muy peligrosa y por la cual estamos pagando las consecuencias. El poner al ser humano en el centro y culmen de la creación nos ha llevado al desastre ecológico que por miles de años

hemos ido desarrollando. Al centro del plan creador de Dios no está el ser humano sino la vida y su proceso de armonía creadora en constante evolución y crecimiento.

Este pasaje del Génesis nos deja un mensaje esperanzador: el ser humano y la creación entera son radicalmente buenos; todo está en función del bien, del amor; lo malo es una disfunción.

El texto nos pone un marco de días de la creación para indicar el proceso y también para desembocar en el *sabbat*. Ese séptimo día sagrado cuando Dios creó el descanso, para alabanza y reconocimiento del Creador y de su obra maravillosa. San

Desde tu morada riegas los montes, y la tierra se sacia de tu acción fecunda; haces brotar hierba para los ganados y forraje para los que sirven al hombre. R.

Cuántas son tus obras, Señor, y todas las hiciste con sabiduría, la tierra está llena de tus criaturas. ¡Bendice, alma mía, al Señor! R.

O bien:

Para meditar

SALMO RESPONSORIAL   Salmo 32:4–5, 6–7, 12–13, 20 y 22

R. La misericordia del Señor llena la tierra.

La palabra del Señor es sincera y todas sus acciones son leales; él ama la justicia y el derecho, y su misericordia llena la tierra. R.

La palabra del Señor hizo el cielo, el aliento de su boca, sus ejércitos; encierra en un odre las aguas marinas, mete en un depósito el océano. R.

Dichosa la nación cuyo Dios es el Señor, el pueblo que él se escogió como heredad. El Señor mira desde el cielo, se fija en todos los hombres. R.

Nosotros aguardamos al Señor: él es nuestro auxilio y escudo; que tu misericordia, Señor, venga sobre nosotros, como lo esperamos de ti. R.

II LECTURA   Génesis 22:1–18

Lectura del libro del Génesis

Ve directo al punto, como haciendo sentir la urgencia del llamado de Dios y la presteza de Abram para responder.

En **aquel** tiempo, Dios le puso una **prueba** a Abraham y le dijo:
"**¡Abraham, Abraham!**"
Él respondió: "**Aquí estoy**".
Y **Dios** le dijo:
"**Toma** a tu hijo único, **Isaac**, a quien **tanto** amas;
   vete a la región de **Moria**
   y ofrécemelo **en sacrificio**, en el monte que **yo te indicaré**".

La prontitud de Abram por responder a Dios en lo incomprensible debe sonar como determinación y fe, no como un signo de ignorancia o falsa humildad.

Abraham **madrugó, aparejó** su burro,
   tomó consigo a dos de sus criados y a **su hijo Isaac;**
   cortó leña para el sacrificio
   y **se encaminó** al lugar que Dios le había **indicado.**
Al **tercer día** divisó a lo lejos el lugar.
Les dijo entonces a sus **criados:**
"**Quédense** aquí con el burro;
   yo iré con el muchacho **hasta allá,**
   para **adorar** a Dios y **después** regresaremos".

Agustín tuvo una intuición maravillosa para entender el sentido de este texto al decirnos que, no se nos está diciendo "cómo" se fueron creando las cosas, sino más bien se nos está indicando "quién" es el Creador de la vida.

Santo Tomás utiliza con habilidad (aristotélica por cierto) este camino como una de las cinco vías o caminos para llegar a la certeza de la existencia de Dios. Por la obra se conoce al Creador.

Con este trasfondo de la creación nos preparamos a celebrar el nacimiento por excelencia, la vida resucitada del segundo Adán, Cristo, el primogénito de la nueva creación. La fuerza creadora de Dios adquiere una palabra definitiva en la resurrección de Cristo; su Espíritu, que aleteaba sobre las aguas proporcionándoles vida y que hizo renacer a Jesús de su sepulcro, hace renacer también a los cristianos por las aguas del Bautismo.

II LECTURA Ésta segunda lectura nos ubica en un siguiente plano; si anteriormente se hablaba, en general, del mundo entero y de todo ser humano, ahora se nos presenta a un personaje concreto, Abraham, el padre del gran pueblo de creyentes. De él se destaca su fe, su confianza en Dios que lo hace capaz de entregar todo lo que tiene para poder cumplir su voluntad. La figura de Abraham está en la base de las tres religiones monoteístas más grandes del mundo: Judaísmo, Cristianismo e Islamismo. Medio mundo, podríamos decir, se refiere a la fe de Abraham como el prototipo y ejemplo a seguir. Es el padre en la fe. Él ha dejado todo, tierra, miedos, seguridad, inseguridad, etc. Para lanzarse a un camino de plena confianza en Dios. Ahora que está en el

Aunque ya se sepa el final, imprime fuerza y ansiedad a la exigencia del sacrificio por parte de Dios. Es una realidad en ciertos tiempos (y tipos) de la humanidad.

Siente y transmite la ternura de un hijo, que como cordero obediente, está a merced de su padre. Muchos tendrán una imagen o experiencia que haga conexión aquí.

Maneja una transición de suspenso a sorpresa cuando el cuchillo está en el aire (suspenso) y cuando aparece el ángel del Señor.

Trata de evitar que la asamblea sienta un desgaño ante el "siempre no", muestra la seguridad de la fe de Abram y otra vez su respuesta. Dios no juega con la conciencia y la fe de las personas.

Abraham **tomó** la leña para el **sacrificio**,
se la **cargó** a su hijo **Isaac**
y **tomó** en su mano el **fuego** y el **cuchillo**.
Los dos caminaban **juntos**.
Isaac dijo a su padre Abraham: "**¡Padre!**"
Él respondió: "¿Qué quieres, **hijo?**"
El muchacho contestó:
"Ya tenemos **fuego** y **leña**, pero,
¿dónde está el **cordero** para el **sacrificio?**"
Abraham le contestó:
"**Dios** nos dará el cordero para el sacrificio, **hijo mío**".
Y **siguieron** caminando **juntos**.

Cuando **llegaron** al sitio que Dios le había **señalado**,
Abraham levantó un **altar** y acomodó la **leña**.
Luego **ató** a su hijo Isaac, **lo puso sobre el altar**, encima de la leña,
y **tomó** el cuchillo para **degollarlo**.

Pero el **ángel** del Señor lo **llamó** desde el cielo y le **dijo**:
"**¡Abraham, Abraham!**" Él contestó: "**Aquí estoy**".
El ángel le dijo: "**No** descargues la mano contra tu **hijo**,
ni le hagas **daño**.
Ya veo que temes a Dios, porque no le has **negado** a tu hijo **único**".

Abraham **levantó** los ojos y **vio** un **carnero**,
enredado por los **cuernos** en la **maleza**.
Atrapó el carnero y **lo ofreció** en sacrificio, en **lugar** de su **hijo**.
Abraham puso por **nombre** a aquel sitio "**el Señor provee**",
por lo que **aun el día de hoy** se dice:
"el **monte** donde el **Señor provee**".

El ángel del Señor **volvió** a llamar a Abraham
desde el cielo y **le dijo**:
"Juro **por mí mismo,** dice el Señor,
que por haber hecho **esto**
y no haberme negado a **tu hijo único,**
yo te **bendeciré**

camino abierto por Dios, tiene un signo concreto en sus manos, en su vida y es su hijo único Isaac. De él depende la generación o nacimiento del nuevo pueblo. Sin embargo, la fe, mientras se tenga, nunca dejará de ser desafiada. Y tampoco dejará nunca de ser desafiante.

Por ello el texto de hoy es sorprendente, pues su punto culminante se concentra en que Dios le pide a Abraham que le sacrifique a ese hijo único. Si tomamos en cuenta que en aquellos tiempos era normal hacer sacrificios humanos a los dioses; incluso parece

que era normal sacrificar al primogénito para fundar una gran raza. De ahí que este pasaje del libro del Génesis nos presenta una gran novedad: Dios no quiere la muerte, desea la vida. Con mucha seguridad esta convicción parecía, a los ojos de los pueblos vecinos, como un símbolo de falta de fe y de donación a los dioses. Sin embargo, el pueblo de Israel estaba dando un gran paso: comprendieron que Dios no fundamenta su bendición en el sufrimiento y sacrificio de las personas sino en la confianza y auto donación de las personas.

Quienes, además de la fe, tienen hijos y esperanzas para ellos, podrán sacarle mucho jugo a esta lectura. De dos maneras por lo menos. Una, valorando la fe de quien confía tanto en Dios que va más allá de sus propios límites. Otra, apreciando el verdadero modo de ser de Dios. Él no pide sacrificios que vayan en contra de la vida. Al contrario, pide reconciliar la fe con la vida. Si hemos sido migrantes también podremos entender esta lectura a través de nuestra

y **multiplicaré** tu descendencia como las **estrellas** del cielo
  y las **arenas** del mar.
Tus descendientes **conquistarán** las ciudades enemigas.
En tu **descendencia** serán **bendecidos**
  todos los pueblos de la tierra,
  porque **obedeciste** a mis **palabras**".

Forma breve: Génesis 22:1–2, 9–13, 15–18

SALMO RESPONSORIAL   Salmo 15:5 y 8, 9–10, 11

R. Protégeme, Dios mío, que me refugio en ti.

El Señor es el lote de mi heredad y mi copa, mi suerte está en tu mano. Tengo siempre presente al Señor, con él a mi derecha no vacilaré. R.

Por eso se me alegra el corazón, se gozan mis entrañas, y mi carne descansa serena:

porque no me entregarás a la muerte ni dejarás a tu fiel conocer la corrupción. R.

Me enseñarás el sendero de la vida, me saciarás de gozo en tu presencia, de alegría perpetua a tu derecha. R.

III LECTURA   Éxodo 14:15—15:1

Lectura del libro del Éxodo

En **aquellos** días, dijo el Señor a **Moisés**:
"¿Por qué **sigues** clamando **a mí**?
Diles a los **israelitas** que se pongan **en marcha**.
Y tú, **alza** tu bastón, **extiende** tu mano sobre el mar y **divídelo**,
  para que los israelitas **entren** en el mar **sin mojarse**.
Yo voy a **endurecer** el corazón de los egipcios
    para que los **persigan**,
  y **me cubriré** de gloria
  a **expensas** del faraón y de **todo** su ejército,
    de sus **carros** y **jinetes**.
Cuando me haya **cubierto de gloria**
  a **expensas** del faraón, de sus **carros** y **jinetes**,
  los egipcios sabrán que **yo soy el Señor**".

| III LECTURA | El camino de libertad expresado en la salida de Egipto del pueblo de Israel así como el paso del Mar Rojo, es el acontecimiento fundante en la vida de este pueblo al mismo tiempo que el mejor símbolo de los procesos de liberación de un pueblo. Las tres perspectivas que aparecen implícitamente en este pasaje del libro del Éxodo aparecerán con claridad en el Pregón Pascual: la perspectiva del pueblo de Israel: "esta es la noche en que sacaste de Egipto a los israelitas y les hiciste pasar a pie el Mar Rojo". La perspectiva cristológica: "esta es la noche en que, rotas las cadenas de la muerte, Cristo asciende victorioso del abismo". Y, por último, la perspectiva nuestra: "esta es la noche en la que

El **ángel** del Señor, que iba **al frente** de las huestes de **Israel**,
se colocó tras ellas.
Y la **columna de nubes** que iba **adelante**,
también se desplazó y se puso a sus **espaldas**,
entre el campamento de los **israelitas**
y el campamento de los **egipcios**.
La nube era **tinieblas para unos** y **claridad para otros**,
y **así** los ejércitos **no** trabaron contacto durante **toda** la noche.

Moisés **extendió** la mano sobre el **mar**,
y el Señor **hizo soplar** durante **toda** la noche
un **fuerte viento** del este,
que **secó** el mar, y **dividió** las aguas.
Los israelitas **entraron** en el mar y **no se mojaban**,
mientras las aguas formaban una **muralla**
a su **derecha** y a su **izquierda**.
Los egipcios **se lanzaron** en su persecución
y **toda** la caballería del faraón, sus **carros** y **jinetes**,
entraron **tras ellos** en el mar.

Hacia el **amanecer**,
el **Señor** miró desde la columna de **fuego** y **humo**
al ejército de los **egipcios**
y sembró entre ellos el **pánico**.
Trabó las **ruedas** de sus **carros**,
de suerte que no avanzaban **sino pesadamente**.
Dijeron **entonces** los egipcios:
"**Huyamos** de Israel, porque el Señor **lucha**
en su favor **contra** Egipto".

Entonces el Señor le dijo a **Moisés**:
"**Extiende** tu mano sobre el **mar**,
para que vuelvan las aguas **sobre los egipcios**,
sus **carros** y sus **jinetes**".
Y **extendió** Moisés su mano **sobre el mar**,
y **al amanecer**, las aguas **volvieron** a su sitio,
de suerte que **al huir**, los egipcios se **encontraron** con ellas,
y el Señor **los derribó** en medio del mar.

Ayuda a la asamblea a visualizar este gran prodigio de caminar con Dios, con líderes, y con persecución. Hasta el mar es parte de la acción liberadora. Resalta en todo el poder de Dios.

Insiste en la seguridad con que camina el pueblo de Dios en "lo seco". Todos guardarán esta imagen de protección divina.

El mandato de Dios a Moisés debe ser fuerte y parejo con la respuesta activa de Moisés. Es trabajo de equipo, definitivamente.

los que confiesan su fe en Cristo son arrancados de los vicios del mundo y de la oscuridad del pecado, son restituidos a la gracia y agregados a los santos".

Algo queda muy claro: Dios tiene la solución, incluso en los momentos más difíciles y de mayor oscuridad; aunque el ser humano no vea ninguna salida y le asalte la certeza de que todo está perdido, Dios puede sacar vida y conducir a las personas a la verdadera libertad.

Tanto la pascua de Cristo como la liberación del pueblo, nos pueden conducir a una reflexión sobre la liberación y sus signos en nuestras comunidades y en nuestro propio camino personal. Es un camino, no un brinco o un salto. Si el pueblo de Dios fue cayendo en la opresión, así también fue saliendo poco a poco en la experiencia de liberación. Nunca podremos apreciar los signos de liberación de nuestro pueblo y comunidades, si esperamos cambios aparatosos y vistosos. "Gente pequeña, haciendo cosas pequeñas, consigue grandes cambios" dice un pensamiento popular africano. De igual modo que Jesús fue viviendo el proceso del reino, el camino de Dios mismo dentro de

Volvieron las aguas y **cubrieron** los carros,
  a los **jinete**s y a **todo el ejército** del faraón,
  que se había **metido** en el mar para **perseguir** a Israel.
Ni uno solo se salvó.

Pero los **hijos de Israel** caminaban **por lo seco** en medio del mar.
Las aguas les hacían **muralla** a **derecha** e **izquierda**.
Aquel día salvó el Señor a Israel de las **manos** de **Egipto**.
Israel vio a los egipcios, **muertos en la orilla** del mar.
Israel vio la **mano fuerte del Señor** sobre los egipcios,
  y el pueblo **temió** al Señor y **creyó** en el **Señor** y en **Moisés**,
    su **siervo**.
Entonces **Moisés** y los hijos de Israel
  cantaron este cántico **al Señor**:

[El lector no dice "Palabra de Dios" y el salmista de inmediato canta el salmo responsorial.]

SALMO RESPONSORIAL Éxodo 15:1–2, 3–4, 5–6, 17–18

R. Cantemos al Señor, sublime es su victoria.

Cantemos al Señor, sublime es su victoria: caballo y jinete ha arrojado en el mar. Mi fuerza y mi poder es el Señor, él fue mi salvación. Él es mi Dios: yo lo alabaré; el Dios de mis padres: yo lo ensalzaré. R.

El Señor es un guerrero, su nombre es el Señor. Los carros del Faraón los lanzó al mar, ahogó en el Mar Rojo a sus mejores capitanes. R.

Las olas los cubrieron, bajaron hasta el fondo como piedras. Tu diestra, Señor, es fuerte y terrible; tu diestra, Señor, tritura al enemigo. R.

Los introduces y los plantas en el monte de tu heredad, lugar del que hiciste tu trono, Señor; santuario, Señor, que fundaron tus manos. El Señor reina por siempre jamás. R.

Al final se trata prácticamente de un cierre gozo del triunfo de Dios, del pueblo y de Moisés. No te limites en el entusiasmo que requiere la lectura.

Para meditar

cada paso de su vida, así nosotros estamos invitados a insertarnos en su pascua de Resurrección para continuar transformándonos interiormente en la persona que él nos tiene proyectada y nuestros hermanos podrán dar testimonio callado con su amistad, incluso con su rechazo. Que la pascua de Resurrección alcanza a todos y a todo, como el Papa Pablo VI pedía de la Nueva Evangelización.

IV LECTURA   Isaías 54:5–14

Lectura del libro del profeta Isaías

Realza la bondad de Dios creador, redentor, santo y hasta arrepentido, desde ahí un pueblo que se siente abandonado acogerá el mensaje.

"El que **te creó**, te tomará **por esposa**;
    su nombre es '**Señor de los ejércitos**'.
Tu **redentor** es el **Santo** de Israel;
    será llamado '**Dios** de **toda** la tierra'.
Como a una **mujer abandonada** y **abatida**
    te **vuelve** a llamar el **Señor**.
¿**Acaso** repudia uno a la esposa de la **juventud?**,
    dice tu Dios.

Ve entrelazando la imagen de la esposa con ternura y compasión, es lo más preciado para este Dios amante.

Por un instante te abandoné,
    pero con **inmensa misericordia** te volveré a tomar.
En un **arrebato** de ira
    te oculté un instante **mi rostro**,
    pero con **amor eterno** me he **apiadado** de ti,
    dice el Señor, **tu redentor**.

Cuando anuncias las comparaciones "podrán desparecer los montes" mira con animosidad a la asamblea. Que perciban la grandeza que merece la promesa de Dios.

Me pasa **ahora** como en los **días de Noé**:
    entonces **juré** que las **aguas del diluvio**
    no volverían a cubrir la tierra;
    ahora juro **no enojarme** ya contra ti **ni**
    volver a amenazarte.
Podrán **desaparecer** los **montes**
    y **hundirse** las **colinas**,
    pero **mi amor** por ti **no desaparecerá**
    y mi **alianza de paz** quedará **firme para siempre**.
Lo dice el **Señor**, el que **se apiada** de ti.

IV LECTURA   Una vez que hemos escuchado la proclamación de las lecturas que nos presentaban la creación así como la fe de Abraham y éxodo del pueblo de Israel, ahora empiezan las proféticas. El primer pasaje de Isaías nos habla de que, a pesar del pecado humano y de la infidelidad del ser humano, Dios nos quiere. No hay mensaje más poderoso que este. El amor que no puede ser derrotado ni con nuestro propio comportamiento. No puedo evitar recordar los ojos de mi pequeño hijo cuando intentaba explicar el amor de Dios a los niños. Especialmente cuando remachaba que ese amor no se acababa en nada cuando el niño comete travesuras. Corrió para avisar a su madre con gozo sobre esta gran noticia. Pedí esa misma capacidad de ver y sentir para mi mismo. Volviendo al texto del profeta Isaías veamos que para señalar esta fidelidad absoluta de Dios utiliza tres símbolos profundos: la mujer abandonada es acogida por Dios, la ciudad en ruinas será redificada por Dios; por fin, los oprimidos encuentran alguien que defiende su causa.

Estos símbolos son como un faro de luz que nos indica no solo el amor de Dios, sino que hay caminos y avenidas concretas en las que se ha de experimentar, saborear y transmitir.

Tú, la **afligida**, la **zarandeada** por la tempestad,
   la **no consolada**:
He aquí que **yo mismo** coloco **tus piedras** sobre **piedras finas**,
   tus **cimientos** sobre **zafiros**;
   te pondré **almenas de rubí**
   y **puertas de esmeralda**
   y **murallas** de **piedras preciosas**.

Todos tus hijos serán **discípulos del Señor**,
   y será **grande** su **prosperidad**.
Serás **consolida** en la **justicia**.
Destierra la angustia,
   pues ya **nada** tienes que temer;
   olvida tu miedo,
   porque ya no se acercará **a ti**".

Al final, aumenta el tono reuniendo sentimientos de ternura, cuidado y amor con el de la promesa. Extiende tu mano y tu mirada a toda la asamblea.

Para meditar

SALMO RESPONSORIAL   Salmo 29:2 y 4, 5–6, 11 y 12a y 13b

R. Te ensalzaré, Señor, porque me has librado.

Te ensalzaré, Señor, porque me has librado y no has dejado que mis enemigos se rían de mí. Sacaste mi vida del abismo, y me hiciste revivir cuando bajaba a la fosa. R.

Tañan para el Señor, fieles suyos, den gracias a su nombre santo; su cólera dura un instante, su bondad, de por vida; al atardecer nos visita el llanto, por la mañana, el júbilo. R.

Escucha, Señor, y ten piedad de mí, Señor, socórreme. Cambiaste mi luto en danzas. Señor, Dios mío, te daré gracias por siempre. R.

V LECTURA   Isaías 55:1–11

Lectura del libro del profeta Isaías

Esto dice el Señor:
"**Todos ustedes**, los que tienen **sed**, vengan por **agua**;
   y los que **no** tienen dinero,
   vengan, tomen **trigo** y **coman**;
   tomen **vino** y **leche** sin pagar.

Sé exigente y claro, sobre todo al principio. Llega a la realidad de las personas pues todos estamos hambrientos y sedientos de la gratuidad de Dios.

Así, el profeta insiste en la fidelidad de Dios; él mantiene sus compromisos por encima de todo; sí es definitivo y su misericordia y cariño no se apagan a pesar de las infidelidades del pueblo. Y cuando el pueblo es infiel la misericordia de Dios vence todas las infidelidades y le muestra a su pueblo que puede más el amor que el pecado.

Nuestra inteligencia está siendo llamada a ir más adentro en la comprensión del amor de Dios por nosotros. Debemos de rebasar todos los límites que le hemos puesto. Lo hemos encerrado en las condiciones que nos impiden comprender no solamente a Dios, sino a nosotros mismos. Dios no ama a los pobres porque sean buenos, sino porque él es bueno. Una madre, un padre o un buen líder amará a los suyos, no porque hacen lo que él dice o según la medida en que lo hagan. De hecho, la humanidad nunca hubiese avanzado ni una familia madurado y crecido si se hubiese quedado en los límites que les ponen sus padres o sus líderes. Se ama porque se ama. El amor no es control, entendámoslo de una vez. El amor es un don, una entrega sin límites que nos hace crecer un poquito más cada vez, para alcanzar a ver más y mejor a Dios y a nosotros mismos. El que ama, conoce a Dios que es Amor.

V LECTURA   En este segundo texto profético, tomado también de Isaías, se nos hace cómo Dios nos promete una alianza renovada, que nos conducirá a la vida. El profeta se sirve de la imagen evocadora de la lluvia que empapa la tierra para señalar, por una parte la gratuidad de la

¿**Por qué** gastar el dinero en lo que **no** es **pan**
   y el **salario**, en lo que no **alimenta**?

Escúchenme atentos y **comerán** bien,
   saborearán platillos **sustanciosos**.
Préstenme atención, **vengan** a mí,
   escúchenme y **vivirán**.

Sellaré con ustedes una **alianza perpetua**,
   cumpliré las promesas que hice a **David**.
Como a **él** lo puse por **testigo** ante los **pueblos**,
   como **príncipe** y **soberano** de las naciones,
   así tú reunirás a un pueblo **desconocido**,
   y las naciones que **no te conocían acudirán** a ti,
   por **amor** del **Señor**, tu **Dios**,
   por el **Santo de Israel**, que te ha **honrado**.

Busquen al Señor mientras lo pueden **encontrar**,
   invóquenlo mientras está **cerca**;
   que el **malvado** abandone su **camino**,
   y el **criminal**, sus **planes**;
   que **regrese** al Señor, y **él tendrá piedad**;
   a **nuestro** Dios, que es **rico** en **perdón**.

Mis pensamientos no son los pensamientos **de ustedes**,
   sus caminos no son **mis caminos**.
Porque **así** como aventajan los **cielos** a la **tierra**,
   así aventajan **mis caminos** a los de **ustedes**
   y **mis pensamientos** a **sus pensamientos**.

Como bajan del cielo la **lluvia** y la **nieve**
   y no vuelven **allá**, sino **después** de empapar la tierra,
   de **fecundarla** y hacerla **germinar**,
   a fin de que dé **semilla** para **sembrar** y **pan** para **comer**,
   así será la **palabra** que sale de **mi boca**:
     no volverá a mí **sin resultado**,
   sino que **hará mi voluntad**
   y **cumplirá su misión**".

Marca con entonación de certeza el compromiso de Dios en su alianza por un lado con la urgente necesidad para el pueblo de buscar y encontrar.

Los dos párrafos finales deben ser puestos con elocuencia frente a la comunidad. Como quien extiende un testamento claro y justo.

---

palabra de Dios y, por otra, la necesidad de aceptar que si no hay palabra (lluvia) será imposible que la tierra germine y produzca frutos.

Además, si tomamos en cuenta que en Palestina sólo llueve durante seis meses al año (época de aguas) y no llueve durante los otros seis meses (época de secas) y es muy escasa en ríos, seguramente también se quiere señalar la eficacia de la palabra por sí misma; la palabra de Dios en ella misma lleva su propia vida y fuerza de liberación y generación de vida.

Pero es necesario un cambio de mentalidad y de actitudes; que los planes de Dios sean nuestros planes, que sus pensamientos sean nuestros pensamientos, que sus caminos sean nuestras rutas también.

La gratuidad es el sello de Dios, la identidad más profunda de la humanidad y el único horizonte posible para nuestro futuro. El profeta lo hace sentir en este texto, Jesús lo vivió en su propia vida y nosotros a veces probamos esta delicia entre nosotros, a veces también en la Iglesia y en nuestras comunidades. Me gusta la frase de una canción de Atahualpa Yupanqui: "solamente lo barato se compra con el dinero. Pobrecito mi patrón, piensa que el pobre soy yo". En estos tiempos en que todo tiene precio y los precios no tienen límites, como tampoco parece tener limites la ansiedad de tener, comprar, vender, poseer. En estos tiempos la Pascua de Dios generoso hasta su propia

Para meditar

SALMO RESPONSORIAL   Isaías 12:2–3, 4bcd, 5–6

R. Ustedes sacarán agua con alegría de las vertientes de la salvación.

¡Vean cómo es Él, el Dios que me salva, me siento seguro y no tengo más miedo, pues el Señor es mi fuerza y mi canción, Él es mi salvación! Y ustedes sacarán agua con alegría de los manantiales de la salvación. R.

¡Denle las gracias al Señor; vitoreen su nombre! Publiquen entre los pueblos sus hazañas. Repitan que su nombre es sublime. R.

¡Canten al Señor porque ha hecho maravillas que toda la tierra debe conocer! ¡Griten de contento y de alegría, habitantes de Sión, porque grande se ha portado contigo el Santo de Israel! R.

VI LECTURA   Baruc 3:9–15, 32—4:4

Lectura del libro del profeta Baruc

Escucha, Israel, los mandatos de **vida**,
    presta oído para que adquieras **prudencia**.
¿A qué se debe, Israel, que estés **aún** en **país enemigo**,
    que **envejezcas** en tierra **extranjera**,
    que te hayas **contaminado** por el **trato con los muertos**,
    que te veas **contado** entre los que **descienden** al **abismo**?

Es que **abandonaste** la **fuente** de la **sabiduría**.
Si hubieras **seguido** los **senderos** de **Dios**,
    habitarías en paz **eternamente**.

Aprende **dónde** están la **prudencia**,
    la **inteligencia** y la **energía**,
    así aprenderás **dónde** se encuentra el **secreto** de vivir **larga vida**,
    y **dónde** la **luz** de los ojos y la **paz**.
¿Quién es el que halló el lugar de la **sabiduría**
    y tuvo acceso a sus **tesoros**?
El que todo lo **sabe**, la **conoce**;
    con su **inteligencia** la ha **escudriñado**.

Que la claridad de las verdades que anuncias en esta lectura no perturben el tono paciente que impregna este mensaje.

vida, nos pone en el filo de las decisiones para definir hacia donde y como vamos a orientar nuestra existencia. La luz esta ahí, el camino nos abraza y Dios en Jesús nos llevan de la mano. Es posible.

VI LECTURA El profeta Baruc, secretario de Jeremías, muestra un interés especial por los exiliados en Babilonia, poniendo los ojos en Jerusalén. No lo hace en el momento en que surgieron estos acontecimientos sino muchos años después; este profeta ha recordado el exilio para retomar comportamientos y actitudes varios siglos después, en el siglo II a. C. De ahí, con mucha seguridad, su lenguaje más cerca de lo sapiencial que de las grandes figuras proféticas.

El profeta Baruc es un profeta que confía en la sabiduría; para encontrar la paz es indispensable adquirir la sabiduría que procede de Dios. Por eso, la causa del exilio no hay que buscarla en situaciones ajenas y externas sino en el quebrantamiento de la alianza con Yahvé. De ahí que sea necesario volver al Señor que garantiza la justicia y la

Lo que parece una mezcla de la creación, el Creador, la sabiduría y la respuesta ("aquí estamos") es más bien un encuentro vivo en el camino de la sabiduría. Mantén el hilo.

El que **cimentó** la tierra para **todos** los tiempos,
　　y la pobló de **animales cuadrúpedos**;
　　el que envía la **luz**, y ella **va**,
　　la **llama**, y **temblorosa** le **obedece**;
　　llama a los **astros**, que brillan **jubilosos**
　　　　en sus **puestos de guardia**,
　　y ellos le **responden**: "**Aquí estamos**",
　　y refulgen **gozosos** para **aquel** que los hizo.
Él es **nuestro Dios**
　　y no hay **otro** como él;
　　él ha **escudriñado** los caminos de la **sabiduría**
　　y se la dio a su hijo **Jacob**,
　　a **Israel**, su **predilecto**.
Después de esto, **ella apareció** en el **mundo**
　　y **convivió** con los **hombres**.

La **sabiduría** es el libro de los **mandatos de Dios**,
　　la ley de **validez eterna**;
　　los que la **guardan, vivirán**,
　　los que la **abandonan, morirán**.

Vuélvete a ella, **Jacob**, y **abrázala**;
　　camina hacia la **claridad** de su **luz**;
　　no entregues a otros tu **gloria**,
　　ni tu dignidad a un pueblo **extranjero**.
Bienaventurados **nosotros**, Israel,
　　porque lo que **agrada** al **Señor**
　　nos ha sido **revelado**.

Insiste en las características de un Dios vivo y presente en la historia (Israel, Jacob…). Nuestra fe no es una ilusión pasajera.

Para meditar

SALMO RESPONSORIAL   Salmo 18:8, 9, 10, 11

R. Señor, tú tienes palabras de vida eterna.

La ley del Señor es perfecta y es descanso del alma; el precepto del Señor es fiel e instruye al ignorante. R.

Los mandatos del Señor son rectos y alegran el corazón; la norma del Señor es límpida y da luz a los ojos. R.

La voluntad del Señor es pura y eternamente estable; los mandamientos del Señor son verdaderos y enteramente justos. R.

Más preciosos que el oro, más que el oro fino; más dulces que la miel de un panal que destila. R.

libertad fundamentos de toda paz auténtica y duradera. Pero lo contrario a la paz no sólo es la guerra sino también el fracaso y la infidelidad.

De ahí que el profeta invite al pueblo a caminar en la luz que ofrece los principios del Señor (4:1ss). Para el profeta Baruc, influenciado por cierta corriente sapiencial,

seguir los principios del Señor proporciona la vida; el pueblo de Israel no sólo debe cumplir mandamientos sino orientarse por principios; no sólo debe observar normas sino tener convicciones.

La sabiduría no es pues una cosa, ni siquiera una acción. Es una opción de vida que, conectada a la fuente (el Dios de la

vida) bebe continuamente, saborea serenamente, distingue inteligentemente y disfruta alegremente. El gozo de una persona o de una comunidad que participa de este tipo de sabiduría es algo que se nota sin ser anunciado a gritos. Es algo que se siente sin necesidad de imposiciones. Fluye como una revelación que agrada al Señor.

VII LECTURA   Ezequiel 36:16–28

Lectura del libro del profeta Ezequiel

En **aquel** tiempo,
   me fue dirigida la **palabra del Señor** en **estos términos**:
"**Hijo de hombre**, cuando los de la casa de **Israel**
      habitaban en su tierra,
   la **mancharon** con su **conducta** y con sus **obras**;
   como **inmundicia** fue su **proceder** ante mis ojos.
Entonces **descargué** mi **furor** contra ellos,
   por la **sangre** que habían **derramado** en el **país**
   y por haberlo **profanado** con sus **idolatrías**.
Los **dispersé** entre las **naciones**
   y anduvieron **errantes** por **todas** las tierras.
Los **juzgué** según su **conducta**, según sus **acciones** los **sentencié**.
Y en las **naciones** a las que **se fueron**,
   desacreditaron mi **santo nombre**,
   haciendo que de ellos **se dijera**:
'**Éste** es el pueblo del Señor, y ha **tenido que salir** de su **tierra**'.

Pero, **por mi santo nombre**,
   que la casa de Israel **profanó** entre las **naciones** a donde **llegó**,
   me he **compadecido**.
Por eso, dile a la casa de **Israel**:
'**Esto** dice el Señor: no lo hago **por ustedes**, casa de Israel.
Yo mismo mostraré la santidad de mi nombre **excelso**,
   que ustedes **profanaron** entre las naciones.
Entonces ellas **reconocerán** que **yo soy el Señor**,
   cuando, **por medio de ustedes** les haga ver mi **santidad**.

Los **sacaré** a ustedes de entre las **naciones**,
   los **reuniré** de **todos** los países y los **llevaré** a su **tierra**.
Los **rociaré** con **agua pura** y quedarán **purificados**;
   los **purificaré** de **todas** sus **inmundicias** e **idolatrías**.

El corazón de esta lectura esta en que su amor y su proyecto de salvación es más fuerte y poderoso que todos los males. Sé consistente al proclamar el poder amoroso de Dios.

Paso a paso ve enunciando las características de la infidelidad, que se sienta como las vas arrojando enfrente de la humanidad. Dios pide sinceridad ante la realidad aquí enunciada.

Haz un breve silencio y toma aire antes de pronunciar la consecuencia: "Por eso, dile a la casa de Israel".

Una y otra vez se reafirma la promesa en la Biblia. Proclama la de esta lectura como si fuese la primera vez para ti y todos los que escuchan.

VII LECTURA En las lecturas anteriores de los profetas se viene destacando la promesa de la restauración. El pueblo ha sufrido tremendas derrotas; sin embargo, la que más los ha hecho sufrir es la destrucción de Jerusalén y la deportación de sus habitantes. Esta derrota hacía concluir a muchos —por cierto equivocadamente— que los dioses de Babilonia eran más poderosos que Yahvé. La última lectura del Antiguo Testamento es del profeta Ezequiel, testigo del destierro del pueblo de Israel en Babilonia, en el siglo VI a. C.

El profeta señala el pecado de la idolatría como la falta originante o generadora de su situación (v. 20). La idolatría para Ezequiel no es un asunto de conocimiento de otros dioses sino de dejarse guiar por otros principios; por eso, si bien en un primer momento de acuerdo a la mentalidad antigua el principal afectado es Dios (v. 20) quien sufre las consecuencias inmediatas más desastrosas es el mismo pueblo.

Otros afectados son los que rodean al pueblo de Israel, los que conviven de cerca con él. Al ver su comportamiento y al constatar que su situación no se animarán a creer en su Dios. Es decir, la idolatría impacta fuertemente que otras personas y pueblos se adhieran al Señor.

Les **daré** un **corazón nuevo** y les **infundiré** un **espíritu nuevo**;
  arrancaré de ustedes el **corazón de piedra**
  y les **daré** un **corazón de carne**.
Les **infundiré mi espíritu**
  y los **haré vivir** según mis **preceptos**
  y **guardar** y **cumplir** mis **mandamientos**.
Habitarán en la tierra que di a **sus padres**;
  ustedes serán mi **pueblo** y yo seré su **Dios**'".

Es bellísima la promesa de corazón y un espíritu nuevo. No lo pongas como regaño. Es ya una realidad en el presente de Dios.

Para meditar

SALMO RESPONSORIAL   Salmo 41:3, 5def; Salmo 42: 3, 4

R. **Como busca la cierva corrientes de agua, así mi alma te busca a ti, Dios mío.**

Mi alma tiene sed de Dios, del Dios vivo: ¿cuándo entraré a ver el rostro de Dios? R.

Cómo marchaba a la cabeza del grupo hacia la casa de Dios, entre cantos de júbilo y alabanza, en el bullicio de la fiesta. R.

Envía tu luz y tu verdad; que ellas me guíen y me conduzcan hasta tu monte santo, hasta tu morada. R.

Que yo me acerque al altar de Dios, al Dios de mi alegría; que te dé gracias al son de la cítara, Dios, Dios mío. R.

O bien, cuando hay bautizos: Isaías 12:2–3, 4bcd, 5–6

O bien:

Para meditar

SALMO RESPONSORIAL   Salmo 50:12–13, 14–15, 18–19

R. **Oh Dios, crea en mí un corazón puro.**

Oh Dios, crea en mí un corazón puro, renuévame por dentro con espíritu firme; no me arrojes lejos de tu rostro, no me quites tu santo espíritu. R.

Devuélveme la alegría de tu salvación, afiánzame con espíritu generoso. Enseñaré a los malvados tus caminos, los pecadores volverán a ti. R.

Los sacrificios no te satisfacen, si te ofreciera un holocausto, no lo querrías. Mi sacrificio es un espíritu quebrantado, un corazón quebrantado y humillado tú no lo desprecias. R.

Y es que lo más grave consiste en que el pueblo pretende jugar con dos cosas: decir que es el pueblo de Yahvé, por una parte, e irse detrás de otros dioses, por otra. Es decir, se guía por otros principios pero pretende presentarse como si fuera realmente el pueblo de Yahvé.

De ahí que en la mentalidad antigua si bien el problema de la idolatría es un problema del pueblo de Israel, a Dios le preocupa y toma cartas en el asunto. Congregar de entre las naciones a su pueblo, llevarlo a su tierra y purificarlos. La purificación no será cosa fácil. Se necesita un corazón nuevo, un espíritu nuevo. Todo esto deberá tener como consecuencia una renovación permanente de la alianza (vv. 24–29).

EPÍSTOLA Es el momento de pasar a las lecturas del Nuevo Testamento después del canto festivo del Gloria. Qué manera mejor de hacerlo que a través de un pasaje de la Carta a los Romanos dedicado a la vida en Cristo.

Pablo expresa la convicción de morir al pecado y vivir para Dios en Cristo Jesús

Haz de cuenta que estás dando la catequesis más importante a los catecúmenos que están a punto de ser incorporados a la vida y misterio de la Iglesia.

Que tu voz sea un vehículo eficaz y fraterno para abrazar a toda la comunidad de bautizados presentes en la asamblea. Habla desde tu propio bautismo.

Es un himno a la fe centrado en Cristo y su misterio pascual, así que concluye ensalzando su nombre y con la frente en alto. Con la dignidad de los redimidos.

EPÍSTOLA   Romanos 6:3–11

Lectura de la carta del apóstol san Pablo a los romanos

Hermanos:
¿No saben ustedes que **todos** los que hemos sido **incorporados**
   a Cristo **Jesús**
   por medio del **bautismo**,
   hemos sido **incorporados** a él en su **muerte?**
En efecto, por el **bautismo** fuimos **sepultados** con él en su **muerte,**
   para que, así como Cristo **resucitó** de entre los **muertos**
   por la **gloria** del **Padre,**
   así también nosotros llevemos una **vida nueva.**

Porque, si hemos estado **íntimamente** unidos a **él**
   por una **muerte semejante** a la **suya,**
   también lo estaremos en su **resurrección.**
Sabemos que nuestro viejo fue **crucificado con Cristo,**
   para que el **cuerpo del pecado** quedara **destruido,**
   a fin de que **ya no sirvamos** al pecado,
   pues el que ha **muerto** queda **libre** del **pecado.**

Por lo tanto, si hemos **muerto con Cristo,**
   estamos **seguros** de que **también viviremos** con él;
   pues **sabemos** que Cristo,
   una vez **resucitado** de entre los muertos, **ya no morirá nunca.**
La muerte **ya no tiene dominio** sobre él,
   porque al morir, **murió al pecado** de una vez **para siempre;**
   y al resucitar, **vive ahora** para **Dios.**
Lo mismo **ustedes**, considérense **muertos al pecado**
   y **vivos para Dios** en Cristo Jesús, **Señor nuestro.**

(v. 11). Este es un principio generador que Pablo propone para que la vida del cristiano esté en constante movimiento hacia la gracia. Todos sabemos —y Pablo también lo sabía— que nadie puede adquirir una situación de inmunidad ante el pecado; los seres humanos sabemos que podemos pecar y de hecho, si somos honestos, deberíamos reconocer que pecamos. Entonces ¿Pablo está pidiendo algo imposible? Para el apóstol de los gentiles no es suficiente con que alguien tenga la preocupación de evitar el pecado, es necesario que tenga la convicción de vivir en Cristo para Dios. Es decir, no

es suficiente con evitar el mal, se hace necesario optar por la vida de Cristo, por el bien.

Desde esta perspectiva, estamos llamados a una vida nueva a partir de la Resurrección de Cristo. La vida nueva en Pablo es algo permanente, dinámico y en un proceso permanente de crecimiento. Experimentamos la limitación pero estamos llamados a no vivir esclavos del pecado; sabemos de nuestras mediocridades pero en Cristo se abren posibilidades reales y eficaces de dejar el hombre viejo y transformarnos permanentemente a partir de la muerte y resurrección del Señor.

Esto nos hará vivir como auténticos bautizados. Es decir, como bautizados en Cristo pasamos a ser parte de él (incorporados) y de su cuerpo vivo en el mundo de la vida y de toda la realidad. La luz y la gracia de la Pascua nos ponen en forma visible para dar testimonio de lo que somos y estamos llamados a ser en Jesús resucitado. La teología de San Pablo sobre la incorporación a la salvación en Cristo nos pone en el camino de una vida de transformación continua en el Espíritu de la Iglesia pascual, donde los sacramentos, especialmente el del bautismo nos abren y conducen en el camino de la gracia como un don. El don de

Para meditar

SALMO RESPONSORIAL   Salmo 117:1–2, 16–17, 22–23

R. Aleluya, aleluya, aleluya.

Den gracias al Señor porque es bueno, porque es eterna su misericordia. Diga la casa de Israel: eterna es su misericordia. R.

La diestra del Señor es poderosa, la diestra del Señor es excelsa. No he de morir, viviré para contar las hazañas del Señor. R.

La piedra que desecharon los arquitectos, es ahora la piedra angular. Es el Señor quien lo ha hecho, es un milagro patente. R.

EVANGELIO   Mateo 28:1–10

Lectura del santo Evangelio según san Mateo

Transcurrido el **sábado**, al amanecer del **primer día** de la semana,
   María Magdalena y la **otra María** fueron a ver el **sepulcro**.
De pronto se produjo un **gran temblor**,
   porque el **ángel** del Señor **bajó del cielo**
   y **acercándose** al sepulcro,
   hizo rodar la piedra que lo tapaba y **se sentó** encima de ella.
Su **rostro** brillaba como el **relámpago**
   y sus **vestiduras** eran **blancas** como la **nieve**.
Los guardias, **atemorizados** ante él, se pusieron a **temblar**
   y se quedaron **como muertos**.
El ángel **se dirigió** a las mujeres y les **dijo**:
   "**No teman**. Ya sé que buscan a **Jesús**, el **crucificado**.
No está aquí;
   ha **resucitado**, como lo había **dicho**.
Vengan a ver el lugar donde lo habían **puesto**.
Y **ahora**, vayan de **prisa** a decir a sus **discípulos**:
'Ha **resucitado** de entre los **muertos**
   e **irá** delante de ustedes a **Galilea; allá** lo **verán**'.
Eso es **todo**".

Estás proclamando una noticia que ha cambiado a la humanidad de muchos y es el fundamento de la Iglesia. Hazlo rebosante de gozo y con la confianza visible en tu rostro y en tu lenguaje corporal.

Escudriña con tu mirada a la asamblea, como diciéndole que ves sus anhelos de vivir, que, aunque no vemos claro Dios está vivo entre nosotros. Vive y transmite estos sentimientos.

No pases por alto los detalles materiales de tiempo, de lugares y otros que combinan lo divino (blancura, relámpago…) con lo histórico (la piedra, Galilea…). Es un relato muy bien estructurado.

---

ser Iglesia fermento de Jesús como salvación en el mundo. Y no sólo en el mundo visto como todo aquello que se opone al plan de Dios, sino como todo aquello en lo que la salvación es posible y necesaria. Asumamos con decisión la tarea de ser transformados y fermento de transformación no únicamente como re-acción al pecado sino como propuesta de salvación.

EVANGELIO   Este relato de la resurrección resalta, en primer lugar, la comprensión inmediata de los primeros cristianos que se convertiría en una convicción fundamental: cruz y resurrección

no se pueden separar. Se resucita porque se entrega la vida, porque se ama hasta el extremo (v. 5). El resucitado es el crucificado; la muerte no es un fracaso sino un paso; la entrega de la vida es el camino indispensable para la verdadera gloria. De ahí que los discípulos no deben olvidar Galilea (vv. 7, 11). Y es que la cruz sin resurrección conduce al fatalismo y la resurrección sin cruz lleva a la actitud equivocada del triunfalismo. De este modo al leer el relato de la resurrección estamos entrando en la fe de la Iglesia, los discípulos y discípulas, que desde el principio entendieron la vida cristiana a la luz del Resucitado que no

se quedo enterrado ni en la muerte física, ni en la muerte espiritual que conduce al olvido. Mas bien, esta fe la Iglesia testimoniada por Mateo, nos lleva a re-leer y re-comprender profundizando con sentido pleno toda la vida y la obra de Jesús. Ante semejante luz de la fe animada por el Espíritu la misma muerte de Jesús se transforma en un elemento que supera la crueldad y el drama de morir, y se constituye en una confirmación inevitable y poderosa de que Dios tiene razón y de que Jesús, llevando al extremo su entrega, lleva al extremo, mas allá de los límites de la propia vida y de la historia, el proyecto del reino. La salvación

La mención de las mujeres como testigos de la resurrección debe sobresalir. No es casualidad este dato.

Las palabras del ángel son de suma importancia. Anuncia esto con fortaleza y pausada elocuencia esta suma verdad apoyándote en palabras clave como: "no teman", "vengan" y "vayan a Galilea".

Ellas **se alejaron** a **toda prisa** del **sepulcro**,
   y **llenas de temor** y de **gran alegría**,
   corrieron a dar la **noticia** a los **discípulos**.
Pero de repente **Jesús** les **salió** al encuentro y las **saludó**.
Ellas se le **acercaron**, le **abrazaron** los pies y lo **adoraron**.
Entonces les dijo Jesús: "**No tengan miedo**.
Vayan a decir a mis **hermanos** que se dirijan a **Galilea**.
Allá me **verán**".

ha sido consumada y nos toca dejarnos abrazar y envolver en esta visión y misión.

Así pues, podemos reafirmar con plena seguridad que Jesús resucitó no sólo porque murió sino por la causa por la que entregó su vida. Muchos habían muerto del mismo modo que Jesús pero no por la misma causa ni por las mismas razones. De este modo, creer en la resurrección exige al mismo tiempo creer y asumir un estilo de vida y de pensar como el de Jesús. Con probabilidad el evangelista quiera convencer de que sólo es posible creer y participar de la resurrección si se asumen las causas de la entrega de la vida de Jesús.

La resurrección no es algo que se mide con criterios de este mundo (inteligencia, comprensión) sino con signos que a partir de la propia vida y realidad apuntan a 'otra dimensión' mucho más allá, desde un más acá lleno de significado. La tumba vacía, la luz, la transparencia de las ropas, las señales del ángel y sobre todo el testimonio de quienes entienden con el corazón y la fe que Jesús y su mensaje no fueron derrotados por la muerte y las acciones humanas de quienes pretendieron acabar con él y su mensaje. Cada uno de nosotros que estamos meditando este misterio podemos también dar testimonio de los signos de resurrección en nuestra vida cuando constatamos que la vida y nuestras esperanzas y anhelos no se agotan, y mucho menos se desgastan o anulan con las luchas y fracasos. La fe en el resucitado es una luz para el mundo. Es un signo fuertísimo de que Dios esta vivo, de que su plan de salvación sigue vigente, de que creemos en nosotros mismos y de que esperamos, activos en el amor, la "otra venida" de Cristo al mundo. Esa que esta aconteciendo continuamente y en camino a la plenitud de la obra de Dios manifestada en Cristo.

DOMINGO DE PASCUA

I LECTURA   Hechos 10:34a, 37–43

Lectura del libro de los Hechos de los Apóstoles

Toma la postura de quien va a dar una gran noticia a su propio pueblo o a su propia familia. Estas hablando para abrir los ojos a quienes conoces y quieres mucho.

En **aquellos** días, **Pedro** tomó la palabra y **dijo:**
"**Ya saben** ustedes lo sucedido en **toda Judea,**
    que tuvo principio en **Galilea,**
    después del **bautismo** predicado por **Juan:**
    cómo Dios **ungió** con el **poder** del **Espíritu Santo**
        a **Jesús de Nazaret**
    y cómo **éste** pasó haciendo el **bien,**
    sanando a **todos** los **oprimidos** por el diablo,
    porque Dios **estaba con él.**

Hay cercanía ("nosotros") y distancia ("ustedes") al mismo tiempo. Maneja este detalle del texto con tu entonación y si es posible con algunos movimientos de manos en forma discreta.

Nosotros somos **testigos** de cuanto él hizo en **Judea**
        y en **Jerusalén.**
Lo **mataron** colgándolo de la **cruz,**
    pero Dios **lo resucitó al tercer día** y concedió verlo,
    no a **todo** el pueblo,
    sino **únicamente** a los **testigos** que él,
    de **antemano,** había **escogido:**
    a **nosotros,** que hemos **comido** y **bebido** con él
    después de que **resucitó** de entre los **muertos.**

Al describir la muerte maneja tu habilidad de cronista. Es más importante contar el hecho que atizar juicios recriminatorios.

Él **nos mandó predicar** al pueblo
    y **dar testimonio** de que Dios lo ha **constituido**
    juez de **vivos** y **muertos.**
El **testimonio** de los **profetas** es **unánime:**
    que cuantos **creen** en él
    reciben, por su medio, el **perdón de los pecados".**

La resurrección es el acontecimiento decisivo de la vida del Cristo, y de la nuestra. Al resucitar el Padre a Jesús se pronuncia por la vida no por la muerte, por los inocentes no por los verdugos; por el amor no por el egoísmo. De modo que la resurrección no es una doctrina o enseñanza sino proclamación, testimonio y buena noticia para todos.

I LECTURA El kerigma proclamado en la casa de Cornelio está enmarcado como encuentro entre personas de diferente origen étnico-religioso: Pedro y Cornelio. También son diferentes en su proceso de fe. Por esto, el encuentro es extraordinario. Rompieron el cerco religioso, étnico y cultural que divide y separa personas, cosas y comunidades, en "puros" e "impuros", "santos" y "pecadores", "buenos" y "malos".

Pedro da testimonio. No pregunta, afirma. La fe asegura que Jesús "pasó haciendo el bien y curando a todos los oprimidos por el diablo, porque Dios estaba con él". Conectado a esto, anuncia que "Dios no hace acepción de personas".

II LECTURA La comunidad de Colosas estaba formada en su mayoría por cristianos provenientes del paganismo (Col 1:21; 2:13), cuyo líder y maestro era Epafras (1:7s; 4:12s).

La resurrección ayuda a reorientar la existencia: "busquen las cosas de arriba, donde está Cristo…" (3:1). "Arriba" es lo que pertenece a Dios, el "cielo", lo que esta más allá de las cosas que vemos, lo que atraviesa la realidad, no la ignora; la supera. Ojalá quede claro, pues tenemos un mundo de malformación en lo que significa esto y corremos el riesgo de deformar la vida y la fe.

Para meditar

SALMO RESPONSORIAL   Salmo 117:1–2, 16–17, 22–23

R. Éste es el día en que actuó el Señor: sea nuestra alegría y nuestro gozo.

Den gracias al Señor porque es bueno, porque es eterna su misericordia. Diga la casa de Israel: eterna es su misericordia. **R.**

La diestra del Señor es poderosa, la diestra del Señor es excelsa. No he de morir, viviré para contar las hazañas del Señor. **R.**

La piedra que desecharon los arquitectos, es ahora la piedra angular. Es el Señor quien lo ha hecho, ha sido un milagro patente. **R.**

II LECTURA   Colosenses 3:1–4

Lectura de la carta del apóstol san Pablo a los colosenses

Hermanos:

Puesto que **ustedes** han **resucitado** con **Cristo**,
     busquen los bienes de arriba,
          donde está **Cristo**, sentado a la **derecha** de **Dios**.
Pongan **todo** el corazón en los **bienes** del cielo,
          no en los de la **tierra**,
     porque han **muerto** y su **vida** está **escondida**
          con **Cristo** en **Dios**.
Cuando se manifieste **Cristo**, **vida** de **ustedes**,
     entonces **también ustedes** se manifestarán **gloriosos**,
juntamente con él.

Combina un doble tono: la invitación amorosa con la llamada de atención a quienes todavía no se deciden por el Señor. Como si supieras quiénes andan aún distraídos con asuntos de brujería, hechicería, cartas, horóscopos y demás supersticiones.

Finaliza con un profundo sentido de confianza en Dios y en tu comunidad.

EVANGELIO *El resucitado es el mismo que murió en la cruz.* Los primeros cristianos expresaron su fe en fórmulas (1 Cor 15:3–5) o confesiones de fe que dejan claro que Jesús fue "despertado" de la muerte (Rom 10:9; 1 Cor 15:3–5; 1 Tes 1:10; 4:14) Muy pronto, se dieron cuenta que no se debía separar la muerte de la resurrección; más aún, se convencieron de que todo esto tenía sentido si ellos se volvían testigos. Olvidar la cruz (la entrega de la vida de Jesús) conduce a un triunfalismo estéril; rechazar la resurrección al fatalismo. Los escritos de san Pablo anotan esta doble dimensión (como en 1 Tes 4:14; 8:34; 14:9; 4:25; 2 Cor 5:15). Otro

tanto hacen los los evangelios (ver Mt 28:5–8; Lc 2:1–8, 36–42; Jn 20:19–29). En este amplio marco de proclamaciones de fe se ubica el relato de Juan (20:1–18).

Las primeras testigos, unas mujeres. No es casual que sean mujeres las primeras testigos de la resurrección. En aquel tipo de sociedad las mujeres no podían actuar jurídicamente como testigos; sin embargo, el Señor Resucitado las escoge como primeras testigos de ese gran acontecimiento. La afirmación de María Magdalena "no sabemos…" del v. 2 indica, desde la perspectiva narrativa, que había más de una mujer (véase también Mt 28:1). Es posible que con

esto se esté dando a entender no sólo la importancia de la mujer en las primeras comunidades cristianas sino también la fuerza renovadora de la Resurrección. Esto se percibe en otros detalles; por ejemplo, María Magdalena es la primera que llega al sepulcro (20:1); mientras Pedro y el otro discípulo vuelven a casa sin entender suficientemente todavía lo que ha sucedido (vv. 9–10) ella permanece fuera del sepulcro llorando (v. 11). En el relato del evangelista su atrevimiento de asomarse al sepulcro no es señal de duda sino de búsqueda; a tal grado llega su búsqueda que se atreve a interpelar a Jesús

O bien:

II LECTURA   1 Corintios 5:6–8

Lectura de la primera carta del apóstol san Pablo a los corintios

Hermanos:
¿**No saben** ustedes
    que un **poco** de levadura hace fermentar **toda** la masa?
Tiren la antigua levadura,
    para que sean **ustedes** una **masa nueva**,
    ya que son **pan sin levadura**,
    pues **Cristo**, nuestro **cordero pascual**, ha sido **inmolado**.

Celebremos, pues, la **fiesta de la Pascua**,
    no con la **antigua levadura**, que es de **vicio** y **maldad**,
    sino con el **pan sin levadura**, que es de **sinceridad** y **verdad**.

Esta lectura, a diferencia de la anterior es casi un reproche directo. Mira con rigidez a la asamblea. Increpa sin miedo con la pregunta.

Haz un contraste fuerte entre el llamado a tirar la levadura vieja y el gozo de celebrar la Pascua como decisión a vivir una vida nueva.

EVANGELIO   Juan 20:1–9

Lectura del santo Evangelio según san Juan

El **primer día** después del **sábado**, estando todavía **oscuro**,
    fue **María Magdalena** al sepulcro
    y vio **removida** la piedra que lo cerraba.
Echó a **correr**,
    llegó a la casa donde estaban **Simón Pedro** y el **otro discípulo**,
    a quien Jesús **amaba**, y les dijo:
"Se han **llevado** del sepulcro al **Señor**
    y **no sabemos** dónde lo habrán puesto".

Esta lectura está llena de detalles del gozo que acompaña la gran noticia de la resurrección. Aprovecha ambas cosas para que tu proclamación sea a buen ritmo pero con mucho ánimo.

---

confundiéndolo con el jardinero para poder hacerse del cuerpo.

María Magdalena, modelo de discípulo misionero. Y lo más importante, después de ser la primera en reconocer al Señor Resucitado y de tocarlo (v. 17), se convierte en mensajera de la noticia más importante de la fe cristiana: ¡El Señor ha resucitado! Más aún, san Juan presenta a esta mujer como portavoz de la nueva alianza hecha realidad: "subo a mi Padre y su Padre, a mi Dios y su Dios" (v. 17). María Magdalena puede ser un prototipo de discípulo: piensa que Jesús está muerto, no se da por vencida ante el sepulcro vacío, reconoce al resucitado, lo

experimenta y se convierte en Apóstol de los apóstoles.

El evangelista insiste en que el Señor la llama por su nombre; en la mentalidad semita el nombre pronunciado en un discurso directo llega hasta lo más profundo del corazón. Enseguida se recupera la relación personal que había sido rota por la muerte (véase también Jn 10:3 que confirma este sentido al decir que el verdadero pastor conoce a sus ovejas y a cada una la llama por su nombre).

Por lo anterior, la orden que da Jesús a María Magdalena no se debe traducir como "no me toques" sino como "deja de tocarme"

(v. 17). Con mucha esta gran mujer no sólo tendió los brazos para querer tocarlo sino que se abrazó a sus pies como un gesto de adoración como el de las santas mujeres de Mt 28:9. La orden de Jesús estaría con relación a su misión; porque debe convertirse en mensajera de esta gran noticia no puede permanecer abrazada a Jesús. Ahora que lo ha experimentado tiene la tarea de compartir esto con quienes no han podido hacerlo.

El comienzo de la nueva alianza. Vale la pena aclarar esta nueva alianza. Jesús, el Hijo, ha bajado del cielo (Jn 3:13; 6:33, 38, 49–51, 58), ha salido de Dios (8:42; 16:27–28; 17:8) y ha cumplido su misión hasta el final.

Haz lucir el modo de actuar de cada persona en este relato. Por ejemplo, haz que la asamblea imagine claramente a Magdalena corriendo por el camino aún sin el amanecer. Que visualicen a Pedro y piensen en el "otro discípulo".

Salieron Pedro y el otro discípulo camino del **sepulcro**.
Los dos iban **corriendo juntos**,
    pero el otro discípulo corrió **más aprisa** que Pedro
    y llegó **primero** al sepulcro,
    e **inclinándose**, miró los **lienzos** puestos en el **suelo**,
    pero **no entró**.

En eso llegó también **Simón Pedro**, que lo venía **siguiendo**,
    y **entró** en el sepulcro.
Contempló los lienzos puestos en el suelo
    y el **sudario**, que había estado sobre la **cabeza** de Jesús,
    puesto no con los **lienzos** en el **suelo**,
    sino **doblado** en sitio aparte.
Entonces entró **también** el otro discípulo,
    el que había llegado **primero** al sepulcro,
    y **vio y creyó**, porque hasta entonces
    no habían entendido las Escrituras,
    según las cuales **Jesús debía resucitar** de entre los muertos.

Presenta con detalle a la asamblea a los discípulos contemplando los "signos" de que Jesús no está muerto.

Lecturas alternativas: Mateo 28:1–10 y Lucas 24:13–35 (para las Misas vespertinas del domingo)

Recuerda la maestría con la que nuestros padres o abuelos cuentan historias de la vida para dar vida y ánimo.

Ahora sube al Padre después de haber sido fiel hasta el extremo de entregar la vida; es la culminación de su obra. De acuerdo al evangelio de Juan la finalidad de la venida de Jesús era elevar a todos los hombres hacia Él. Por eso, a partir de la entrega de la vida de Jesús (en Juan, de su glorificación en la cruz) y de su resurrección, se inicia una nueva alianza entre Dios y los hombres en Jesucristo. Ahora bien, esta alianza según el mismo Juan sólo se sostiene en el amor a los hermanos (Jn 13).

Y el discípulo amado, todos podemos ver y creer. Mucha tinta se ha gastado en querer identificarlo con algún personaje histórico. Sin embargo, lo más seguro es que el evangelista en su afán catequético con sus comunidades haya querido involucrar a cualquiera que leyera o escuchara su narración. Es alguien que se entusiasma ante la noticia de María Magdalena (v. 2); le da precedencia a Pedro (21:9–23), pues el evangelista, lo presenta inclinándose, viendo los lienzos pero sin entrar. Una vez que entró *vio y creyó* (v. 8). En este discípulo se veía —y nos vemos— cualquier lector. El discípulo cree al ver los indicios que quedaban en el sepulcro; incluso antes de su contacto con el Resucitado fue capaz de superar el abismo: en ausencia del cuerpo aquellos lienzos funerarios tuvieron para él valor de signo. Mientras Pedro pensaba en el rapto el discípulo creía en la resurrección. El discípulo captaba en el sepulcro vacío que el Señor había vencido todo lo que tenía que ver con el tiempo, con la limitación humana; ¡Jesús había vencido la muerte! Ahora bien, no hay contradicción entre los vv. 8 y 9; que el discípulo haya visto y creído pero no haya comprendido todavía la Escritura no guarda contradicción. La Iglesia primero experimentó al Resucitado y después iluminó su fe repasando la Escritura.

II DOMINGO DE PASCUA (DE LA DIVINA MISERICORDIA)

I LECTURA   Hechos 2:42–47

Lectura del libro de los Hechos de los Apóstoles

En los **primeros días** de la Iglesia,
   todos los hermanos acudían **asiduamente** a escuchar
      las **enseñanzas** de los **apóstoles**,
   vivían en **comunión fraterna**
   y se **congregaban** para orar **en común**
   y celebrar la **fracción del pan**.
Toda la gente estaba **llena** de asombro y de **temor**,
   al ver los **milagros** y **prodigios** que los **apóstoles**
      hacían en **Jerusalén**.

Todos los creyentes vivían **unidos** y lo tenían todo **en común**.
Los que eran **dueños** de **bienes** o **propiedades** los **vendían**,
   y el producto era distribuido **entre todos**,
      según las **necesidades** de **cada uno**.
Diariamente se reunían en el **templo**,
   y en las **casas** partían el **pan**
   y comían **juntos**, con **alegría** y **sencillez de corazón**.
Alababan a Dios y **toda** la gente los **estimaba**.
Y el Señor aumentaba **cada día**
   el **número** de los que habían de **salvarse**.

Sé consciente de que estás proclamando el anhelo más profundo y sincero que la Iglesia va saboreando desde hace dos mil años. Dale realismo, como un testigo verdadero.

Sube el tono al proclamar el asombro. Esto despertara mucha inquietud para nuestra vida presente.

Que tu mirada y tu voz sea como un hilo que teje la vida de justicia con la celebración de la eucaristía: va el templo con la casa. Estás tejiendo no haciendo tajadas de la vida cristiana.

Ponle relevancia a la alegría y sencillez del corazón. Que todos sepan que esto es la clave de la alabanza y del testimonio eclesial y de todo grupito parroquial.

La resurrección no admite más que testigos; algo tan importante y determinante para la vida de cada ser humano y de toda comunidad no puede dejarse guardado, sin proclamarse. La experiencia de la fe en la resurrección necesariamente construye comunidades alternativas. Aquí vamos.

I LECTURA   Los resúmenes en los que se presenta la situación de la comunidad no reflejan principalmente cómo eran las comunidades sino el objetivo que deseaban cumplir (ver Hechos 2:42–47, 4:32–35 y 5:12–16). Y es que varias décadas después de la pascua de Jesucristo, los cristianos cayeron en cierta rutina y desaliento; por eso el autor de los Hechos los quiere convencer de que es posible construir una sólida comunidad; de ésas que realmente impactan en su alrededor.

En el resumen que hemos leído (2:42–47), sobresalen algunas cosas fundamentales para una comunidad sólida. Veamos. Lo primero que se ocupa para mantener la solidez de una comunidad es la constancia, "mantenerse constantes"; en la lengua en que se escribió Hechos de los Apóstoles se usa un verbo que quiere decir "agarrarse fuertemente". No se trata pues de cosas que se puedan hacer de vez en cuando, son comportamientos permanentes; tampoco de cosas que puedan ir separadas.

Los miembros de la comunidad deben agarrarse fuertemente de la enseñanza de los apóstoles, al mismo tiempo que de la comunión, es decir, de estar dispuestos a compartir. Igualmente, se deben mantener agarrados de la fracción del pan, es decir, de la Cena del Señor o Eucaristía y de orar.

De estos cuatro elementos debe agarrarse cualquier comunidad que quiera tener solidez. Pero existe otro elemento que

Para meditar

SALMO RESPONSORIAL   Salmo 117:2–4, 13–15, 22–24

R. Den gracias al Señor porque es bueno, porque es eterna su misericordia.

Diga la casa de Israel: eterna es su misericordia. Diga la casa de Aarón: eterna es su misericordia. Digan los fieles del Señor: eterna es su misericordia. **R.**

Empujaban y empujaban para derribarme, pero el Señor me ayudó; el Señor es mi fuerza y mi energía, él es mi salvación. Escuchen: hay cantos de victoria en las tiendas de los justos. **R.**

La piedra que desecharon los arquitectos es ahora la piedra angular. Es el Señor quien lo ha hecho, ha sido un milagro patente. Éste es el día en que actuó el Señor: sea nuestra alegría y nuestro gozo. **R.**

II LECTURA   1 Pedro 1:3–9

Lectura de la primera carta del apóstol san Pedro

Bendito sea Dios, **Padre** de nuestro Señor **Jesucristo**,
  por su **gran misericordia**,
  porque al **resucitar** a Jesucristo de entre los **muertos**,
  nos concedió **renacer** a la **esperanza** de una **vida nueva**,
  que no puede **corromperse** ni **mancharse**
  y que él nos tiene **reservada** como **herencia** en el cielo.
Porque **ustedes** tienen fe en Dios, **él** los **protege** con su **poder**,
  para que **alcancen** la **salvación** que les tiene **preparada**
  y que él **revelará** al **final** de los **tiempos**.

Por esta razón, **alégrense**,
  aun cuando **ahora**
  tengan que sufrir **un poco** por adversidades de **todas** clases,
  a fin de que su fe, **sometida a la prueba**,
  sea hallada **digna** de **alabanza, gloria** y **honor**,
  el día de la **manifestación de Cristo**.
Porque la fe de **ustedes** es **más preciosa** que el **oro**,
  y el oro **se acrisola** por el **fuego**.

Haz que resuene amorosamente este hermoso saludo de fe en toda la Iglesia. Se conectará inmediatamente con la expresión que tanto ha acompañado la vida en todo momento: "bendito sea Dios".

Inmediatamente viene una descripción de la obra de Cristo que debe ser proclamada en forma pausada y consistente. No mires a la comunidad sino a todo el espacio del templo, dando sensación de amplitud.

En adelante ("porque ustedes…") dirígete al pueblo entero dando las razones más vivas y poderosas de todo cristiano: la fe y la alegría en medio de la lucha.

---

es de fundamental importancia señalar: "todos los creyentes estaban de acuerdo" (v. 44). Se hace necesaria una palabrita sobre esto. No se indica que todos pensaran lo mismo; a la letra dice: "todos los creyentes *estaban sobre lo mismo*". Lo más cercano a esto es que todos le tiraban a lo mismo, estaban de acuerdo en lo que necesitaba más empeño. Esta posibilidad admite diferencias pero no dispersión. Podían no pensar lo mismo pero no jalar cada quien para donde se le ocurriera.

Este es el cuadro para entender que "tenían todo en común" (v. 44). Una posibilidad es que los primeros cristianos hayan tenido todo mancomunado, es decir, todo junto para fines semejantes; sin embargo, de acuerdo a los capítulos 4 y 5 de Hechos, pudiera ser que aunque conservaran sus títulos de propiedad ponían generosamente sus bienes al servicio de los demás hermanos y hermanas de la comunidad.

II LECTURA La primera carta atribuida a Pedro nos acompañará los domingos de Pascua. La carta es como una catequesis bautismal-pascual, dirigida a las comunidades cristianas del Asia Menor que vivían en un ambiente nada favorable.

El escrito supone una comunidad de forasteros y extranjeros; de gentes desdeñadas y vistas con sospecha, expuestas a las calumnias y arbitrariedades de los lugareños nativos; quizá se dedicaran a actividades agrarias (1 Pe 1:22–24) o pastoriles (2:2–5; 5:2–5), y con bastante seguridad serían como chivos expiatorios de los males sociales, censurados y mal vistos por los ciudadanos. Con todo, los cristianos son invitados a llevar una conducta ejemplar, motivados por las consecuencias más significativas de la resurrección: la esperanza viva. En otras palabras, que vivan animados por la herencia incorruptible que les aguarda.

A **Cristo Jesús ustedes** no lo han **visto** y, **sin embargo**, lo **aman;**
   al **creer** en él ahora, **sin verlo,**
   se **llenan** de una **alegría radiante** e **indescriptible,**
   seguros de alcanzar la **salvación** de sus almas,
   que es la **meta** de la **fe.**

EVANGELIO   Juan 20:19–31

Lectura del santo Evangelio según san Juan

Al **anochecer** del día de la **resurrección,**
   estando **cerradas** las puertas de la casa
   donde se hallaban los **discípulos,**
   por **miedo** a los judíos,
   se presentó **Jesús** en medio de ellos y les **dijo:**
   "La **paz** esté con **ustedes**".
Dicho esto, les **mostró** las **manos** y el **costado.**
Cuando los discípulos **vieron** al Señor, se **llenaron** de **alegría.**

De nuevo les dijo Jesús: "La **paz** esté con **ustedes.**
Como el **Padre** me ha **enviado,** así **también** los envío **yo**".
Después de decir esto, **sopló** sobre ellos y les **dijo:**
"**Reciban** al **Espíritu Santo.**
A los que les **perdonen** los pecados, les **quedarán perdonados;**
   y a los que **no** se los **perdonen,** les **quedarán sin perdonar**".

Tomás, uno de los **Doce,** a quien llamaban el **Gemelo,**
   no estaba con ellos cuando vino **Jesús,**
   y los **otros discípulos** le decían:
   "Hemos **visto** al Señor".
Pero **él** les contestó:
"Si **no veo** en sus manos la **señal** de los **clavos**
   y si **no meto** mi dedo en los **agujeros** de los **clavos**
   y **no meto** mi mano en su costado, **no creeré**".

La conclusión parece apuntar a Cristo, pero no es así; insiste en el valor de la fe. Hazlo también tú.

Prepara con detalle la escena inicial para que el saludo de paz de Jesús sea percibido en toda su amplitud y profundidad. Sube el tono, extiende tus manos y mira con confianza a la asamblea.

Mantén el mismo tono ante la mención del Espíritu Santo y la inmensa y valiosa responsabilidad del perdón. Que la asamblea sienta la invitación.

La parte de Tomás es una narración que refuerza la presencia del resucitado. No la conviertas en relato aislado de incredulidad.

La resurrección no supone que todo sea alegría; pero sí mantiene la certeza de que el sufrimiento no es definitivo.

EVANGELIO *La fe en el Resucitado es indispensable para el porvenir de la comunidad.* Los relatos de las apariciones del Resucitado están en íntima relación con la fe de la comunidad y la de cada uno de sus miembros (Jn 20:19-31). Una comunidad no puede constituirse ni sostenerse sin fe en el Resucitado.

La fe es un regalo para todos. Tengamos en cuenta que, aunque otros textos como 1 Cor 15:5 afirma que el Señor Resucitado "se apareció a Cefas y luego a los Doce" Juan quiere señalar a todos los discípulos (20:19).

La fe verdadera no se desmorona con las dudas. Es la desconfianza en el auténtico testimonio de la comunidad lo que la pone en grave peligro. El problema de Tomás no es que dude sino que desconfía de quienes testifican, al grado de considerar más viable creer en directo y por sí solo, sin tomar en cuenta en absoluto a la comunidad. *El Señor Resucitado no le reprochará a Tomás que haya dudado sino que haya desconfiado del testimonio auténtico de sus hermanos y*

hermanas; por eso, acepta que lo toque (v. 27) pero le pide que no sea incrédulo sino creyente. La fe necesariamente implica la presencia y el testimonio de otros que creen. No puede haber fe personal sin una comunidad creyente. Podríamos decir por tanto que el problema del apóstol Tomás era que quería conocer a Jesucristo directamente y no aceptaba el testimonio de quienes lo habían visto.

El peligro de querer una experiencia individual sin tomar en cuenta el testimonio de la comunidad. Las palabras de Tomas "si no veo en sus manos... si no meto mi dedo... no creeré" (v. 25) imponen una condición

Ocho días después, estaban **reunidos** los discípulos
    a puerta **cerrada**
  y **Tomás** estaba con ellos.
Jesús se presentó de **nuevo** en **medio** de ellos y les dijo:
  "La **paz** esté con **ustedes**".
Luego le dijo a Tomás: "**Aquí** están mis manos; **acerca** tu dedo.
Trae acá tu mano, **métela** en mi costado
  y no sigas **dudando**, sino **cree**".
Tomás le respondió: "**¡Señor mío y Dios mío!**"
Jesús añadió: "**Tú** crees porque me has **visto**;
  dichosos los que creen **sin haber visto**".

Otras **muchas** señales **milagrosas** hizo Jesús
    en **presencia** de sus **discípulos**,
  pero **no** están escritas **en este libro**.
Se escribieron **éstas** para que **ustedes crean**
    que **Jesús** es el **Mesías**,
  el **Hijo de Dios**,
  y para que, **creyendo**,
  tengan vida en su **nombre**.

Estamos en Pascua. Mantén este tono de la presencia de Jesús resucitado hasta el final. Concluyendo con serenidad de narrador convencido de esta realidad.

irrefutable. Jesús acepta el reto de Tomás pero no para complacer su curiosidad sino para invitarlo a una decisión más profunda: que se transforme en creyente. El evangelio no dice si Tomás lo hizo; quizás no. Lo que si deja claro es que Tomás creyó; así lo expresa su proclamación de fe: "Señor mío y Dios mío" (v. 28). Llama la atención que la primera ocasión en que el Señor se aparece a los discípulos Tomás no esté; es cierto que el texto no alcanza a decir todo lo que nos gustaría que dijera. Sin embargo, podríamos preguntarnos si el hecho de haber estado al margen de la comunidad lo incapacitaba —

de algún modo— para creer en el testimonio de los otros discípulos.

Dichosos los que creen sin haber visto. Él había creído porque había visto al Señor, pero "dichosos los que no han visto y han creído" (v. 29). El evangelista aprovecha y proclama una bienaventuranza que debió animar muchísimo a quienes, muchos años después de la muerte y resurrección del Señor, escuchaban este evangelio. Ya lo había adelantado en el personaje del discípulo que sólo vio el sepulcro vacío y creyó (v. 8); ahora lo deja todavía más claro. Aquellos cristianos no tenían por qué sentirse

menos privilegiados que los que habían vivido con el Señor; en todo caso, los que habían visto al Señor y convivido con él, tenían la responsabilidad de convencer con su testimonio a las siguientes generaciones no sólo de aprovechar esa experiencia a favor de ellos mismos. De hecho aquí se ubica la finalidad principal del evangelio: que las nuevas generaciones —que no habían conocido y tratado físicamente al Señor— creyeran que Jesús era el Cristo, el Hijo de Dios y, así, tuvieran vida en su nombre.

III DOMINGO DE PASCUA

I LECTURA Hechos 2:14, 22–33

Lectura del libro de los Hechos de los Apóstoles

El día de **Pentecostés**,
    se presentó **Pedro**, junto con los **Once**, ante la **multitud**,
    y **levantando la voz**, dijo: "Israelitas, **escúchenme**.
Jesús de Nazaret fue un hombre **acreditado** por Dios ante **ustedes**,
    mediante los **milagros, prodigios** y **señales**
    que Dios **realizó** por medio de **él**
    y que ustedes **bien** conocen.
Conforme al plan **previsto** y sancionado por **Dios**,
    Jesús fue **entregado**,
    y ustedes **utilizaron** a los paganos para **clavarlo** en la **cruz**.

Pero Dios lo **resucitó**, rompiendo las **ataduras** de la **muerte**,
    ya que **no era posible** que la muerte **lo retuviera**
        bajo su **dominio**.
En efecto, David dice, **refiriéndose** a él:
Yo veía **constantemente** al Señor **delante** de mí,
    puesto que él está **a mi lado** para que yo **no tropiece**.
Por eso **se alegra** mi corazón y mi lengua **se alboroza**,
    por eso **también** mi cuerpo **vivirá** en la **esperanza**,
    porque **tú**, Señor, **no me abandonarás** a la muerte,
    ni dejarás que tu santo sufra la **corrupción**.
Me has enseñado el **sendero de la vida**
    y **me saciarás de gozo** en tu presencia.

Tú, como Pedro, no estás solo. Siéntete acompañado de muchos otros hermanos que están proclamando este mismo domingo la lectura contigo. Levanta la voz, como hablando incluso a quienes no están hoy en la asamblea.

El "pero Dios lo resucitó" es tu apoyo para iniciar un anuncio más fuerte. De la obra de Dios. Dale profundidad de lejanía a la referencia a David, como agarrando fuerza del pasado.

Gracias a que Dios resucitó a Jesús podemos estar seguros de que él camina con nosotros. Esto nos obliga a visualizarlo en nuestra vida, a confiar cuando nos asaltan dudas, incertidumbres y desánimos. La Escritura nos redescubre a Jesucristo e ilumina nuestros encuentros con los hermanos, principalmente el necesitado, y nos aviva las razones para entregar la vida, nuestra Eucaristía.

I LECTURA Los discursos son muy importantes en la obra de san Lucas. El primero es éste de Pedro.

Tiene una estructura clara: la introducción donde llama la atención, conecta y ubica; luego viene el mensaje central: la resurrección de Jesús y, finalmente, concluye invitando a la conversión y al arrepentimiento.

Un hilo importante para entender este texto tiene que ver con la forma de entender el ser testigos del Resucitado. El cristiano no es un comunicador de la resurrección, es su *testigo*. Ser testigo es hablar sobre algo, o mucho mejor: hablar *desde*, es decir, desde la experiencia y convicción.

Tenemos pocas catequesis sobre la resurrección y nuestra responsabilidad como cristianos. Escasean programas de formación y capacitación de líderes laicos que nos lleven a desarrollar actitudes de confianza en la persona, aún, y especialmente, cuando sea estigmatizada por la sociedad, la cultura o los medios de comunicación. Tan solo culturalmente, vivimos en medio de agitados climas de miedo y/o rechazo al extranjero y al diferente. ¿Porqué la gracia de la resurrección no ha transformado la desconfianza de unos hacia otros?

Al hablar a los hermanos hazlo con ternura y claridad, como quien conoce el corazón de sus oyentes.

Hermanos,
    que me sea permitido hablarles **con toda claridad:**
    el patriarca David **murió** y lo **enterraron,**
    y su sepulcro **se conserva** entre nosotros **hasta el día de hoy.**
Pero, como era **profeta,**
    y **sabía** que Dios le había **prometido** con **juramento**
    que un **descendiente suyo** ocuparía su **trono,**
    con **visión profética** habló de la **resurrección de Cristo,**
    el cual **no fue abandonado** a la muerte **ni sufrió la corrupción.**

Pues bien, a este Jesús Dios **lo resucitó,**
    y de ello **todos** nosotros somos **testigos.**
Llevado a los cielos por el **poder de Dios,**
    recibió del Padre el **Espíritu Santo** prometido a él
    y lo ha **comunicado,**
    como **ustedes** lo están **viendo** y **oyendo".**

Concluye tajantemente y con la seguridad de un discípulo convencido por la experiencia de cercanía con el resucitado.

Para meditar

SALMO RESPONSORIAL   Salmo 15:1–2a y 5, 7–8, 9–10, 11

R. Señor, me enseñarás el sendero de la vida.

Protégeme, Dios mío, que me refugio en ti; yo digo al Señor: "Tú eres mi bien". El Señor es el lote de mi heredad y mi copa, mi suerte está en tu mano. **R.**

Bendeciré al Señor que me aconseja; hasta de noche me instruye internamente. Tengo siempre presente al Señor, con él a mi derecha no vacilaré. **R.**

Por eso se me alegra el corazón, se gozan mis entrañas, y mi carne descansa serena: porque no me entregarás a la muerte, ni dejarás a tu fiel conocer la corrupción. **R.**

Me enseñarás el sendero de la vida, me saciarás de gozo en tu presencia, de alegría perpetua a tu derecha. **R.**

II LECTURA   La carta de Pedro presenta a los creyentes unas consecuencias muy claras:

deben tomar en serio su proceder pues han sido rescatados "a precio de la sangre de Cristo"; además "creen en Dios y han puesto en él su fe y su esperanza".

Creer en Dios es una frase tan frecuente que parece desgastada. Lo mismo sucede con la esperanza. Juan Pablo II hizo un análisis semejante de la otra palabra que completa las virtudes centrales (cardinales) de la vida cristiana: el amor. El amor tuvo también —y tiene— el nombre de Caridad, pero en

ambos casos para el Papa, "el nuevo nombre de la caridad es la solidaridad". De modo semejante, a partir de la resurrección del Señor, los discípulos y toda la Iglesia están llamados a dar testimonio de su esperanza, del Resucitado.

La esperanza no es una característica de nuestra realidad actual. La desgracia ecológica, los abusos a la dignidad humana en sus distintas expresiones (guerra, comercio y tráfico de personas, hambre, desnutrición…), desplome del sistema económico mundial que se proponía a si mismo como "la esperanza" moderna, la pérdida de credibilidad en iglesias y religiones, y más.

Esta coyuntura pone a prueba la esperanza de la humanidad y la esperanza de los cristianos. ¿Podremos cruzar esta amenaza global de muerte y llegar a una nueva etapa de la humanidad? ¿Es posible una nueva y gran pascua? La purificación que vivimos en la Iglesia nos conducirá a un nuevo momento salvífico de la historia y de resurrección. En todo caso la pregunta no es ¿cuándo se acaba la crisis de esta especie de muerte/pasión/Viernes Santo?, sino si esta crisis logrará cambiarnos, transformarnos, convertirnos, rehabilitar nuestra esperanza, actualizar la resurrección de Cristo.

II LECTURA   1 Pedro 1:17–21

Lectura de la primera carta del apóstol san Pedro

Hermanos:
Puesto que **ustedes** llaman **Padre** a Dios,
  que juzga **imparcialmente** la conducta de **cada uno**
    según sus **obras**,
  vivan **siempre** con temor **filial** durante su **peregrinar**
    por la **tierra**.

Bien saben ustedes que de su **estéril** manera de vivir,
  heredada de sus padres,
  los ha **rescatado** Dios,
  no con bienes **efímeros**, como el **oro** y la **plata**,
  sino con la **sangre preciosa** de Cristo,
  el cordero sin **defecto** ni **mancha**,
  al cual Dios había **elegido** desde **antes** de la **creación** del
    mundo,
  y por amor a **ustedes**,
  lo ha manifestado en **estos** tiempos, que son los **últimos**.
Por Cristo, **ustedes** creen en Dios,
  quien lo **resucitó** de entre los **muertos** y lo **llenó** de **gloria**,
  a fin de que la **fe** de **ustedes**
  sea también **esperanza** en Dios.

Toma la postura de un verdadero hermano que está hablando a miembros de su familia. Tu les conoces y ellos también. Manifiesta un sentido de honestidad y sinceridad.

El tono de reclamo debe sentirse como una insistencia fraterna de quien confía en la obra de Cristo y en la capacidad de conversión de sus hermanos.

Esta conclusión debe parecer una propuesta de quien muestra el camino hacia adelante a vivir en la voluntad de Dios.

EVANGELIO *Hay que volver a Jerusalén.* Vemos a dos discípulos que *se van* de Jerusalén, aunque cuando descubren al Señor, regresan. Quizá el evangelista da a entender que *se van* de Jerusalén porque huyen de lo sucedido allí; de lo que hizo Jesús en esos días, de lo que le hicieron, de las causas y razones por las que había llegado a la ciudad. Quizás huían de un modo de comprender y de vivir la fe en Jesucristo.

Cruz y resurrección siempre van juntas. Todo discípulo debe entender que cruz y resurrección van juntas; que se resucita porque se entrega la vida, porque se ama hasta el extremo. Jesús les aclara que aquello no

había sido un fracaso pues la entrega de la vida era el camino indispensable para la verdadera gloria. Jesús resucitó no sólo porque murió sino por la causa por la que entregó su vida. Muchos habían muerto del mismo modo que Jesús pero no por la misma causa ni por las mismas razones. De este modo, creer en la resurrección exige al mismo tiempo creer y asumir un estilo de vida y de pensar como el de Jesús. Con probabilidad el evangelista quiera convencer de que sólo es posible creer y participar de la resurrección si se asumen las causas de la entrega de la vida de Jesús.

El resucitado está en el camino de la vida. Es importante considerar además del encuentro de los discípulos del Señor, los lugares en los que se les manifiesta o en que ellos mismos lo descubren. Aparecen con mucha claridad cuatro lugares: primero, *de Jerusalén a Emaús Jesús camina con los discípulos* (v. 15). Ellos conversan y discuten con aires de tristeza sobre lo que ha sucedido en Jerusalén. Estaban tristes y, aunque lo reconocían como un profeta poderoso en obras y palabras, se sentían desilusionados. Lo habían imaginado a su modo y estaban equivocados. A esto se le añadía su incredulidad ante el testimonio de las mujeres y

Visualiza, en la proclamación de este texto, a todos los migrantes que buscan una vida mejor en su jornada y en ella Jesús camina muy cercano a ellos.

Sabes lo que es un buen conversador. Jesús así lo fue, así que intercambia los tonos de pregunta con respuesta con un buen sabor. Que no suene como un cuento bien sabido ya por todos.

Al narrar el evangelio reviste de cierto desánimo las palabras de los discípulos y llena de seguridad las palabras de Jesús.

EVANGELIO   Lucas 24:13–35

Lectura del santo Evangelio según san Lucas

El **mismo** día de la **resurrección**,
   iban **dos** de los discípulos hacia un pueblo llamado **Emaús**,
   situado a unos **once** kilómetros de Jerusalén,
   y comentaban **todo** lo que había sucedido.

Mientras **conversaban** y **discutían**,
   Jesús se les acercó y comenzó a caminar **con ellos**;
   pero los **ojos** de los dos discípulos estaban **velados**
   y **no** lo reconocieron.
Él les preguntó:
"¿De **qué cosas** vienen hablando, **tan** llenos de **tristeza**?"

Uno de ellos, llamado **Cleofás**, le respondió:
"¿Eres tú el **único** forastero
   que **no** sabe lo que ha sucedido **estos días** en Jerusalén?"
Él les preguntó: "¿**Qué cosa**?"
Ellos le respondieron: "Lo de **Jesús** el **nazareno**,
   que era un **profeta poderoso** en **obras** y **palabras**,
   ante **Dios** y ante **todo** el pueblo.
Cómo los **sumos sacerdotes** y **nuestros jefes**
   lo **entregaron** para que lo condenaran a **muerte**,
   y lo **crucificaron**.
Nosotros **esperábamos** que él sería el **libertador** de Israel,
   y **sin embargo**, han pasado **ya tres días**
      desde que **estas cosas** sucedieron.
Es cierto que **algunas mujeres** de nuestro grupo
      nos han **desconcertado**,
   pues fueron de **madrugada** al sepulcro, **no encontraron** el cuerpo
   y llegaron contando que se les habían **aparecido** unos **ángeles**,
   que les dijeron que estaba **vivo**.

de algunos otros, quizás el mismo Pedro (vv. 21–24). La decepción llega a su límite cuando el Evangelio menciona dos detalles: por un lado, el distanciamiento que toman los discípulos ante Jesús sin mencionar la relación que seguramente habían tenido y el hecho de afiliarse a los sumos sacerdotes y magistrados mencionándolos como "nuestros" (vv. 19–20). Por otro, la decepción ante lo que esperaban de Jesús y la certeza de que está completamente muerto pues ya van tres días que aquello que sucedió (v. 21). En esta incertidumbre y momentos de incredulidad el Señor se les hace encontradizo, camina con ellos y muestra interés en lo

que les sucede, aunque ni siquiera se dan cuenta quién es el que va a su lado.

El resucitado está en las Escrituras. El segundo lugar en que se manifiesta el Señor es *en las Escrituras* (vv. 25–27). El Evangelio dice que "les explicó lo que había sobre él en todas las Escrituras" (v. 27). Probablemente las comunidades de Lucas sentían la necesidad de releer la Escritura a la luz de Jesucristo y de las nuevas experiencias por las que estaban pasando. Descubrían en la palabra releída un lugar de encuentro con el Señor que ya no estaba físicamente con ellos; además, en ella, al entender mejor

quién era Jesucristo, se comprendían más a sí mismos.

El resucitado está en la hospitalidad. El tercer lugar en que se encuentra a Jesucristo es en la hospitalidad: *"Quédate con nosotros, porque atardece y el día ya ha declinado"* (v. 29). Los discípulos todavía no se habían dado cuenta que aquel encontradizo era Jesús; no obstante tienen un gesto de profunda hospitalidad: lo invitan a que pase la noche con ellos. La comunidad de Lucas percibió la importancia de reconocer al Señor en el extraño que necesitaba de su acogida (véase el caso de Mt 25:31–46). El Evangelio no reduce la petición de los discípulos a una

Algunos de nuestros compañeros fueron al **sepulcro**
y hallaron **todo** como habían dicho las **mujeres**,
pero a él **no lo vieron**".

Entonces Jesús les dijo:
"¡Qué **insensatos** son ustedes
y **qué duros** de corazón para creer **todo** lo anunciado
por los **profetas**!
¿**Acaso** no era **necesario** que el **Mesías** padeciera **todo esto**
y **así** entrara en su **gloria**?"
Y **comenzando** por **Moisés** y **siguiendo** con **todos** los **profetas**,
les explicó **todos** los pasajes de la **Escritura** que se referían a **él**.

Ya **cerca** del pueblo a donde se **dirigían**,
él hizo como que iba **más lejos**;
pero ellos le **insistieron**, diciendo:
"**Quédate** con **nosotros**, porque **ya** es **tarde**
y **pronto** va a **oscurecer**".
Y entró para **quedarse** con ellos.
Cuando estaban a la **mesa**,
tomó un **pan**, pronunció la **bendición**, lo **partió** y se lo **dio**.
Entonces se les **abrieron** los ojos y **lo reconocieron**,
pero él se les **desapareció**.
Y ellos se decían el **uno** al **otro**:
"¡**Con razón** nuestro corazón **ardía**,
mientras nos hablaba **por el camino**
y nos **explicaba** las Escrituras!"

Se levantaron **inmediatamente y regresaron** a Jerusalén,
donde encontraron **reunidos** a los **Once** con sus **compañeros**,
los cuales **les dijeron**:
"De veras ha **resucitado** el Señor y se le ha **aparecido** a Simón".
Entonces ellos contaron lo que les había pasado **por el camino**
y cómo lo habían **reconocido** al **partir el pan**.

Con un discreto ademan corporal dirige tu mirada hacia la puerta lateral como indicando que Jesús parece apartarse del camino de estos caminantes de Emaús.

Cambia radicalmente la actitud al pronunciar emocionado y hasta con un poco de ansiedad la invitación de los discípulos. Misma que se volverá esperanza desbordada al comprender todo después de la serena fracción del pan.

La asamblea debe percibir la urgencia alegre de los discípulos regresando y contando otro prodigioso encuentro con el resucitado. Todos hemos sentido algo así en la vida, hazles recordar su propia experiencia.

invitación; dice que "le rogaron insistentemente. No están pensando en ellos sino en el extraño, quizás en el peligro que podría correr por aquel despoblado.

El resucitado está en la celebración eucarística, comida de hermanos. El cuarto lugar en el que descubren al Señor es en la fracción del pan (vv. 30–31; también 35). El signo con el que identifican a Jesús no podía ser más sencillo; lo reconocen ¡al ponerse a la mesa con ellos, tomar el pan, bendecirlo, partirlo y darlo! No había casa en todo Israel en que no se hiciera algo parecido; sin embargo, en algo tan ordinario lo reconocen. Por eso, para interpretar correctamente

este signo debemos tomar en cuenta que los discípulos y las comunidades a las que se dirigía el Evangelio debían recordar algo más, algo de la práctica de Jesús.

Es posible que el gesto de Jesús les recordara con quiénes había comido, qué había dicho cuando comía con la gente, cómo se comportaba… En sus comidas Jesús había roto barreras rituales, religiosas y sociales; había hablado del Reino de Dios como un gran banquete en el que no sólo habría comida para todos sino en el que todos se sentarían en la misma mesa, con igual dignidad. Con mucha seguridad, además, les recordaba que sus celebraciones

de la cena del Señor (1 Cor 1:17–34) o la fracción del pan en las casas (Hech 2:46) eran la celebración de Jesucristo, muerto y resucitado. Era un signo que les refrescaba la memoria de lo que había dicho y hecho Jesús, por lo que había entregado su vida: sentarse como hermanos, compartir, superar barreras… Además, les ayudaba a comprender su vida comunitaria presente. Por eso el Evangelio dice que "se les abrieron los ojos y lo reconocieron" (Lc 24:31). Esta conciencia del encuentro los mueve a regresar inmediatamente a Jerusalén e integrarse al otro grupo de testigos.

IV DOMINGO
DE PASCUA

Cuantas veces sea necesario, el discípulo debe anunciar la victoria de Cristo resucitado. Hazlo bien motivado, como si fuese la primera vez que das este gran anuncio a tus hermanos.

La respuesta de los oyentes en forma de pregunta está llena de ganas y deseo. Dale relevancia para que también las palabras del discípulo Pedro recobren sentido en el corazón de tus hermanos.

El párrafo final es para tomar un poco de distancia, como un narrador que está viendo junto con la comunidad este acontecimiento de la vida de la Iglesia en sus inicios.

I LECTURA   Hechos 2:14a, 36–41

Lectura del libro de los Hechos de los Apóstoles

El día de **Pentecostés**,
    se presentó **Pedro** junto con los **Once** ante la **multitud**
    y **levantando la voz**, dijo:
"Sepa **todo** Israel con **absoluta certeza**,
    que **Dios** ha constituido **Señor** y **Mesías** al mismo **Jesús**,
    a quien ustedes han **crucificado**".

Estas palabras les llegaron al **corazón**
    y preguntaron a **Pedro** y a los **demás apóstoles**:
"**¿Qué** tenemos que hacer, **hermanos?**"
Pedro les contestó: "**Conviértense**
    y **bautícense** en el nombre de **Jesucristo**
    para el **perdón** de sus **pecados**
    y **recibirán** el Espíritu Santo.
Porque las **promesas** de Dios **valen** para **ustedes** y para **sus hijos**
    y **también** para **todos** los paganos
    que el Señor, **Dios nuestro**, quiera llamar,
    aunque estén **lejos**".

Con **éstas** y otras **muchas** razones,
    los **instaba** y **exhortaba**, diciéndoles:
"**Pónganse** a salvo de este mundo **corrompido**".
Los que **aceptaron** sus palabras se **bautizaron**,
    y **aquel día** se les agregaron unas **tres mil** personas.

El Buen Pastor nos llena de esperanza y de compromiso. Todo pastor o líder debe tener como referencia a Jesús. Si queremos ser buenos dirigentes o pastores es necesario ser ovejas del Pastor supremo. Hay que abrir los ojos ante nuestros dirigentes.

I LECTURA La lectura es la conclusión del discurso de Pedro en el primer Pentecostés (2:1–14); enuncia las consecuencias de aceptar a Jesús de Nazaret como Señor y Cristo:

Primera. un corazón compungido, con pena, con dolor, con tristeza… Arrepentirse por lo que habían hecho o aceptado.

Segunda. La pregunta "¿qué hemos de hacer?" (v. 37; cf. Lc 10:25) no se reduce a querer hacer algo de momento, sino de manera permanente. No se trata de hacer sino sobre todo de asumir actitudes básicas.

II LECTURA La Primera Carta de Pedro define a Jesús como el Pastor, el Guardián, con un estilo muy particular: sufrió mucho y se convirtió en

ejemplo y aliento para quienes sufren. Él nos ha dado ejemplo de no-violencia.

Recordemos que la comunidad a la que se dirigía la Primera Carta de Pedro experimentaban sufrimientos y dificultades que causaban desesperanza. Inmigrantes en el Imperio, no tenían leyes que le protegieran. Indocumentados como eran, vivían sin patria ni hogar y recibían las cargas de todo. Trabajos más duros, salarios más bajos, impuestos imperdonables, beneficios sociales negados, fe, tradiciones y costumbres ninguneadas y causantes de todos los males y desgracias sociales: inseguridad y violencia

Para meditar

SALMO RESPONSORIAL   Salmo 22:1–3a, 3b–4, 5, 6

R. El Señor es mi pastor, nada me falta.

El Señor es mi pastor, nada me falta: en verdes praderas me hace recostar, me conduce hacia fuentes tranquilas y repara mis fuerzas. **R.**

Me guía por el sendero justo por el honor de su nombre. Aunque camine por cañadas oscuras, nada temo, porque tú vas conmigo: tu vara y tu cayado me sosiegan. **R.**

Preparas una mesa ante mí enfrente de mis enemigos; me unges la cabeza con perfume, y mi copa rebosa. **R.**

Tu bondad y tu misericordia me acompañan todos los días de mi vida, y habitaré en la casa del Señor por años sin término. **R.**

II LECTURA   1 Pedro 2:20b–25

Lectura de la primera carta del apóstol san Pedro

Hermanos:
Soportar con **paciencia**
los **sufrimientos** que les vienen a **ustedes** por hacer el **bien**,
es cosa **agradable** a los ojos de **Dios**,
pues a **esto** han sido llamados,
ya que **también Cristo** sufrió por **ustedes**
y les dejó **así** un **ejemplo** para que **sigan** sus huellas.

Él **no cometió** pecado **ni hubo** engaño en su **boca**;
insultado, **no devolvió** los insultos;
maltratado, **no profería** amenazas,
sino que **encomendaba** su causa al **único** que juzga con **justicia**;
cargado con nuestros pecados, **subió** al madero de la cruz,
para que, **muertos** al pecado, **vivamos** para la **justicia**.

Por sus llagas **ustedes** han sido **curados**,
porque **ustedes** eran como ovejas **descarriadas**,
pero **ahora** han vuelto al **pastor** y guardián de sus **vidas**.

El primer párrafo es crucial. No invites a la resignación, sino al compromiso poderosísimo de quienes sufren por hacer el bien.

Como quien presenta a una persona que es buena y sufre, así presenta al Redentor que no cometió pecado y nos enseñó el camino de la justicia del evangelio.

Dios es pastor y amigo. Concluye mirando con ternura y confianza a tus hermanos presentes.

---

en las calles. Vivían en crisis permanente (económica, cultural, educativa, política, de trabajo...). Por eso, la Carta de Pedro remacha lo esencial: Que sean buenos como Jesús y el sufrimiento que venga con esto será una confirmación de su semejanza con Cristo. El sufrimiento del inocente, además de doloroso e injusto, es profético: desenmascara el rostro del mal.

EVANGELIO *Jesús, el Buen Pastor.* El pastor era responsable de las ovejas; si se le perdía una, debía responder por ella al propietario (Gen 31:39). Los rebaños necesitaban constante protección a causa de la variedad y abundancia de peligros. El contacto diario con las ovejas hacía que el pastor las conociera y llevara una estrecha relación con ellas; tenía un nombre para cada oveja, que por lo general guardaba relación con el comportamiento de éstas. Jesús es el buen pastor y quienes quieran o pretendan apacentar a sus ovejas tendrán que parecerse a él.

Pastores al estilo de Jesús, el buen pastor. Jesús fue muy sensible ante la carencia de verdaderos pastores, de verdaderos líderes; se conmovió ante la muchedumbre porque "estaban como ovejas sin pastor" (Mc 6:34), dejó claro que entre los discípulos quien quisiera ser el mayor (el líder) tendría que servir y no asemejarse a los jefes de las naciones (10:41–44).

Si tomamos en cuenta que la imagen del pastor servirá también para referirse a los dirigentes cristianos (1 Pe 5:2; Jn 21:15–17) existe la posibilidad de que el texto del buen pastor de Juan no se esté refiriendo sólo a los pastores externos sino a los de la propia comunidad.

Ya en las primeras comunidades de cristianos fue necesario tener muy presente que los dirigentes no tenían que comportarse como ladrones o salteadores de rebaños.

Este discurso del buen Pastor es muy exigente y claro. Ve deshojando sin vacilación las diferencias entre los falsos pastores y la calidad de Jesús. No hay remedio, aquí van las cosas por su nombre.

La aclaración de que Jesús puso la comparación y ellos no entendieron es un parteaguas del texto. De la exigencia anterior, ahora sitúate con Jesús en un estilo de anuncio que no admite ni la más mínima duda.

El último párrafo con broche de oro. Es como un sello de autenticidad al buen Jesús el pastor que trae vida en abundancia.

EVANGELIO   Juan 10:1–10

Lectura del santo Evangelio según san Juan

En **aquel** tiempo, Jesús dijo a los **fariseos**:
"Yo les **aseguro** que el que **no entra**
    por la **puerta** del redil de las **ovejas**,
    sino que salta **por otro lado**, es un **ladrón**, un **bandido**;
    pero el que **entra** por la puerta, **ése** es el **pastor** de las **ovejas**.
A **ése** le abre el que **cuida** la puerta, y las ovejas **reconocen** su **voz**;
    él llama a **cada una** por su nombre y **las conduce** afuera.
Y cuando ha sacado a **todas** sus ovejas, camina **delante** de ellas,
    y ellas **lo siguen**, porque **conocen su voz**.
Pero a un extraño **no** lo seguirán, sino que **huirán** de él,
    porque **no conocen** la voz de los **extraños**".

Jesús les puso **esta comparación**,
    pero ellos **no entendieron** lo que les **quería decir**.
Por eso **añadió**:
"Les **aseguro** que yo soy la **puerta** de las **ovejas**.
Todos los que han venido **antes** que yo, son **ladrones** y **bandidos**;
    pero mis ovejas **no** los han **escuchado**.

Yo soy la puerta; quien entre por mí se **salvará**,
    podrá **entrar** y **salir** y **encontrará** pastos.
El **ladrón** sólo viene a **robar**, a **matar** y a **destruir**.
Yo he venido para que tengan **vida**
    y la tengan en **abundancia**".

Y es que cuando un dirigente comunitario trabaja por un sueldo defenderá sus intereses no los de las ovejas, trabajará en lo que le deje dinero no en lo que lo convierte en servidor, servirá a los que más reditúen no a quienes más lo necesiten... Cuando un pastor se siente dueño de las ovejas en lugar de ser responsable lo más seguro es que se aproveche de ellas.

También se necesitan buenas ovejas. Las ovejas son símbolo del pueblo. Las ovejas conocen a su pastor (v. 14), es decir, están familiarizadas con él, son conscientes de su relación.

Para evitar que haya malos dirigentes no basta con hacer un perfil del buen pastor; es necesario que las ovejas tengan un profundo conocimiento de quiénes se presentan como sus dirigentes para saber si son buenos o malos, si les quieren hacer el bien o no, si pretenden aprovecharse de ellas o servirles.

Todos pastores, todos ovejas. Las figuras del pastor y de las ovejas no se pueden identificar sólo con un tipo de personas. A todos, sin distinción, nos corresponde en algunos momentos de nuestra vida ser pastores u ovejas. Cuando nos corresponda

guiar no debemos olvidar las características del buen pastor; cuando tengamos que ser ovejas debemos tener la suficiente capacidad para distinguir entre los verdaderos pastores y los que sólo quieren vivir a costa de las ovejas. La responsabilidad del pastor es conocer, defender y guiar correctamente a las ovejas; la de la oveja es distinguir con claridad si el pastor es bueno o no. No seguir a cualquiera.

V DOMINGO
DE PASCUA

Estás proclamando un mensaje sumamente práctico de los primeros cristianos, para la Iglesia de hoy. Hazlo con naturalidad y énfasis en la injusticia que aquí se resuelve. Muchos se identificarán con esta situación.

Haz que se note el valor de una autoridad (Los Doce) y un liderazgo eclesial que sabe compartir y delegar para que la justicia fluya.

Ve mencionando dignidad los nombres de los nuevos servidores que buscarán con su mejor esfuerzo servir al evangelio administrando con justicia los bienes, las cosas… Así fluye el evangelio y se multiplica el liderazgo…

I LECTURA   Hechos 6:1–7

Lectura del libro de los Hechos de los Apóstoles

En **aquellos** días, como **aumentaba** mucho
    el **número** de los discípulos,
    hubo **ciertas quejas** de los judíos **griegos** contra los **hebreos**,
de que **no se atendía bien** a sus **viudas**
en el servicio de **caridad** de **todos** los días.

Los **Doce** convocaron entonces a la **multitud** de los discípulos
    y les **dijeron**:
"No es **justo** que, **dejando** el ministerio de la **palabra de Dios**,
    nos dediquemos a **administrar** los **bienes**.
Escojan entre **ustedes** a **siete hombres** de **buena reputación**,
    llenos del Espíritu Santo y de **sabiduría**,
    a los cuales **encargaremos este servicio**.
Nosotros nos dedicaremos a la **oración**
    y al **servicio de la palabra**".

Todos estuvieron de acuerdo y **eligieron** a Esteban,
    hombre **lleno de fe** y del Espíritu Santo,
    a **Felipe, Prócoro, Nicanor, Timón, Pármenas**
    y **Nicolás**, prosélito de Antioquía.
Se los presentaron a los **apóstoles**
    y **éstos**, después de haber orado, les **impusieron las manos**.

No basta con tener ciertos sentimientos religiosos o decir que creemos en Dios; debemos creer en Jesucristo, adherirnos a él y asumir el proyecto que nos propuso con su vida; sólo así pasaremos de ser personas religiosas a discípulos misioneros.

| I LECTURA | El autor de Hechos de los Apóstoles introduce a los Siete, un grupo que designa a judíos que llegaron de la diáspora, hablaban griego y que residían en Jerusalén.

Nuestro texto habla de un nuevo grupo que provoca tensiones internas y externas a la comunidad. Parece que la desatención de las viudas de los helenistas refleja problemas más profundos.

Todo grupo humano sabe de conflictos y dificultades; pero lo que importa es que se busca solucionarlos.

Digamos que la solución para vencer el pecado no se encuentra en el rechazo del "supuesto" pecador. Quizá el acierto más importante de esta comunidad cristiana fue el de discernir y decidir bajo la guía de los apóstoles, una distribución justa y equilibrada del liderazgo al interior de las comunidades según su raza e identidad. Así podría fluir mejor el ministerio y la justicia en la distribución de bienes y servicios.

Nota: la formación y distribución del liderazgo en la Iglesia pluricultural y multiétnica del siglo 21 tiene un inmenso camino que recorrer a la luz de este texto. Gracias a la manera de solucionar los desafíos eclesiales "la Palabra de Dios iba creciendo… incluso una gran multitud de sacerdotes iba aceptando la fe" (Hech 6:7).

| II LECTURA | Si esta carta es como una larga catequesis bautismal, se explica que afirme de la comunidad de

Mientras tanto, la **palabra de Dios** iba **cundiendo**.
En **Jerusalén** se multiplicaba **grandemente**
  el **número** de los discípulos.
Incluso un grupo **numeroso** de sacerdotes había **aceptado** la **fe**.

Para meditar

SALMO RESPONSORIAL Salmo 32:1–2, 4–5, 18–19

R. Que tu misericordia, Señor, venga sobre nosotros, como lo esperamos de ti.

Aclamen, justos, al Señor, que merece la alabanza de los buenos; den gracias al Señor con la cítara, toquen en su honor el harpa de diez cuerdas. **R.**

La palabra del Señor es sincera y todas sus acciones son leales; él ama la justicia y el derecho, y su misericordia llena la tierra. **R.**

Los ojos del Señor están puestos en sus fieles, en los que esperan en su misericordia, para librar sus vidas de la muerte y reanimarlos en tiempo de hambre. **R.**

II LECTURA 1 Pedro 2:4–9

Lectura de la primera carta del apóstol san Pedro

Hermanos:
Acérquense al Señor **Jesús**,
  la piedra **viva**, **rechazada** por los **hombres**,
  pero **escogida** y **preciosa** a los ojos de **Dios**;
  porque **ustedes también** son **piedras vivas**,
  que van **entrando** en la **edificación** del templo **espiritual**,
  para **formar** un sacerdocio **santo**,
  destinado a ofrecer sacrificios **espirituales**,
  agradables a Dios, por medio de **Jesucristo**.
Tengan presente que **está escrito**:
He aquí que pongo en **Sión** una **piedra angular**,
  escogida y **preciosa**;
  el que crea en ella **no** quedará **defraudado**.

Estos días, aunque aparece muchas veces el nombre de "Pedro", en realidad, estamos reviviendo la vida de la Iglesia pascual. Es sobre la fe en Jesús resucitado.

bautizados que son "raza elegida, sacerdocio real, nación consagrada, un pueblo adquirido por Dios" (v. 9).

  Jesucristo, es su piedra angular, que amaciza toda la construcción. En la casa del rancho, sería al "caballete" o travesaño principal y único, parteaguas que divide y conecta todo el techo, y la estructura de la casa. Podemos profundizar en esta imagen con el Salmo 118:22 y Zacarías 4:7.

  Tomemos la imagen de la piedra angular en relación a la edificación de la Iglesia. ¿Cuántas áreas o dimensiones de esta construcción encuentran su justo valor de cara a

la persona de Cristo? Símbolos, valores, normas, teologías… Todo lo que forma la construcción de nuestra fe católica encontraría una saludable intervención por parte de Cristo y sus símbolos, sus valores, sus normas y su teología.

  Cada piedra tiene sentido no sólo por su relación a la piedra angular sino, porque sólo en la medida en que está relacionada o unida a las demás piedras del edificio, puede estar relacionada con la piedra angular. No se puede estar relacionado con la piedra angular al margen de las "otras piedras".

EVANGELIO *Que nos se turbe nuestro corazón*. Estamos al comienzo de la despedida de Jesús (13:1—17:26); apenas ha pasado el episodio del lavatorio de los pies y Jesús anuncia dos traiciones (las de Judas y Pedro) y su despedida (13:21–38). Estas tres noticias le dan a nuestro evangelio (14:1–14) un ambiente de tristeza e incertidumbre. Si uno lo iba a traicionar y otro a negar ¿qué se esperaba de los otros? Con razón Jesús les pide que "no se turbe su corazón". Ya antes, después de la multiplicación de los panes (6:1–15), se había dado una desbandada (6:60, 66); ahora había también las mismas posibilidades.

La proclamación del apóstol Pedro es sumamente convincente, se enfoca en el presente (ponle entusiasmo y amor), le encuentra sentido en la historia (haz un ademán de lejanía) y relanza con más ímpetu la misión del pueblo (cierra con fuerza esperanzadora, mirando hacia adelante)

Dichosos, pues, **ustedes**, los que han **creído**.
En cambio, para aquellos que se **negaron** a **creer**,
   vale lo que dice la **Escritura**:
La **piedra** que **rechazaron** los **constructores**
   ha **llegado** a ser la **piedra angular**,
   y **también tropiezo** y roca de **escándalo**.
Tropiezan en ella los que **no creen** en la **palabra**,
   y en **esto** se cumple un **designio de Dios**.

Ustedes, por el contrario, son **estirpe elegida**,
   sacerdocio **real**, nación **consagrada a Dios**
   y **pueblo** de su **propiedad**,
   para que **proclamen** las obras **maravillosas**
   de **aquél** que los **llamó** de las tinieblas a **su luz admirable**.

EVANGELIO   Juan 14:1–12

Lectura del santo Evangelio según san Juan

Proclama la introducción ("no pierdan la paz…") y el final del evangelio ("yo les aseguro") con el mismo tono de seguridad solemne de Cristo resucitado.

En **aquel** tiempo, **Jesús** dijo a sus discípulos: "**No pierdan** la paz.
Si **creen** en **Dios**, crean **también** en **mí**.
En la **casa** de mi **Padre** hay **muchas habitaciones**.
Si no fuera **así**, yo se lo habría **dicho** a **ustedes**,
   porque voy a **prepararles** un **lugar**.
Cuando me **vaya** y les **prepare** un **sitio**,
   volveré y los **llevaré** conmigo,
   para que donde **yo** esté, estén **también ustedes**.
Y **ya saben** el camino para **llegar** al **lugar** a donde **voy**".

Imprime contundencia a las palabras de Jesús y realismo actual a las dudas de los discípulos. Todavía caminamos en medio de una inmensidad de dudas muy serias.

Haz sentir a la comunidad que la duda de Tomás y la de Felipe no se dividen en buena y mala. Ambas reflejan la fragilidad del discípulo cuando no confía más allá de sus propias limitaciones.

Entonces **Tomás** le dijo: "Señor, **no sabemos** a dónde vas,
   ¿**cómo** podemos **saber** el camino?"
Jesús le respondió: "**Yo** soy el **camino**, la **verdad** y la **vida**.
Nadie va al Padre si no es **por mí**.
Si **ustedes** me conocen a **mí**, conocen **también** a mi **Padre**.
Ya **desde ahora** lo **conocen** y lo han **visto**".

No basta con ser persona religiosa, hay que ser cristianos. Las palabras de Jesús de los vv. 2–10 están enmarcadas por la insistencia en creer en la persona de Jesús, expresada en los v. 1 y 11–12. Los discípulos creen en Dios pero les falta creer más en Jesucristo. Tanta es la incredulidad de los discípulos que les tiene que decir que al menos crean por sus obras (v. 11). Esto explica también la insistencia por parte de Jesús de que es el Camino, la Verdad y la Vida y de que se va al Padre por él (v. 6); además les deja claro que en él están viendo y conociendo al Padre (vv. 7, 9–10).

Jesús es el Camino, la Verdad y la Vida.
La frase "yo soy el Camino, la Verdad y la Vida" (v. 6) puede entenderse como "yo soy el Camino precisamente porque soy la Verdad y la Vida"; y es que según algunos matices de la lengua griega el segundo "y" (en griego *kai*) podría significar "es decir"; de este modo la frase quedaría "yo soy el Camino, es decir, la Verdad y la Vida" dando a entender que Jesús es el Camino precisamente porque es la Verdad y la Vida. Esta perspectiva parece sustentarse más en el texto pues hay dos temas dominantes en estos versículos: el camino (vv. 4, 5) junto con la necesidad de reconocer a Jesús

como el único acceso para ir al Padre (vv. 6, 7, 9, 10, 11, 13).

Si somos fieles estaremos con Jesucristo. La mención de las mansiones del cielo no debe verse como una información del más allá proporcionada por el evangelio de Juan. Las estancias mencionadas son un elemento secundario que está en relación con la incredulidad de los discípulos y la manifestación de Jesucristo como el Camino. Si los discípulos creen en Jesús podrán estar donde él. Además, la preparación de las mansiones estaría indicando la precedencia del Señor pues él es el Camino porque es la

No hay confusión sino profunda comunión entre Jesús y el Padre, pon el énfasis en la persona de Jesús, en sus obras. Es el punto de referencia que todos deben estar mirando mientras proclamas.

Le dijo **Felipe**: "Señor, **muéstranos** al Padre y **eso** nos **basta**".
Jesús le replicó:
"Felipe, **tanto tiempo** hace que estoy **con ustedes**,
    ¿y **todavía** no me **conoces**?
Quien me ha **visto** a **mí**, ha **visto** al **Padre**.
¿Entonces **por qué** dices: 'Muéstranos al **Padre**'?
¿O **no crees** que **yo** estoy en el **Padre** y que el **Padre** está en **mí**?
Las **palabras** que **yo** les digo, **no** las digo por mi **propia** cuenta.
Es el **Padre**, que **permanece** en mí, **quien hace** las obras.
Créanme: yo estoy en el **Padre** y el **Padre** está en **mí**.
Si no me dan **fe** a **mí**, créanlo por las **obras**.
Yo les **aseguro**:
    el que **crea** en mí, **hará** las obras que **hago yo**
    y las hará **aún mayores**,
    porque **yo me voy** al **Padre**".

Verdad y la Vida. El texto estaría insistiendo, más que en la descripción de un lugar, en la finalidad de la fe en Jesús y en la garantía de que él es realmente el Camino, porque es la Verdad y la Vida.

Con lo anterior podríamos decir que el evangelio quiere insistir en la incredulidad de los discípulos. De acuerdo a este texto no es suficiente con creer en Dios, se debe creer también en Jesucristo. La confusión que manifiestan los discípulos se nota en que no saben a dónde se va, no conocen el camino, no están seguros que realmente en él vean y conozcan al Padre. En el fondo

pues el problema es muy serio y no corresponde sólo al tiempo de los primeros discípulos. Existe el riesgo de ser religiosos (creer en Dios) pero no estar adheridos a Jesucristo; una cosa es tener sentimiento religioso y otra tener fe.

Si no asumimos generosamente las exigencias, nos confundiremos. Las causas de esta incredulidad y confusión pueden ser las exigencias de Jesús (la más inmediata es la del servicio y del amor como signo principal de los verdaderos discípulos; 13:15—17:34). Un Jesús demasiado exigente es suficiente pretexto para no hacerle caso. Otra causa podría haber sido su fragilidad ¿cómo era

posible que siendo el Hijo de Dios permitiera ser traicionado y negado por dos de sus discípulos más cercanos? No se descarta la posibilidad de que los discípulos estén desanimados y con peligro de incredulidad por la traición de dos de ellos. La incoherencia de los miembros de la comunidad afectaba profundamente la fe de sus compañeros; la traición hace tambalear la fe de los demás.

Ante esta situación Jesús se presenta como el Camino porque es la Verdad y la Vida. Vale la pena confiar en el Señor, creer en él y seguirlo pues garantiza el acceso al Padre y la auténtica felicidad.

VI DOMINGO DE PASCUA

I LECTURA   Hechos 8:5–8, 14–17

Lectura del libro de los Hechos de los Apóstoles

Resalta la obra del Espíritu en la predicación y testimonio de un discípulo que ha sido rechazado en otros ámbitos eclesiales (Jerusalén). La obra de Dios no se detiene…

En **aquellos** días,
    Felipe bajó a la ciudad de **Samaria** y **predicaba** allí a **Cristo**.
La **multitud** escuchaba con **atención** lo que decía **Felipe**,
    porque habían **oído hablar** de los **milagros** que hacía
      y los estaban **viendo**:
    de **muchos** poseídos **salían** los espíritus **inmundos**,
      lanzando **gritos**,
    y muchos **paralíticos** y **lisiados** quedaban **curados**.
Esto despertó **gran alegría** en aquella ciudad.

Cuenta los resultados de la predicación con sano entusiasmo, sin el tono exagerado tan corriente en nuestros días que hace más visible el brillo de las personas que a Cristo.

Cuando los **apóstoles** que estaban en **Jerusalén**
    se **enteraron** de que **Samaria** había **recibido** la **palabra de Dios**,
    enviaron allá a **Pedro** y a **Juan**.
Éstos, al llegar, **oraron** por los que se habían **convertido**,
    para que **recibieran** al Espíritu Santo,
    porque **aún** no lo habían **recibido**
    y solamente habían sido **bautizados**
      en el **nombre** del Señor **Jesús**.
Entonces **Pedro** y **Juan** impusieron las **manos** sobre ellos,
    y ellos **recibieron** al Espíritu Santo.

El final es muy relevante: la misión convoca y hace entrar en comunión. Centra la atención en la presencia de los apóstoles y la imposición del Espíritu Santo.

I LECTURA   Felipe es uno de los siete diáconos-discípulos y vivía en Cesarea, donde ejercía el ministerio de evangelista (Hechos 21:8–9). Surge la intervención de los apóstoles que, estando en Jerusalén bajaron a Samaria para completar esta obra evangelizadora infundiendo el Espíritu Santo por la imposición de manos. Algunos especialistas ven aquí un matiz de cómo entre los primeros cristianos existía una especie de competencia, pues lo que hacía Felipe al bautizar en el nombre de Jesús era suficiente. Y en la participación de los apóstoles, estos especialistas ven el control de autoridad apostólica que complementa, pero también supervisa el trabajo de Felipe. No es descabellada esta intuición, dada la experiencia del apóstol Pablo que al ir evangelizando por el camino, apóstoles de Jerusalén, venían detrás "completando" (en cierto sentido corrigiendo, su misión). Pero el centro del mensaje apunta más a la colaboración de discípulos (apóstoles y diáconos) en el anuncio del evangelio complementando los diversos roles del liderazgo eclesial que ya se venían configurando. De cualquier modo, la tarea evangelizadora tiene sus efectos siempre ricos y variados tanto en quienes la reciben como en quienes la administran.

Si leíste todo el texto encontrarás el personaje de Simón el mago que, impresionado por la imposición de manos que hacen los apóstoles Pedro y Juan pide con insistencia comprarles ese don. Esa actitud hizo nacer en la Tradición de la Iglesia la advertencia sobre el pecado de "simonía". Toda acción que traiciona o distorsiona la administración de la gracia y de los sacramentos bajo la motivación de otros intereses, de poder tal vez, pero sobre todo económicos.

Para meditar

SALMO RESPONSORIAL Salmo 65:1–3a, 4–5, 6–7a, 16 y 20

R. Aclamen al Señor, tierra entera.

Aclamen al Señor tierra entera; toquen en honor de su nombre, canten himnos a su gloria. Digan a Dios: "Qué temibles son tus obras". **R.**

Que se postre ante ti la tierra entera, que toquen en tu honor, que toquen para tu nombre. Vengan a ver las obras de Dios, sus temibles proezas en favor de los hombres. **R.**

Transformó el mar en tierra firme, a pie atravesaron el río. Alegrémonos con Dios, que con su poder gobierna eternamente. **R.**

Fieles de Dios, vengan a escuchar; les contaré lo que ha hecho conmigo. Bendito sea Dios que no rechazó mi súplica, ni me retiró su favor. **R.**

II LECTURA   1 Pedro 3:15–18

Lectura de la primera carta del apóstol san Pedro

Hermanos:
Veneren en sus corazones a **Cristo**, el **Señor**,
    dispuestos **siempre** a dar, al que las **pidiere**,
    las razones de la **esperanza** de **ustedes**.
Pero **háganlo** con **sencillez** y **respeto**
    y estando en **paz** con su **conciencia**.
Así quedarán **avergonzados** los que **denigran**
    la conducta **cristiana** de **ustedes**,
    pues **mejor** es **padecer** haciendo el **bien**,
    si **tal** es la **voluntad de Dios**,
    que **padecer** haciendo el **mal**.
Porque **también Cristo** murió, **una sola vez** y para **siempre**,
    por los **pecados** de los **hombres**:
    él, el **justo**, por **nosotros**, los **injustos**, para **llevarnos** a **Dios**;
    murió en su **cuerpo** y **resucitó glorificado**.

Estás ante una exhortación bellísima que nos presenta un programa de vida cristiana. Distingue sus pasos o momentos (ver siguiente nota) y ve desenvolviendo con elegancia y claridad el mensaje ante los escuchas.

Cuando prepares esta lectura, reflexiona sobre todo aquello que da vida verdadera en tu existencia en el ir y venir de la comunidad eclesial.

II LECTURA La Carta de Pedro exhorta a los cristianos a sobrellevar los desafíos de la vida con la inteligencia (*inter-legere* = leer adentro) de cristianos adultos y maduros. Estos cristianos inmigrantes sufren por razones parecidas a las que los extranjeros sufren hoy en tierra extraña. Pero la carta invita a no caer en el juego de los sufrimientos injustos que provocan inseguridad, rencor, desánimo y desesperanza. Las situaciones más adversas serán siempre para los cristianos una densa oportunidad para aumentar su amor a Dios y la inteligencia o comprensión de la fe. Algo que brota de una actitud profunda de contemplación y de adoración a Dios en lo profundo. "Dar razón de la propia esperanza" es una invitación que nos recuerda la frase conocida de Sócrates, filósofo griego, que invitaba a profundizar el ser personal con la frase "conócete a ti mismo". Juntando ambas frases, o retomando la invitación de la carta de Pedro podemos asumir hoy también la urgencia de saber mostrar y demostrar con paz y claridad, sin altanerías ni agresividad, quién está en el fondo de nuestra vida. Nuestra esperanza necesita no sólo ser puesta a prueba sino también ser articulada, dialoga, expresa, y compartida en todos los modos y momentos que sean necesarios. Y no sólo hacia afuera de la comunidad cristiana y católica sino al interior mismo. ¿Qué es lo que da vida y esperanza a los diferentes grupos, movimientos, culturas y generaciones de nuestra Iglesia? ¿Cómo podemos enriquecernos y animarnos mutuamente con las formas que va tomando la esperanza al interior de nuestras vidas y de nuestras comunidades? La esperanza es una fuente inagotable de vida, sólo nos falta un poco más de determinación y metodología para continuar cultivando una espiritualidad esperanzadora continuamente nueva y siempre basada en la experiencia del encuentro con Jesús.

Dale mucho sabor a cercanía a este evangelio. Todas las despedidas tienen momentos como este en donde se asegura lo fundamental.

Presenta el don del Espíritu con mucha solemnidad. Sólo por él puede la Iglesia continuar viviendo la misión de reconocer a Cristo. Anima, proyecta confianza.

Al finalizar se lanza con claridad el camino para vivir el amor verdadero. Es preciso que todos conozcan la recomendación final de Cristo.

EVANGELIO   Juan 14:15–21

Lectura del santo Evangelio según san Juan

En **aquel** tiempo, **Jesús** dijo a sus **discípulos:**
"Si me aman, **cumplirán** mis **mandamientos;**
    yo le **rogaré** al Padre
    y **él** les enviará **otro Consolador** que esté **siempre** con **ustedes,**
    el Espíritu de **verdad.**
El **mundo** no puede **recibirlo,** porque **no** lo ve **ni lo conoce;**
    ustedes, en cambio, **sí** lo conocen,
    porque habita **entre ustedes** y estará **en ustedes.**

No los dejaré **desamparados,** sino que **volveré** a **ustedes.**
Dentro de **poco,** el mundo **no me verá más,**
    pero ustedes **sí** me verán,
    porque yo **permanezco** vivo y **ustedes también** vivirán.
En **aquel** día **entenderán** que **yo** estoy en mi **Padre,**
    ustedes en mí y yo en ustedes.

El que **acepta** mis **mandamientos** y los **cumple, ése** me **ama.**
Al que me **ama** a **mí,** lo **amará** mi **Padre,**
    yo también lo **amaré** y me **manifestaré** a él".

EVANGELIO La despedida nunca es fácil. El recuerdo y la fidelidad en el camino adelante siempre será una forma nueva y, porque no, hasta más plena de estar juntos. Lo que más extraña uno de un ser querido cuando se va definitivamente es la convivencia, escuchar su voz, poder hablarle y ver su rostro. Nada más agradable que ver los ojos del ser amado cuando te mira y te sonríe con amor. Tantas cosas que podrían estar presentes en la vida de los discípulos al saber que su maestro ya no estará más con ellos. En esta circunstancia es cuando se da el anuncio-promesa del Espíritu Santo por parte de Jesús. Sólo en

este evangelio de Juan se hace mención del Espíritu como 'paráclito' que significa Espíritu Consolador. También podría entenderse como asistente, procurador, defensor y sobre todo iluminador en el proceso interno de la fe.

El Espíritu Santo es "otro" es la tercera persona de la Santísima Trinidad, pero esta en la misma línea, en la misma obra de Jesús y del Padre. Persona divina destinada a permanecer con los creyentes. No es el lugar ni el momento para apuntar una teología del Espíritu Santo, tarea que, por otro lado sigue en muchos aspectos pendiente en la teología de la Iglesia. Aun así Él esta

presente en la vida desde sus orígenes y en toda la historia, es el aliento de la vida que renueva y guía a la humanidad y que, en la Iglesia se manifiesta vivo en múltiples formas. Especialmente en los sacramentos, pero también en toda la vida de los que buscan la vida. Los hermanos carismáticos son una luz que testimonia (no acapara) la presencia viva del Espíritu. No quepa ninguna duda de que Jesús sigue presente en medio de nosotros y es gracias a ese Espíritu de vida que podemos percibir su presencia en todo, especialmente en el amor.

ASCENSIÓN
DEL SEÑOR

I LECTURA   Hechos 1:1–11

Lectura del libro de los Hechos de los Apóstoles

Como un narrador experto ve contando estos hechos o sucesos. Toma el hilo que va hilvanando todo (Jesús, el resucitado) y como buen testigo, haz que todas las miradas apunten hacia Cristo.

En mi **primer** libro, querido **Teófilo**,
    escribí acerca de **todo** lo que Jesús **hizo** y **enseñó**,
    hasta el día en que **ascendió** al **cielo**,
    después de dar sus **instrucciones**,
    por medio del **Espíritu Santo**, a los **apóstoles** que había **elegido**.
A **ellos** se les **apareció** después de la **pasión**,
    les dio **numerosas pruebas** de que estaba **vivo**
    y durante **cuarenta días** se dejó ver por ellos y les **habló**
        del **Reino de Dios**.

Ve marcando las circunstancias en las que Jesús se hace presente, son pruebas infalibles de que está más vivo que nunca. Vas anticipando así la doble conclusión.

Un día, estando con ellos a la mesa, **les mandó**:
    "**No se alejen** de Jerusalén.
Aguarden **aquí** a que se **cumpla** la **promesa** de mi **Padre**,
    de la que ya les he **hablado**:
    Juan **bautizó** con **agua**;
    dentro de pocos días **ustedes** serán **bautizados**
        con el **Espíritu Santo**".

Los ahí **reunidos** le **preguntaban**:
    "Señor, ¿ahora sí vas a **restablecer** la **soberanía** de **Israel**?"

Estamos llegando al final litúrgicamente hablando del tiempo pascual. Nos convoca la fiesta de la ascensión de Jesús al cielo. Esta fiesta nos interesa más en su sentido teológico que histórico. Aunque lo histórico se pueda entender de varios modos muy validos (el origen de la fiesta, la forma como se ha venido celebrando en la Iglesia, etc.), aquí nos referimos a que no es tan importante ni tan plausible pensar que Jesús al resucitar haya salido de la historia. No. No debe verse como si Jesús hubiese escapado

en un cohete fuera del mundo. Si así se entendiera el significado de esta fiesta, iría en contra de la nueva presencia de Jesús en medio de nosotros. También demostraría que vemos a Dios fuera del mundo de la vida. Por eso, el sentido teológico de "volver a Dios Padre" nos conduce al misterio de contemplar a Cristo crucificado ahora glorificado. En una nueva presencia con Dios y con su Iglesia en el mundo. La ascensión viene a ser el hecho que completa el círculo de la encarnación del hijo de Dios.

I LECTURA La introducción del Libro de los Hechos de los Apóstoles hace conexión explícita con el final del evangelio de Lucas (Lc 24:45–53). En ambos casos se trata de la despedida de Jesús y la promesa del Espíritu Santo. Los primeros versos aquí nos indican las motivaciones y propósitos del evangelista y hacen la conexión explícita a lo que acabamos de mencionar. No está por demás poner atención en

Jesús les contestó:
"A **ustedes** no les toca **conocer** el **tiempo** y la **hora**
    que el **Padre** ha **determinado** con su **autoridad**;
    pero cuando el **Espíritu Santo** descienda sobre **ustedes**,
    los **llenará** de **fortaleza** y serán mis **testigos** en **Jerusalén**,
    en **toda** Judea, en Samaria y **hasta** los **últimos rincones**
        de la **tierra**".

Dicho **esto**, se fue **elevando** a la **vista** de ellos,
    hasta que una **nube** lo **ocultó** a sus **ojos**.
Mientras miraban **fijamente** al cielo, **viéndolo alejarse**,
    se les presentaron **dos hombres vestidos de blanco**,
        que les **dijeron**:
"Galileos, ¿**qué hacen allí parados**, mirando al **cielo**?
Ese mismo **Jesús** que los ha **dejado** para **subir** al **cielo**,
    volverá como lo han visto **alejarse**".

Las palabras sobre la ascensión de Jesús y la llamada de atención del ángel no deben sonar a contraste, sino verdadero equilibrio. Usa el mismo tono, indicando con tus manos y tu mirada, ese mismo equilibrio entre el cielo y la tierra, la ascensión y la misión.

Para meditar

SALMO RESPONSORIAL   Salmo 46:2–3, 6–7, 8–9

R. Dios asciende entre aclamaciones, el Señor, al son de trompetas.

Pueblos todos batan palmas, aclamen a Dios con gritos de júbilo; porque el Señor es sublime y terrible, emperador de toda la tierra. **R.**

Dios asciende entre aclamaciones, el Señor, al son de trompetas; toquen para Dios, toquen, toquen para nuestro Rey, toquen. **R.**

Porque Dios es el rey del mundo; toquen con maestría. Dios reina sobre las naciones, Dios se sienta en su trono sagrado. **R.**

el personaje cuyo nombre nos da la idea de un destinatario simbólico a quien Lucas se refiere. Este "amigo de Dios" (Teo-filos) bien puede designar a los discípulos y/o a la comunidad misma del evangelista. Nosotros, ciertamente nos podemos apuntar dentro del significado de este Teófilo.

El evangelio de Lucas nos narra la vida y obra de Jesús hasta la resurrección. Ahora en este libro sobre el camino de la Iglesia,

es el Espíritu Santo quien protagoniza todo el desarrollo de la misión. El programa de esta misión está sintéticamente mencionado en el v. 8: con la fuerza del Espíritu Santo, ser testigos del Evangelio: Jesús en todo y con todos.

II LECTURA   Efesios 1:17–23

Lectura de la carta del apóstol san Pablo a los efesios

Hermanos:
Pido al **Dios** de nuestro Señor **Jesucristo**, el **Padre** de la gloria,
   que les **conceda** espíritu de **sabiduría**
   y de **reflexión** para **conocerlo**.

Le **pido** que les **ilumine** la **mente**
   para que **comprendan** cuál es la **esperanza**
   que les da su **llamamiento**,
   cuán **gloriosa** y **rica** es la **herencia**
    que **Dios** da a los que son **suyos**
   y cuál la **extraordinaria grandeza**
   de su **poder** para con **nosotros**,
   los que **confiamos** en él,
   por la **eficacia** de su **fuerza poderosa**.

Con **esta** fuerza **resucitó** a **Cristo** de entre los **muertos**
   y lo hizo sentar **a su derecha** en el cielo,
   por encima de **todos** los ángeles, **principados**,
   potestades, virtudes y **dominaciones**,
   y por encima de **cualquier** persona,
   no sólo del mundo **actual** sino **también** del **futuro**.

Todo lo puso bajo sus **pies**
   y a **él mismo** lo constituyó **cabeza suprema** de la **Iglesia**,
    que es su **cuerpo**,
   y la **plenitud** del que lo consuma **todo en todo**.

Vibra con el espíritu de la carta a los Efesios: la obra de Cristo tiene alcance infinito, universal y en esta visión está la Iglesia como su cuerpo.

Haz que fluya la cordialidad que el apóstol expresa con estos grandes deseos para los hermanos. Que los oyentes sientan esta misma sensación desde tu propia persona para con ellos. En el fondo, este es el corazón de tu ministerio.

Tienes la oportunidad de hacer oír el verdadero poder que necesita el mundo: el de Dios manifestado en Cristo. No la desaproveches.

II LECTURA   Uno de los temas centrales de la Carta a los Efesios es la unidad de la Iglesia como cuerpo de Cristo.

Aquí el autor de la Carta, muy posiblemente Pablo o un excelente discípulo suyo, eleva una oración sincera de acción de gracias por la fe de esta Iglesia a la que se dirige, al mismo tiempo que eleva suplicas para que no se apague su esperanza.

Un corazón iluminado por Dios, es la bendición más grande que un cristiano puede pedir y a la que debe aspirar. En la Iglesia significa la vida, la sabiduría, la fuerza, la pasión por el evangelio, la misericordia, la fe. Un todo armonizado que edifica el cuerpo de Cristo. En la cultura semita, corazón no es simplemente el lugar de los sentimientos, sino un lugar de facultades superiores y valiosas como son el conocimiento,

el querer, la voluntad… todo formándose coherentemente para guiar la vida completa de la persona y de forma acertada. La vida, la unidad y la armonía de este cuerpo de Cristo solo es posible por Cristo mismo, no por las propias fuerzas. Él tiene la soberanía universal.

Un evangelio textualmente somero y corto al mismo tiempo que teológicamente denso y profundo es lo mejor que puede tener enfrente un excelente proclamador como tú.

La misión tiene personas y lugares concretos, coloca esta verdad en el centro de la mirada de la asamblea. La cita es con todos.

La misión tiene el poder y la amplitud de Dios, abre esta visión en el corazón de los presentes. Nadie es el centro de la misión, solamente Dios.

Que tu lectura reciba el impulso (inicial y final) de un silencio breve mientras abrazas con tu mirada a todos los presentes.
Es el encargo que da sentido a la fe y la vida de la Iglesia.

EVANGELIO   Mateo 28:16–20

Lectura del santo Evangelio según san Mateo

En **aquel** tiempo,
   los **once discípulos** se fueron a **Galilea**
   y subieron al **monte** en el que Jesús los había **citado**.
Al ver a **Jesús**, se **postraron**, aunque **algunos titubeaban**.

Entonces, **Jesús** se **acercó** a ellos y les **dijo**:
"Me ha sido dado **todo poder** en el **cielo** y en la **tierra**.
Vayan, pues, y **enseñen** a **todas las naciones**,
   bautizándolas en el nombre del **Padre** y del **Hijo**
      y del **Espíritu Santo**,
   y **enseñándolas** a cumplir **todo** cuanto yo les he **mandado**;
   y **sepan** que yo **estaré** con ustedes **todos los días**,
      hasta el **fin** del **mundo**".

EVANGELIO San Mateo ha mostrado en todo su evangelio a Jesús dando vida y esperanza a partir de Galilea. Él es el maestro de las bellas y profundas palabras al mismo tiempo de que de los hechos y milagros. Llegó encarnado en la historia humana y concretamente del pueblo de Israel. Desde abajo y desde adentro fue mostrando el reinado de Dios y su eficaz presencia en la persona de Jesús. Él mismo que vivió y dio testimonio hasta el final en la cruz, esta ahora presente resucitado y enviando a continuar su misión. Los discípulos (notemos las resonancias) vuelven a Galilea donde se inicio todo a cumplir una cita en la montaña. El envío del Resucitado conecta con las enseñanzas de Jesús, sólo que ahora glorificado les envía con un poder nuevo y eterno para desarrollar la misión. La Iglesia es parte ahora de una misión que no es propiamente suya sino de Cristo. Tres características básicas de la misión nos dan una pauta para seguir reflexionando: El anuncio del evangelio con la meta clara de acerar a las personas a Cristo, no es otra la meta. La construcción de una comunidad que bautizados en Cristo viven al ejemplo de Jesús. La garantía de la presencia de Cristo como seguridad que no nos libra de la responsabilidad de estar nosotros presentes con él. La vida en Dios (consagrarlos al Padre, al hijo y al Espíritu Santo) es la meta fundamental de toda la misión de la Iglesia. No otra.

Hagamos un esfuerzo por volver, como los discípulos, al principio del evangelio para releer e interpretar nuestra historia renovando nuestro sentido de la misión.

VII DOMINGO
DE PASCUA

I LECTURA   Hechos 1:12–14

Lectura del libro de los Hechos de los Apóstoles

Después de la **ascensión de Jesús** a los cielos,
    los **apóstoles** regresaron a **Jerusalén**
    desde el **monte** de los **Olivos**,
    que **dista** de la ciudad lo que **se permite** caminar en **sábado**.
Cuando **llegaron** a la ciudad, **subieron** al **piso alto** de la casa
    donde se alojaban, **Pedro** y **Juan**, **Santiago** y **Andrés**,
    Felipe y **Tomás**, **Bartolomé** y **Mateo**, **Santiago**
     (el hijo de **Alfeo**),
    Simón el **cananeo** y **Judas**, el hijo de **Santiago**.
Todos ellos perseveraban **unánimes** en la **oración**,
    junto con **María**, la **madre** de Jesús,
    con los **parientes** de Jesús y **algunas mujeres**.

Anticipa una excelente noticia en tu entonación: Los discípulos están encontrando sentido a todo. No hay miedo sino búsqueda. Transmite este anhelo tan urgente y necesario en nuestros días.

Para meditar

SALMO RESPONSORIAL   Salmo 26:1, 4, 7–8b

R. Espero gozar de la dicha del Señor en el país de la vida.

El Señor es mi luz y mi salvación, ¿a quién temeré? El Señor es la defensa de mi vida, ¿quién me hará temblar? **R.**

Una cosa pido al Señor, eso buscaré: habitar en la casa del Señor por los días de mi vida; gozar de la dulzura del Señor contemplando su templo. **R.**

Escúchame, Señor, que te llamo; ten piedad, respóndeme. Oigo en mi corazón: "Busquen mi rostro". **R.**

I LECTURA Hemos venido reflexionando en diversos modos los acontecimientos de los discípulos ante la experiencia de una nueva presencia de Jesús. El resucitado está confirmando y reafirmando la fe de sus amigos que, de alguna manera, siguen si no atemorizados sí sorprendidos y hasta cierto punto como sosteniéndose unos a otros. Aun se percibe un sentido de búsqueda, el anhelo de la certeza, una fuerza más fuerte que todo el provenir. La oración como actitud de vida, como signo de confianza con Dios y de amistad entre si, es un camino que hace próxima la venida del Espíritu prometido por Jesús.

II LECTURA Es difícil combinar adecuadamente, con sabiduría, la fe y el sufrimiento. Especialmente para las personas que tienen ambas cosas en su corazón. Los cristianos que viven en la Iglesia del imperio sienten ambas dimensiones fuertemente en su vida y el autor de la Carta pide encarecidamente que no sucumban ente el dolor. Todos son invitados a encontrar sentido en su vida a la luz de los sufrimientos de Cristo, el que vivió intensamente la voluntad de Dios y que asumió el sufrimiento con sentido redentor es el bálsamo de esperanza. Encontrar alegría en el sufrimiento no es tema nuevo en el Nuevo

II LECTURA   1 Pedro 4:13–16

Lectura de la primera carta del apóstol san Pedro

Queridos hermanos:
Alégrense de compartir **ahora** los padecimientos de **Cristo**,
    para que, cuando se **manifieste** su **gloria**,
    el **júbilo** de **ustedes** sea **desbordante**.
Si los **injurian** por el **nombre** de **Cristo**, ténganse por **dichosos**,
    porque la **fuerza** y la **gloria** del **Espíritu de Dios**
        descansa sobre ustedes.
Pero que **ninguno de ustedes** tenga que **sufrir** por **criminal, la-
    drón, malhechor**,
    o **simplemente** por **entrometido**.
En cambio, si sufre por ser **cristiano**,
    que le dé **gracias** a Dios por llevar **ese nombre**.

EVANGELIO   Juan 17:1–11a

Lectura del santo Evangelio según san Juan

En **aquel** tiempo, Jesús **levantó** los ojos al cielo y **dijo**:
"Padre, **ha llegado la hora**.
Glorifica a tu **Hijo**, para que tu Hijo **también** te **glorifique**,
    y por el **poder** que le diste sobre **toda** la humanidad,
    dé la **vida eterna** a cuantos le has **confiado**.
La vida eterna **consiste** en que te **conozcan** a ti,
        único Dios **verdadero**,
    y a **Jesucristo**, a quien tú has **enviado**.

Yo te he **glorificado** sobre la tierra,
    llevando a cabo la obra que me **encomendaste**.
Ahora, Padre, **glorifícame** en ti con la **gloria** que tenía,
    antes de que el mundo **existiera**.

Asegúrate de que se entienda bien la lucha de todos y todas al ejemplo de Cristo. Su dolor y su cruz son el camino para entender y orientar nuestra vida.

Enfatiza la relación íntima entre opción de vida (con Cristo o sin él) y las causas del sufrimiento. Si lees con la entonación clara, Dios hará el resto en la conciencia de cada uno.

Ubica el texto en tu corazón. Es, como casi todo el evangelio, posterior a la pascual, pero también es el mismo Jesús hablándonos antes de la pasión. Siente y proclama en medio de esta certeza.

Pleno de confianza, anuncia estas palabras de quien solo puede decir que ha cumplido la voluntad de Dios totalmente. Asegúrate de que quede claro ante los ojos de quienes te ven y escuchan.

Testamento. Pero no debe entenderse como un sentimiento desquiciado sino a partir de la confianza absoluta en Dios y en la identificación solidaria con Cristo. Los cristianos no somos masoquistas, no abrazamos el dolor por el dolor sino como un componente necesario e inseparable de la vida, de modo muy especial cuando se ha tomado la decisión de vivir el evangelio en todo momento, incluso en los más dolorosos, transformando en el camino con Jesús. Este tipo de dicha nos pone en otro plano, en el plano de la esperanza redentora de quienes, por la fe, se saben más allá de toda limitación, fragilidad o sufrimiento injusto.

EVANGELIO Jesús ora por los suyos. Nos encontramos ante uno de los textos más significativos del evangelio de San Juan. Aquí se esbozan o anotan los temas más importantes de la visión teológica del evangelio. Comenzando con la *hora de Jesús*: Esta oración de Jesús catalogada por los estudiosos como la 'oración sacerdotal' nos muestra a Jesús con plena conciencia de ser el enviado del Padre con una misión universal de que el verdadero Dios sea conocido. También hemos de ver que *la manifestación de su gloria* es el contenido de la misión de Jesús que nos ha revelado el verdadero rostro de Dios. *La vida eterna* no

El juego de palabras de Jesús en el evangelio de Juan son para integrar todo de forma viva y dinámica. Deja esta sensación en la asamblea presente. Guíalos, condúcelos con tu voz, tu mirada y un discreto lenguaje corporal.

He **manifestado** tu **nombre**
a los hombres que **tú tomaste** del mundo y **me diste**.
Eran **tuyos** y **tú** me los **diste**.
Ellos han **cumplido** tu **palabra**
y **ahora** conocen que **todo** lo que me has dado **viene de ti**,
porque **yo** les he **comunicado** las palabras que **tú** me **diste**;
ellos las han **recibido**
y **ahora** reconocen que **yo salí de ti**
y **creen** que **tú** me has **enviado**.

Te pido por **ellos**;
no te pido por el **mundo**,
sino por **éstos**, que **tú me diste**, porque son **tuyos**.
Todo lo mío es **tuyo** y **todo lo tuyo** es **mío**.
Yo he sido **glorificado** en ellos.
Ya no estaré **más** en el **mundo**,
pues **voy a ti**; pero ellos **se quedan** en el **mundo**".

consiste pues en una vida sin fin, sino en la plenitud de sentido que la existencia humana recibe al entrar en el proyecto del Padre revelado en Jesús. Esta *obra de Dios* tiene en Jesús un desarrollo y claridad que sólo quienes están dispuestos a ver puedan apreciar, él es el signo claro y perenne de lo que Dios quiere y realiza para la humanidad. *El mundo* es en San Juan una realidad con doble sentido. Por un lado es todo aquello que se opone al proyecto de Dios y, por otro, es toda la realidad en donde dicho proyecto se realiza y manifiesta. En medio de esa realidad bipolar (digamos así) Jesús ha

realizado su *obra de redención* y en medio de ella también somos enviados. Quedarse en el mundo y salir del mundo es una tarea de continuo discernimiento y realización de la obra de Dios en nosotros y con nosotros. *La verdad* se ha ido manifestando en Jesús que es la verdad misma, la Verdad de Dios en la historia, del mismo modo los discípulos son enviados a vivir en la Verdad y haciendo verdad con su vida para que, al ejemplo de Jesús, Dios siga siendo glorificado y Cristo siga siendo visiblemente vivido, celebrado y compartido. Finalmente, esta oración de Jesús también se puede

entender en la línea de la sacramentalidad de la vida y la misión sacramental de la Iglesia. Cristo que es signo visible (Sacramento) del Padre, nos envía para que seamos sacramentos vivos de su presencia en el mundo. Esta es la identidad y misión de la Iglesia toda.

DOMINGO DE PENTECOSTÉS, MISA VESPERTINA DE LA VIGILIA

I LECTURA   Génesis 11:1–9

Lectura del libro del Génesis

La lectura que tienes enfrente es intensa. Lenguaje actual para un mensaje antiquísimo. No te preocupes por la interpretación. Sólo enfócate en la claridad del relato y lo que cuenta.

En **aquel** tiempo, **toda** la tierra tenía **una sola lengua**
   y unas **mismas** palabras.
Al **emigrar** los hombres desde el **oriente**,
   encontraron una **llanura** en la región de **Sinaar**
      y **ahí** se **establecieron**.

Entonces se dijeron **unos a otros:**
"**Vamos** a fabricar **ladrillos** y a **cocerlos**".
Utilizaron, pues, **ladrillos** en vez de **piedra**,
   y **asfalto** en vez de **mezcla**.
Luego dijeron:
"**Construyamos** una **ciudad**
   y una **torre** que llegue **hasta el cielo** para hacernos **famosos**,
   antes de **dispersarnos** por la **tierra**".

Detalla y resalta los elementos de diversidad, movilidad, construcción, dispersión; en estas dimensiones de vida vivimos y Dios sigue actuando.

El **Señor bajó** a ver la **ciudad**
   y la **torre** que los **hombres** estaban **construyendo** y **se dijo:**
"Son **un solo pueblo** y hablan **una sola lengua**.
Si ya empezaron **esta obra**,
   en adelante **ningún** proyecto les parecerá **imposible**.
Vayamos, pues, y **confundamos** su lengua,
   para que **no se entiendan** unos con otros".

"El domingo de Pentecostés concluye este sagrado período de cincuenta días con la conmemoración de la donación del Espíritu Santo derramado sobre los Apóstoles, el comienzo de la Iglesia y el inicio de su misión a todos los pueblos, razas y naciones. Se recomienda la celebración prolongada de la Misa de la Vigilia de Pentecostés, que no tiene un carácter bautismal como la Vigilia de Pascua, sino más bien de oración intensa, según el ejemplo de los Apóstoles y discípulos, que perseveraban unánimemente en la plegaria junto a María, la Madre de Jesús, esperando el don del Espíritu Santo" *Congregación para el Culto Divino (1988), núm. 107.*

I LECTURA Esta narración cierra el ciclo de los orígenes narrado en el libro del Génesis. No es una alusión contra el progreso humano, sino una re-elaboración que una de las tradiciones presente en este libro y todo el Pentateuco (tradición Yavista) hacen de dos leyendas del oriente antiguo. Una trata de la diversidad lingüística y otra sobre el origen de Babilonia y sus grandes construcciones. El autor del libro de los Orígenes (o Génesis, como le conocemos nosotros) explica con estos relatos varios aspectos de la condición humana. En primer lugar hay que relacionar la narración de este texto con la caída (o pecado) original que encontramos en Gen 2:4—3:24 y el inicio de la historia humana representado en Abraham. Por otro lado la historia de la torre de Babel hay que relacionarla con la caída y la dispersión humana que nos cuenta Gen 10:32. Babel es una nueva versión del pecado original. Es decir que está a la base de las demás desgracias humanas. Tenemos aquí a la

La presencia del Señor siempre implica cambios en la historia, ya lo sabemos. Recuérdale esto una vez más a tu Iglesia.

Entonces el **Señor** los **dispersó** por **toda** la tierra
  y dejaron de **construir** su **ciudad**;
  por eso, la ciudad se llamó **Babel**,
  porque ahí **confundió** el **Señor** la **lengua** de **todos** los **hombres**
  y desde ahí los **dispersó** por la **superficie** de la **tierra**.

O bien:

I LECTURA   Éxodo 19:3–8, 16–20

Lectura del libro del Éxodo

Imagina un escenario colmado de misterio y densidad en el que se encuentra Dios con su pueblo y Moisés como intermediario. Los días, los truenos, el monte, las trompetas, Dios hablando etc. Todo hace especialísimo el momento en que Dios se revela. Vibra con esto.

En **aquellos** días, **Moisés** subió al monte **Sinaí**
  para **hablar** con **Dios**. El **Señor** lo **llamó** desde el **monte** y le **dijo**:
"**Esto** dirás a la casa de Jacob, **esto** anunciarás a los **hijos de Israel**:

'**Ustedes** han visto cómo **castigué** a los **egipcios**
  y **de qué manera** los he **levantado** a **ustedes** sobre alas de **águila**
  y los he **traído** a mí.
Ahora bien, si **escucha**n mi **voz** y **guardan** mi **alianza**,
  serán mi **especial tesoro** entre **todos** los pueblos,
  aunque **toda** la tierra es **mía**.

El mismo Dios creador, ahora está fortaleciendo relaciones. El misterio de su voz es solemne y glorioso, más que cualquier cosa.

Ustedes serán para mí un **reino de sacerdotes**
  y una **nación consagrada**'.
Éstas son las **palabras** que has de decir a los **hijos de Israel**".

Moisés convocó **entonces** a los **ancianos** del pueblo
  y les expuso **todo** lo que el **Señor** le había **mandado**.
Todo el pueblo, a una, **respondió**:
"**Haremos** cuanto ha dicho el **Señor**".

Habla en nombre de tu pueblo "¡Haremos cuanto ha dicho el Señor!" Toda tu comunidad y la Iglesia te respalda.

humanidad ahora representada en un colectivo humano decidido a transgredir los espacios que corresponden a Dios. La desgracia (pecado) de la humanidad no se encuentra en sus deseos, anhelos y decisiones de superarse, avanzar y de ser autónoma en sus proyectos y tareas históricas. Está en las pretensiones de fondo de pretender suplantar el lugar que corresponde a Dios.

De ningún modo haríamos justicia a este texto bíblico si vemos aquí justificaciones contra la diversidad humana (étnica, lingüística y cultural) que Dios nos ofrece, especialmente en la realidad actual, como un don y desafío para conocerle a El de forma más amplia, plena y diversa.

I LECTURA **ÉXODO** Dios toma siempre la iniciativa. Él llama a Moisés, Él propone la Alianza e invita al pueblo a vivir en comunión con él. Se inicia el camino para la construcción del Pueblo de Dios.

La liberación del pueblo no es un fin en si misma, tiene una finalidad mayor y de largo alcance: vivir en el proyecto de Dios. Esto supone, junto con la alianza y aceptación de Dios como Señor, guía y protector, reconocerle en realidad. Es decir, que el amor a Dios no es un acto intimista individualista sino un saber ver la obra de Dios en la historia. De ahí que la primera parte del texto sea un recuento de las obras de Dios realizadas con su pueblo. Nótese que no falta la conciencia universal, Dios es Señor

Al rayar el **alba** del **tercer día**, hubo **truenos** y **relámpagos**;
   una **densa** nube **cubrió** el **monte**
   y se **escuchó** un **fragoroso** resonar de **trompetas**.
Esto hizo **temblar** al pueblo, que estaba en el **campamento**.
Moisés hizo **salir** al **pueblo** para ir al **encuentro de Dios**;
   pero la gente **se detuvo** al pie del **monte**.
Todo el monte Sinaí **humeaba**,
   porque el **Señor** había **descendido** sobre él en medio del **fuego**.
Salía **humo** como de un **horno**
   y **todo** el monte **retemblaba** con **violencia**.
El **sonido** de las **trompetas** se hacía **cada vez más fuerte**.
Moisés hablaba y **Dios** le respondía con **truenos**.
El Señor **bajó** a la **cumbre** del **monte**
   y le dijo a **Moisés** que **subiera**.

O bien:

I LECTURA   Ezequiel 37:1–14

Lectura del libro del profeta Ezequiel

En **aquellos** días, la mano del **Señor** se posó **sobre mí**,
   y su **espíritu** me **trasladó**
   y me **colocó** en medio de un campo **lleno de huesos**.
Me hizo **dar vuelta** en torno a **ellos**.
Había una **cantidad innumerable** de **huesos**
   sobre la **superficie** del **campo**
   y estaban **completamente secos**.

Entonces el **Señor** me **preguntó**:
"Hijo de hombre, ¿podrán acaso **revivir estos huesos?"**
Yo respondí: "Señor, **tú** lo sabes".
Él me dijo: "**Habla** en mi nombre a **estos huesos** y **diles**:
'Huesos secos, **escuchen** la **palabra del Señor**.

Apoyándote en las recomendaciones anteriores y las tuyas propias, busca despertar en la asamblea el entusiasmo y el animo de seguir los caminos de Dios por siempre.

El profeta fue, como quien dice, "llevado de los cabellos" hasta donde podía ver en lo más profundo de su pueblo la muerte y la vida al mismo tiempo. Estás muy impactado por lo que ves y por la pregunta de Dios. Que vean en ti la experiencia de Ezequiel.

Con tono desafiante deja sentir este mensaje. La pregunta de Dios al profeta va dirigida a todos. El desafío va tomando diversas formas a lo largo de toda la lectura hasta llegar al culmen de una nueva vida. Ve aumentando el tono y la intensidad poco a poco.

de toda la tierra, sin embargo aquí se esta realizando un cariño, amor y cuidado especial por este pueblo pequeño y olvidado en el mundo y los imperios de ese tiempo. La elección y protección de Dios para con Israel nos muestra una característica muy especial del Dios del Antiguo Testamento que en Jesús se manifestara mucho más claramente: la preferencia por los pequeños, los últimos. Llama la atención el cuidado y la ternura de las palabras con las que Dios se refiere a este "tesoro especial".

El pasado, presente y futuro del pueblo elegido por Dios se pone en perspectiva de un plan salvífico que no recae en el mismo pueblo sino que apunta a todas las demás naciones. Es un pueblo sacerdotal y nación consagrada para ser luz de las naciones no una especie de oración centrada en si mismo. Dios que permanece en el poderoso misterio de su ser, se dejara oír, ver y sentir pues es vivo y cercano. El nacimiento del pueblo de Dios nos evoca ahora el nacimiento de la Iglesia en Pentecostés.

EZEQUIEL Ezequiel es el profeta de los desterrados. Un pueblo que sobrevive con lo que puede para seguir considerándose pueblo. Quien tenga la experiencia del destierro o pase este trago amargo y continuo como extranjero, inmigrante o refugiado podrá entender mejor este mensaje que en forma de visión transmite Ezequiel. Un exiliado está viviendo al borde de la muerte y la desesperación. No sabe ya donde echar raíces. Siempre piensa en volver, toda la vida guarda ese anhelo, pero no ve tampoco un futuro esperanzador como para empezar de nuevo y lograrlo. El profeta conoce todos

Identifica los momentos clave de la intervención del Señor; así podrás enfatizar y hacer una breve pausa que llame la atención.

Esto dice el **Señor Dios** a **estos huesos**:
He aquí que yo les **infundiré** el **espíritu** y **revivirán**.
Les **pondré** nervios, **haré** que les **brote carne**,
    la **cubriré** de piel, les **infundiré** el **espíritu** y **revivirán**.
Entonces reconocerán **ustedes** que **yo soy** el Señor'''.

Yo **pronuncié** en nombre del Señor las **palabras**
    que **él** me había **ordenado**,
    y mientras hablaba, se oyó un **gran estrépito**,
    se produjo un **terremoto** y los **huesos** se **juntaron** unos con otros.
Y **vi** cómo les iban saliendo **nervios** y **carne**
    y cómo se **cubrían** de **piel**; pero **no** tenían **espíritu**.
Entonces me dijo el **Señor**:
"**Hijo de hombre**, habla en mi **nombre** al **espíritu** y **dile**:
'**Esto** dice el Señor: **Ven**, espíritu, desde los **cuatro vientos**
    y **sopla** sobre **estos muertos**, para que **vuelvan** a la **vida**'''.

Estos momentos del texto se identifican con las cuatro frases iniciales de: "Entonces... (el Señor me preguntó..., reconocerán... me dijo el Señor..., les infundiré mi espíritu...)

Yo **hablé** en nombre del **Señor**, como **él** me había **ordenado**.
Vino sobre ellos el espíritu, **revivieron** y **se pusieron de pie**.
Era una **multitud innumerable**.
El Señor me dijo: "**Hijo de hombre**:
Estos huesos son **toda** la casa de **Israel**, que ha **dicho**:
'**Nuestros huesos** están **secos**; pereció **nuestra esperanza**
    y estamos **destrozados**'.
Por eso, habla en **mi nombre** y **diles**:
'**Esto** dice el **Señor**: Pueblo mío, **yo mismo** abriré sus **sepulcros**,
    los **haré salir** de ellos
    y los **conduciré** de nuevo a la tierra de **Israel**.
Cuando **abra** sus sepulcros y los **saque** de ellos, **pueblo mío**,
    ustedes dirán que **yo soy** el Señor.
Entonces les **infundiré** mi **espíritu**,
    los **estableceré** en su **tierra**
    y **sabrán** que **yo**, el **Señor**, lo **dije** y lo **cumplí**'''.

O bien:

estos sentimientos pues ha caminado con ellos y sufrido con ellos. Pero no puede evadir la misión encomendada por el Señor: avisar que el triunfo se acerca y el retorno esta ya muy próximo y es inevitable. La visión de Ezequiel tiene como punto de partida la realidad de un pueblo hecho trizas. Para muchos, incluidos ellos mismos, no son más que muertos en vida, huesos secos. Se necesita un espíritu nuevo, más fuete y poderoso para reanimar a este pueblo. Es el Espíritu de Dios que esta llegando

a plenitud, desde los cuatro vientos, y está infundiendo una vida nueva, aliento nuevo, un corazón nuevo.

La bellísima visión de Ezequiel no es una visión que brote de los ojos cerrados de un profeta, ni de alguien que manifiesta como visión profética una experiencia de arrebato místico disperso y sin sentido, como solía ocurrir con muchos otros tipos de profetas y profecías. Es una visión profunda que tiene su origen en Dios y su plan de liberación para dar vida y esperanza. Es

una visión que parte de la realidad y supera, venciendo, esa misma realidad.

Que el Espíritu de Pentecostés infunda vida nueva en nuestras vidas, y en la vida del pueblo de Dios hoy para vencer todas las muertes que nos tienen cada vez más desanimados. Que el Espíritu suscite profetas sabios y eficaces para seguir animando y acompañando al pueblo, la Iglesia y las comunidades hacia un mundo mejor y más justo que sea hogar digno para todos y todas.

I LECTURA   Joel 3:1–5

Lectura del libro del profeta Joel

Esto dice el **Señor Dios**:
"**Derramaré** mi espíritu sobre **todos**;
    profetizarán sus **hijos** y sus **hijas**,
    sus **ancianos** soñarán **sueños**
    y sus **jóvenes** verán **visiones**.
También sobre mis **siervos** y mis **siervas**
    derramaré mi **espíritu** en aquellos días.

Haré prodigios en el **cielo** y en la **tierra**:
    sangre, fuego, columnas de **humo**.
El **sol** se **oscurecerá**,
    la **luna** se pondrá **color** de **sangre**,
    antes de que **llegue** el **día grande** y **terrible** del Señor.

Cuando invoquen el nombre del Señor **se salvarán**,
    porque **en el monte Sión** y en Jerusalén **quedará un grupo**,
    como lo ha **prometido** el **Señor**
    a los **sobrevivientes** que ha **elegido**".

Contempla brevemente a la asamblea como avisando y anticipando tus palabras y la lectura.

Sobre todo no pierdas la oportunidad de que todos se sientan invitados a ser profetas. Pocas veces hay algo tan hermoso y explícito como esto en la Biblia.

Termina con una confianza inquebrantable de que la obra de Dios nunca se extingue aunque todo se vea oscuro.

Para meditar

SALMO RESPONSORIAL   Salmo 103:1–2a, 24 y 35c, 27–28, 29bc–30

R. Envía tu Espíritu, Señor, y repuebla la faz de la tierra.

Bendice, alma mía, al Señor, ¡Dios mío, qué grande eres! Te vistes de belleza y majestad, la luz te envuelve como un manto. **R.**

Cuántas son tus obras, Señor, y todas las hiciste con sabiduría, la tierra está llena de tus criaturas. ¡Bendice, alma mía, al Señor! **R.**

Todas ellas aguardan a que les eches comida a su tiempo; se la echas, y la atrapan, abres tus manos, y se sacian de bienes. **R.**

Les retiras el aliento, y expiran, y vuelven a ser polvo; envías tu aliento, y los creas, y renuevas la faz de la tierra. **R.**

JOEL   El mismo nombre del profeta Joel nos da una luz por su significado (El señor es Dios). Ahora bien, sus palabras nos llevan a contemplar el gran día del Señor inaugurándose con la efusión (venida) del Espíritu de Dios. Ya Moisés había manifestado un deseo hermoso que debiéramos seguir alimentando: "Ojalá que todo el pueblo fuera profeta" (Nm 11:29). Joel nos abre los ojos para ver este deseo cumplido y más allá de toda expectativa, pues el Espíritu de Dios se derrama en todos sin distinción de edad, jóvenes y viejos son profetas. No hay tampoco exclusión por sexo, mujeres y varones, hijos e hijas son profetas. Tampoco el Espíritu se quedó atorado en las clases sociales, ricos y pobres, esclavos y amos se transforman en profetas. Es bellísima la visión de Joel y es ciertísima la posibilidad de que un pueblo o una comunidad entera se vuelva profeta. "Pueblo hispano, Voz profética" reza el título de uno de los documentos de los Obispos de los Estados Unidos. Una invitación, un reconocimiento, un desafío. Los apóstoles, especialmente Pedro, y los evangelios verán esta profecía realizada en Pentecostés. Agudicemos el oído, el corazón y la mirada también nosotros para saber ver hoy.

II LECTURA   El Espíritu de Dios es el mismo. Él está en el principio del nacimiento y origen de la vida, acompaña al pueblo en el desierto de la vida,

Pablo crea un puente entre la vida, la muerte y la resurrección. Él sabe que todos y todas estamos sufriendo y naciendo. ¿Tú sabes esto? ¿Has experimentado este tipo de crisis? Desde tu respuesta medita este texto antes de proclamarlo.

No hay gemido sin anhelo. Ni dolor sin esperanza. Transmite la gran certeza de la fe cristiana. Infunde, anima, invita a continuar en la esperanza.

La obra del Hijo tiene, en este texto, un culmen extraordinario que debes resaltar mostrando con infinita confianza: Dios en el corazón de las personas.

II LECTURA   Romanos 8:22–27

Lectura de la carta del apóstol san Pablo a los romanos

Hermanos:
Sabemos que la **creación entera** gime hasta el **presente**
　　y **sufre dolores** de parto;
　　y **no sólo** ella, sino **también nosotros**,
　　los que poseemos las **primicias del Espíritu**,
　　gemimos **interiormente**,
　　anhelando que se realice **plenamente**
　　　　nuestra condición de **hijos de Dios**,
　　la **redención** de **nuestro cuerpo**.

Porque **ya** es **nuestra** la **salvación**,
　　pero su **plenitud** es **todavía** objeto de **esperanza**.
Esperar lo que **ya** se posee **no** es tener **esperanza**,
　　porque, ¿**cómo** se puede **esperar** lo que ya se **posee?**
En cambio, si esperamos algo que **todavía** no poseemos,
　　tenemos que **esperarlo** con **paciencia**.

El **Espíritu** nos ayuda en **nuestra debilidad**,
　　porque **nosotros** no sabemos **pedir** lo que nos **conviene**;
　　pero el **Espíritu mismo** intercede por **nosotros**
　　con **gemidos** que no pueden **expresarse** con **palabras**.
Y **Dios**, que conoce **profundamente** los **corazones**,
　　sabe lo que el Espíritu **quiere decir**,
　　porque el **Espíritu** ruega **conforme** a la voluntad de **Dios**,
　　por los que le **pertenecen**.

---

infunde vida a los huesos secos, se derrama generosamente en todos, conduce a Jesús al desierto, está con él y resucita con él. El mismo Espíritu que hoy celebramos vivo y actuante en la historia y en la vida de la Iglesia es el Espíritu al que Pablo se refiere como fuerza en la debilidad, interviene por nosotros y viven en el centro de toda la vida. No es el Espíritu el que gime, sino todo lo

creado, incluidos nosotros. La obra de Dios no quiebra pero sigue transformando desde dentro la historia personal y colectiva. El Espíritu no fuerza, pero tampoco se detiene o contiene, sujeto a nuestras limitaciones y retardos. Esta intensidad es al mismo tiempo realidad tensa, y fuerza viva dando vida en el mundo, en la Iglesia y en los corazones. No hay prisa con sabor a la angustia

desesperada pues la salvación ya ha sido realizada y desatada en su proceso; tampoco hay quietud pasiva de amargura inerte, somos y estamos en este proceso.

EVANGELIO El evangelio de Juan aquí presente nos pone frente a la fiesta judía de los Tabernáculos.

En este día, un sacerdote sacaba agua con un jarro del estanque de Siloé y además vino del Sacrificio y lo derramaba sobre el

EVANGELIO   Juan 7:37–39

Lectura del santo Evangelio según san Juan

El **último** día de la **fiesta**, que era el **más solemne**,
    exclamó Jesús en **voz alta**:
"El que tenga **sed**, que **venga a mí**; y **beba**, aquel que **cree en mí**.
Como dice la **Escritura**:
Del **corazón** del que **cree** en mí **brotarán** ríos de **agua viva**".

Al decir **esto**, se refería al **Espíritu Santo**
    que habían de **recibir** los que **creyeran** en él,
    pues **aún** no había **venido** el **Espíritu**,
    porque **Jesús** no había sido **glorificado**.

Resalta, como el mismo texto te indica, la exclamación de Jesús. Es el centro culmen de tu entonación.

No hay más que tres hilos a distinguir en esta breve lectura: la composición del tiempo (último día de…), la exclamación de Jesús y la aclaración del evangelista.

altar (como un recuerdo a Éxodo 17:6). Entonces se recitaba Isaías 12:3: "Sacaréis con gozo aguas de las fuentes de la salvación". Pero en esta misma recitación, se notaba la falta de algo permanente que siempre estuviera satisfaciendo la sed (Juan 4:14 y 6:35).

Generalmente los rabinos enseñaron sentados. Pero ahora se dice que Jesús se pone de pie, lo que significa que va a decir algo de gran importancia para todos: "Si alguno tiene sed (porque tiene un vacío espiritual por causa del pecado) venga a mí y beba". Sólo Jesús sabe saciar nuestra sed, dándonos su Espíritu, el cual nos hace partícipes de la gracia de Dios revelada en Jesucristo; y nos llena con el gozo y alegría de la salvación. "El que cree en mí, como dice la Escritura, de su interior correrán ríos de agua viva".

No es necesario pensar en un versículo bíblico en especial, sino en la Escritura que nos habla de la plenitud del Espíritu Santo. Esta plenitud es posible recibirla (ver Isaías 44:3; Ezequiel 3:25–26; Joel 2:28; 3:3, 18) una vez que Jesús haya sido glorificado (su muerte, resurrección y ascensión), ya que en aquel entonces el Padre derramará su Espíritu para llenar a todos los creyentes con la gracia y el gozo en Cristo; de tal modo que desde el corazón de los creyentes, correrán ríos de agua, como un canal de bendiciones para otros. Desde luego que para recibir todo esto es necesario recurrir a Cristo, porque sólo por medio de la fe puesta en Él podemos beber de su plenitud.

DOMINGO DE PENTECOSTÉS, MISA DEL DÍA

Proclama esta lectura con emoción. Que la asamblea sienta que viene de tu corazón, más que algo meramente exterior. Necesitamos vivir el Espíritu de Jesús y de la Iglesia en la vida ordinaria.

No minimices la fuerza y el poder de la llegada del Espíritu. Es un evento extraordinario, pero no de miedo. Hay confianza, más no pasividad.

Muy importante, nota que son los demás los que hablan en esta lectura, no los discípulos. Haz desfilar con dignidad la gran diversidad de culturas y pueblos aquí dando testimonio.

I LECTURA   Hechos 2:1–11

Lectura del libro de los Hechos de los Apóstoles

El día de Pentecostés, **todos** los discípulos
    estaban **reunidos** en un **mismo** lugar.
De repente se oyó un **gran ruido** que venía del **cielo**,
    como cuando sopla un **viento fuerte**,
    que **resonó** por **toda** la casa donde **se encontraban**.
Entonces aparecieron **lenguas de fuego**,
    que se distribuyeron y se posaron **sobre ellos**;
    se llenaron **todos** del **Espíritu Santo**
    y **empezaron** a hablar en **otros idiomas**,
    según el **Espíritu** los inducía a **expresarse**.

En **esos** días había en **Jerusalén** judíos **devotos**,
    venidos de **todas** partes del mundo.
Al oír el **ruido**, acudieron **en masa** y quedaron **desconcertados**,
    porque **cada uno** los oía **hablar** en su **propio idioma**.

Atónitos y **llenos de admiración**, preguntaban:
"¿No son galileos **todos estos** que están **hablando**?
¿**Cómo**, pues, los oímos hablar en **nuestra lengua nativa**?
Entre nosotros hay **medos**, **partos** y **elamitas**;
    otros vivimos en **Mesopotamia**, **Judea**, **Capadocia**,
    en el **Ponto** y en **Asia**, en **Frigia** y en **Panfilia**,
    en **Egipto** o en la zona de **Libia** que limita con **Cirene**.

Los discípulos se van constituyendo en Iglesia retomando la experiencia de vida de y con Jesús de Nazaret. Pentecostés (50 días después) tiene su origen en la fiesta de los campesinos judíos que ofrecían a Dios los frutos de su trabajo, es decir, la cosecha. Esta fiesta de las cosechas, de las primicias o de las semanas. Pentecostés es la fiesta de los frutos de la Resurrección.

I LECTURA "Eran odres nuevos para la espera del vino nuevo que llegó del cielo.

El gran racimo ya había sido pisado y glorificado" (San Agustín). El fenómeno de Pentecostés se concreta en glosolalia: entenderse hablando lenguas diferentes. Esta era una experiencia frecuente entre los cristianos primeros. En Jerusalén concurren hombres piadosos de todas las naciones. Ellos son los primeros testigos de la manifestación del Espíritu Santo.

Así Pentecostés se transforma en señal de apertura y lanzamiento de la misión universal.

Aquí lo increíble no está en el hablar de los Apóstoles, sino en el oír de los presentes.

Los Apóstoles hablan en su propia lengua y todos entienden en sus lenguas maternas. Es un fenómeno profético que invierte la confusión y dispersión de Gen 11:1–9. Ahora, las gentes se entienden y todos pueden escuchar en su propia lengua las maravillas de Dios (v. 11).

II LECTURA Los dones del Espíritu son abundantes siempre. Los carismáticos de la Iglesia de Corinto andaban ya a su antojo y sin más norma que la libertad del Espíritu en su experiencia y visión

La pregunta sorpresiva sobre lo que hace Dios con personas ordinarias ("galileos") debe sonar más como la gran sorpresa. Asegúrate de que así se sienta.

Algunos somos visitantes, venidos de **Roma**, judíos y prosélitos;
   también hay **cretenses** y **árabes**.
Y **sin embargo**,
   cada quien los oye hablar de las **maravillas** de **Dios**
      en su **propia lengua**".

Para meditar

SALMO RESPONSORIAL   Salmo 103:1ab y 24ac, 29bc–30, 31 y 34

R. Envía tu Espíritu, Señor, y renueva la faz de la tierra.

Bendice, alma mía, al Señor, ¡Dios mío, qué grande eres! Cuántas son tus obras, Señor; la tierra está llena de tus criaturas. **R.**

Les retiras el aliento, y expiran, y vuelven a ser polvo; envías tu aliento, y los creas, y renuevas la faz de la tierra. **R.**

Gloria a Dios para siempre, goce el Señor con sus obras, que le sea agradable mi poema, y yo me alegraré con el Señor. **R.**

II LECTURA   1 Corintios 12:3b–7, 12–13

Lectura de la primera carta del apóstol san Pablo a los corintios

Hermanos:
Nadie puede llamar a Jesús "**Señor**",
   si no es **bajo** la **acción** del **Espíritu Santo**.

Cuando digas "nadie", abre tus manos como invitando a toda la asamblea. El mensaje es inclusivo, como diciendo "¡El Espíritu es un don de Cristo para todos!"

Hay diferentes **dones**, pero el **Espíritu** es el **mismo**.
Hay diferentes **servicios**, pero el **Señor** es el **mismo**.
Hay diferentes **actividades**, pero **Dios**,
   que hace **todo en todos**, es el **mismo**.

En **cada uno** se manifiesta el **Espíritu** para el **bien común**.
Porque **así** como el **cuerpo** es **uno** y tiene **muchos miembros**
   y **todos** ellos, a pesar de ser **muchos**, forman **un solo cuerpo**,
      así **también** es **Cristo**.
Porque **todos nosotros**, seamos **judíos** o **no judíos**,
   esclavos o **libres**, hemos sido **bautizados** en un **mismo** Espíritu
   para formar **un solo cuerpo**,
      y a **todos** se nos ha dado a **beber** del **mismo Espíritu**.

Aquí viene la descripción de la hermosa diferencia en la igual dignidad. Una realidad tan simple y tan profunda debe ser proclamada con fuerza y sin titubeo alguno.

Junta tus manos señalando a la comunidad cuando hables del cuerpo de Cristo y de la diversidad de personas. Estamos ya "en" el Cuerpo de Cristo.

de fe. San Pablo presenta unos principios-guías para un sano discernimiento que edifique mejor la unidad de la Iglesia. Primero, hay que mirar con confianza los dones y carismas dentro del pueblo creyente, pues son algo bueno y reflejan su fuerza y vitalidad. En segundo lugar, si el carisma es auténtico debe promover la unidad, no la discordia en el seno eclesial. El tercer principio es de importancia capital. La medida para ver que un don se está usando adecuadamente, es el bien de la comunidad. Por último, y no en último lugar, sino concluyendo, el apostolado es también don y

carisma del Espíritu, de ahí que la autoridad eclesial tiene la responsabilidad y encomienda de vigilar y acompañar para que haya un correcto uso de los dones y carismas.

EVANGELIO La fiesta de Pentecostés recuerda a la fiesta judía, (el término pentecostés quiere decir cincuenta), y hace referencia a los cincuenta días después de la Pascua. Significaba que al cabo de cincuenta días de haber salido de Egipto, el pueblo había recibido la Ley de Moisés en el Sinaí.

Juan no habla de los cincuenta días, sino del mismo día de la resurrección, el primer día de la semana, cuando estaban los discípulos en la habitación donde se encontraban con las puertas atrancadas por miedo a las autoridades; Jesús se presenta diciendo: Paz con ustedes.

La paz en la tradición bíblica no significa sólo la ausencia de conflictos, sino la plenitud de felicidad y bienestar. Para que sus palabras no se queden sólo en palabras, dice el evangelista que Jesús les mostró las manos y el costado, y que en ese momento, sintieron la alegría de ver al Señor. Jesús

EVANGELIO   Juan 20:19–23

Lectura del santo Evangelio según san Juan

Al **anochecer** del día de la **resurrección**,
   estando **cerradas** las puertas de la **casa**
   donde se hallaban los **discípulos**,
   por **miedo** a los judíos,
   se presentó **Jesús** en **medio** de ellos y les **dijo:**
"La **paz** esté con **ustedes**".
Dicho esto, les mostró las **manos** y el **costado**.
Cuando los **discípulos** vieron al **Señor**, se llenaron de **alegría**.

De nuevo les dijo **Jesús:**
"La **paz** esté con **ustedes**.
Como el **Padre** me ha enviado, **así también** los envío **yo**".
Después de decir esto, **sopló** sobre ellos y les **dijo:**
"**Reciban** al Espíritu Santo.
A los que les **perdonen** los **pecados**, les **quedarán perdonados**;
   y a los que **no se los perdonen**, les **quedarán sin perdonar**".

El evangelio de la paz del Resucitado y ¡del Espíritu Santo! Anúncialo en presente a tu comunidad, transmite la fe viva de la Iglesia con fe y confianza del discípulo que ya eres.

Las circunstancias o contexto que describe la lectura, deberían ser mencionadas con naturalidad por dos razones: resaltar a Jesús y acercarlo a la vida presente de la asamblea, sus propias circunstancias de vida, de muerte, de esperanza.

La frase final puede ser presentada como una invitación a toda la comunidad para vivir la reconciliación que nos ofrece Cristo.

muestra las señales de un amor que se ha entregado por el bien de los demás. Con esto, el evangelista quiere explicar a los discípulos hasta dónde ha llegado el amor del Maestro.

De nuevo Jesús les desea la paz, y los manda en misión. Este es el cometido que la comunidad tiene que desarrollar en la historia. Un cometido que signifique una misión que comporte difundir la paz y hacer que gente se encuentre bien, que no haya barreras, prejuicios, o situaciones que impidan a los seres humanos buscar la alegría de vivir. Encontrar la alegría como algo común a todos, teniendo el derecho de vivirla y disfrutarla. Esta es la misión que el Señor confía a los suyos.

No es una misión que trate de doctrinas, grandes teorías o sistemas de pensamiento, sino de un estilo de vida capaz de desarrollar una vida de la manera más humana posible.

Jesús añade: a quienes dejéis libres de los pecados quedarán libres de ellos, a quienes se los imputéis le quedarán imputados.

El Señor está dando una responsabilidad a la comunidad, no está hablando de algunos personajes en particular. Todos en la comunidad tienen esta autoridad para indicar en la historia el proyecto del Padre, esa luz que puede dar vida definitiva y felicidad auténtica a cada ser humano. Este es el cometido de la comunidad, presentar este proyecto e indicar esta luz para que la gente se sienta atraída por ella para que la gente, compartiendo ese mismo proyecto, alcance la plenitud de vida.

Pentecostés nos enseña a comunicarnos, a ser personas de paz, de perdón y signos de comunión.

SANTÍSIMA TRINIDAD

I LECTURA   Éxodo 34:4b–6, 8–9

Lectura del libro del Éxodo

En **aquellos** días,
  Moisés subió de **madrugada** al monte **Sinaí**,
  llevando en la mano las **dos tablas de piedra**,
  como le había mandado el **Señor**.
El Señor **descendió** en una **nube** y se le hizo **presente**.

Moisés pronunció **entonces** el **nombre del Señor**,
  y el **Señor**, pasando delante de él, **proclamó**:
"**Yo soy** el Señor, el **Señor Dios**,
  compasivo y **clemente, paciente, misericordioso** y **fiel**".

Al instante, Moisés **se postró** en tierra y **lo adoró**, diciendo:
"Si **de veras** he hallado **gracia** a tus **ojos**,
  dígnate venir **ahora** con **nosotros**,
  aunque **este pueblo** sea de **cabeza dura**;
  perdona nuestras **iniquidades** y **pecados**,
  y **tómanos** como cosa **tuya**".

SALMO RESPONSORIAL   Daniel 3:52, 53, 54, 55, 56

R. Cantado y exaltado eternamente.

Bendito seas, Señor, Dios de nuestros padres, bendito sea tu santo y glorioso nombre. **R.**

Bendito seas en el templo de tu santa gloria. **R.**

Bendito seas en el trono de tu reino. **R.**

Bendito seas tú, que sondeas los abismos, que te sientas sobre querubines. **R.**

Bendito seas en el firmamento del cielo. **R.**

Entona esta lectura con el sentido anecdótico de un encuentro inolvidable. En él se reconstruye el destino de todo un pueblo.

Haz que resuene la voz poderosa y amable de Dios al revelarse a sí mismo y su manera de ser. El pueblo precisa mucho de una auténtica imagen de Dios.

Las palabras de Moisés expresan una gran humildad y confianza en el Señor. Toma su lugar como partícipe de la alianza de Dios con su pueblo, la entera comunidad está presente.

Para meditar

El Catecismo de la Iglesia Católica (n. 234) enseña que "El misterio de la Santísima Trinidad es el misterio central de la fe y de la vida cristiana. Es el misterio de Dios mismo". El Concilio Vaticano I concluye muy acertadamente que de no haber sido divinamente revelado este misterio, no pudiéramos tener noticia suya alguna.

I LECTURA | *Dios nunca rompe su alianza.* Dios restituye su alianza como signo de confianza en el pueblo y en su proyecto de salvación, pero sobre todo porque él es así: fiel, sin más calificativos.

El misterio de Dios revelado a Moisés en esta restitución del pacto sellado para siempre de "yo seré tu Dios y tú serás mi pueblo" es un regalo para toda la humanidad.

II LECTURA | Corinto es una comunidad desafiante y con desafíos, que reclama y cuestiona incluso la autoridad del Apóstol de los gentiles. Pero también le da a Pablo la ocasión para entender mejor su misión de apóstol, de reconciliador en el espíritu de Cristo. El texto de hoy es una invitación final a vivir en la concordia que va

más allá de cualquier malentendido entre hermanos. La razón fundamental de esto se encuentra en la consagración de todos a Dios que es comunión de amor. Concluyen los expertos que ésta es una de las fórmulas trinitarias más claras de todo el Nuevo Testamento que, por otro lado, es un saludo inicial en la liturgia de la eucaristía y que nos suena muy familiar.

EVANGELIO | Este breve pasaje es la conclusión de un diálogo más amplio entre Jesús y Nicodemo. Este hombre es un fariseo que se interesa seriamente

II LECTURA   2 Corintios 13:11–13

Lectura de la segunda carta del apóstol san Pablo a los corintios

Hermanos:
Estén **alegres**, trabajen por su **perfección**,
    anímense mutuamente, vivan en **paz y armonía**.
Y el **Dios** del amor y de la paz **estará con ustedes**.

Salúdense los unos a los otros con el **saludo de paz**.

Los saludan **todos** los fieles.

La **gracia** de nuestro Señor **Jesucristo**,
    el **amor** del **Padre** y la **comunión** del **Espíritu Santo**
    estén **siempre** con **ustedes**.

Recuerda que es un saludo de despedida. Visualízate dando recomendaciones finales a tus hermanos y amigos. Con un poco de tristeza, pero pleno de fe y confianza.

Esta pequeña lectura cierra con broche de oro con el saludo final. Proclámalo con dignidad y elocuencia, desde tu identidad de laico bautizado en esta misma fe.

EVANGELIO   Juan 3:16–18

Lectura del santo Evangelio según san Juan

"**Tanto amó** Dios al mundo, que le **entregó** a su **Hijo único**,
    para que **todo** el que **crea** en él no **perezca**,
    sino que tenga la **vida eterna**.
Porque Dios **no envió** a su **Hijo** para **condenar** al mundo,
    sino para que el mundo **se salvara por él**.
El que **cree** en él **no será condenado**;
    pero el que no cree **ya está condenado**,
    por **no haber creído** en el Hijo único de Dios".

Mientras proclamas el evangelio y manejas los contrastes, procura que no gane el contraste "malo". Mantén un equilibrio invitando indirectamente a los oyentes a pensar y ponderar su propia decisión de vida ante Dios.

---

en el mensaje y la persona de Cristo; judío bien instruido, se mira desafiado a abrazar el evangelio de Jesús, pero al mismo tiempo siente la presión del grupo al que pertenece. Nicodemo representa en la teología de san Juan a los judíos convertidos y su propia experiencia. Al evangelista le gusta significar la realidad de Cristo y su misión mediante símbolos y contrastes fuertes. Este texto es un ejemplo concreto. El mensaje está completo ya en la primera frase, al decir por qué y para qué envió Dios a su Cristo al mundo y punto. El resto es remache de la misma verdad. Se quiere dejar en claro la misión redentora de Cristo. Siendo

sinceros con nuestra realidad actual, necesitamos revisar desde la raíz nuestra comprensión de por lo menos tres cosas: una, el amor de Dios al mundo, especialmente en lo que se refiere a los varios modos de mirar con sospecha eso que llamamos "mundo" y por el cual Dios está dispuesto a todo. La segunda cosa es la misión de Jesús que está centrada en aumentar la vida, no en disminuirla. En salvar, no en condenar. La tercera cosa es el asunto de la condenación. Aun sin decirlo directamente, seguimos viviendo mucho una espiritualidad distraída y desenfocada. Como si Dios estuviese listo para condenar personas a cada rato y por cada

error. Una falsa seguridad se puede apoderar de quienes se sienten salvados ya y, por otro lado, una vida sin esperanza puede ser la de quienes viven bajo la imagen de un Dios castigador. Creer y no creer no es un acto, sino una opción de vida. No se pierde la fe por una equivocación, ni se gana la salvación por una obra buena. Dios nos invita a vivir plenamente en su camino siempre. Plenitud de entrega que, según nos muestra el evangelio, tiene su origen en Dios mismo que toma la iniciativa y viene acompañada de una respuesta personal.

SANTÍSIMO CUERPO Y SANGRE DE CRISTO

Como un padre o hermano mayor dando testimonio de lo sucedido invita a la comunidad a reavivar el corazón recordando el camino de Dios por nuestra vida.

Llama la atención con fuerza y amor al mismo tiempo. No es un recuerdo de desgracias, sino de los resultados de la presencia bondadosa de Dios. Resalta la novedad de Dios en medio de las luchas y desgracias del camino.

El párrafo final debe ser proclamado como si tú hubieses sido testigo ocular de estos sucesos.

I LECTURA   Deuteronomio 8:2–3, 14b–16a

Lectura del libro del Deuteronomio

En **aquel** tiempo, **habló Moisés** al **pueblo** y le **dijo:**
"**Recuerda** el **camino** que el Señor, **tu Dios,**
    te ha hecho **recorrer** estos **cuarenta años** por el **desierto,**
    para **afligirte,** para ponerte a **prueba**
    y **conocer** si ibas a guardar sus **mandamientos** o **no.**

Él **te afligió,** haciéndote pasar **hambre,**
    y después **te alimentó** con el **maná,**
    que **ni tú ni tus padres** conocían,
    para **enseñarte** que **no sólo** de pan **vive** el **hombre,**
    sino **también** de **toda** palabra que **sale** de la boca de **Dios.**

No sea que **te olvides** del Señor, **tu Dios,**
    que **te sacó** de Egipto y de la **esclavitud;**
    que te hizo **recorrer** aquel **desierto inmenso** y **terrible,**
    lleno de serpientes y **alacranes;**
    que en una **tierra árida** hizo **brotar** para ti
    agua de la **roca más dura,**
    y que **te alimentó** en el **desierto** con un **maná**
    que **no** conocían **tus padres".**

I LECTURA   En el desierto puede suceder todo, gracia y desgracia. El pueblo lo anda bajo la guía de Moisés. En la aflicción y la prueba en vez de encontrar desánimo, el pueblo deberá encontrar fortaleza y confianza de su capacidad para responder a Dios. En la falta de alimento durante el camino, los llamados por Dios encuentran un sentido más pleno de su vida. No viven sólo para comer, sino que encuentran un sentido más pleno a su vida, una finalidad más amplia. Este maná de Dios, le dará a todo un pueblo una mayor y mejor conciencia de su destino y su misión.

Los evangelios y los primeros cristianos identificarán claramente a Jesús como este pan bajado del cielo. El énfasis de Moisés para que el pueblo no olvide es crucial y demandante: ¡recuerda el camino del Señor contigo! En esta actitud se centra toda la vida y la identidad del pueblo de Israel. Ahora, el verdadero Israel se constituye de quienes viven la memoria histórica de la salvación y se alimentan de la propuesta hecha por Jesús y de Jesús mismo en su Palabra, en la eucaristía de manera especial.

La celebración del Cuerpo y la Sangre de Cristo se inscribe en la historia humana personal y colectiva de quienes han aceptado el llamado a vivir a plenitud el plan de Dios revelado en Cristo.

II LECTURA   La comunidad de Corinto sufre un percance milenario y profundo: la comunión superficial o aparente. San Pablo es testigo de lo que pasa con los cristianos que celebran la eucaristía y al mismo tiempo caen en la ley de todo se vale. Todo se puede bajo el permiso de dioses que se presentan como buenos. No es una llamada de atención al asunto de comer carne. Se va más a lo profundo: a todo com-

SALMO RESPONSORIAL   Salmo 147:12–13, 14–15, 19–20

R. Glorifica al Señor, Jerusalén.

Glorifica al Señor, Jerusalén; alaba a tu Dios, Sión, que ha reforzado los cerrojos de tus puertas y ha bendecido a tus hijos dentro de ti. **R.**

Ha puesto paz en tus fronteras, te sacia con flor de harina; él envía su mensaje a la tierra y su palabra corre veloz. **R.**

Anuncia su palabra a Jacob, sus decretos y mandatos a Israel; con ninguna nación obró así, ni les dio a conocer sus mandatos. **R.**

II LECTURA   1 Corintios 10:16–17

Lectura de la primera carta del apóstol san Pablo a los corintios

Hermanos:
El **cáliz de la bendición** con el que **damos gracias**,
   ¿**no nos une** a **Cristo** por medio de su **sangre**?
Y el **pan** que partimos, ¿**no nos une** a **Cristo** por medio
   de su **cuerpo**?
El **pan** es **uno**, y así **nosotros**, aunque somos **muchos**,
   formamos **un solo cuerpo**,
   porque **todos** comemos del **mismo** pan.

Para meditar

La pregunta de Pablo es mas bien una afirmación contundente del misterio de Cristo en la eucaristía. Muestra con claridad esta convicción en tu voz y tu postura corporal.

El párrafo final tiene un vaivén que precisa una entonación especial para captar con claridad estas afirmaciones sobre la comunión eclesial y eucarística.

portamiento que desgarra y divide a los hermanos que, en Cristo, son llamados a una comunión de respeto, fraternidad y justicia. No es posible combinar una vida que participa del cuerpo y la sangre de Cristo y al mismo tiempo excluye de la mesa del diálogo a los pobres de la comunidad eclesial. El cáliz es un signo de entrega y compromiso permanente por la comunión que nos ofrece el cuerpo de Cristo. En este texto encontramos uno de los testimonios más antiguos del misterio central de la Iglesia: la Eucaristía. También representa una llamada de atención para que todo bautizado y

miembro de la Iglesia viva atento a la edificación del cuerpo de Cristo en la vida cotidiana con los hermanos y hermanas de la comunidad con quienes celebramos la misma fe y con todos los demás.

EVANGELIO El evangelio de Juan coloca nuestra existencia ante Jesús. Ante él se decide toda la vida del que cree. De ahí que la incredulidad se refiera al "mundo" que es todo aquello que se opone a Jesús y su proyecto salvador. Para superar el anti-semitismo conviene recordar que Jesús es judío, igual que los apóstoles y

muchos de los primeros cristianos. Y que la actitud incrédula y cuestionadora de los judíos aquí mencionados es símbolo de la tentación latente en todos los que no admitimos superar nuestros propios límites para dejarnos alcanzar por la invitación de Jesús a ser parte de él que se nos da en alimento y nos da plenitud. Este discurso eucarístico se coloca inmediatamente después de otro discurso, el del pan de vida. Hay un avance que se puede percibir con claridad. En el discurso del Pan de Vida, es Dios quien está en el centro y en el centro de la persona está su respuesta de fe. En este discurso,

EVANGELIO   Juan 6:51–58

Lectura del santo Evangelio según san Juan

En **aquel** tiempo, **Jesús** dijo a los **judíos**:
"**Yo soy** el pan vivo que ha **bajado** del cielo;
    el que **coma** de este pan **vivirá** para **siempre**.
Y el **pan** que **yo** les voy a dar
    es mi **carne** para que el **mundo** tenga **vida**".

Entonces los **judíos** se pusieron a **discutir** entre sí:
"**¿Cómo** puede **éste** darnos a **comer** su **carne?**"

Jesús les dijo:
"Yo les **aseguro**:
Si **no comen** la carne del **Hijo del hombre** y **no beben** su sangre,
    no podrán tener **vida** en **ustedes**.
El que **come** mi **carne** y **bebe** mi **sangre**,
    tiene **vida eterna** y yo lo **resucitaré** el **último día**.

Mi **carne** es **verdadera comida**
    y mi **sangre** es **verdadera bebida**.
El que **come** mi **carne** y **bebe** mi **sangre**,
    permanece en mí y **yo en él**.
Como el **Padre**, que me ha **enviado**,
    posee la **vida** y yo vivo **por él**,
    así también el que me come **vivirá por mí**.

Éste es el **pan** que ha **bajado** del **cielo**;
    no es como el **maná** que comieron **sus padres**, pues **murieron**.
El que **come** de este pan **vivirá** para **siempre**".

Cuando asumes el lugar del narrador hazlo con seguridad, como el propio evangelista lo hace. Es un testigo sin pisca de duda: "en aquel tiempo…" "entonces los judíos…" "Jesús les dijo…"

Cuando Jesús habla no está contando, ni recordando, muchos menos corrigiendo. Se está entregando, está revelando quién es y ofrece su vida a quien le recibe. Haz sentir este tono de amor y entrega.

La puntuación del texto, así como las palabras resaltadas en negro son una guía para leer con buen ritmo y cadencia las palabras de Jesús. Si practicas en voz alta, lo notarás fácilmente.

Concluye magistralmente. Toda la asamblea vibra en el mismo espíritu de Jesús eucaristía.

Jesús mismo es quien se nos da por completo (su cuerpo y su sangre) y la respuesta de fe se verifica en comer su cuerpo y beber su sangre. Si hacemos una comparación simple con el sabor, la sustancia y la vida que da un buen alimento diario, podríamos alcanzar a tocar aunque sea un poquito por esta vía el misterio de alimentarnos de Jesús. No nos cofundamos con esto de "comer" y "beber". Ni en los alimentos ni en la eucaristía el asunto debe quedar reducido a la materia y a la forma de lo que se come y alimenta. El rito de la eucaristía, como el de la comida tiene que ver con una simbo-logía y significados más grandes y profundos. En Cristo, nos dice Juan, no es posible comer su cuerpo y beber su sangre y perder la pertenencia permanente en él. Una buena comida tampoco se reduce al tiempo en que se come, es algo anticipado y preparado por quienes compartirán la mesa, sabiendo que seguirán unidos los comensales hasta el próximo encuentro alrededor de la mesa.

La presencia eucarística de Jesús en la vida de la Iglesia tiene una larga y fascinante historia en medio de concretos desafíos. Los judíos tenían dificultad para entenderla; los corintios desconectaban la eucaristía y vida diaria; la explotación de los indígenas a manos de sus amos comulgados, la devoción y la entrega de los cristeros, el hambre de los migrantes y las dificultades para celebrar la eucaristía en sus parroquias, en sus propios idiomas.

Pensemos en un enfermo que recibe al mismo tiempo la visita de un hermano que le trae la comunión y la comunión eucarística y rezan juntos con devoción este texto bíblico… una buena imagen para sintetizar la reflexión de este evangelio y este domingo.

SAN PEDRO Y SAN PABLO, APÓSTOLES

Inicia tu lectura como un cronista que viene a dar una noticia de hechos presenciados. Eres un testigo de la Iglesia en Pascua.

Asegúrate que la asamblea visualice a Pedro realmente encarcelado y realmente liberado. Tienes que luchar contra mucha ficción hollywoodense merodeando por todos lados.

I LECTURA   Hechos 12:1–11

Lectura del libro de los Hechos de los Apóstoles

En aquellos días, el rey Herodes **mandó apresar**
   a algunos miembros de la Iglesia para maltratarlos.
Mandó **pasar a cuchillo** a Santiago, hermano de Juan,
   y viendo que **eso agradaba** a los judíos,
   también **hizo apresar** a Pedro.
Esto **sucedió** durante los días
   de la **fiesta** de los panes **Ázimos**.
Después de **apresarlo**, lo hizo **encarcelar**
   y lo puso bajo la vigilancia de **cuatro turnos** de guardia,
   de **cuatro** soldados cada turno.
Su **intención** era hacerlos **comparecer**
   ante el pueblo después de la Pascua.
Mientras Pedro **estaba** en la cárcel,
   la **comunidad** no cesaba **de orar** a Dios por él.

La **noche** anterior al día en que Herodes
   iba a hacerlo **comparecer** ante el **pueblo**,
   Pedro estaba **durmiendo** entre dos soldados,
   atado con dos cadenas
   y los **centinelas** cuidaban la puerta de la prisión.
De pronto **apreció** el ángel del Señor
   y el calabozo **se llenó** de luz.
El **ángel tocó** a Pedro en el costado,
   lo **despertó** y le dijo: "**Levántate** pronto".
Entonces **las cadenas** que le sujetaban las manos **se le cayeron**.

I LECTURA San Lucas nos cuenta algunos de los hechos de san Pedro (Hech 12:1–25); el día de hoy, el de su prisión y liberación. Este relato hay que leerlo a la luz de otros dos acontecimientos centrales en la religión cristiana. La pascua del pueblo de Israel entendida como éxodo y la pascua de Jesús mismo, entendida como resurrección. Hay una línea de transformación aquí. No hay que ver la prisión de Pedro con ojos romanticones. Él es realmente puesto en un "centro de rehabilitación" (como se les llama ahora a las cárceles) de máxima seguridad. Dentro ya de la celda, es atado con cadenas como un delincuente de mucho peligro... Llama la atención que, mientras que "la Iglesia oraba insistentemente a Dios por él", Pedro "dormía" como signo de su total confianza en Dios y esperando su martirio inminente. Sin extrapolar las comparaciones, recordamos al mismo Pedro y sus hermanos discípulos durmiendo, mientras Jesús oraba intensamente al Padre, antes de la pasión. Ciertamente, lo

Ve narrando con detalle la docilidad de Pedro para dejarse guiar por el ángel del Señor, solo así se podrá captar el sentido de sus palabras y su testimonio al final de esta lectura.

El ángel le dijo:
"**Cíñete** la túnica y ponte las sandalias", y Pedro obedeció.
Después le dijo: "**Ponte el** manto y sígueme".
Pedro **salió detrás** de él,
  sin saber si era verdad o no lo que el **ángel hacía**,
  y **le parecía** más bien que estaba soñando.
Pasaron el primero y el segundo puesto de **guardia**
  y **llegaron** a la puerta de hierro que daba a la calle.
La puerta **se abrió** sola delante de ellos.
Salieron y **caminaron** hasta la esquina de la calle
  y de pronto el ángel **desapareció**.

Entonces, Pedro **se dio cuenta** de lo que pasaba y dijo:
  "Ahora sí **estoy seguro** de que el Señor
    envió a su ángel para **librarme** de las manos de Herodes
    y de **todo cuanto** el pueblo judío **esperaba** que me hicieran".

Para meditar

SALMO RESPONSORIAL   Salmo 33:2–3, 4–5, 6–7, 8–9

R. El Señor me libró de todas mis ansias.

Bendigo al Señor en todo momento, su alabanza está siempre en mi boca; mi alma se gloría en el Señor: que los humildes lo escuchen y se alegren. R.

Proclamen conmigo la grandeza del Señor, ensalcemos juntos su nombre. Yo consulté al Señor y me respondió, me libró de todas mis ansias. R.

Contémplenlo y quedarán radiantes, su rostro no se avergonzará. Si el afligido invoca al Señor, él lo escucha y lo salva de sus angustias. R.

El ángel del Señor acampa en torno a sus fieles y los protege. Gusten y vean qué bueno es el Señor; dichoso el que se acoge a él. R.

más claro aquí es que el mismo Dios que liberó al pueblo de Israel y a Jesús de la muerte, liberará a los discípulos, especialmente a quienes más comprometidos están con su proyecto de salvación.

II LECTURA Timoteo, discípulo de Jesús bajo la supervisión de su hermano Pablo, sería el destinatario de esta breve carta pastoral. Se podría decir que es de Pablo, aunque no la haya escrito directamente él. Pablo está preso por segunda vez por la causa del evangelio. Al igual que Pedro en la lectura anterior, estamos ante hechos que no hay que minimizar. Insisto en esto porque, si bien el liderazgo cristiano no

debe ser masoquista, a la búsqueda del sufrir por sufrir, tampoco debe volverse acomodaticio y facilón que por evitar "meterse en problemas" corre el riesgo de anunciar "otro" evangelio pero no el de Jesús, el Cristo de Dios. La carta de Timoteo que meditamos en esta fiesta de san Pedro y san Pablo es toda ella una apasionante invitación a ser fieles a Cristo superando (no buscando ni evitando) cualquier problema o dificultad por más grave y difícil que sea.

II LECTURA   2 Timoteo 4:6–8, 17–18

Lectura de la carta del apóstol san Pablo a Timoteo

Pablo, al igual que Jesús y muchos buenos cristianos, se despide en paz. Transmite su seguridad y confianza. Todos anhelamos una satisfacción semejante.

Ofrece la esperanza de Pablo como una invitación para todos los presentes, míralos y extiende abanicando suavemente tu mano derecha hacia la comunidad.

Concluye con el testimonio de Pablo como quien lee un testamento. Es indudable el testimonio e insuperable su confianza. ¡Anímate y anima!

Querido hermano:
    Ha llegado para mí **la hora** del sacrificio
    y **se acerca** el momento de mi partida.
He luchado bien en el combate,
    he corrido hasta la meta, **he perseverado** en la fe.
Ahora sólo espero **la corona** merecida,
    con la que el Señor, **justo juez**,
    me **premiará** en aquel día, y no solamente **a mí**,
    sino a todos aquellos **que esperan** con amor
su glorioso advenimiento.

Cuando todos me **abandonaron**,
    el Señor **estuvo a mi lado** y me dio fuerzas para que,
    por mi medio, se **proclamara** claramente
    el **mensaje** de salvación y lo **oyeran todos** los paganos.
Y fui **librado** de la fauces del León.
El Señor **me seguirá librando** de todos los peligros
    y **me llevará** sano y salvo a su Reino celestial.

Hay básicamente dos formas de entregar la vida por Jesús y por el evangelio. Una es desgastándose en la entrega diaria y la otra es ofreciendo la vida toda de un solo tajo si es necesario. Pablo es apóstol que ha hecho ambas cosas. Una llevó a la otra, la otra confirmó a la una. La absoluta confianza en Dios en medio del abandono, nos hace recordar la propia experiencia de Jesús en su pasión. Esta breve lectura de 2 Timoteo va cerrando la vida del apóstol misionero que, en paz con Dios y consigo mismo, hace los encargos finales, impregnados de la fe y claridad que caracterizó su vida.

EVANGELIO En medio del rechazo de Jesús por parte del pueblo y el supuesto fracaso de su misión, tenemos la confesión de fe de los discípulos a Jesús; confesión encabezada y representada por el apóstol Pedro. Es en medio de una conversación con sus discípulos en la región de Cesarea de Filipo, no lejos de las fuentes del Jordán, donde inició su ministerio público. Este relato es importantísimo para el evangelio de Mateo. Probablemente, quiere que sus lectores no confundan las "iglesias" que van naciendo de Jesús con las "sinagogas"

o comunidades judías donde hay toda clase de opiniones sobre él.

Debemos aclarar que lo que esta aquí en el centro del mensaje no es Pedro, sino la Iglesia. Jesús se lo pregunta directamente a sus discípulos: "Vosotros, ¿quién decís que soy yo?". Pedro responde en nombre de todos: "Tú eres el Mesías, el Hijo de Dios vivo". Intuye que Jesús no es sólo el Mesías esperado. Es el "Hijo de Dios vivo". El Dios que es vida, fuente y origen de todo lo que vive. Pedro capta el misterio de Jesús en sus palabras y gestos que ponen salud, perdón y vida nueva en la gente. Jesús le felicita:

EVANGELIO   Mateo 16:13–19

Lectura del santo Evangelio según san Mateo

En aquel tiempo,
cuando **llegó** Jesús a la región de Cesarea de Filipo,
hizo esta pregunta a sus discípulos:
"**¿Quién** dice **la gente** que es el Hijo del hombre?".
Ellos **respondieron**:
"**Unos** dicen que eres Juan el Bautista;
otros, que Elías; otros, que Jeremías o alguno de **los profetas**".

Luego les preguntó:
"**Y ustedes**, ¿quién dicen que soy yo?".
Simón **Pedro** tomó la palabra y le **dijo**:
"**Tú** eres el Mesías, el **Hijo de** Dios vivo".

Jesús le dijo entonces:
"**¡Dichoso** tú, Simón , hijo de Juan,
porque esto no te lo **ha revelado** ningún hombre,
sino mi Padre que está en los cielos!
Y yo te digo a ti que **tú eres Pedro**
y sobre **esta piedra** edificaré mi Iglesia.
Los **poderes** del infierno **no prevalecerán** sobre ella.
Yo te daré las **llaves del Reino** de los cielos:
todo lo que **ates en la tierra** quedará atado en el cielo,
y todo lo que **desates** en la tierra quedará desatado en el **cielo**".

Ve preparando la respuesta de Pedro con esta apertura. Lanza la pregunta de Jesús al centro de la asamblea, como esperando que alguien se ponga de pie y diga lo que se oye allá afuera sobre Jesús.

Acomoda la segunda pregunta una vez más pero ahora mirando con insistencia a los presentes. Es abierta (para todos) y directa (para quienes andan con Jesús).

Aumenta el tono, imprime seguridad solemne a la respuesta de Pedro, está hablando a nombre propio y de toda la Iglesia.

Las palabras de Jesús son una explicación, así que toma la postura de un maestro que conoce y sabe de Pedro, su comunidad y la misión adelante.

"Dichoso tú… porque eso sólo te lo ha podido revelar mi Padre del cielo". Intentémoslo decir de otro modo: Ningún ser humano "de carne y hueso" puede despertar esa fe en Jesús, por sí mismo, por sus propias fuerzas, virtudes o cualidades. Esas cosas las revela el Padre a los sencillos, no a los sabios y entendidos. Pedro pertenece a esa categoría de seguidores sencillos de Jesús que viven con el corazón abierto al Padre. Esta es la grandeza de Pedro y de todo verdadero creyente, en todos los tiempos.

La promesa de Jesús es solemne: "Tú eres Pedro y sobre testa piedra yo edificaré mi Iglesia". Promesa en la que vemos la centralidad de Cristo. La Iglesia no la construye cualquiera. Es Jesús mismo quien la edifica. Es él quien convoca a sus seguidores y los reúne en torno a su persona. La Iglesia es suya. Nace de él y sólo en él tiene posible futuro.

Jesús, a través de la persona y el ministerio de Pedro, está indicándonos que no construye su Iglesia sobre "arena" sino sobre "roca". Pedro será "roca" en esta Iglesia. No por la solidez y firmeza de su temperamento pues, aunque es honesto y apasionado, también es inconstante y contradictorio. Su fuerza proviene de su fe sencilla en Jesús. Pedro es prototipo de los creyentes e impulsor de la verdadera fe en Jesús. Tenemos aquí una luz sobre el gran servicio de Pedro y sus sucesores a la Iglesia de Jesús. Pedro que no es el "Hijo del Dios vivo" (solo Jesús), sino "hijo de Jonás", sabe que la Iglesia no es suya sino de Jesús, el Cristo. Es Jesús quien ocupa el centro y sólo él la edifica la Iglesia con su Espíritu. Y en ella al apóstol Pedro y vive su ministerio de guiar, invitando a vivir abiertos a la revelación del Padre, a no olvidar a Jesús y a centrar su Iglesia en la verdadera fe y el seguimiento de Cristo.

XIV DOMINGO ORDINARIO

I LECTURA   Zacarías 9:9–10

Lectura del libro del profeta Zacarías

Esto dice el **Señor:**
"**Alégrate** sobremanera, hija de **Sión;**
  da gritos de **júbilo**, hija de **Jerusalén;**
  mira a **tu rey** que viene a ti,
  justo y **victorioso,**
  humilde y **montado** en un **burrito.**

Él hará **desaparecer** de la tierra de Efraín los **carros de guerra**
  y de **Jerusalén**, los **caballos de combate.**
Romperá el arco del **guerrero**
  y **anunciará** la **paz** a las **naciones.**
Su **poder** se extenderá de **mar a mar**
  y desde el **gran río** hasta los **últimos rincones** de la **tierra".**

SALMO RESPONSORIAL   Salmo 144:1–2, 8–9, 10–11, 13cd–14

R. Te ensalzaré, Dios mío, mi rey, bendeciré tu nombre por siempre jamás.

Te ensalzaré, Dios mío, mi rey, bendeciré tu nombre por siempre jamás. Día tras día te bendeciré y alabaré tu nombre por siempre jamás. **R.**

El Señor es clemente y misericordioso, lento a la cólera y rico en piedad; el Señor es bueno con todos, es cariñoso con todas sus criaturas. **R.**

Que todas las criaturas te den gracias, Señor. Que te bendigan tus fieles, que proclamen la gloria de tu reino, que hablen de tus hazañas. **R.**

El Señor es fiel a sus palabras, bondadoso en todas sus acciones. El Señor sostiene a los que van a caer, endereza a los que ya se doblan. **R.**

El ajetreo de la vida nos distrae y los problemas nos desaniman. Ante esto, buscamos caminos que nos complacen y actitudes que nos dejan equivocadamente tranquilos. De ahí la importancia de disponernos a la escucha de la palabra, que invita a la alegría y a la sencillez de corazón.

I LECTURA El capítulo 9 de Zacarías pertenece a lo que podríamos llamar "segundo Zacarías" que predica en un momento en que la restauración se ve lejana y ni siquiera se habla de reconstruir el templo. El pueblo está decepcionado y desilusionado.

Con una imagen, común para aquellos pueblos, se presenta a Dios como rey que —consumada la victoria— vuelve para inaugurar una era de paz y esplendor. Sin embargo, no entra al estilo de otros dominadores; llega con sencillez (véase también 2 Sam 19; Is 40:10; 63:1–3). Y es que no va a liberar al pueblo proveyéndole de poderoso armamento; todo lo contrario, lo desarmará para liberarle (véase Miq 5:9); él mismo va a intervenir; tampoco lo hará en virtud de alianzas humanas (Is 30:1–7) sino de la alianza sellada con sangre (Ex 24).

¿Cuántos países podrían siquiera imaginar su existencia en nuestros días prescindiendo de todo tipo de "cuerpos de seguridad" y de un arsenal de armamento (legal, político, bélico, atómico, químico)?

II LECTURA Durante cuatro domingos consecutivos estaremos escuchando el capítulo ocho de la carta a los Romanos. Pablo escribió esa carta (según los datos de Rom 15:25; Hech 20:1-3) en Macedonia o en Acaya, antes de viajar a Jerusalén, donde sería apresado. El tema central de la carta es la salvación de todos

II LECTURA   Romanos 8:9, 11–13

Lectura de la carta del apóstol san Pablo a los romanos

Hermanos:
Ustedes no viven conforme al **desorden egoísta** del **hombre,**
    sino conforme al **Espíritu,** puesto que el Espíritu de **Dios** habita
        verdaderamente en **ustedes.**
Quien **no** tiene el **Espíritu de Cristo,** no es **de Cristo.**
Si el Espíritu del **Padre,**
    que resucitó a **Jesús** de entre los muertos, **habita** en **ustedes,**
    entonces el **Padre,** que **resucitó** a Jesús de entre los **muertos,**
    también les dará vida a sus **cuerpos mortales,**
    por obra de su **Espíritu,** que habita en **ustedes.**

Por lo tanto, **hermanos,**
    no estamos sujetos al **desorden egoísta** del **hombre,**
    para hacer de **ese** desorden nuestra **regla de conducta.**
Pues si **ustedes** viven de **ese** modo, **ciertamente** serán **destruidos.**
Por el **contrario,** si con la **ayuda** del Espíritu **destruyen**
    sus **malas acciones,**
    entonces **vivirán.**

Mantén un tono intenso y firme a lo largo de toda la proclamación. Pablo está dando un remate final a cómo él ve la vida del cristiano.

Dale mucho realismo a tus palabras, todos sabemos lo de Pablo acerca del desorden y la crisis de transformación que vemos y vivimos.

EVANGELIO   Mateo 11:25–30

Lectura del santo Evangelio según san Mateo

En **aquel** tiempo, **Jesús** exclamó:
"¡Yo te **alabo,** Padre, **Señor** del cielo y de la tierra,
    porque has **escondido estas cosas** a los **sabios** y **entendidos,**
        y las has **revelado** a la gente **sencilla!**
Gracias, Padre, porque **así** te ha parecido **bien.**

Inspira confianza absoluta en la alabanza de Jesús.

---

por la fe en Jesucristo. Así, Romanos es el primer tratado de soteriología, y el más autorizado. La carta se mueve entre dos polos: la fidelidad al judaísmo y la vocación universal. Y en el caso del capítulo 8, encontramos la cumbre del escrito, donde se habla especialmente del Espíritu y culmina con una de las preguntas fundamentales de la vida cristiana según Pablo: "¿Quién nos apartará del amor de Cristo?" (v. 35).

¡Nada puede apartarnos del amor de Cristo, si el Espíritu guía y orienta nuestra vida! Lo contrario es dejarse guiar por el instinto y aspiraciones desordenadas, en otras palabras, la carne. "Carne" es todo lo que se opone a Dios. Ni Pablo ni la Biblia hablan de la carne como mala refiriéndose al cuerpo o a la sexualidad humana.

La persona en cuanto carne es débil y corruptible pues se ve afectada por movimientos que la orientan en sentido contrario a los del Espíritu de Dios (Rom 7:18; 8:78; 13:14; Ef 2:3; Col 2:18). En ella se inscriben el pecado y sus consecuencias (Rom 7:5; Gal 5:19), y es lo que nos puede apartar de Cristo. Pero debemos enfocar toda nuestra atención en actuar según el Espíritu. Él es norma y guía de nuestro vivir en Cristo.

EVANGELIO Entendamos que el yugo servía para controlar animales. Era una rústica barra de madera atada a través de los cuellos de un par de ellos y sostenida por dos palos verticales que descendían a cada lado del cuello y atados por debajo. Sin embargo, existen testimonios de que también fue usado como un instrumento de control, disciplina y dominio con los prisioneros reflejando una relación de propietario-poseído, amo-esclavo, señor-siervo. También se le llamaba yugo a una pieza de madera que se disponía sobre los hombres y de la cual se podían colgar cargas.

Contempla el dolor de tus hermanos
e invítales en el nombre de Jesús.

El **Padre** ha puesto **todas** las cosas en **mis manos**.
Nadie conoce al **Hijo** sino el **Padre**;
   nadie conoce al **Padre** sino el **Hijo**
   y **aquel** a quien el **Hijo** se lo quiera **revelar**.

Vengan a mí, **todos** los que están **fatigados**
   y **agobiados** por la carga
   y yo les daré **alivio**.
Tomen mi yugo sobre **ustedes** y **aprendan** de mí,
   que soy **manso** y **humilde de corazón**,
   y encontrarán **descanso**,
   porque **mi yugo** es **suave** y **mi carga, ligera**".

De cualquier modo, el yugo tiene relación con la pesadez, la dificultad para llevar algo pesado, dominio y control.

Un legalismo que lastimaba. Fijémonos en dos frases. "Estar fatigado" tiene que ver con estar rendido, desalentado, desanimado por un esfuerzo excesivo, emocionalmente desmoralizado y debilitado (Mt 6:28; Lc 5:5; 1 Cor 15:10). Por su parte, "estar sobrecargado" se refiere a estar rendido a causa de ciertos problemas y apuros; es algo que también indica observancias legales pesadas, quizás injustas. Ambas situaciones se relacionan con el legalismo que imponían los fariseos y algunos otros grupos al pueblo;

existía la frase "cargar el yugo" como una expresión corriente entre los rabinos para referirse al yugo de la ley. Por eso, con las palabras "yo soy manso y humilde de corazón", es decir, porque su yugo es diferente al legalismo de los fariseos y porque es manso y humilde (es decir, amable, benigno, considerado, sin pretensiones) vale la pena acercarse a Jesús.

El evangelio no está exento de posibles manipulaciones. La alegría de Jesús es más que justificada; bendice a Dios porque las cosas del Reino han sido reveladas a los pequeños, a los sencillos porque ellos no tienen la intención de manipular su mensaje.

El evangelio afronta un tema profundo y complicado, pero también esperanzador; por eso cabe preguntarnos por la función de la religión en la comunidad humana. ¿La propuesta de Jesús por ser exigente necesariamente es inhumana? Jesús no elimina la exigencia sino el legalismo inhumano. De hecho, el legalismo es, en el fondo, menos exigente que la propuesta de amor y compromiso de Jesús.

Por último, este evangelio resalta la amabilidad y consideración de Jesús. Sorprende y conmueve la actitud de Jesús con las personas. ¿Somos así nosotros?

XV DOMINGO ORDINARIO

I LECTURA   Isaías 55:10–11

Lectura del libro del profeta Isaías

Ponle sabor y elocuencia a esta poesía divina de la obra de Dios.

Esto dice el **Señor:**
"Como **bajan** del cielo la **lluvia** y la **nieve**
   y no **vuelven** allá, sino **después** de **empapar** la tierra,
   de **fecundarla** y hacerla **germinar**,
   a fin de que dé **semilla** para **sembrar** y **pan** para **comer**,
   así será la **palabra** que **sale** de mi boca:
   no volverá a mí sin **resultado**,
   sino que **hará** mi **voluntad**
   y **cumplirá** su **misión**".

Para meditar

SALMO RESPONSORIAL   Salmo 64:10abcd, 10e–11, 12–13, 14

R. La semilla cayó en tierra buena y dio fruto.

Tú cuidas de la tierra, la riegas y la enriqueces sin medida; la acequia de Dios va llena de agua, preparas los trigales. **R.**

Tú preparas la tierra de esta forma: riegas los surcos, igualas los terrones, tu llovizna los deja mullidos, bendices sus brotes. **R.**

Coronas el año con tus bienes, tus carriles rezuman abundancia; rezuman los pastos del páramo, y las colinas se orlan de alegría. **R.**

Las praderas se cubren de rebaños, y los valles se visten de mieses que aclaman y cantan. **R.**

I LECTURA La palabra del Señor tiene una fuerza innegable; queramos o no, la aprovechemos o no. Imaginemos literalmente la palabra viva saliendo de la boca de Dios. En esa palabra se exprese Él mismo, todo su ser y su querer. No es una palabra vacía ni estéril. Y a Dios lo conocemos por su fecundidad.

II LECTURA Los sufrimientos no deberían provocar dolor y resignación únicamente. Deberían ser también una fuente de lucha y esperanza en el camino para que se manifieste la gloria del Señor.

Pero no son cualquier tipo de sufrimientos. Para Pablo, los sufrimientos son, por una parte, aquellos que hacen al cristiano co-partícipe de los de Cristo (Ef 3:10); por otra, los que están ligados al apostolado (2 Cor 6:4–10 y 11:23–30; también Rom 9:2–3). Ahora bien, en la historia personal y comunitaria estos sufrimientos se relacionan, para Pablo, con la lucha contra las fuerzas del pecado y de la muerte que han afectado a la carne (Gal 5:24; Rom 7:5) y al mundo (Rom 8:18).

Hay una esperanza colectiva de que, ante los sufrimientos, los hijos de Dios reaccionen, se dejen ver y se manifiesten. Los hijos de Dios tienen una responsabilidad y tarea a cumplir respecto a toda la creación. Esta creación, cuyos dolores de parto (humanidad incluida) no están en orden al sufrimiento sino en relación a una nueva creación, alumbra nueva vida. En este sentido una mujer no sufre por tener un hijo; sufre para tenerlo... Es el sufrimiento que viene con la vida y apunta, aun en medio de las contradicciones, a una vida mayormente nueva. El sufrimiento no es un valor con finalidad en sí mismo. Viene con la vida, con el camino, con el cambio. Así pues, la fe en

Llenate de la seguridad del apóstol. Inspira esperanza en tus hermanos.

II LECTURA   Romanos 8:18–23

Lectura de la carta del apóstol san Pablo a los romanos

Hermanos:
Considero que los **sufrimientos** de **esta vida**
  no se pueden **comparar** con la **gloria**
    que **un día** se manifestará en **nosotros**;
  porque **toda** la creación **espera**, con **seguridad** e **impaciencia**,
  la **revelación** de esa **gloria** de los **hijos de Dios**.

La creación está **ahora sometida** al **desorden**,
  no por su **querer**, sino por **voluntad** de **aquel** que la **sometió**.
Pero dándole al **mismo tiempo** esta **esperanza**:
  que también **ella misma** va a ser **liberada**
  de la **esclavitud** de la **corrupción**,
  para **compartir** la gloriosa **libertad** de los **hijos de Dios**.

Sabemos, **en efecto**,
  que la **creación entera gime** hasta el **presente**
    y **sufre dolores** de **parto**;
  y **no sólo** ella, sino **también nosotros**,
    los que **poseemos** las primicias del **Espíritu**,
  gemimos **interiormente**,
  anhelando que se realice **plenamente** nuestra condición
    de **hijos de Dios**,
  la **redención** de **nuestro cuerpo**.

Resalta que todos y todo está naciendo de nuevo en el Espíritu. Anima a tu comunidad.

EVANGELIO   Mateo 13:1–23

Lectura del santo Evangelio según san Mateo

Un día salió **Jesús** de la casa donde **se hospedaba**
    y **se sentó** a la orilla del **mar**.

Estamos en el capítulo lleno de colorido, imagen y sentido de las parábolas del reino. Vibre tu espíritu con el de Jesús. Estás proclamando el misterio del reino en imágenes sencillas y profundas, no son al garete.

Dios no nos libra de las luchas y los sufrimientos sino que nos inserta en una visión nueva de todo el mundo de la vida y un sentido siempre más de las huellas de nuestros propios pasos.

EVANGELIO *Para el Dios de Jesús toda la tierra está en posibilidades de dar fruto*. Es importante, en primer lugar, decir algo sobre el modo de sembrar en tiempos de Jesús; de lo contrario nos parecerá absurda la actitud del sembrador del Evangelio. En aquel tiempo se sembraba antes de arar. El sembrador esparcía la semilla en todo lugar: en el camino, entre las piedras recubiertas por algunas leves capas de tierra, entre los abrojos… el campesino sabía que, pasando el arado o el azadón, las semillas quedarían cubiertas al remover la tierra. De este modo, desde la mentalidad campesina de aquel tiempo toda la tierra estaba en posibilidades de recibir la semilla.

Se trata de dejar crecer la semilla. El fracaso de las semillas está en que no alcanzan a madurar. Excepto lo caído a lo largo del camino que se comieron las aves, las demás semillas crecen pero no maduran: las del pedregal porque no tenían raíces buenas, las de los abrojos porque fueron ahogadas… La explicación que proporciona el mismo evangelio dirá que es a causa de la inconstancia, las preocupaciones equivocadas y la seducción de las riquezas. Esto mismo permite fijarnos en que la madurez de la semilla se refleja en una producción variada: cien, sesenta, y treinta, aunque correspondan al mismo tipo de tierra.

La clave principal es *oír* y *entender*. La originalidad del evangelio de Mateo está precisamente en que la semilla que produce fruto es comparada con quien *oye y entiende* la palabra. Esto es más importante todavía porque si vemos lo que dicen Marcos y Lucas es totalmente diferente. Para Marcos

Se reunió en torno suyo **tanta gente,**
    que él se vio **obligado** a subir a una **barca,** donde **se sentó,**
    mientras la **gente permanecía** en la **orilla.**
Entonces Jesús les habló de **muchas cosas** en **parábolas** y les dijo:

"Una vez salió un **sembrador** a **sembrar,**
    y al ir arrojando la **semilla,**
    unos granos cayeron a lo largo del **camino;**
    vinieron los **pájaros** y se los **comieron.**
Otros granos cayeron en **terreno pedregoso,** que tenía **poca** tierra;
    ahí **germinaron pronto,** porque la tierra no era **gruesa;**
    pero cuando **subió el sol,** los **brotes** se **marchitaron,**
    y como no tenían **raíces,** se **secaron.**
Otros cayeron entre **espinos,** y cuando los **espinos crecieron,**
    sofocaron las **plantitas.**
Otros granos cayeron en **tierra buena** y dieron **fruto:**
    unos, **ciento por uno;** otros, **sesenta;** y otros, **treinta.**
El que tenga **oídos,** que **oiga".**

Después se le **acercaron** sus **discípulos** y le **preguntaron:**
"¿Por qué les hablas en **parábolas?"**
Él les **respondió:**
"A ustedes se les ha **concedido**
    conocer los **misterios del Reino** de los cielos,
    pero a **ellos no.**
Al que **tiene,** se le **dará más** y nadará en la **abundancia;**
    pero al que **tiene poco,** aun **eso poco** se le **quitará.**
Por eso les hablo en **parábolas,**
    porque **viendo no ven** y **oyendo no oyen** ni **entienden.**

En ellos se cumple **aquella profecía de Isaías** que dice:
Oirán una y otra vez y **no entenderán;**
    mirarán y **volverán** a mirar, pero **no verán;**
    porque **este pueblo** ha **endurecido** su **corazón,**
    ha **cerrado sus ojos** y tapado sus **oídos,**
    con el **fin** de **no ver** con los **ojos,**
    ni oír con los **oídos,** ni **comprender** con el **corazón.**
Porque **no quieren convertirse** ni que **yo los salve.**

Antes del inicio de la parábola propiamente dicha ("una vez…"), se consiente que se está preparando el escenario ("un día salió Jesús…"). Transmite serenidad y profundidad en tus palabras, así parece que está también Jesús.

No pierdas de vista la imagen del sembrador y la semilla durante todo el relato. Es el nervio central a donde concurre todo lo demás y de donde fluye el sentido. Practica si es necesario.

Guarda un breve silencio… la asamblea necesita escuchar, después que planteaste esa exigencia. Ahora marca continuidad y avance con la pregunta de los discípulos.

---

la tierra buena "son aquellos que oyen la Palabra, la acogen y dan fruto" (4:20); en cambio para Lucas, "son los que, después de haber oído, conservan la Palabra con corazón bueno y recto, y dan fruto con perseverancia" (8:15). Para Mateo ser semilla buena es estar atento y hacer el esfuerzo por comprender la palabra. No es suficiente con oír, es indispensable también comprender, es decir, ver y apreciar con claridad.

Así las cosas quedaban claras. Jesús hablaba en parábolas para darse a entender no para confundir; para aclarar no para enredar. Sin embargo, no todos estaban dispuestos a entender; así se refleja en la

indecisión de la gente contemporánea de Jesús (Mt 11:16–19), la falta de fe de ciertas ciudades que se suponía iban a recibir mejor la Buena Noticia de Jesús (11:20–24), la incomprensión de los fariseos y su necedad en pedir signos (12:1–42). Por eso, la parábola termina con una especie de sentencia: "el que tenga oídos, oiga" (13:9). Es decir, "el que quiera que entienda y haga caso". El que oye pero no tiene disposición para practicar lo escuchado es como si oyera pero no entendiera y como si mirara pero no viera.

Todos podemos dar fruto… pero hay peligros reales. Para Mateo toda persona está en posibilidades de producir fruto, no

hay nadie que sea incapaz de producir algo bueno. Sin embargo, el Evangelio no es ingenuo; reconoce que existen peligros reales que impiden la producción, no sólo abundante, sino incluso mínima. Estos obstáculos van desde la presencia del mal, a veces inexplicable, hasta la inconstancia ante las consecuencias por la proclamación de la Buena Nueva, las preocupaciones inadecuadas y la seducción de las riquezas. El ser humano posee en sí mismo esta doble realidad: la seguridad que puede dar fruto y, al mismo tiempo, de que existen serios obstáculos internos o externos que obstaculizan la producción de buenas obras.

La conversación de Jesús con sus discípulos exige un tono más íntimo y exigente. No hay nada misteriosamente nuevo, sólo la nueva visión de la vida que brota de la cercanía.

Pero, **dichosos ustedes**, porque **sus ojos ven** y **sus oídos oyen**.
Yo les **aseguro** que **muchos profetas** y **muchos justos**
    desearon ver lo que **ustedes** ven y no lo **vieron**
    y **oír** lo que **ustedes** oyen y no lo **oyeron**.

Cambia de tono al llegar a la sección que explica la parábola. Es con toda seguridad un anexo que recibió el evangelio para el bien de las comunidades. Dirígete a todos los presentes.

Escuchen, pues, ustedes lo que **significa** la parábola
    del **sembrador**.

A **todo** hombre que **oye** la palabra del **Reino** y **no** la **entiende**,
    le llega el **diablo** y le **arrebata** lo **sembrado** en su **corazón**.
Esto es lo que **significan** los **granos que cayeron**
    a lo largo del **camino**.

Lo sembrado sobre **terrero pedregoso** significa
    al que **oye la palabra** y la acepta **inmediatamente** con **alegría**;
    pero, como es **inconstante**, no la deja **echar raíces**,
    y **apenas** le viene una **tribulación** o una **persecución**
        por **causa** de la palabra, **sucumbe**.

Lo sembrado entre los **espinos** representa a **aquel**
    que **oye la palabra**,
    pero las **preocupaciones** de la vida y la **seducción**
        de las **riquezas** la **sofocan**
    y queda **sin fruto**.

Solemnemente, suavemente… concluye con lo importante: los frutos del reino.

En cambio, lo sembrado en **tierra buena**
    representa a quienes **oyen la palabra**,
    la **entienden** y dan **fruto**:
    unos, el **ciento por uno**; otros, el **sesenta**; y otros, el **treinta**".

Forma breve: Mateo 13:1–9

Una palabra que conduce a la madurez. El problema fundamental de las semillas es que no alcanzaron la madurez. La siembra tiene sentido si hay cosecha; de modo semejante, la escucha de la palabra tiene pleno sentido si conduce a la madurez. Los cristianos que leían y escuchaban el evangelio de Mateo sabían que no era suficiente con pertenecer de nombre al grupo del Maestro, era indispensable producir frutos, cumplir la voluntad del Padre para que la cercanía fuera real (Mt 12:46–50). Ahora bien, según este evangelio la madurez en la producción de buenas obras se consigue oyendo y entendiendo la palabra. Pero no es

suficiente con oír; el discípulo debe entender, darse cuenta, ser consciente. Si solamente se oye pero no se toma conciencia, con mucha facilidad el mal domina al ser humano y termina sin dar frutos (13:19). Todos oyen la palabra, incluso algunos con alegría (v. 20) y a lo mejor hasta con gran disposición (v. 22); sin embargo, por inconscientes no alcanzan la suficiente madurez para producir frutos. Estamos ante una fuerte llamada a la madurez cristiana.

Una madurez exigente pero no uniforme. Esta madurez no es uniforme; los frutos pueden ser variados. Los seres humanos somos, por naturaleza, diferentes mas no

desiguales. Estamos marcados por nuestra historia personal y familiar, por lo que hemos visto, oído y vivido en nuestros ambientes sociales, políticos, religiosos y culturales. Todo esto condiciona y favorece los frutos. Jesús solamente pide que haya frutos, que haya producción. El discípulo no está obligado a producir más de lo que puede pero sí a dar generosamente lo que le corresponde. Lo imperdonable es no tomar conciencia de lo que se es, limitándose a oír y a ser espectadores ante quienes producen frutos.

XVI DOMINGO ORDINARIO

Imagina un escenario en donde está una multitud de incrédulos, Dios y tú. Mientras proclamas la lectura, mírate a ti mismo hablando frente a frente con él, para que los demás vean, sepan y conozcan quién es tu Dios.

Ve describiendo poco a poco y con toda confianza el rostro y la manera de ser de Dios. Incluso matiza claramente cómo su poder se manifiesta en justicia y misericordia.

Como quien mira de reojo, aboga por tu pueblo, invítalos indirectamente al arrepentimiento y la dulce esperanza.

I LECTURA   Sabiduría 12:13, 16–19

Lectura del libro de la Sabiduría

No hay más Dios que **tú**, Señor, que **cuidas** de **todas** las cosas.
No hay **nadie** a quien tengas que **rendirle cuentas**
    de la **justicia** de tus **sentencias**.
Tu **poder** es el **fundamento** de tu **justicia**,
    y por ser el **Señor de todos**,
    eres **misericordioso** con **todos**.

Tú **muestras tu fuerza**
    a los que **dudan** de tu **poder soberano**
    y **castigas** a quienes, **conociéndolo**, te **desafían**.
Siendo **tú** el **dueño** de la **fuerza**,
    juzgas con **misericordia** y nos **gobiernas** con **delicadeza**,
    porque **tienes** el **poder** y lo **usas** cuando **quieres**.

Con **todo esto** has **enseñado** a tu **pueblo**
    que el **justo** debe ser **humano**,
    y has **llenado** a tus **hijos** de una **dulce esperanza**,
    ya que al **pecador** le das **tiempo** para que se **arrepienta**.

No podemos explicar el mal pero lo experimentamos con mucha claridad; nos duele, nos aqueja y preocupa. Ante esta realidad del mal (dolor y confusión) unos recurren a escapes, otros lo ignoran, otros más ofrecen explicaciones fáciles, superficiales o, de plano, le echan la culpa de todo a Dios. ¿Dónde estamos nosotros?

I LECTURA El libro de Sabiduría no pertenece a la biblia hebrea, fue escrito en griego. En la traducción latina realizada por san Jerónimo —llamada Vulgata— fue llamado Sabiduría a secas y así lo conocemos hasta hoy. Fue escrito entre los años 150 y 30 a. C., y refleja un ambiente de creencias, cultura, vida y problemas de la comunidad judía que vivía en Egipto, específicamente en Alejandría.

La idea central del escrito es que, aunque Dios puede hacer lo que quiera sin darle cuentas a nadie, "juzga con moderación y gobierna con gran indulgencia", y al pecador siempre le "da lugar al arrepentimiento". Esta imagen de Dios se vuelve un imperativo para el pueblo que cree, pues debe ser compasivo e indulgente.

II LECTURA La esperanza no es evidente y requiere paciencia (8:25). Y eso no quiere decir que la esperanza sea como un espejismo o anhelo infundado, algo así como aquel sentimiento de querer ganar la lotería sin comprar boleto.

El futuro de la esperanza no niega la realidad del presente, más bien le da sentido y la supera, gracias al Espíritu.

Anté el destino que nos asusta y la incertidumbre que desanima, tenemos la certeza del Espíritu. No para hacer fácil el enfrentamiento con lo desconocido sino para que el cristiano, en primer lugar, lo

Para meditar

SALMO RESPONSORIAL   Salmo 85:5–6, 9–10, 15–16a

R. Tú, Señor, eres bueno y clemente.

Tú, Señor, eres bueno y clemente, rico en misericordia con los que te invocan. Señor, escucha mi oración, atiende a la voz de mi súplica. **R.**

Todos los pueblos vendrán a postrarse en tu presencia, Señor, bendecirán tu nombre:

"Grande eres tú y haces maravillas; tú eres el único Dios". **R.**

Pero tú, Señor, Dios clemente y misericordioso, lento a la cólera, rico en piedad y leal, mírame, ten compasión de mí. **R.**

II LECTURA   Romanos 8:26–27

Lectura de la carta del apóstol san Pablo a los romanos

Hermanos:
El **Espíritu** nos **ayuda** en **nuestra debilidad**,
　porque nosotros **no sabemos pedir** lo que nos **conviene**;
　pero el **Espíritu mismo intercede** por **nosotros**
　con **gemidos** que no pueden **expresarse** con **palabras**.
Y **Dios**, que conoce **profundamente** los **corazones**,
　sabe lo que el Espíritu **quiere decir**,
　porque el **Espíritu ruega** conforme a la **voluntad de Dios**,
　　por los que le **pertenecen**.

Sosegadamente proclama esta lectura; no porque sea corta, sino porque es un derroche de significado teológico para la fe.

Muestra recogimiento e intimidad en este mensaje que nos habla del encuentro entre Dios y lo más profundo de la persona. Llega a la conciencia de tus hermanos y hermanas.

EVANGELIO   Mateo 13:24–43

Lectura del santo Evangelio según san Mateo

En **aquel** tiempo, **Jesús** propuso **esta parábola** a la **muchedum-
　bre**:
"El **Reino de los cielos** se parece a un **hombre**
　que **sembró buena semilla** en su **campo**;
　pero mientras los **trabajadores dormían**,
　llegó un enemigo del dueño,
　sembró cizaña entre el **trigo** y se **marchó**.

Sé consciente de que estás proclamando tres parábolas en una lectura. Digamos, tres matices en la voz con una misma postura corporal, de actitud.

Lanza cada parábola a diferentes lugares de la asamblea, tu mirada y tus gestos pueden indicar la dirección.

---

reconozca; en segundo lugar, para que —en su debilidad y limitación— sepa que cuenta con la presencia del Espíritu. La incertidumbre, por tanto, nos debe hacer más confiados en Dios. El destino no se tiene que espera… se tiene que asumir. En la medida que lo asumamos haciendo la voluntad de Dios no sólo podemos preverlo sino que además, podemos hacer que las personas que vivan con nosotros tengan menos miedo y más esperanza.

EVANGELIO | *Una planta se conoce por los frutos, más que por las*

apariencias. Debemos tener en cuenta que la cizaña es una planta casi idéntica al trigo; antes de que sus granos maduren se parecen mucho al trigo, al punto de que incluso un agricultor experimentado puede confundir ambas plantas. Este peligro de confusión desaparece cuando los granos de la cizaña maduran pues entonces la planta adquiere un color negro en lugar del amarillo.

Es riesgoso hacer juicios definitivos. Parece que el centro de la parábola es el diálogo que tiene el señor del campo y sus sirvientes. La sorpresa de los trabajadores al darse cuenta de la presencia de la cizaña

contrasta con la tranquilidad del dueño del campo que reconoce la obra de algún enemigo suyo. Los sirvientes estaban listos para ir a recogerla; sin embargo, el señor (el dueño del campo) no les permite hacerlo. La razón que pone es importante: "No sea que, al recoger la cizaña, arranquen a la vez el trigo"; podían confundirse y, en el afán de recoger la cizaña, también había el peligro de arrancar el trigo, a causa también de la abundancia de la primera y de las raíces débiles del segundo. La negativa del dueño del campo todavía es más sorprendente porque, en tiempos de Jesús, era muy común

La primera parábola precisa un tono de gravedad y atención ante la connivencia del bien y del mal que precisa mucha atención de los trabajadores.

Cuando **crecieron** las **plantas** y se empezaba a **formar** la **espiga**,
    apareció **también** la **cizaña**.

Entonces los **trabajadores** fueron a decirle al **amo**:
'Señor, ¿qué no sembraste **buena semilla** en tu campo?
¿De dónde, **pues**, salió esta **cizaña**?'
El amo les respondió: 'De **seguro** lo hizo un **enemigo mío**'.
Ellos le dijeron: '¿**Quieres** que vayamos a **arrancarla**?'
Pero él les **contestó**:
'No. No sea que al **arrancar** la cizaña, arranquen **también** el **trigo**.
Dejen que **crezcan juntos** hasta el tiempo de la **cosecha**
    y, cuando **llegue** la cosecha, **diré** a los **segadores**:
Arranquen primero la **cizaña** y átenla en gavillas para **quemarla**;
    y luego **almacenen** el **trigo** en mi **granero'''**.

La segunda parábola requiere un tono de admiración por lo pequeño que siempre aguarda sorpresas inesperadas.

Luego les propuso esta **otra parábola**:
"El **Reino de los cielos** es **semejante** a la **semilla de mostaza**
    que un hombre **siembra** en un **huerto**.
Ciertamente es la **más pequeña** de **todas** las semillas,
    pero cuando **crece**, llega a ser **más grande** que las **hortalizas**
    y **se convierte** en un **arbusto**,
    de manera que los **pájaros vienen** y **hacen su nido** en las **ramas**".

La tercera parábola va en el tono de la segunda, pero puedes también proclamarla con sentido ya más sosegado, como quien está sugiriendo un ejemplo más para concluir para remachar.

Les dijo **también otra** parábola:
"El **Reino de los cielos** se parece a un **poco de levadura**
    que tomó una **mujer**
    y la **mezcló** con tres medidas de **harina**,
    y **toda** la masa acabó por **fermentar**".

Jesús decía a la muchedumbre **todas estas cosas** con **parábolas**,
    y **sin** parábolas **nada** les decía,
    para que se **cumpliera** lo que dijo el **profeta**:
Abriré mi boca y les hablaré con **parábolas**;
    anunciaré lo que estaba **oculto** desde la creación del **mundo**.

En adelante imprime relevancia en la persona de Jesús actuando como el gran Maestro, presentado así por san Mateo.

Luego despidió a la **multitud** y se fue a su **casa**.
Entonces se le **acercaron** sus **discípulos** y le dijeron:
"**Explícanos** la **parábola** de la **cizaña** sembrada en el **campo**".

arrancar en varias ocasiones la cizaña para que el trigo se desarrollara mejor.

En la cosecha se sabe qué planta es buena. Debemos tomar en cuenta el tiempo para separar la cizaña del trigo. Según el dueño del campo el momento oportuno para hacer la separación es el de la cosecha; es el tiempo de los frutos cuando se distinguirán mejor el trigo de la cizaña. Sorprende además, según la interpretación de la parábola que hará el mismo evangelista (vv. 36–43), que no sean los seres humanos los que hagan la separación sino los ángeles.

El mal no viene de Dios… pero sí tiene responsables. El evangelio aborda el tema de la identificación del mal con mucho cuidado pero con bastante precisión. Aunque se deja claro que el mal existe porque alguien hace cosas malas y que la cizaña no apareció por casualidad, el problema queda abierto, pues el asunto del pecado en el mundo es algo muy complejo para entenderlo suficientemente.

No hay que hacer juicios apresurados. Ante el problema del mal existe el peligro de querer separar buenos y malos como si el asunto fuera tan sencillo. Es cierto que a veces aparece con bastante claridad quiénes son buenos y quiénes no. Sin embargo, ante el peligro que tiene el ser humano de equivocarse al hacer sus juicios, el Evangelio propone que no nos apresuremos y que esperemos el tiempo de los frutos. No es correcto pues hacer juicios demasiado apresurados y sin tomar en cuenta el comportamiento. La razón es obvia: el margen de error es grande y podemos equivocarnos.

Hay que ser muy cuidadosos porque a veces los juicios entre el bien y el mal no aparecen con tanta claridad. Ahora bien, los límites muchas veces no son suficientemente

Jesús les contestó:

"El **sembrador** de la **buena semilla** es el **Hijo del hombre**,
    el **campo** es el **mundo**,
   la **buena semilla** son los **ciudadanos** del **Reino**,
   la **cizaña** son los **partidarios** del **maligno**,
   el **enemigo** que la **siembra** es el **diablo**,
   el tiempo de la **cosecha** es el **fin del mundo**,
   y los **segadores** son los **ángeles**.

Y **así** como **recogen** la **cizaña** y la **queman** en el **fuego**,
   así sucederá en el **fin del mundo**:
   el **Hijo del hombre** enviará a sus **ángeles**
   para que **arranquen** de su **Reino**
   a **todos** los que inducen a **otros** al **pecado**
   y a **todos** los **malvados**,
   y los **arrojen** en el **horno encendido**.
Allí será el **llanto** y la **desesperación**.
Entonces los **justos brillarán** como el **sol** en el **Reino** de su
    Padre.
El que tenga **oídos**, que **oiga**".

Forma breve: Mateo 13:24–30

La respuesta explicativa de Jesús debe proclamarse en forma de pausa y con la fuerza del maestro que conoce el reino, los corazones y también la consecuencia hermosa para quien decide oír y vivir este gran programa de vida.

claros. A veces se considera que, si alguien piensa del mismo modo que nosotros, si pertenece a nuestro grupo, si es de nuestro mismo color de piel o costumbres... entonces sí es bueno; todos "los demás" son malos. El evangelio quiere dejar bien claro que el asunto de quién es bueno y quién no, es difícil de solucionar y debemos ser muy cuidadosos al plantearnos tales preguntas. Será mejor no apresurarnos en nuestros juicios y sopesar bien los frutos.

Sí debemos hacer juicios, pero hay que tener mucho cuidado con realizar juicios definitivos. Nos toca distinguir lo bueno de lo malo, los buenos de los malos, hasta cierto grado; el juicio definitivo corresponde a Dios. Esto no debe provocar que seamos ingenuos o miedosos para descubrir el mal. Hay que analizar y juzgar la realidad, incluso a veces descubrir grupos o personas responsables, pero sabiendo que estamos ante un problema serio que pide que analicemos las cosas con mucho cuidado y respeto. Para esto, los frutos son determinantes.

Quien hace el mal se queda solo... El evangelio alcanza a retratar el destino, presente y eterno, de quienes no quieran (o queramos) dar frutos buenos; lo expresa a través de dos figuras muy sencillas pero profundas: el llanto y el rechinar de dientes. Se está de acuerdo en interpretar estas dos imágenes como signo de la soledad y la desesperación. Quien obra mal, tarde o temprano aunque haga el esfuerzo de aparentar, termina en una profunda soledad y desesperación pues no sólo el cielo rechaza a los malos sino también, en la tierra, una sociedad suficientemente madura, vomita a los que insisten en aprovecharse de los demás. La maldad y la aparente felicidad de los que son (o somos) malos no son eternas.

XVII DOMINGO ORDINARIO

I LECTURA   1 Reyes 3:5–13

Lectura del primer libro de los Reyes

En **aquellos** días, el **Señor** se le **apareció** al rey **Salomón**
    en **sueños** y le **dijo:**
"Salomón, **pídeme** lo que **quieras**, y yo **te lo daré**".

Salomón le respondió:
"**Señor**, tú trataste con **misericordia** a tu siervo **David**, mi **padre**,
    porque **se portó** contigo con **lealtad**,
    con **justicia** y **rectitud de corazón**.
Más aún, también **ahora** lo **sigues** tratando con **misericordia**,
    porque has hecho que un **hijo suyo** lo **suceda** en el **trono**.
Sí, tú quisiste, **Señor** y **Dios mío**, que **yo**, tu **siervo**,
    sucediera en el **trono** a mi padre, **David**.
Pero yo no soy **más** que un **muchacho** y **no sé** cómo actuar.
Soy tu **siervo** y me encuentro **perdido**
    en medio de este **pueblo tuyo**,
    tan numeroso, que es **imposible** contarlo.
Por eso te **pido** que me concedas **sabiduría de corazón**,
    para que **sepa gobernar** a tu **pueblo**
    y **distinguir** entre el **bien** y el **mal**.
Pues sin ella, **¿quién** será **capaz** de **gobernar**
    a este **pueblo tuyo tan grande?**"

Al **Señor** le agradó que **Salomón** le hubiera pedido **sabiduría**
    y le **dijo:**

Narra con naturalidad la cercanía de Dios con su siervo. Todos los presentes bien podrían relacionar esta presencia con alguna experiencia propia.

Presenta a Salomón con la docilidad de un hijo, la sencillez de un verdadero siervo. Todos soñamos con tener líderes sinceros y honestos.

A la petición del don de sabiduría imprímele un sentido amplio y profundo, como dando a entender a la asamblea que todos estamos pidiendo el mismo don.

Nos movemos entre el esfuerzo y la gracia; entre lo que hacen otros y lo que hacemos; entre lo que Dios nos da y lo que podemos conseguir con nuestro esfuerzo… Cualquiera de los extremos nos lleva a un defecto; por eso es oportuno tomar como referencia la búsqueda de la sabiduría, como el discernimiento, o mejor, como la decisión de saber hacer lo que Dios quiere en el momento oportuno.

I LECTURA   Salomón pidió sabiduría para gobernar y Dios se la concedió. La sabiduría no consigue el éxito

pero sí la felicidad, no las riquezas sino paz y bienestar…

Esta lectura nos lleva a planteamientos acerca de nosotros mismos, de nuestro liderazgo actual y de las imágenes de la sabiduría que aparecen en nuestro mundo. Debemos aprender en medio de dos peligros extremos: la ignorancia y la arrogancia. La sabiduría de los pobres y sencillos es el camino de salvación que los entendidos están continuamente despreciando y desperdiciando. La mejor inteligencia y análisis de todo daría libertad para la vida en el corazón de los pobres. Digámoslo con respeto,

la mayoría de los líderes del mundo y las grandes instituciones de hoy, parece que no han pedido a Dios sabiduría. Y es que, mirando bien, la elección de muchos nuevos líderes no se basa en su inteligencia o habilidad sino en su fidelidad al sistema o patrón que los impone. Pidamos sabiduría para ser fieles a Dios y a nuestros hermanos.

II LECTURA   Pablo expone el sentido de la vida en Cristo y en el Espíritu, como don, razón de nuestra esperanza y de la gloria plena del amor de Dios.

La conclusión ha de ser muy solemne, para que todos identifiquemos la generosidad de Dios con sus hijos cuando saben distinguir lo más importante en la vida.

"Por haberme pedido **esto**, y no una **larga vida**, ni **riquezas**,
  ni la **muerte** de tus **enemigos**, sino **sabiduría** para **gobernar**,
  yo te concedo lo que me has **pedido**.
Te doy un **corazón sabio** y **prudente**,
  como no lo ha habido antes, **ni lo habrá** después de ti.
Te voy a conceder, **además**, lo que no me has **pedido**:
  tanta gloria y **riqueza**, que **no habrá rey** que se pueda
  comparar **contigo**".

Para meditar

SALMO RESPONSORIAL   Salmo 118:57 y 72, 76–77, 127–128, 129–130

R. Cuánto amo tu voluntad, Señor.

Mi porción es el Señor, he resuelto guardar tus palabras. Más estimo yo los preceptos de tu boca, que miles de monedas de oro y plata. **R.**

Que tu voluntad me consuele, según la promesa hecha a tu siervo; cuando me alcance tu compasión, viviré, y mis delicias serán tu voluntad. **R.**

Yo amo tus mandatos, más que el oro purísimo; por eso aprecio tus decretos, y detesto el camino de la mentira. **R.**

Tus preceptos son admirables, por eso los guarda mi alma; la explicación de tus palabras ilumina, da inteligencia a los ignorantes. **R.**

II LECTURA   Romanos 8:28–30

Lectura de la carta del apóstol san Pablo a los romanos

Esta proclamación inicia con fuerza y sin ningún titubeo. Estás poniendo la conclusión al principio.

Hermanos:
Ya sabemos que **todo** contribuye para **bien**
  de los que **aman** a **Dios**,
  de **aquellos** que han sido **llamados** por él,
    según su **designio salvador**.

Mira atentamente a la asamblea dirigiendo la consecuente explicación que inicia con: "En efecto…"

Con ritmo elocuente ve finalizando estos hermosos versos dignos de un poeta que conecta esta trilogía de predestinación, llamado y gloria. Piensa en el origen, presente y futuro de tu comunidad.

En efecto, a quienes conoce **de antemano**,
  los **predestina** para que reproduzcan **en sí mismos**
    la **imagen** de su propio **Hijo**,
  a fin de que él sea el **primogénito** entre **muchos hermanos**.
A quienes **predestina**, los **llama**;
  a quienes **llama**, los **justifica**;
  y a quienes **justifica**, los **glorifica**.

Esto es muy denso. Los cristianos no salen de acuerdo muchas veces en esto. Ni en aquel tiempo ni ahora. Unos piensan que sólo habrán de salvarse de acuerdo a lo que vivan pensando en la salvación como un premio o resultado que brota de nuestras opciones, decisiones y acciones. Otros piensan que Dios salva independientemente de nuestras acciones. Él decide, él sabe. La salvación es un don que no se consigue ni con el mejor comportamiento del mundo.

Quedémonos con el último verso de este "texto al revés": la gloria de Dios hace

justicia a quienes ha destinado para la salvación. Es un camino abierto para todos.

EVANGELIO   *El reino de Dios, todo lo bueno que podamos imaginar, es gracia.* Vale poner atención en que el tesoro de la parábola por estar escondido ofrece la posibilidad que alguien se lo encuentre por pura casualidad. Pero dar con él sin buscarlo no significa que no lo quiera. Igual el Reino, es pura gracia, don o regalo. Se da cuando menos lo esperamos. *El reino de Dios, todo lo bueno que podamos imaginar, es audacia.* El oficio del mercader es *buscar, comprar y vender*; esto requiere, más

que suerte, habilidad. No puede ser mera coincidencia que una parábola remarque la gratuidad de lo encontrado y el esfuerzo y habilidad para la búsqueda de lo valioso.

Dos parábolas abiertas. Ambas parábolas quedan abiertas; no se dice qué se hizo con el tesoro ni con la perla. Este final inesperado contrasta con la espera del desenlace por parte del lector u oyente. Quizás estamos ante una apertura intencional que, con el suspenso, quiere indicar que el Reino de Dios es un fin en sí mismo; no un medio para conseguir otros fines.

Identificando la gracia y poniendo el esfuerzo. La primera parábola enfatiza la

EVANGELIO   Mateo 13:44–52

Lectura del santo Evangelio según san Mateo

En **aquel** tiempo, **Jesús** dijo a sus **discípulos:**
   "El **Reino de los cielos** se parece a un **tesoro** en un **campo.**
El que lo **encuentra** lo **vuelve** a **esconder**
   y, **lleno de alegría**, va y **vende** cuanto tiene
   y **compra** aquel campo.

El **Reino de los cielos** se parece **también** a un **comerciante**
      en **perlas finas**
   que, al **encontrar** una perla **muy valiosa**, va y **vende** cuanto
      tiene y la **compra.**

También se parece el **Reino de los cielos** a la **red**
      que los **pescadores** echan en el **mar**
   y recoge **toda clase** de peces.
Cuando se **llena la red,**
   los **pescadores** la **sacan** a la playa y **se sientan**
      a **escoger** los **pescados;**
   ponen los **buenos** en **canastos** y **tiran** los **malos.**
Lo mismo sucederá al **final** de los **tiempos:**
   vendrán los ángeles, **separarán** a los **malos** de los **buenos**
   y los **arrojarán** al **horno encendido.**
Allí será el **llanto** y la **desesperación.**

¿Han **entendido todo esto**?"
Ellos le contestaron: "**Sí**".
Entonces él les dijo:
"Por eso, **todo escriba** instruido en las cosas del **Reino**
      de los cielos
   es **semejante** al **padre de familia**,
      que va **sacando** de su tesoro **cosas nuevas** y **cosas antiguas**".

Forma breve: Mateo 13:44–46

Columna lateral izquierda:

Tres comparaciones y una conclusión. Sostente en el estilo narración hasta llegar al final al modo exhortativo. Es una invitación final a quienes han entendido.

Haz un breve silencio después de cada parábola. Dale un poquito de tiempo a la gente (un par de segundos) para que acoja y abrace el ejemplo que más le ilumine.

La pregunta y respuesta sobre si han entendido es una oportunidad para elevar la voz, mirar con insistencia a los presentes y darle nuevo ímpetu a tu proclamación.

La parte final de la lectura podría bien resaltar con fruto la sabiduría de saber distinguir lo nuevo y lo antiguo. Insiste en la frase final.

---

alegría que acaba con cualquier tipo de vacilación; de modo semejante el mercader, al ver coronado el fruto de su búsqueda no vacila en decidirse por el Reino. Para Mateo el Reino de los Cielos implica la gratuidad absoluta de Dios y de las personas; no es fruto —al menos al inicio— del esfuerzo personal. Lo bueno llega incluso sin identificar totalmente sus causas. Pero también el Reino se relaciona con la habilidad de las personas. El evangelio combina una doble realidad del Reino: alguien sin buscarlo (quizás deseándolo) encuentra; alguien que busca hábilmente encuentra. Gracia y es-

fuerzo, Dios y el hombre, otros y nosotros, el pasado y el presente… es una combinación indispensable para la construcción del Reino. Ahora bien, ante y por el Reino ningún esfuerzo es excesivo.

Hay que entender esto… A la claridad con la que se ha presentado el mensaje sobe el Reino corresponde la pregunta: "¿Han entendido todo esto? (Mt 13:51) que tiene una obvia respuesta afirmativa. El evangelista introduce una imagen que no necesariamente habla del discernimiento. Estas palabras sobre el escriba discípulo que se compara al dueño de una casa refle-

ja, con mucha probabilidad, el tiempo de las comunidades de Mateo. Lo viejo podría ser sinónimo de lo que ya se tiene, lo que ya se ha recibido; lo nuevo podría estarse refiriendo a lo que está por hacerse, las exigencias del presente. Lo más seguro es que esta comparación tenga relación con lo que hace Dios (y otras personas) y lo que corresponde hacer a los discípulos, lo encontrado y lo buscado, lo gratuito y lo adquirido, lo pasado y el presente…

XVIII DOMINGO ORDINARIO

I LECTURA   Isaías 55:1–3

Lectura del libro del profeta Isaías

Esto dice el **Señor**:
"**Todos ustedes**, los que tienen sed, **vengan** por **agua**;
   y los que **no** tienen dinero,
   vengan, tomen trigo y **coman**;
   tomen vino y leche **sin pagar**.

¿**Por qué** gastar el **dinero** en lo que **no es** pan
   y el **salario**, en lo que **no alimenta**?

Escúchenme atentos y comerán **bien**,
   saborearán platillos **sustanciosos**.
Préstenme atención, **vengan** a mí,
   escúchenme y **vivirán**.
Sellaré con **ustedes** una **alianza perpetua**,
   cumpliré las **promesas** que hice a **David**".

SALMO RESPONSORIAL   Salmo 144:8–9, 15–16, 17–18

R. Abres tú la mano, Señor, y nos sacias de favores.

El Señor es clemente y misericordioso, lento a la cólera y rico en piedad; el Señor es bueno con todos, es cariñoso con todas sus criaturas. **R.**

Los ojos de todos te están aguardando, tú les das la comida a su tiempo; abres tú la mano, y sacias de favores a todo viviente. **R.**

El Señor es justo en todos sus caminos, es bondadoso en todas sus acciones; cerca está el Señor de los que lo invocan, de los que lo invocan sinceramente. **R.**

Ensalza la generosidad de Dios; ilumina el rostro de los pobres y de todos con la gratuidad de Dios, en medio de una vida todo parece tener precio.

La pregunta ha de ser puesta con insistencia y gravedad en la frente de todos los presentes. Da para seguir reflexionando mucho más…

La última parte es una invitación de Dios ante la cual nadie debe quedar intacto. Se fuerte y claro pues se trata de una invitación para todos y todas y para siempre.

Para meditar

I LECTURA   Esta parte se conoce como "libro de la consolación", pues se anima al pueblo con palabras de esperanza para el futuro.

Hay un crescendo en el mensaje: primero señala la gratuidad: "… vengan aunque no tengan dinero…"; en un segundo momento, ante el peligro de gastar equivocadamente en lo que no alimenta, el profeta señala la necesidad de escuchar al Señor. En un tercer momento se señala la necesidad de escuchar al Señor para vivir. Podríamos decir incluso que el profeta pasa de una realidad a otra: del alimento material al de la palabra.

Otro elemento es que *todos* deben y pueden acercarse al Señor para ser alimentados por su palabra.

Así, podemos decir que "escuchar" significa abrir el corazón y llevar a la práctica la palabra, siempre dejándose transformar por ella, haciéndola germen de la vida nueva.

II LECTURA   ¿Quién podrá apartarnos del amor de Cristo? Nada ni nadie. Todo lo mencionado son realidades que totalizan, como decir, que nada ni nadie podrá separar al cristiano de Cristo.

No obstante, el cristiano sabe, pues la experimenta, de la ruptura —si bien momentánea— con el amor de Cristo.

EVANGELIO   *La alimentación, un signo de los nuevos tiempos, de la presencia de Dios, como en la Eucaristía.* El modo como Jesús bendice, parte y reparte el pan es el de la última cena. Es posible que los primeros cristianos hayan visto cierta relación entre la multiplicación de los panes y la Cena del Señor, *un signo*

II LECTURA   Romanos 8:35, 37–39

Lectura de la carta del apóstol san Pablo a los romanos

Hermanos:
¿**Qué cosa** podrá **apartarnos** del **amor** con que nos ama **Cristo**?
¿Las **tribulaciones**? ¿Las **angustias**? ¿La **persecución**?¿El **hambre**?
¿La **desnudez**? ¿El **peligro**? ¿La **espada**?

Ciertamente de **todo esto** salimos **más** que **victoriosos**,
   gracias a **aquel** que nos ha **amado**;
      pues estoy **convencido** de que ni la **muerte** ni la **vida**,
      ni los **ángeles** ni los **demonios**, ni el **presente** ni el **futuro**,
      ni los **poderes** de este **mundo**,
      ni lo **alto** ni lo **bajo**, ni creatura **alguna**
      podrá **apartarnos** del **amor** que nos ha manifestado **Dios**
         en **Cristo Jesús**.

EVANGELIO   Mateo 14:13–21

Lectura del santo Evangelio según san Mateo

En **aquel** tiempo, al enterarse **Jesús** de la **muerte**
   de **Juan el Bautista**,
      subió a una **barca** y se dirigió a un **lugar apartado** y **solitario**.
Al saberlo la **gente**, lo **siguió** por tierra desde los **pueblos**.
Cuando Jesús **desembarcó**, vio aquella **muchedumbre**,
   se **compadeció** de ella y **curó** a los **enfermos**.

Como ya se hacía **tarde**, se **acercaron** sus **discípulos** a decirle:
"Estamos en **despoblado** y empieza a **oscurecer**.
Despide a la **gente** para que **vayan** a los **caseríos**
   y **compren** algo de **comer**".
Pero **Jesús** les replicó: "**No hace falta** que **vayan**.
Denles ustedes de **comer**".

Que no tiemble tu voz para destapar la realidad con la que luchamos todos. Despierta en todos el interés por el asunto que prepara Pablo con este planteamiento.

La certeza de lo que provoca el amor de Cristo es el hilo de oro de esta lectura. No lo pierdas, está al principio en medio y al final como un sello de certeza incólume.

Nota que la descripción que hace Pablo incluye absolutamente todo y nada de eso nos apartará del amor de Cristo; ve mencionando esos pares de conceptos con mucha claridad.

Prepara la lectura identificando las composiciones de tiempo ("aquel..." "cuando se hacia tarde...") y de lugar (la barca, en el pasto) para que puedas dibujar mejor el escenario de estos acontecimientos.

Haz notar el contraste del silencio que busca Jesús y el ruido de la muchedumbre y muestra al Jesús compasivo.

La sugerencia de los discípulos debe sonar con naturalidad, no con desdén. Es una actitud normal y ordinaria que da pie a lo extraordinario de la fe.

que nos recuerda nuestra capacidad de compartir como hermanos. La comida es un elemento con alto contenido humano y religioso. Lo que se come es gracia de Dios. por eso se agradece; al mismo tiempo, es fruto del esfuerzo humano, por eso se bendice. *Comer y compartir los alimentos* era un espacio privilegiado para relacionarse y compartir la vida. No es ninguna casualidad que Jesús, en lugar de elegir el ayuno como símbolo principal de la presencia de Dios, haya elegido precisamente la comida. Y comer hasta saciarse, era señal de que Dios se estaba haciendo presente (por ejemplo Lc 1:53; 6:21; Is 55:1–2).

Y cuando se comparte en fraternidad, alcanza para todos. Los doce canastos que se recogen tienen también un contenido simbólico. El número "Doce" se refiere al pueblo judío y lo que Dios quería de él; cuando el pueblo falla los profetas piensan en su restablecimiento (Is 49:6). *La ausencia del hambre, signo de la presencia del Señor.* Podríamos resaltar que la ausencia de hambre es un signo de la presencia del Señor. Para quien siempre ha tenido qué comer es difícil alcanzar a percibir la magnitud de este milagro. Por el contrario, una sociedad que ha padecido hambre sabe que la carencia de alimento, mendigar el pan, es reconocerse

incapaz de vivir por sí mismo; no tener comida es el comienzo de la muerte. Dar de comer es apostar por la vida. No es casualidad que el evangelio haga notar un contraste entre el banquete que ofrece Herodes (Mt 14:3–12) y la comida que da Jesús (vv. 13–21); en el primero hay la muerte de un inocente, en el segundo se sacia el hambre de la gente. Los comensales del banquete de Herodes son testigos del poder caprichoso y malévolo de un rey; los comensales de Jesús son testigos de la presencia de Jesús que los anima a entrar en la dinámica de compartir.

Insiste en la postura de Jesús. Su persona es fuente de enseñanza y de obras que dan vida simultáneamente.

Al concluir lanza una mirada certera a los presentes como indicando que todo es posible para Dios y para quienes creen en él.

Ellos le **contestaron**:
"No tenemos **aquí** más que **cinco panes** y **dos pescados**".
Él les dijo: "**Tráiganmelos**".

Luego **mandó** que la gente **se sentara** sobre el **pasto**.
Tomó los **cinco panes** y los **dos pescados**,
    y **mirando al cielo**, pronunció una **bendición**,
    partió los panes y **se los dio** a los **discípulos**
        para que los **distribuyeran** a la **gente**.
Todos comieron hasta **saciarse**,
    y con los **pedazos** que habían **sobrado**,
    se llenaron **doce canastos**.
Los que **comieron** eran unos **cinco mil** hombres,
    sin contar a las **mujeres** y a los **niños**.

El milagro de compartir y sus alcances. De este modo, podemos señalar en segundo lugar, que uno de los puntos principales del milagro está en que, la humilde cantidad de cinco panes y dos peces, se pone a disposición de Jesús; él al bendecirlos provoca la multiplicación que los discípulos tendrán que repartir. Por esto, quizás uno de los puntos fundamentales del milagro está en que la multiplicación supone aquellos humildes panes y peces; esto hizo posible el milagro. De ahí que, aún después de saciados, quedaron canastos suficientes para seguir compartiendo. La presencia milagrosa del Señor fue posible por la generosidad de quienes pusieron a su disposición los panes y los peces. Esto es muy importante porque el problema del mundo no es la escasez de recursos sino la incapacidad para compartir como hermanos. Gandhi decía que "La tierra tiene lo suficiente para satisfacer las necesidades de todos pero no las ambiciones de unos cuantos".

Hacia una actitud nueva de los discípulos. En tercer lugar, podríamos decir que la disponibilidad de compartir y la presencia del Señor, así como la toma de conciencia de los discípulos de que el hambre que padecía aquella gente no tenía que serles indiferente (14:15) además de solucionar una necesidad inmediata garantiza que siga habiendo pan para compartir. Las dádivas y las limosnas, aunque quizás momentáneamente buenas, no alcanzan a ser el verdadero camino para la fraternidad; incluso, en muchas ocasiones, disimulan la brecha entre ricos y pobres. El compartir a causa de la presencia del Señor proporciona lo necesario para prolongar la solidaridad, la ayuda fraterna. Los doce canastos son también parte importante del milagro porque prolonga la ayuda y garantiza que los beneficiarios no sean unos cuantos sino todos.

XIX DOMINGO ORDINARIO

I LECTURA   1 Reyes 19:9a, 11–13a

Lectura del primer libro de los Reyes

Al llegar al **monte de Dios**, el **Horeb**,
    el profeta **Elías** entró en una **cueva** y **permaneció allí**.
El **Señor** le dijo: "**Sal** de la **cueva** y **quédate** en el **monte**
    para ver al **Señor**, porque el Señor va a **pasar**".

Así lo hizo **Elías**, y al acercarse el **Señor**,
    vino **primero** un **viento** huracanado,
    que **partía las montañas** y **resquebrajaba las rocas**;
    pero el Señor **no estaba** en el viento.
Se produjo **después** un **terremoto**;
    pero el Señor **no estaba** en el terremoto.
Luego vino un **fuego**; pero el Señor **no estaba** en el fuego.
Después del **fuego** se escuchó el **murmullo** de una **brisa suave**.
Al oírlo, **Elías** se **cubrió** el **rostro** con el **manto**
    y **salió** a la **entrada** de la **cueva**.

Sitúate a un lado del monte y ayuda a la comunidad a ver este evento portentoso. Que no quede duda alguna de lo que están presenciando.

Narra el portento con sentido de gravedad y realismo. Exclama los detalles provocando ansiedad y expectativa en los oyentes.

Al finalizar, imprime un tono suave llamando la atención con suavidad preparando para la sorpresa que han de experimentar todos al igual que Elías.

Para meditar

SALMO RESPONSORIAL   Salmo 84:9ab y 10, 11–12, 13–14

R. Muéstranos, Señor, tu misericordia y danos tu salvación.

Voy a escuchar lo que dice el Señor. Dios anuncia la paz a su pueblo y a sus amigos. La salvación está ya cerca de sus fieles, y la gloria habitará en nuestra tierra. **R.**

La misericordia y la fidelidad se encuentran, la justicia y la paz se besan; la fidelidad brota de la tierra, y la justicia mira desde el cielo. **R.**

El Señor nos dará la lluvia y nuestra tierra dará su fruto. La justicia marchará ante él, la salvación seguirá sus pasos. **R.**

Todo ser humano tiene miedos. Nos espanta el fracaso, la enfermedad, la muerte, la violencia, la soledad… Pero ante estos miedos contamos con la presencia del Señor. No porque vaya a solucionar nuestros problemas como si fuera un gran mago, sino porque es segura su presencia solidaria que nos sigue diciendo. "¡Ánimo! soy yo, no teman".

I LECTURA Elías fue profeta allá por el siglo IX a. C., en el reino del norte, bajo los reyes Ajab (874–853) y Ocozías (853–852). Su nombre significa "Mi Dios es Yahveh"; es llamado "el tesbita", por

ser natural de Tisbé, un caserío identificado con la actual Khirbet el Istib, en las montañas de Galaad, a unos 25 kilómetros al norte del río Yabbok. Elías pertenece al tipo de los profetas ambulantes.

Elías recibe una lección; después de un aparente éxito, al dejar en evidencia él solo y mandar castigar delante de todo el pueblo a los más de cuatrocientos profetas y sacerdotes del dios falso Baal, tendrá que reconocer que Dios no se manifiesta en lo portentoso, mucho menos, en la violencia.

II LECTURA San Pablo desbroza la suerte de Israel.

Sorprende y conmueve el amor de Pablo por sus paisanos, "los de mi raza según la carne". Le duele profundamente que no hayan sabido acoger al Mesías. Pablo experimenta uno de los más profundos sufrimientos: sentirse partido, dividido; judío y cristiano al mismo tiempo.

Pablo es un ejemplo de hacerse maldición por la salvación de los hermanos; de aceptar la máxima infamia para liberar a otros de cuanto ensombrece la verdad y dificulta la plena comunión con Dios.

II LECTURA   Romanos 9:1–5

Lectura de la carta del apóstol san Pablo a los romanos

Hermanos:
Les **hablo** con **toda verdad** en Cristo; **no miento**.
Mi **conciencia** me **atestigua**, con la **luz** del **Espíritu Santo**,
    que tengo una **infinita tristeza** y un **dolor incesante**
        tortura mi **corazón**.

Hasta **aceptaría** verme **separado** de Cristo,
    si **esto** fuera para **bien** de mis **hermanos**,
    los de **mi raza** y de **mi sangre**,
    los **israelitas**, a quienes pertenecen la **adopción filial**,
    la **gloria**, la **alianza**, la **ley**, el **culto** y las **promesas**.
Ellos son **descendientes** de los **patriarcas**;
    y de su **raza**, según la **carne**, nació **Cristo**,
    el cual está **por encima de todo**
    y es **Dios bendito** por los siglos de los siglos. **Amén.**

EVANGELIO   Mateo 14:22–33

Lectura del santo Evangelio según san Mateo

En **aquel** tiempo, inmediatamente **después** de la **multiplicación**
    de los **panes**,
    Jesús hizo que sus discípulos **subieran** a la **barca**
    y se dirigieran a la **otra orilla**, mientras él **despedía** a la **gente**.
Después de despedirla, **subió** al monte **a solas** para **orar**.
Llegada la **noche**, estaba él **solo** allí.

Entre tanto, la barca iba **ya muy lejos** de la costa,
    y las **olas** la **sacudían**,
    porque el **viento** era **contrario**.
A la madrugada, **Jesús** fue **hacia** ellos, caminando **sobre** el agua.

Si has dado un testimonio con todo tu corazón. Este es el momento de recurrir a esa actitud. Convence a la asamblea de la veracidad de lo que dices junto con Pablo.

Imagínate dando una gran noticia yendo mucho más allá de tu propia identidad cultural: Cristo es quien da sentido a tu vida ahora.

Invita a tu pueblo a ver más allá de sí mismo. Preséntale a Dios abrazando a todo el universo de culturas y pueblos.

Abre tu proclamación con naturalidad y suavemente, como quien continúa una conversación que ya se venía dando.

Todo el relato de este evangelio te pide dar lujo de detalles. Ve poco a poco aumentando la intensidad, manteniendo la misma velocidad de lectura, hasta culminar con la expresión conclusiva y de asombro.

EVANGELIO   *Problemas reales.* El evangelio menciona que la barca estaba adentrada en el lago "muchos estadios"; un estadio equivale a unos 185 metros. Y en el lago de Galilea no eran raras las tormentas y tempestades hacen comprensible el miedo de los discípulos.

Una oportunidad para la manifestación de Jesucristo. Hay que considerar que lo que hemos leído es una combinación de milagro con manifestación (epifanía) de Jesús. Por eso, llama la atención que ahora presente, por un lado, a Pedro siendo salvado de un peligro amenazador (la violencia del viento

y el hundirse, v. 30); y, por otro, el reconocimiento de que verdaderamente Jesús, a quien habían confundido momentos antes con un fantasma, era el Hijo de Dios (v. 33) (véase también 16:16; 4:3).

Unos discípulos con miedo. Es interesante el énfasis que Mateo pone en el miedo de los discípulos. Por un lado, era comprensible que tuvieran miedo: la barca zarandeada por vientos contrarios y la aparición de alguien que piensan que es un fantasma los hace gritar; por otro, una vez que se ha identificado la presencia del Señor ya no es posible tener miedo; cualquier indicio

de éste es falta de fe. Si vemos con atención, en un primer momento, Jesús los conforta diciendo: "¡Ánimo, soy yo, no teman!" (v. 27); en cambio, en el segundo caso, reprocha a Pedro su falta de fe (v. 32).

El miedo que inmoviliza no es compatible con la fe. Por último, la proclamación de fe de que Jesús es verdaderamente el Hijo de Dios, no viene de Pedro sino de quienes habían permanecido en la barca. Probablemente esta indicación tiene bastante importancia. Da la impresión de que Pedro se ha incapacitado para reconocer al Señor, no porque tenga miedo solamente; los demás,

El susto y los gritos deben hacerse sentir con fuerza y cierta angustia; así harás notar la paz que da la presencia de Jesús.

Los **discípulos**, al verlo andar **sobre** el agua,
    se **espantaron** y **decían**:
"¡Es un **fantasma**!"
Y daban **gritos de terror**.
Pero **Jesús** les dijo **enseguida**:
    "**Tranquilícense** y **no teman**. Soy **yo**".

Entonces le dijo **Pedro**:
"**Señor**, si eres tú, **mándame ir a ti** caminando sobre el agua".
Jesús le contestó: "**Ven**".
Pedro **bajó** de la **barca** y comenzó a **caminar** sobre el agua
    hacia Jesús;
    pero al sentir la **fuerza del viento**, le **entró miedo**,
    comenzó a **hundirse** y gritó: "**¡Sálvame**, Señor!"
Inmediatamente Jesús le **tendió la mano**, lo **sostuvo** y le **dijo**:
"Hombre de **poca fe**, ¿por qué **dudaste**?"

En cuanto **subieron** a la **barca**, el **viento** se **calmó**.
Los que estaban en la barca **se postraron** ante Jesús, **diciendo**:
"**Verdaderamente** tú eres el **Hijo de Dios**".

La figura de Pedro, como en todo el evangelio, representa a la Iglesia, transmite este mensaje mirando con insistencia a los presentes.

En todo el relato, el centro es Jesús y la paz de su presencia. No pierdas de vista este enfoque que todos deben ver y sentir.

como él, cuando se encontraban en la barca zarandeada por el viento en la madrugada también se habían espantado. El problema de Pedro era que, aún con la presencia de Señor seguía dudando, permanecía con miedo. Este tipo de miedo, según los evangelios (Mt 10:26, 28, 31; Lc 12:4, 7, 32; Mt 14:27; Mc 6:50; Jn 6:20) no es compatible con el seguimiento de Jesús, ni con la fe. Además, llama la atención la petición de Pedro: "Señor, si eres tú, mándame ir hacia ti sobre las aguas" (v. 28). Si tenemos en cuenta que, según la tradición judía, sólo

Dios puede andar sobre el mar (ver, por ejemplo, Job 38:16), podríamos estar ante una pretensión del eterno problema del ser humano "querer ser dios", "o como un dios".

El Dios de Jesús no es un Dios del miedo. Ahora bien, una vez que el ser humano percibe conscientemente la presencia del Señor debe evitar los miedos que le impidan acercarse a él y seguirlo. El miedo no asumido ni comprendido y enfrentado adecuadamente es uno de los principales obstáculos para seguir a Jesús. La persona miedosa no alcanza a ver con claridad, confunde lo que sucede en su entorno (los

discípulos confundieron a Jesús con un fantasma). Lo más grave, es que cuando el ser humano no es capaz de enfrentar sus miedos adecuadamente comete la torpeza de querer actuar como si fuera un dios. Cuando la persona es miedosa tiene el peligro de ver a Dios como un recurso, más que como un Padre amoroso; en lugar de ver a los demás como hermanos los considera enemigos o extraños.

ASUNCIÓN DE LA VIRGEN MARÍA, MISA VESPERTINA DE LA VIGILIA

Imagina que fuiste parte de la organización—de este gran evento religioso. Narra como testigo ocular de los hechos.

I LECTURA   1 Crónicas 15:3–4, 15–16; 16:1–2

Lectura del primer libro de las Crónicas

En **aquellos** días, **David** congregó en **Jerusalén**
      a **todos** los **israelitas**,
   para trasladar el **arca de la alianza** al lugar
      que le había **preparado**.
Reunió **también** a los **hijos de Aarón** y a los **levitas**.
Estos cargaron en **hombros** los **travesaños**
      sobre los cuales estaba colocada el **arca de la alianza**,
   tal como lo había mandado **Moisés**, por **orden** del Señor.

David ordenó a los **jefes** de los **levitas** que entre los de su **tribu**
      nombraran **cantores**
   para que entonaran **cantos festivos**, acompañados de **arpas**,
      cítaras y platillos.

Introdujeron, pues, el **arca de la alianza**
      y la **instalaron** en el **centro** de la **tienda**
   que **David** le había **preparado**.
Ofrecieron a Dios **holocaustos** y **sacrificios** de **comunión**,
      y cuando **David** terminó de **ofrecerlos**,
   bendijo al **pueblo** en **nombre** del Señor.

Con tono solemne describe esta entronización del gran símbolo de la presencia de Dios que camina con su pueblo.

Este Dogma de la Asunción de María la Iglesia católica lo comparte con la ortodoxa.

Este dogma mariano fue definido en la Iglesia por el Papa Pío XII el 1 de noviembre de 1950, y el Papa Juan Pablo II se hizo eco de esta fe milenaria, al señalar que la Inmaculada Virgen, "terminado el curso de su vida en la tierra fue llevada en cuerpo y alma a la gloria del cielo". Hoy nos regocijamos celebrando este misterio de fe que confirma el amor generoso de María.

I LECTURA   El pueblo de Israel, nómada, incansable caminante, vivía la experiencia de un Dios cercano a su vida, caminando con él en el espíritu de la Alianza. El arca sagrada era siempre signo indeleble de dicha presencia. El arca es pues, en este sentido, un sacramento o signo de la presencia de Dios vivo y cercano. El pueblo contaba con ritos para honrar esta presencia y alimentar su fe viva. Sabemos, por experiencia propia que la fe del pueblo esta íntimamente vinculada a realidades simbólicas (cosas, tiempos, ritos, cantos,

gestos, todos sagrados) que se tornan liturgias vivas.

Es en este sentido en el que, la devoción a la Virgen María, se convierte en una fuente de fe que anima y acompaña a las personas y comunidades que, dentro de la vida de la Iglesia también ofrecen, como don sencillo y rico en expresiones eso que llamamos religión del pueblo, religiosidad o catolicismo popular. La Virgen María, en la celebración de este dogma de fe, es reconocida como la nueva arca de la alianza en la fe de todo el cristianismo. Ella contiene la

Para meditar

SALMO RESPONSORIAL   Salmo 131:6–7, 9–10, 13–14

R. Levántate, Señor, ven a tu mansión; ven con el arca de tu poder.

Oímos que estaba en Efratá, la encontramos en el Soto de Jaar: entremos en su morada, postrémonos ante el estrado de sus pies. R.

Que tus sacerdotes se vistan de gala, que tus fieles vitoreen. Por amor a tu siervo David, no niegues audiencia a tu Ungido. R.

Porque el Señor ha elegido a Sión, ha deseado vivir en ella: "Ésta es mi mansión por siempre; aquí viviré porque lo deseo". R.

II LECTURA   1 Corintios 15:54–57

Lectura de la primera carta del apóstol san Pablo a los corintios

Hermanos:
Cuando nuestro ser **corruptible** y **mortal** se revista
    de **incorruptibilidad** e **inmortalidad**,
  entonces se **cumplirá** la **palabra** de la **Escritura**:
La **muerte** ha sido **aniquilada** por la **victoria**.
¿**Dónde está**, muerte, tu **victoria**?
¿**Dónde está**, muerte, tu **aguijón**?
El **aguijón** de la **muerte** es el **pecado**
    y la **fuerza** del **pecado** es la **ley**.
Gracias a **Dios**, que nos ha **dado** la **victoria**
    por nuestro Señor **Jesucristo**.

No muestres ninguna duda de lo que proclamas. Todos saboreamos las limitaciones de la vida, enseña también el alcance de quienes creen en Cristo resucitado y vencedor de la muerte.

Atiza la conciencia sobre lo que verdaderamente nos aniquila. Apunta a la muerte (pecado) y haz sentir la vida (Jesucristo), que es plenitud.

presencia de Dios encarnada en la persona de Jesús.

Celebremos, en sintonía con el pueblo de Israel y con la Tradición viva de la Iglesia, la presencia de Dios que tuvo a bien revelarse y hacerse visible en la persona y la fe de nuestra Madre celestial, modelo de nuestra fe y de nuestra esperanza

II LECTURA San Pablo es el primer teólogo cristiano que profundiza la realidad de Jesucristo y su misterio pascual en relación a la experiencia de los cristianos. En todo el capítulo 15 de esta carta desarrolla el tema de la resurrección. Este componente central de la fe cristiana merece de nosotros, inspirados en San Pablo, un ejercicio profundo de inteligencia y análisis. Este esfuerzo no es para comprender este misterio de la fe, sino para despejarnos de todos los estorbos e impedimentos que nos alejan de la meta: dejarnos abrazar por dicho misterio. La resurrección no es una vuelva a la vida, sino una superación de la muerte y, en este sentido un ir más allá, más adentro del sentido de la vida. No es para aclarar el enigma de la muerte, sino para ampliar el sentido de la vida. Es ampliación (llamado a plenitud) de la vida que en Jesucristo muerto y resucitado recibe una luz que va mucho más allá de nuestra inteligencia. Pongamos una comparación sencilla: la muerte de un ser querido con quien hemos experimentado el amor. Su vida y su muerte y nuestra vida queda vinculada mucho más allá de la muerte física por el amor. De modo semejante, y muchísimo más, el amor de Dios manifestado en Jesús ha superado y vencido la muerte. Su resurrección es la confirmación de su vida y superación de su muerte, metiéndonos a nosotros en esta nueva vida

EVANGELIO   Lucas 11:27–28

Lectura del santo Evangelio según san Lucas

En **aquel** tiempo, mientras **Jesús** hablaba a la **multitud**,
     una **mujer** del pueblo, **gritando**, le dijo:
"¡**Dichosa** la **mujer** que te llevó **en su seno**
     y cuyos pechos **te amamantaron!**"
Pero **Jesús** le **respondió:**
"Dichosos **todavía más** los que **escuchan** la **palabra de Dios**
     y la ponen **en práctica**".

Con tono de lejanía y admiración haz resonar la voz en medio de todos los presentes, como si brotara de en medio de ellos. Allá, desde la parte última de los asientos apuntando hacia el altar.

La respuesta de Jesús regresa en sentido contrario, pero con suma certeza y solemnidad exhortativa.

---

de fe en la que todos y todo tiene otra dimensión de plenitud.

EVANGELIO Cada uno de nosotros estamos llamados a reconocer las fuentes de lo que somos. El amor de nuestros padres, de nuestra madre; el calor del hogar y de los amigos. Toda la matriz cultural en la que nos fuimos formando en la vida y en la fe se encuentra en nosotros y se dejar ver con el color y el sabor que nuestra propia persona le imprime. Es el caso de este texto. San Lucas nos relata en forma breve y significativa las bellas palabras que brotan de la mirada aguda de esta mujer que reconoce en Jesús, la huella de quien le ha dado le vida. El ser de María su madre se revela en la persona y el comportamiento de Jesús. El conocido mandamiento de "honrar a nuestros padres" encuentra eco en este relato en el que Jesús transmite el valor del seno en que nació y creció en sabiduría y en gracia.

La respuesta de Jesús no ignora el cumplido de la mujer, sino que lo lleva más adelante como dando la pista, abriendo el camino para que en nosotros suceda algo semejante. Al escuchar la palabra de Dios y ponerla en práctica en nuestra vida, el cristiano podrá transparentar y de hecho así sucede, la imagen de Dios que tenemos, el tipo de fe que nos alimenta y nos da la vida que expresamos.

María, prototipo y ejemplo de fe, es en cuento Madre nuestra, una fuente de vida y de esperanza para que, siguiendo su ejemplo aceptemos a Dios en Jesús viviendo y transparentando el evangelio. Esto es en verdad una vida sincera. Que podamos decir con nuestra manera de vivir la fe "lo que ves, es lo que es, lo que soy".

ASUNCIÓN DE LA VIRGEN MARÍA, MISA DEL DÍA

I LECTURA   Apocalipsis 11:19a; 12:1–6a, 10ab

Lectura del libro del Apocalipsis del apóstol san Juan

Animate con la mística que ve más allá de toda la realidad actual. Estás anunciando la experiencia de una esperanza y utopía que supera todo lo que se ve.

Se abrió el **templo de Dios** en el **cielo**
    y **dentro de él** se vio el **arca de la alianza**.
Apareció entonces en el cielo una **figura prodigiosa**:
    una **mujer** envuelta por el **sol**,
    con la **luna** bajo sus **pies** y con una **corona**
        de **doce estrellas** en la **cabeza**.
Estaba **encinta** y a punto de **dar a luz** y **gemía**
        con los **dolores del parto**.

Transmites un sentimiento de emoción tensa, como quien sabe y ve cómo la belleza del bien siempre estará frente a frente con la fealdad del mal.

Pero **apareció también** en el cielo **otra figura**:
    un **enorme dragón**, color de **fuego**,
    con **siete cabezas** y **diez cuernos**,
    y una **corona** en **cada una** de sus **siete cabezas**.
Con su cola **barrió** la **tercera parte** de las **estrellas** del cielo
    y las **arrojó** sobre la **tierra**.

Expresa con realismo la agonía de la mujer que sufre por dar a luz, como quien está presenciando o viviendo un parto.

Después se detuvo **delante** de la **mujer** que iba a **dar a luz**,
    para **devorar** a su **hijo**, en cuanto **éste naciera**.
La mujer **dio a luz** un hijo varón,
    destinado a gobernar **todas** las naciones con **cetro de hierro**;
    y su hijo fue **llevado** hasta **Dios** y hasta su **trono**.
Y la mujer **huyó al desierto**, a un lugar **preparado por Dios**.

Canta una victoria especial y novedosa. El desierto no significa desolación sino todo el mundo de la vida.

Entonces **oí** en el cielo una **voz poderosa**, que decía:
"Ha **sonado** la **hora** de la **victoria** de nuestro **Dios**,
    de su **dominio** y de su **reinado**, y del **poder** de su **Mesías**".

I LECTURA El libro del Apocalipsis es un libro de consolación, no de miedo, para las comunidades eclesiales que viven quizá bajo la persecución de Domiciano. Una Iglesia profética que está sufriendo y en medio de dicho sufrimiento esta dando a luz a Cristo. Inspirándose en el libro (apocalíptico) de Daniel presenta la imagen de la bestia emparentada con lo que es y hace el imperio romano. Fortísima la imagen para hablar de tal modo que solo pudieran entender los que tenían voluntad para eso, describe como esta trabazón de leyes con mentiras, de injusticias con instru-

mentos de persecución, de miedo con muerte, de poder con desgracia para los justos (algo así es el Imperio, todo imperio). Este animal inmenso parece abarcar todo (tiene cabezas por todos lados) y esta empeñado en matar no sólo a los cristianos, sino a su esperanza misma que es Cristo y la fe en él. Pero, aunque su poder aparezca por todos lados, es nada comparado con el poder del proyecto de Dios. La visión del autor es poderosa y total. Dios mismo hace oír su voz dictando sentencia de que ha llegado la hora donde Dios gana. El Mesías esta vivo y su vida se está mostrando

en esta mujer envuelta y llena de sol. La figura de María aquí evoca a la Iglesia misma que, en medio de la persecución y gracias a su fidelidad al evangelio es luz, signo de esperanza.

II LECTURA Es sabido que los cristianos de Corinto enfrentaban, entre otros problemas, aquel que brota de cierta sabiduría insensata. Cuando se cree que la inteligencia viene y borra elementos esenciales de la fe. En este caso, la fe en la resurrección. Una muestra de dichas dudas podría ser, probablemente, el hecho de que

Para meditar

SALMO RESPONSORIAL   Salmo 44:10, 11–12, 16

R. De pie a tu derecha está la reina, enjoyada con oro de Ofir.

Hijas de reyes salen a tu encuentro; de pie a tu derecha está la reina, enjoyada con oro de Ofir. **R.**

Escucha, hija, mira: inclina el oído, olvida tu pueblo y la casa paterna; prendado está el rey de tu belleza: póstrate ante él, que él es tu señor. **R.**

Las traen entre alegría y algazara, van entrando en el palacio real. **R.**

II LECTURA   1 Corintios 15:20–27

Lectura de la primera carta del apóstol san Pablo a los corintios

Hermanos:
Cristo **resucitó**, y resucitó como la **primicia**
    de **todos los muertos**.
Porque si por un **hombre** vino la **muerte**,
    también por un **hombre** vendrá la **resurrección** de los **muertos**.

En efecto, así como **en Adán** todos **mueren**,
    así en Cristo todos **volverán** a la **vida**;
    pero **cada uno** en su orden: **primero Cristo**, como **primicia**;
    después, a la hora de su **advenimiento**, los que son **de Cristo**.

Enseguida será la **consumación**,
    cuando, después de haber **aniquilado todos** los poderes del **mal**,
    Cristo entregue el **Reino** a su **Padre**.
Porque él tiene que **reinar**
    hasta que el **Padre** ponga **bajo sus pies** a **todos** sus enemigos.
El **último** de los enemigos en ser **aniquilado**, será la **muerte**,
    porque **todo** lo ha **sometido** Dios **bajo los pies** de **Cristo**.

Asume un tono amoroso como el apóstol Pablo. Este y no otro es el sabor de este anuncio de la obra de Cristo en la vida de la familia humana.

Haz que la comunidad sienta la fuerza vital de nuestra doble condición, humana y espiritual, que nos une con Adán y nos plenifica en Cristo.

Concluye con elocuencia apoyándote en la certeza de la victoria, todos y todas merecemos saber el nuevo sentido de la vida en Cristo.

algunos cristianos dudaran de los efectos salvíficos de la resurrección de Cristo para situaciones que se presentaban. Por ejemplo, bautizarse por segunda vez para hacer más efectivos los efectos salvíficos del bautismo y de la resurrección misma. Una mentalidad de hombre viejo, al estilo de Adán, es decir de la humanidad antes de Cristo. Es en Jesús resucitado en quien estamos fundando nuestra esperanza, nuestra vida y todo el futuro que no vemos. Es en Cristo en quien ha de consumarse todo, aunque

ahora no veamos con claridad. Dicha claridad se loga desde la fe y superando la limitada inteligencias de las cosas, por más inteligentes que seamos. La fe tiene "razones" que la inteligencia nunca logrará entender y ellas están dentro del misterio de Cristo resucitado y dentro de nuestra propia resurrección.

EVANGELIO El *Magnificat* es un salmo de acción de gracias en el que la Virgen María canta con gratitud la obra de Dios que se pone de parte de los pobres y desprotegidos. Es también una oración preferida y arraigada en las personas pobres dentro del catolicismo, como una invocación a la protección de Dios en los caminos difíciles de la vida. Junto con la práctica de los "primeros viernes" era una garantía de no morir sin el auxilio del sacramento de la reconciliación.

EVANGELIO   Lucas 1:39–56

Lectura del santo Evangelio según san Lucas

En **aquellos** días, **María** se encaminó **presurosa** a un pueblo
    de las **montañas** de **Judea**,
y **entrando** en la casa de **Zacarías**, saludó a **Isabel**.
En cuanto ésta **oyó** el **saludo** de **María**,
    la creatura **saltó** en su **seno**.

Entonces **Isabel** quedó **llena** del **Espíritu Santo**,
    y **levantando** la voz, **exclamó**:
"**¡Bendita tú** entre las mujeres y **bendito** el **fruto** de tu **vientre**!
¿Quién **soy yo** para que la **madre** de mi **Señor** venga a verme?
Apenas llegó tu **saludo** a mis **oídos**,
    el niño **saltó** de gozo en mi **seno**.
Dichosa tú, que has **creído**, porque **se cumplirá**
    cuanto te fue **anunciado** de parte del **Señor**".

Entonces dijo **María**:
"Mi alma **glorifica** al Señor
    y mi espíritu **se llena de júbilo** en Dios, **mi salvador**,
    porque puso sus **ojos** en la **humildad** de su **esclava**.

Desde ahora me llamarán dichosa **todas** las generaciones,
    porque ha hecho en mí **grandes cosas** el que **todo** lo puede.
Santo es su **nombre**
    y su **misericordia** llega de **generación** en **generación**
        a los que lo **temen**.
Ha hecho **sentir** el **poder** de su **brazo**:
    dispersó a los de **corazón altanero**,

    destronó a los **potentados**
    y **exaltó** a los **humildes**.
A los **hambrientos** los **colmó** de **bienes**
    y a los **ricos** los **despidió** sin **nada**.

Inicia tu proclamación con un buen ritmo; como con cierta prisa, impulsada por la vida y la gracia de Dios.

Imagina la alegría del mutuo encuentro entre dos madres que han visto con gusto colmado el sentido de sus vidas. Anuncia este sabor de plenitud femenina y divina.

Haz que la asamblea goce y se sienta parte de este intercambio de "piropos" entre María e Isabel. Es una declaración gozosa de la liberación que la presencia de Dios provee.

Cubre de fortaleza y seguridad humilde el cántico de María. No hay pringa de arrogancia, sino plenitud de confianza en la obra eficaz y justa de Dios en la historia.

San Lucas nos hace entrar con detalle en la escena de María visitando a su prima Isabel. Una vez que el ángel anunció a María el misterio de la Encarnación, le dijo también que su pariente Isabel había concebido un hijo en su vejez, y ya estaba de seis meses aquella a quien llamaban estéril. Poco después, María se fue con prontitud a la región montañosa, a una ciudad de Judá, Ain Karim, seis kilómetros al oeste de Jerusalén y a tres o cuatro días de viaje desde Nazaret. Llegada a su destino, entró en casa de Zacarías y saludó a Isabel. Y sucedió que, en cuanto oyó Isabel el saludo de María,

saltó de gozo el niño en su seno, e Isabel quedó llena de Espíritu Santo; y exclamando con gran voz, dijo: "¡Bendita tú entre las mujeres y bendito el fruto de tu vientre! ¿Quién soy yo para que me visite la madre de mi Señor? En cuanto tu saludo llegó a mis oídos, la criatura saltó de alegría en mi vientre. ¡Dichosa tú, que has creído!, porque lo que te ha dicho el Señor se cumplirá".

Santa Isabel despertó con su saludo una visión y unas palabras de mujer de fe, de madre de Jesús. Esta expresión exterior es bienaventuranza, es el himno de alabanza a Dios por el favor que le había concedido

a ella y, por medio de ella, a todo Israel. María, en efecto, dijo: "Proclama mi alma la grandeza del Señor… porque ha mirado la humillación de su esclava… Auxilia a Israel, su siervo y su descendencia por siempre".

El evangelista san Lucas no nos ha dejado más detalles de la visita de la Virgen a su prima Isabel, simplemente añade que María permaneció con ella unos tres meses, y se volvió a su casa de Nazaret.

El Cardenal jesuita, Carlo María Martini después de analizar en detalle este cántico de María concluye que este texto tiene mucha afinidad con las bienaventuranzas

Concluye con serenidad y calma contrastando un poco con el canto profético y como quien da a entender que la vida continúa…

Acordándose de su **misericordia**,
    vino en ayuda de **Israel**, su **siervo**,
    como lo había **prometido a nuestros padres**,
    a **Abraham** y a su **descendencia**, para **siempre**".

María **permaneció** con Isabel **unos tres meses**,
    y luego **regresó** a su **casa**.

del mismo evangelio de Lucas: "dichosos los pobres y hambrientos; ¡ay de vosotros los ricos ¡…" Al mismo tiempo que se esta refiriendo a categorías sociales, también hay alusión a ciertas actitudes del corazón indicando como todo lo que Dios ha realizado en el Antiguo Testamento, dispersando a los poderosos y defendiendo a los pobres y a sus humildes, lo seguirá haciendo en la Nueva Alianza mediante la persona de Jesús.

XX DOMINGO ORDINARIO

Estos breves versículos son muy valiosos y quizá por la misma brevedad puedes sembrarlos en el corazón de cada persona que te escucha.

Como un buen visionario, fija tu mirada en el horizonte y proclama con firmeza el valor del sábado y de la justicia divina.

Observa a las personas y el ambiente del templo al concluir con los deseos de Dios para el verdadero culto.

Para meditar

I LECTURA   Isaías 56:1, 6–7

Lectura del libro del profeta Isaías

Esto dice el **Señor**:
"**Velen** por los **derechos** de los demás,
 practiquen la **justicia**,
 porque **mi salvación** está a punto de **llegar**
 y **mi justicia** a punto de **manifestarse**.

A los **extranjeros** que se han adherido al **Señor**
 para **servirlo**, **amarlo** y darle **culto**,
 a los que **guardan el sábado** sin profanarlo
 y se mantienen **fieles** a mi **alianza**,
 los **conduciré** a mi **monte santo**
 y los **llenaré** de **alegría** en mi **casa de oración**.
Sus **holocaustos** y **sacrificios** serán **gratos** en mi **altar**,
 porque mi casa será **casa de oración**
 para **todos** los pueblos".

SALMO RESPONSORIAL   Salmo 66:2–3, 5, 6 y 8

R. ¡Oh Dios, que te alaben los pueblos, que todos los pueblos te alaben!

El Señor tenga piedad y nos bendiga, ilumine su rostro sobre nosotros: conozca la tierra tus caminos, todos los pueblos tu salvación. **R.**

Que canten de alegría las naciones, porque riges la tierra con justicia, riges los pueblos con rectitud y gobiernas las naciones de la tierra. **R.**

¡Oh Dios, que te alaben los pueblos, que todos los pueblos te alaben! Que Dios nos bendiga; que le teman hasta los confines del orbe. **R.**

I LECTURA La tercera gran parte del libro de Isaías amplía el horizonte de la salvación de Dios a partir del propio pueblo. Ser pueblo de Dios nunca exime de practicar la justicia. Más bien, es el deber primero. No hablamos de simples y escasas o esporádicas "obras de misericordia" sino de una justicia organizada, vigilada y garantizada por instituciones y estructuras que garanticen una vida armoniosa y de bienestar para todos. Será la victoria de Dios.

El estatuto de extranjería también cambiará porque la práctica de la justicia, y no la raza, será lo que determine la pertenencia o no al pueblo de Dios. No se pertenece por ser de tal o cual nación, o cultura, o por hablar tal o cual lengua. Ni siquiera por hablar y hablar ("¡Señor, Señor!"), sino por practicar la justicia.

II LECTURA Pablo es judío, y está plenamente convencido de la redención de Dios por la fe en Cristo. Ya ha hablado del resto fiel del pueblo judío (Rom 11:1–10) en el cual se manifiesta que Dios no ha dejado de la mano a su pueblo con quien inició este gran proyecto; tampoco todo el pueblo israelita puede ser considerado infiel a Dios en Cristo. Hay muchos más. El evangelio es la oferta para todos. La obra de Dios abarca a todos; invita y a todos exige. Todos son abrazados por la misericordia de Dios.

Por todos lados hay ganancia en la forma como Dios desarrolla su plan en medio de la vida de judíos y gentiles. Pablo pues, está dirigiéndose a los gentiles (los creyentes de los gentiles de Roma como sus representantes), mostrando su ministerio. Él les predica el evangelio también para salvar a algunos de su propio pueblo; poniéndoles celosos cuando ellos vean el progreso del

Sitúate en la misma perspectiva de Pablo invitando a los "rechazados" al banquete. Convence a tu público de que en la mesa del Señor, nadie sobra, todos valen por su dignidad.

Nota que el sabor de Pablo es decididamente reconciliador desde la óptica de la salvación. Debes sonar insistente, claro y decidido.

Contempla con insistencia a la asamblea al proclamar el binomio rebeldía-misericordia, todos podrán conectarse con este mensaje pues en medio de esta realidad se vive día a día.

Concluye como quien da un portazo en las narices del mal y nos deja a todos en el cuarto lleno de misericordia.

Pronuncia pausadamente el dato geográfico que introduce al evangelio pues no es irrelevante, y lo mejor será concederle algo de tiempo explicándolo en la homilía.

Irrumpe con sorpresa haciendo sentir la urgencia de la mujer cananea apoyada por los mismos discípulos. El evangelista quiere que este dato se haga notar.

II LECTURA   Romanos 11:13–15, 29–32

Lectura de la carta del apóstol san Pablo a los romanos

Hermanos:
Tengo **algo** que decirles a **ustedes**, los que **no son** judíos,
    y **trato** de desempeñar lo **mejor posible** este **ministerio**.
Pero esto lo hago **también** para ver si **provoco**
    los **celos** de los de mi **raza**
    y logro **salvar** a **algunos** de ellos.
Pues, si su **rechazo** ha sido **reconciliación** para el **mundo**,
    ¿**qué** no será su **reintegración**, sino **resurrección**
    de entre los **muertos**?
Porque Dios **no se arrepiente** de sus **dones** ni de su **elección**.

Así como ustedes **antes** eran **rebeldes** contra Dios
    y **ahora** han alcanzado su **misericordia** con ocasión
    de la **rebeldía** de los judíos,
    en la **misma** forma, los **judíos**, que **ahora** son los rebeldes
    y que **fueron** la ocasión de que **ustedes alcanzaran**
    la **misericordia** de Dios, **también ellos** la **alcanzarán**.
En efecto, Dios ha **permitido** que **todos cayéramos**
    en la **rebeldía**,
    para **manifestarnos** a **todos** su **misericordia**.

EVANGELIO   Mateo 15:21–28

Lectura del santo Evangelio según san Mateo

En **aquel** tiempo, **Jesús** se retiró a la comarca de **Tiro y Sidón**.
Entonces una **mujer cananea** le salió al **encuentro**
    y se puso a **gritar**:
"**Señor**, hijo de David, **ten compasión** de mí.
Mi hija está **terriblemente atormentada** por un **demonio**".

evangelio en el mundo. Repite el mismo pensamiento en el verso 15 que en el 12: Si la exclusión de Israel (temporal y por Dios) significa la reconciliación del mundo (por medio de la predicación del evangelio), ¡cuánto más bendiciones incluye la admisión (de nuevo, por Dios) de su propio pueblo!: vida de entre los muertos. El mundo recibirá las más ricas bendiciones cuando Dios restaure su relación con Israel, comparable sólo a la visión de Ezequiel 37. La bendición será como la resurrección para todos los pueblos.

EVANGELIO La comunidad en donde nace (y a la que está destinado) el evangelio de Mateo es judeocristiana. Estos judíos convertidos viven la fuerte convicción de que Jesús abre, desde el pueblo de Israel la salvación para todos los gentiles. Esta es una convicción que, quiérase o no, crea tensiones en el interior mismo de la comunidad cristiana.

Una mujer extranjera protagoniza un dialogo que tiene mucha luz para nuestra fe hoy. Aparte de ser mujer y extranjera es ejemplo de fe y, al parecer en la intensión de Mateo, es también una causa para que el mismo Jesús acepte una corrección.

Muchos podrían escandalizarse de esta pedagogía a la inversa y podrían argumentar que "nadie convierte o enseña a Jesús". Pero no olvidemos que el evangelista Mateo está queriendo dar una fuerte enseñanza sobre la apertura a los demás, que en el fondo es también signo de fe.

Estamos en una escena en los alredededores de Tiro y Sidón. Es importante notar que en Israel, él tropezó con la incredulidad de sus líderes. Pero aquí, en un país gentil, encuentra una fe admirable. Una mujer busca al Señor. La palabra 'cananea' muestra que ella está por su origen, fuera de la salvación. No pertenece al pueblo de Israel,

La calma de Jesús no debe sonar al estilo arrogante, sino más bien con la seguridad de quien sabe lo que tiene que hacer.

Maneja bien el cambio de actitud de Jesús y la consistencia de la mujer que, al ejemplo de toda madre con fe, nunca desiste en su lucha suplicante.

Jesús no le contestó **una sola palabra**;
    pero los **discípulos** se **acercaron** y le **rogaban**:
"**Atiéndela**, porque viene **gritando** detrás de **nosotros**".
Él les **contestó**:
"Yo no he sido **enviado** sino a las **ovejas descarriadas**
    de la casa de **Israel**".

Ella **se acercó** entonces a **Jesús**, y **postrada** ante él, le **dijo**:
"¡Señor, **ayúdame**!"
Él le **respondió**:
"No está bien **quitarles** el **pan** a los **hijos** para **echárselo**
    a los **perritos**".
Pero ella **replicó**:
"Es **cierto**, Señor;
    pero **también** los **perritos** se comen las **migajas**
    que **caen** de la mesa de sus **amos**".
Entonces **Jesús** le respondió:
"**Mujer**, ¡qué **grande** es tu **fe**!
Que se **cumpla** lo que **deseas**".
Y en **aquel mismo instante** quedó **curada** su **hija**.

de modo que Mateo subraya que la salvación a pesar de todo, está también destinada a los gentiles. El nombre "hijo de David" significa que el rumor acerca de Jesús y sus milagros le han llegado. Los discípulos quieren que Jesús intervenga en la sanidad de la hija de esta mujer a fin de que la mujer deje de molestar y se vaya. Pero Jesús muestra que no puede ayudarla, de acuerdo a la situación en la cual se encuentra la historia de la salvación. Todavía la salvación está destinada solamente para Israel. La palabra 'perrillos' indica a los gentiles, para quienes la salvación debería posponerse un poco

más de acuerdo al plan de Dios (según los judíos, incluso los convertidos)

Sin embargo, como ya hemos dicho, las palabras de esta mujer hacen que el Señor abra la puerta para ella y todos los que ella representa. Jesús no usa la palabra 'perro', sino el diminutivo perrillo o perrito. Los perros iban siempre juntos en un gran grupo y eran como lobos. Pero los perritos se alejaron del grupo y buscaban en los pueblitos algunos alimentos, llegando a ser luego animales domésticos. Esta mujer también es un signo de quien va más allá de los límites que le impone su propia cultura, su grupo e incluso su propia manera de ver las cosas.

Avanza en mucho y cree de verdad que Jesús puede ayudarla, aunque no es más que un perrito buscando alimentos. Reconoce que no tiene derecho a la bondad del Señor, sin embargo, apela a su gracia para recibir 'las migajas', los trocitos que se usaban para limpiarse los dedos. El Señor se admira de esta fe tan grande y sana a su hija. Ojalá que, como Jesús, aprendamos a ver la fe en aquellos (lugares, espacios, personas y comportamientos) en los que no estamos acostumbrados. Bellas sorpresas no depara el Señor en una actitud semejante.

XXI DOMINGO ORDINARIO

Haz que tu voz y tus palabras se asemejen a un arco y flecha que dispara con fuerza y da en el punto preciso. Dios no falla.

Asegúrate de mostrar cierto malestar por el comportamiento inadecuado del mayordomo.

Por otro lado, pon una semblanza alegre y gozosa con los cambios y cuidados del pueblo de Dios. Dios nunca de los nunca abandona su proyecto. ¡Él está a cargo! Dilo de modo que a nadie le quede duda.

Para meditar

I LECTURA Isaías 22:19–23

Lectura del libro del profeta Isaías

Esto dice el **Señor** a Sebná, **mayordomo** de **palacio**:
"**Te echaré** de tu **puesto**
    y **te destituiré** de tu **cargo**.
Aquel mismo día **llamaré** a mi **siervo**, a **Eleacín**, el hijo de **Elcías**;
    le **vestiré** tu túnica,
    le **ceñiré** tu banda
    y le **traspasaré** tus poderes.

Será un **padre** para los habitantes de **Jerusalén** y para
        la **casa** de **Judá**.
Pondré la llave del palacio de **David** sobre su **hombro**.
Lo que **él** abra, **nadie** lo cerrará;
    lo que **él** cierre, **nadie** lo abrirá.
Lo **fijaré** como un **clavo** en **muro firme**
    y será un **trono de gloria** para la casa de su **padre**".

SALMO RESPONSORIAL Salmo 137:1a y 1c–2ab, 2cd–3, 6 y 8bc

R. Señor, tu misericordia es eterna, no abandones la obra de tus manos.

Te doy gracias, Señor, de todo corazón; delante de los ángeles tañeré para ti. Me postraré hacia tu santuario, daré gracias a tu nombre. **R.**

Por tu misericordia y tu lealtad, porque tu promesa supera a tu fama. Cuando te invoqué me escuchaste, acreciste el valor en mi alma. **R.**

El Señor es sublime, se fija en el humilde y de lejos conoce al soberbio. Señor, tu misericordia es eterna, no abandones la obra de tus manos. **R.**

Sabemos con el corazón que venimos al mundo con una maravillosa tendencia de encontrarnos con todos y caminar juntos, dispuestos a vivir sin exclusiones; así nacemos. Pero de a poco y por diversas circunstancias, tendemos a ser excluyentes, nos empeñamos en discriminar y hasta en despreciar. Las cosas, sin embargo, no deben ser así. Lo normal, desde la fe en el Dios de Jesús, es que la importancia de cada cual esté ligada a la valoración de los demás hermanos; lo normal es que el otro no sea un extraño sino un hermano.

I LECTURA Este oráculo parece situarse después de la liberación de Jerusalén en el año 701 a. C. cuando Senaquerib puso fin a su campaña militar. Isaías habla de la sustitución del mayordomo del rey Ezequías (716–687 a. C.) a causa de sus sueños de grandeza, pues quería construirse un mausoleo subterráneo (Is 22:16b).

Isaías recuerda que la investidura se recibe del mismo Dios; no para que la autoridad del nuevo mayordomo sea divina sino para que entienda que depende de Dios. Por eso, el mayordomo tendrá que ser un juez ecuánime y convertirse en punto de referencia estable.

II LECTURA *Sepámoslo bien: Los pensamientos y proyectos de Dios superan por todos lados a los humanos.* Pablo prorrumpe en exclamaciones de admiración y adoración. Ante los hechos que parecen contradecir las promesas de Dios, se apoya en su convicción de que la historia está dirigida por el propio Dios que es fiel, misericordioso y todopoderoso.

¡Qué sabemos los hombres frente a Dios! Israel, llamado y destinado a ser signo

Nota el ritmo e intensidad que el texto te pide, yendo de mayor a menor en cuanto al tono exclamativo alto al principio y sereno y equilibrado al final.

Las preguntas no expresan la duda de alguien extraviado o esperando respuesta, sino de quien ha encontrado la respuesta a todas las preguntas.

Nota que la conclusión es, en efecto, resultado de los dos pares de certezas avisados anteriormente como exclamación y como preguntas.

II LECTURA   Romanos 11:33–36

Lectura de la carta del apóstol san Pablo a los romanos

¡Qué **inmensa** y **rica** es la **sabiduría** y la **ciencia** de **Dios**!
¡Qué **impenetrables** son sus **designios** e **incomprensibles**
        sus **caminos**!
¿**Quién** ha conocido **jamás** el pensamiento del **Señor**
        o ha llegado a ser su **consejero**?
¿**Quién** ha podido darle algo **primero**, para que **Dios** se lo tenga
        que **pagar**?
En efecto, **todo** proviene de **Dios**,
    todo ha sido hecho **por él** y **todo** está orientado **hacia él**.
A él la **gloria** por los **siglos** de los siglos. **Amén**.

Jesús está compartiendo su misión, no acusando a nadie, así que asegúrate de transmitir un sentido de confianza y amistad.

La pregunta de Jesús debe sonar muy serena, pues él sabe perfectamente su identidad. Lo que quiere es poner un espejo ante la identidad del discípulo mismo.

Avienta la pregunta a la asamblea presente y haz una brevísima pausa, como esperando que respondan ellos mismos.

EVANGELIO   Mateo 16:13–20

Lectura del santo Evangelio según san Mateo

En **aquel** tiempo, cuando llegó **Jesús** a la región
        de **Cesarea de Filipo**,
    hizo **esta pregunta** a sus **discípulos**:
"¿**Quién** dice la **gente** que es el **Hijo del hombre**?"
Ellos le **respondieron**:
"**Unos** dicen que eres **Juan el Bautista**; otros, **que Elías**;
    otros, que **Jeremías** o alguno de los **profetas**".

Luego les preguntó: "Y ustedes, ¿**quién** dicen que **soy yo**?"
Simón Pedro tomó la palabra y **le dijo**:
"**Tú** eres el **Mesías**, el **Hijo** de Dios **vivo**".

Jesús le dijo **entonces**:
"¡**Dichoso tú**, **Simón**, hijo de Juan,
    porque **esto** no te lo ha revelado **ningún** hombre,
    sino mi **Padre**, que está en los **cielos**!

de salvación y de bendición para todas las naciones, se cierran a la gracia.

Pero hay una esperanza para ese pueblo, para la Iglesia y la humanidad en medio de la cual acontece la salvación.

Finalmente digamos que Pablo tiene una doble convicción: por un lado, el ser humano comprende parte del plan de salvación de Dios pero no lo agota; esto no manifiesta la limitación del ser humano sino la grandeza y bondad divinas. Por otro lado, Dios es el punto de partida y el punto de llegada de toda la historia.

EVANGELIO *Sólo podemos precisar quién es Jesús si sabemos cuál es su misión.* La inquietud por saber con claridad quién es Jesús aparece en repetidas ocasiones. El evangelio, aunque resuelve esta pregunta con la proclamación de fe de Pedro, la enmarca con dos elementos importantes: la confusión de no captar de manera correcta los signos de vida que ofrece Jesús (16:1–12) y el riesgo de no comprender adecuadamente su misión (vv. 21–23). No es suficiente pues afirmar con precisión doctrinal quién es Jesús, es necesario comprender adecuadamente su

misión. Quizás, previendo esto Jesús les manda enérgicamente que no digan a nadie que él es el Cristo (v. 20).

Hay que tener una experiencia personal y personalizadora de Jesús. La variedad de opiniones refleja por un lado, la confusión de la gente, pero por otro, la originalidad con la que se presentó Jesús. Las opiniones, si bien no eran incorrectas, sí eran imprecisas.

Por eso hay que remarcar la respuesta de Pedro. No es "su" respuesta, es la de los demás apóstoles y discípulos también. "Tú eres el Cristo, el Hijo de Dios vivo" (v. 16) es

La respuesta de Pedro debe traer la seguridad que el apóstol tiene después de la resurrección, no la ansiedad superficial de quien empuña espada y habla sin pensar. Es la profesión de fe de la Iglesia pascual la que está hablando en la persona de san Pedro.

Dale solemnidad a las palabras de Jesús. El encargo de la Iglesia es para todo bautizado.

Y yo te digo **a ti** que **tú** eres **Pedro**
    y sobre **esta piedra** edificaré **mi Iglesia**.
Los **poderes del infierno** no **prevalecerán** sobre ella.
Yo te daré las **llaves del Reino** de los cielos;
    todo lo que **ates** en la tïerra **quedará atado** en el cielo,
    y **todo** lo que **desates** en la tierra **quedará desatado** en el cielo".

Y les **ordenó** a sus **discípulos** que **no dijeran** a **nadie**
    que **él** era el **Mesías**.

una opinión totalmente diferente a la que daba la población en general. Es una proclamación de fe que incluye a Jesús reconocido como el Mesías y como Hijo de Dios. Pero Jesús no es el Hijo de cualquier Dios; es Hijo del Dios que vive. Esta es una expresión que contrapone con claridad al Dios de Jesús con los dioses del mundo que no viven, quizás refiriéndose a las divinidades que recibían culto en la región de Cesarea de Filipo donde se dio la proclamación de fe (Mt 16:13). Además, el Dios vivo en la Biblia es el que acompaña, el que camina con la gente, el que no olvida sus promesas, el que se mantiene fiel al ser humano.

Y no es asunto que sea solo fruto de la reflexión personal. Para Mateo Dios Padre es el que da la gracia de conocer a su Hijo (11:27). La búsqueda personal e intelectual de Dios es posible, pero para entrar en una relación realmente profunda y de fe con Él sólo es posible con la gracia. Además, el cambio del nombre de Simón por el de Pedro implica una nueva misión. La figura de la roca puede tener referencia a la firmeza en sí misma o la función respecto de un edificio; duración y estabilidad (7:24–25).

"Atar y desatar" antes que un privilegio es responsabilidad. Por último, tengamos en cuenta las llaves. Quizá estemos frente a una imagen de autorización, o de una autoridad fundada sobre una enseñanza (Is 22:22; Ap 1:18; 3:7). En este sentido, "atar y desatar", además del significado de "prohibir y permitir", "excluir y reintroducir en la comunidad religiosa" tiene una amplia responsabilidad. En el ambiente judío o incluso en la misma comunidad de Mateo existían personas que en lugar de facilitar el acceso a lo bueno y al encuentro con Dios, lo impedían. Esta actitud es tan grave que no sólo afecta el acceso de los que quieren entrar sino que, por estarlo impidiendo, los que tienen la llave tampoco pueden hacerlo.

XXII DOMINGO ORDINARIO

I LECTURA   Jeremías 20:7–9

Lectura del libro del profeta Jeremías

Me sedujiste, Señor, y **me dejé seducir**;
    fuiste **más** fuerte que **yo** y me **venciste**.
He sido el **hazmerreír** de **todos**;
    día tras día se **burlan** de mí.
Desde que **comencé** a **hablar**,
    he tenido que **anunciar** a gritos **violencia** y **destrucción**.
Por anunciar la **palabra del Señor**,
    me he convertido en **objeto de oprobio** y de burla **todo el día**.
He **llegado** a decirme: "**Ya no me acordaré** del Señor
    ni hablaré más en su **nombre**".
Pero **había en mí** como un **fuego ardiente**, encerrado
        en mis **huesos**;
    yo me esforzaba por contenerlo y **no podía**.

SALMO RESPONSORIAL   Salmo 62:2, 3–4, 5–6, 8–9

R. Mi alma está sedienta de ti, Señor, Dios mío.

Oh Dios, tú eres mi Dios, por ti madrugo,
mi alma está sedienta de ti; mi carne tiene
ansia de ti, como tierra reseca, agostada,
sin agua. **R.**

¡Cómo te contemplaba en el santuario
viendo tu fuerza y tu gloria! Tu gracia vale
más que la vida, te alabarán mis labios. **R.**

Toda mi vida te bendeciré y alzaré las manos
invocándote. Me saciaré como de enjundia
y de manteca y mis labios te alabarán
jubilosos. **R.**

Porque fuiste mi auxilio, y a la sombra de tus
alas canto con júbilo, mi alma está unida a
ti, y tu diestra me sostiene. **R.**

Date cuenta que estás ante la queja apasionada del profeta que ama a Dios y sufre al mismo tiempo. Manifiesta esta intimidad sin falsedad y el sufrimiento sin quejumbrismo.

Los argumentos del profeta son válidos, así preséntalos, con la seguridad que da el compromiso y la fidelidad.

Ponle un toque final claro, como un sello que certifica el amor del que aquí se habla.

Para meditar

El discípulo no es un funcionario, responde a una misión no a una función; de ahí que no ofrezca algo sino que se ofrece. Y conoce a Jesucristo siguiéndolo, es decir, menos por doctrinas que por prácticas.

I LECTURA El texto viene de las confesiones de Jeremías donde aflora la compleja personalidad del profeta incomprendido y perseguido. Se siente solo y abandonado por todos, incluso por Dios. La primera tentación es dejar de hablar en nombre de Yahvé, claudicar, olvidarse de todo: "no volveré a recordarlo, ni hablaré más en su Nombre".

Sin embargo, el profeta no es un funcionario; no ha recibido un cargo, sino un encargo; no tiene función de profeta sino vocación. Por eso, "había en mi corazón algo parecido a fuego ardiente, prendido en mis huesos que intentaba en vano sofocar" (v. 9). No puede renunciar a su tarea, no debe hacerlo.

II LECTURA En la nueva economía de salvación el culto tiene sentido sólo unido a la existencia; las ofrendas tienen sentido si tienen que ver con el ofrecimiento de la propia vida. Más todavía.

Debemos ofrecernos a Dios con todo lo que somos y con todo lo que anhelamos ser; el nuevo culto abraza lo ideal y lo concreto, hacer el bien, lo agradable y perfecto ante Dios.

EVANGELIO *Tenemos el riesgo de malentender a Jesús.* No podemos separar la proclamación de fe de Pedro de su pretensión de apartar a Jesús de la entrega de su vida. La respuesta que había dado al identificar a Jesús con "el Cristo, el

II LECTURA   Romanos 12:1–2

Lectura de la carta del apóstol san Pablo a los romanos

Hermanos:
Por la **misericordia** que **Dios** les ha **manifestado**,
    los **exhorto** a que se ofrezcan **ustedes mismos**
    como una **ofrenda viva**, **santa** y **agradable** a Dios,
    porque en **esto** consiste el **verdadero culto**.
No se dejen **transformar** por los **criterios de este mundo**,
    sino **dejen** que una **nueva manera de pensar**
      los transforme **internamente**,
    para que sepan distinguir **cuál** es la voluntad de **Dios**,
    es decir, lo que es **bueno**, lo que le **agrada**, lo **perfecto**.

Pablo no está hablando como maestro, sino como hermano que ama profundamente y desde este amor invita a la conversión. Haz tú también esta invitación amorosa, no juiciosa.

No hay maldición del mundo sino consejo de la verdadera sabiduría: hacer la voluntad de Dios. Enfatiza la capacidad de saber distinguir.

EVANGELIO   Mateo 16:21–27

Lectura del santo Evangelio según san Mateo

En **aquel** tiempo,
    comenzó **Jesús** a anunciar a sus **discípulos** que tenía que **ir**
      a **Jerusalén**
    para **padecer** allí **mucho** de parte de los **ancianos**,
    de los **sumos sacerdotes** y de los **escribas**;
    que tenía que ser **condenado a muerte** y **resucitar al tercer día**.

Pedro se lo llevó **aparte** y trató de **disuadirlo**, diciéndole:
    "**No** lo permita Dios, **Señor**.
Eso no te puede suceder a **ti**".
Pero **Jesús se volvió** a Pedro y le **dijo**:
    "**¡Apártate** de mí, **Satanás**, y no **intentes** hacerme
      tropezar en mi **camino**,
    porque **tu modo** de pensar **no es** el de **Dios**,
      sino **el** de los **hombres**!"

Comienza tu proclamación con un tono certero y decido. Jesús no está pidiendo parecer, está comunicando una decisión tomada y a conciencia.

El incidente entre Pedro y Jesús ha de ser puesto en tono de contraste intenso y hasta dramático. El evangelio apunta al fondo de actitudes falsas escondidas en buenos deseos. Se contundente y prepara la enseñanza que sigue.

Hijo de Dios vivo" (v. 16) era correcta y precisa; sin embargo, esto no lo exentaba del peligro de comprenderlo a su modo, a su antojo. Pedro no veía lógico que el Mesías llegara al extremo de ir a Jerusalén, sufrir a causa de los líderes político-religiosos de Israel, morir y resucitar; no le parecía adecuado ese plan.

Es importante analizar la reprimenda que hace Jesús a Pedro llamándolo "Satanás". *Satanás* o *Satán* es una palabra de origen hebreo que significa "adversario", "contrincante", "opositor malvado"; de ahí viene la palabra "diablo" que también significa

"acusador", "calumniador", "falseador", "engañador". Desde esta perspectiva Pedro está falseando a tal grado la misión de Jesús y con ello su identidad que se convierte en su adversario, en un calumniador. El atrevimiento de Pedro es tan grave que hasta puede hacer tropezar al Maestro, lo puede escandalizar. Y es que los pensamientos de Pedro están lejos de los de Dios.

Solo desde la experiencia de discípulo se va aclarando quién es Jesús. Llama la atención también que inmediatamente después de esta confusión Jesús invite a sus discípulos a seguirlo. *Ir detrás* o *en pos de*

Jesús merece una explicación. En tiempos de Jesús, con mucha seguridad se expresaba la relación y la permanencia de los discípulos con el Maestro a través de la imagen del seguimiento. *Ir detrás de*, *seguir*, significa mantener una relación de cercanía con alguien gracias a una actividad de movimiento que tiene que ver con el de la persona que se sigue. *Seguir* significa al mismo tiempo, cercanía y movimiento.

Además, el evangelio remarca dos exigencias para poder seguir a Jesús: *negarse a sí mismo* y *tomar su cruz. Negarse a sí mismo*, no significa menospreciarse. Entre

El "luego dijo…" es un recurso que debes aprovechar para hilar y continuar con lo que dijo Jesús a Pedro. De aquí en adelante proclama como un verdadero maestro que explica lo que es de Dios y nos aparta del Malo.

Luego Jesús dijo a sus **discípulos:**
"El que quiera **venir conmigo**, que **renuncie** a sí mismo,
    que **tome su cruz** y me **siga**.
Pues el que **quiera salvar** su vida, **la perderá;**
    pero el que **pierda su vida** por mí, **la encontrará.**
¿De **qué** le sirve a uno **ganar** el **mundo entero**, si **pierde su vida?**
¿Y **qué** podrá dar uno a **cambio** para **recobrarla?**

Porque el **Hijo del hombre** ha de **venir** rodeado de la **gloria**
        de su **Padre**,
    en **compañía** de sus **ángeles**,
    y entonces le dará a **cada uno** lo que **merecen** sus **obras**".

otras cosas, puede significar, aceptar el proyecto de Jesús y no inventarse uno al propio modo; la meta de Jesús es entregar la vida y nadie —como Pedro— debe cambiar los planes de Dios. Además, *negarse* quiere decir, comprender que en la medida en que el discípulo se fija más en la voluntad de Dios y en las necesidades de sus hermanos se alcanza a apreciar mejor a sí mismo. Por otra parte, *tomar la cruz* no quiere decir "aceptar los sufrimientos". Más que con el sufrimiento en sí, tiene que ver con el amor, con la entrega; *cargar la cruz* significa pues amar hasta al extremo. El símbolo de la cruz

no debe convertirse en una justificación y aceptación sin sentido de sufrimientos y problemas, como si fuera el sufrimiento y no el amor lo que nos hace mejores cristianos; tampoco debe ser la cruz un pretexto para aceptar los sufrimientos de manera absurda en lugar de trabajar por la vida y por la superación y solución de los problemas.

La vida sólo se puede entregar como discípulo. El evangelio presenta dos preguntas que, por el modo en que están hechas, suponen respuestas muy claras. Las dos preguntas "¿de qué le servirá al hombre ganar el mundo entero, si arruina su vida?"

y "¿qué puede dar el hombre a cambio de su vida?" suponen una única respuesta: "¡de nada!". Esto se entiende sólo a partir de la frase del v. 25 que significa algo así como: el que evada o le saque la vuelta a la entrega de la vida, la está perdiendo; en cambio, el que la entrega por Jesús y su proyecto la está ganando. Una vida arruinada, desperdiciada no tiene sentido, así se consiga tener el mundo a los pies (Mt 4:8–10). La vida es algo tan valioso que no hay nada con lo que se pueda intercambiar; sólo se puede entregar en el amor.

XXIII DOMINGO ORDINARIO

I LECTURA   Ezequiel 33:7–9

Lectura del libro del profeta Ezequiel

Esto dice el **Señor**:
"A ti, **hijo** de hombre, te he constituido **centinela**
    para la **casa** de Israel.
Cuando **escuches** una **palabra** de mi **boca**,
    tú se la **comunicarás** de mi **parte**.

Si yo pronuncio **sentencia de muerte** contra un **hombre**,
    porque es **malvado**,
    y tú no lo **amonestas** para que **se aparte** del **mal camino**,
    el malvado **morirá** por su **culpa**,
    pero yo te pediré **a ti** cuentas de su **vida**.

En cambio, si **tú** lo **amonestas**
    para que **deje** su **mal camino** y él **no lo deja**,
    morirá por su **culpa**,
    pero tú habrás **salvado** tu **vida**".

Como buen centinela que cuida de sus hermanos, lleno de confianza, anima a la asamblea. La lectura del profeta no se anda con rodeos, tú tampoco. Mira de frente como quien se ofrece a sí mismo para los demás.

Declama estos versículos coma la declaración de tu propia misión. Si somos guardianes y responsables de nuestros hermanos.

Concluye con la sabiduría y la paz de quien hace su misión sin la angustia de dirigir la vida de los demás.

SALMO RESPONSORIAL   Salmo 94:1–2, 6–7, 8–9

R. Ojalá escuchen hoy su voz: "No endurezcan su corazón".

Vengan, aclamemos al Señor, demos vítores a la Roca que nos salva; entremos a su presencia dándole gracias, aclamándolo con cantos. **R.**

Entren, postrémonos por tierra, bendiciendo al Señor, creador nuestro. Porque él es nuestro Dios y nosotros su pueblo, el rebaño que él guía. **R.**

Ojalá escuchen hoy su voz: "No endurezcan el corazón como en Meribá, como el día de Masá en el desierto, cuando los padres de ustedes me pusieron a prueba y me tentaron, aunque habían visto mis obras". **R.**

Para meditar

Todos los grupos humanos, incluidos los cristianos, tenemos problemas de relación, la diferencia deberá ser el modo de afrontarlos y solucionarlos. Las lecturas de la liturgia de hoy nos presentan claves cruciales para la vida comunitaria, sobre todo para cuando tengamos ciertas dificultades en la relación. Dios quiere la vida, no la muerte del pecador; la plenitud de la ley es el amor. Y, por último, no existe ninguna razón o pretexto para excluir definitivamente a las personas por el sólo hecho de haber fallado. La ruptura definitiva no es cristiana.

I LECTURA El texto de Ezequiel tiene como trasfondo histórico la caída de Jerusalén y la invasión de Nabucodonosor. El profeta sustenta la esperanza del pueblo exiliado asegurándole que Dios cumplirá sus promesas e iniciará un nuevo período de reconstrucción total.

    La imagen del vigía o centinela utilizada anteriormente para describir la vocación del profeta señala la nueva misión de Ezequiel (cf. 3:16–19). Ser vigía de un pueblo sin ciudad y sin murallas; divisar para prevenir al pueblo de sus amenazas, leer los signos insonda-

bles de la muerte y de la vida… son tareas irrenunciables del profeta.

II LECTURA Pablo centra su atención en el mandamiento del amor; estamos ante el segundo himno a la caridad.

    En los versículos previos, Pablo se detenía en los deberes del cristiano y las autoridades civiles dejando claro que se le debe dar "a cada cual lo que le corresponda" (v. 7) para poder hablar de una deuda especial, irrenunciable, "la del amor mutuo".

    Pablo da a entender que el amor es un derecho y un deber, lo recibimos y lo damos.

II LECTURA   Romanos 13:8–10

Lectura de la carta del apóstol san Pablo a los romanos

Hermanos:
No tengan con nadie **otra deuda** que la del **amor mutuo,**
    porque el que **ama** al **prójimo,** ha **cumplido** ya **toda la ley.**
En efecto, los **mandamientos** que **ordenan:**
"**No** cometerás adulterio, **no** robarás,
    no matarás, **no** darás **falso** testimonio, **no** codiciarás"
    y **todos** los **otros,** se **resumen** en **éste:**
    "**Amarás a tu prójimo** como a **ti mismo",**
    pues quien **ama** a su **prójimo** no le causa **daño** a **nadie.**
Así pues, cumplir **perfectamente** la ley **consiste** en **amar.**

EVANGELIO   Mateo 18:15–20

Lectura del santo Evangelio según san Mateo

En **aquel** tiempo, **Jesús** dijo a sus **discípulos:**
"Si tu **hermano** comete un **pecado,**
    ve y amonéstalo **a solas.**
Si **te escucha,** habrás **salvado** a tu **hermano.**
Si **no te hace caso,** hazte **acompañar** de **una** o **dos personas,**
    para que **todo** lo que se diga **conste** por **boca**
        de **dos** o **tres testigos.**
Pero si **ni así** te hace caso, **díselo** a la **comunidad;**
    y si **ni** a la **comunidad** le hace **caso,**
    apártate de él como de un **pagano** o de un **publicano.**

Yo les **aseguro** que **todo** lo que **aten** en la tierra
    quedará atado en el cielo,
    y **todo** lo que **desaten** en la tierra
    quedará desatado en el cielo.

Toma una actitud amorosa de quien invita cordialmente a vivir las verdades que está proclamando.

Ningún mandamiento está pasado de moda, al contrario. Dale vigencia y cierta urgencia a tus palabras al mencionar estos caminos para vivir el amor verdadero.

Como los sabios consejos prácticos de nuestros abuelos, con serenidad, sin regaño para que quede claro, así anuncia esta regla de vida que ofrece Jesús.

Haz que la asamblea entienda bien esta hermosa y delicada tarea de la corrección fraterna. No es un recurso para poner en vergüenza a otros dándonos baños de pureza. Ponle cordialidad a tu entonación y a tu mirada.

Quien exige ser amado sin amar se pone por encima de los demás. Quien ofrece su amor como exigencia para que le amen, no ha entendido el amor de Cristo.

EVANGELIO *Los pequeños son los pobres pero también los que fallan.* Hay que tener presente que la pregunta que conduce de algún modo todo el capítulo 18 de san Mateo es: "¿Quién es el mayor en el reino de los cielos?" (18:1); es decir, si Dios reinara entre nosotros quiénes serían los más importantes, desde quienes se orientaría la vida de la comunidad. Los mayores en el reino son los más pequeños, no únicamente los buenos. Los pequeños pueden ser los más débiles y sencillos (v. 6, 10) pero también son los extraviados (vv. 12–14), los que fallan (vv. 15ss).

El que peca no es un extraño, es un hermano. Notamos la convicción judía de que el pecado de un mimebro —de tipo que sea— repercute en toda la comunidad.

El evangelio presenta un proceso de reconciliación, de menos a más; corregir personalmente, presentar a uno o dos testigos y platicarlo con la comunidad. El texto parece pedir que los miembros de la comunidad no sean ajenos a las faltas de un hermano. A veces hay que corregir, otras ocasiones se tendrá que ayudar a caer en la cuenta que aquello que se está haciendo está mal o quizás hasta pedir alguna explicación.

La oración por el hermano que ha fallado evita la ruptura definitiva. La comunidad se mantendría atenta al problema a través de la oración para evitar la ruptura comunitaria con quien ha fallado. El v. 19 comienza diciendo: "de nuevo", "una vez más" (en gr. *palin*). Esta insistencia o elemento de ilación que generalmente no se registra en las traducciones podría ser una clave para enten-

Insiste sin ningún reparo en la importancia de la reconciliación y la comunión entre hermanos, es una realidad que impacta hasta el cielo.

Yo les **aseguro también,** que si dos de **ustedes**
se **ponen** de acuerdo para **pedir** algo, **sea** lo que fuere,
mi **Padre celestial** se lo **concederá;**
pues donde **dos o tres** se reúnen en **mi nombre,**
ahí estoy yo **en medio de ellos".**

der que el evangelio insiste en que no se rompa totalmente con el hermano que ha fallado a través del vínculo de la oración. Falló la palabra de los amonestadores; el hermano que había fallado no escuchó; sin embargo, Dios dará lo que sea a dos que se pongan de acuerdo. Dos que se ponen de acuerdo no añade eficacia a la oración sino profundiza en su intencionalidad. Y es que dos personas son el número mínimo para que haya o no acuerdo. La escucha de la oración depende pues del hermanamiento de los diversos miembros de la comunidad;

las oraciones puramente egocéntricas no son escuchadas por Dios. Donde dos o más se hermanan para orar y recuerdan que un hermano ha fallado y tuvo que ser puesto en cuarentena es difícil que puedan estar tranquilos. Además, la oración honesta y fraterna se vuelve no sólo una manera de tener presente al hermano "en cuarentena" sino sobre todo el mejor modo para no romper totalmente con él y tener permanente abierta la posibilidad de que regrese.

Y el Señor estará siempre, con plena seguridad, donde dos o tres se reúnen en su nombre; no donde se opta por el olvido o la indiferencia ante el hermano. Es decir, el camino más conveniente siempre será la búsqueda del hermano que ha fallado y el mantenimiento de los vínculos para que no se dé la ruptura total.

EXALTACIÓN DE LA SANTA CRUZ

I LECTURA   Números 21:4b–9

Lectura del libro de los Números

En aquellos días,
el pueblo se impacientó y murmuró contra Dios
y contra Moisés, diciendo:
"¿Para qué nos sacaste de Egipto?
¿Para que muriéramos en el desierto?
No tenemos pan ni agua
y ya estamos hastiados de esta miserable comida".

Entonces envió Dios contra el pueblo serpientes venenosas,
que los mordían y murieron muchos israelitas.
El pueblo acudió a Moisés y le dijo:
"Hemos pecado al murmurar
contra el Señor y contra ti.
Ruega al Señor que aparte de nosotros las serpientes".
Moisés rogó al Señor por el pueblo y el Señor le respondió:
"Haz una serpiente como ésas y levántala en un palo.
El que haya sido mordido por las serpientes
y mire la que tú hagas, vivirá".
Moisés hizo una serpiente de bronce y la levantó en un palo;
y si alguno era mordido y miraba la serpiente de bronce,
quedaba curado.

Inicia con objetividad, con tono equilibrado como si estuvieses leyendo la noticia de un suceso que, simplemente, todos deben saber.

Con la misma actitud de narrador no involucrado sigue narrando sólo que aumentando la intensidad de los hechos que va de la queja, al castigo, la intercesión y la liberación por parte de Dios y de Moisés.

¿Por qué hablar de la "exaltación de la Cruz" en un mundo que por un lado tiene tantos crucificados y por otro exalta tanto el tener, el placer y el bienestar? ¿Qué no estamos glorificando el dolor con esta fiesta? Para quienes piensen y analicen mucho más a fondo las cosas, el asunto no es así, todo lo contrario. Meditemos un poco las lecturas de hoy, la fiesta y su sentido, quedándonos, por lo pronto, con una densa y clara frase al respecto. "La cruz rechaza todo mal" (Juan Pablo II).

I LECTURA El libro de Números trata de asuntos que se podrían considerar ordinarios. Asuntos de la vida del pueblo, sus realidades, censos. Pero lo que tenemos aquí, domingo de la Santa Cruz, es una historia que, según opinión de algunos estudiosos, es una creación literaria para explicar el origen de una serpiente de bronce que recibía un culto no muy bien visto en el templo en tiempos de Ezequías (727–698). Quien por cierto la mandó destruir (2 Re 18:4). Este símbolo alzado sobre lo alto se presenta como signo de salvación eficaz. Lo que causaba muerte y terror se convierte en un signo de salvación protectora. Ese episodio será explícita referencia de san Juan en cuanto al misterio de redención de Jesucristo y la salvación que brota de su cruz. Es Cristo en la cruz el que salva, nadie más.

II LECTURA Pablo enseña la importancia de la humildad, la unidad entre hermanos y la vida de santidad. No ve de otro modo la relación de quienes colaboran en la obra de Cristo y de la Iglesia. Ya ha rogado anteriormente a los hermanos de Filipos que consideren la unidad. El criterio

Para meditar

SALMO RESPONSORIAL　Salmo 77:1–2, 34–35, 36–37, 38

R. No olviden las acciones del Señor.

Escucha, pueblo mío, mi enseñanza;
inclinen el oído a las palabras de mi boca:
que voy a abrir mi boca a las sentencias, para
que broten los enigmas del pasado. **R.**

Y cuando los hacía morir, lo buscaban, y
madrugaban para volverse hacia Dios; se
acordaban de que Dios era su roca, el Dios
Altísimo, su redentor. **R.**

Lo adulaban con sus bocas, pero sus lenguas
mentían: su corazón no era sincero con él ni
eran fieles a su alianza. **R.**

Él, en cambio, sentía lástima, perdonaba
la culpa y no los destruía: una y otra vez
reprimió su cólera, y no despertaba todo su
furor. **R.**

II LECTURA　Filipenses 2:6–11

Lectura de la carta del apóstol san Pablo a los filipenses

Cristo, **siendo Dios**,
　　no consideró **que debía aferrarse**
　　a las prerrogativas de su **condición divina**,
　　sino que, por el **contrario**, se **anonadó a sí mismo**
　　y se hizo **semejante** a los hombres.
Así, hecho **uno de ellos**, se **humilló a sí mismo**
　　y por obediencia aceptó incluso **la muerte**,
　　y una **muerte** de cruz.

Por eso Dios **lo exaltó** sobre todas las cosas
　　y le **otorgó el nombre** que está **sobre todo** nombre,
　　para que **al nombre** de Jesús todos **doblen la rodilla**
　　en el **cielo**, en la **tierra** y en los **abismos**,
　　y todos **reconozcan** públicamente que **Jesucristo** es el Señor,
　　para **gloria de Dios** Padre.

Al proclamar este tipo de poema sobre Jesús y su obra evita el ritmo monótono. Más bien ve variando la entonación con naturalidad y sin cortar bruscamente entre parte y parte.

Guarda en mente la fiesta que celebramos y, para ese fin, ponle más énfasis a la persona de Cristo, él y sólo él da sentido a la cruz.

para entrar en esta visión y realización de la unidad es muy interesante e invierte totalmente los criterios y modos como se promueva la unidad en la mayoría de los casos.

Conocemos la unidad mandada por la autoridad de un grupo o los intereses de unos cuantos, que resulta en la unidad como uniformidad en figuras o valores diferentes a los de la unidad de los de Cristo. Sabemos mucho de esto, pero Pablo invita a vivir y construir la unidad en base a la humildad y el servicio. Nada más y nada menos que al ejemplo de Cristo mismo.

El ejemplo de la cruz de Cristo es invocado por Pablo como único modo de entender la entrega. El mismo ha decidido andar este camino, desgastándose y entregándose a los demás, sin ser una carga para la comunidad. Muchos problemas le acarreó esta perspectiva de las cosas. Pero entiende perfectamente que el camino de la cruz de Cristo es un camino que exige la entrega fuerte, clara y consciente. Una vida humilde de servicio a los hermanos ahora incluiría, además de muchos sacrificios, una buena dosis de sentido crítico para desenmascarar tantas falsas y fatales cruces impuestas en la vida de un pueblo ya de por sí crucificado, como diría uno de los seis sacerdotes jesuitas

asesinados en el Salvador hace más de veinte años, Ignacio Ellacuría.

Que este bello himno cristológico que Pablo proclama ilumine nuestro corazón, nuestra inteligencia y sobre todo nuestra vida de servicio humilde y claro.

EVANGELIO　Bien podríamos decir que la cruz de Cristo es una exaltación del amor en su máxima expresión.

Cuando alguien que tiene fe mira al Crucificado y penetra con los ojos de la fe en el misterio que se encierra en la Cruz, no descubre otra cosa que un amor inmenso, ternura insondable de Dios que ha querido

EVANGELIO   Juan 3:13–17

Lectura del santo Evangelio según san Juan

En aquel tiempo, Jesús dijo a **Nicodemo**:
    "**Nadie** ha subido al cielo sino el Hijo del hombre,
    que bajó del cielo y **está** en el cielo.
Así como Moisés levantó la serpiente en el desierto,
    así tiene que **ser levantado** el Hijo del hombre,
    para que todo el que crea en él tenga vida eterna.

Porque **tanto** amó Dios **al** mundo,
    que le entregó a su Hijo **único**,
    para que todo el que **crea en él** no perezca,
    sino que tenga **vida** eterna.
Porque Dios no envió a su hijo para **condenar** al mundo,
    sino para que el mundo se salvara **por él**".

Inicia como quien está continuando una conversación previa. Es un diálogo serio y profundo.

Cuatro momentos o afirmaciones clave que hay que hilvanar y acentuar en forma diferente. Especialmente la primera (el Hijo del hombre) y la cuarta (el Hijo de Dios).

Levanta con tus palabras a la persona de Jesús frente a todos los presentes. Tu palabra y tu actitud puede lograr ese impacto.

compartir nuestra vida y nuestra muerte hasta el extremo. Lo dice el evangelio de Juan de manera admirable: "Tanto amó Dios al mundo que entregó a su único Hijo para que todo el que crea en él no perezca, sino que tenga vida eterna". La Cruz nos revela el amor increíble de Dios. Ya nada ni nadie nos podrán separar de él, estemos seguros de ello.

Cuando Dios sufre en la cruz, no es porque ama el sufrimiento sino porque no lo quiere para ninguno de nosotros. Cuando Jesús muere en la cruz, no es porque menosprecia la felicidad, sino porque la quiere y la busca para todos, sobre todo para los más olvidados y humillados. Si Jesucristo

agoniza en la cruz, no es porque desprecia la vida, sino porque la ama tanto que sólo busca que todos la disfruten un día en plenitud.

De este modo, la Cruz de Cristo la entienden mejor que nadie los crucificados: los que sufren impotentes la humillación, el desprecio y la injusticia, o los que viven necesitados de amor, alegría y vida. Ellos celebrarán hoy la Exaltación de la Cruz en las Iglesias y en los lugares de trabajo no como una fiesta de dolor y muerte, sino como un misterio de amor y vida que les acompaña siempre.

O ¿de qué nos podríamos agarrar si Dios fuera simplemente un ser poderoso y

satisfecho, muy parecido a los poderosos de la tierra, sólo que más fuerte que ellos? O también ¿quién nos podría consolar, si no supiéramos que Dios está sufriendo con las víctimas y en las víctimas? Finalmente, ¿cómo no vamos a exaltar la cruz de Jesús si en ella está Dios sufriendo con nosotros y por nosotros?

¿Cómo no vamos a celebrar el símbolo más poderoso de la verdad de Dios que salva al mundo por la obra redentora de Jesús? Ciertamente, no hay cruz sin la vida, muerte y resurrección de Cristo que para nosotros es salvación, luz y camino.

XXV DOMINGO ORDINARIO

I LECTURA   Isaías 55:6–9

Lectura del libro del profeta Isaías

Busquen al Señor mientras lo pueden **encontrar**,
    invóquenlo mientras está **cerca**;
    que el **malvado** abandone su **camino**, y el **criminal**, sus **planes**;
    que **regrese** al Señor, y **él** tendrá **piedad**;
    a nuestro **Dios**, que es **rico en perdón**.

Mis pensamientos **no** son los pensamientos de **ustedes**,
    sus caminos **no** son **mis** caminos, dice el **Señor**.
Porque **así** como **aventajan** los **cielos** a la **tierra**,
    así aventajan **mis caminos** a los de **ustedes**
    y **mis pensamientos** a sus **pensamientos**.

SALMO RESPONSORIAL   Salmo 144:2–3, 8–9, 17–18

R. Cerca está el Señor de los que lo invocan.

Día tras día te bendeciré y alabaré tu nombre por siempre jamás. Grande es el Señor y merece toda alabanza, es incalculable su grandeza. **R.**

El Señor es clemente y misericordioso, lento a la cólera y rico en piedad; el Señor es bueno con todos, es cariñoso con todas sus criaturas. **R.**

El Señor es justo en todos sus caminos, es bondadoso en todas sus acciones; cerca está el Señor de los que lo invocan, de los que lo invocan sinceramente. **R.**

Refleja cierta inconformidad en tu voz, ya que estás proclamando una lectura que cierra una etapa de dolor y pone exigencia al pueblo en su fidelidad.

La segunda parte es una invitación a reconocer nuestros límites frente a la grandeza de Dios. Proclama con sencillez y admiración esta verdad tan olvidada.

Para meditar

Los seres humanos estamos demasiado habituados a los méritos más que a la gratuidad; a veces por querer ser justos se nos olvida la misericordia. En nuestros esquemas entra poco el perdón, la generosidad incondicional y la gratuidad.

I LECTURA El pueblo ha vuelto del destierro y el profeta se dirige a él invitándolos a reconocer la presencia de Dios en los acontecimientos imprevisibles de la vida y a reconsiderar la idea que se han hecho de Dios, una idea muy a su medida e intereses.

La cercanía de Dios no significa que el hombre lo puede manejar, quiere decir más bien que el ser humano puede contar con él y lo que haga —bueno o malo— no es indiferente para Dios.

II LECTURA Filipos era una ciudad de Macedonia, al norte de la actual Grecia, fundada por Filipo II, padre de Alejandro Magno, en el siglo IV antes de Cristo. La carta a los Filipenses es una de las "cartas de la cautividad", porque Pablo la escribió desde la cárcel.

El apóstol de los gentiles retoma un principio fundamental de su ministerio: desde Cristo, vida plena, todo lo demás adquiere sentido. De ahí que llegue a considerar que su mismo encarcelamiento pueda contribuir a la difusión del Evangelio. Pareciera decir que a partir de la vida que ha encontrado en Cristo todo lo demás es relativo; no quiere decir que no valga; más bien, desde Cristo, todo adquiere su justo valor, incluso la totalidad de la vida y la muerte.

Juzguemos, con honestidad en el estilo de san Pablo y en el espíritu de Jesús, cuántas cosas de nuestra vida son más de lo que perecen ser.

Pablo nos está poniendo "la muestra" de cómo asumir la muerte; que tu voz no suene a valor fingido, sino a certeza y serenidad de quien confía en Dios.

La tensión que vive Pablo entre vivir y morir debe ser apuntada con certeza. Asume tú mismo este papel, como quien sabe bien cuál es el propósito de su vida.

Presenta a la asamblea la valentía de Pablo, él sabe su plan y su meta. Transpira la misma seguridad.

II LECTURA   Filipenses 1:20c–24, 27a

Lectura de la carta del apóstol san Pablo a los filipenses

Hermanos:
Ya sea por mi vida, **ya sea** por mi muerte,
Cristo será **glorificado** en **mí**.
Porque **para mí**, la **vida** es **Cristo**, y la **muerte**, una **ganancia**.
Pero si el **continuar** viviendo en **este mundo**
    me permite trabajar **todavía** con **fruto**, no **sabría** yo **qué** elegir.

Me hacen fuerza **ambas cosas:**
    por una parte, el **deseo de morir** y **estar con Cristo**,
    lo cual, **ciertamente**, es con **mucho lo mejor;**
    y **por la otra**, el de **permanecer en vida**,
    porque **esto** es **necesario** para el **bien** de ustedes.
Por lo que a **ustedes** toca, **lleven** una **vida digna** del **Evangelio**
    de **Cristo.**

Imagina que estás proclamando este evangelio a campo abierto a los trabajadores y jornaleros del mundo. Para los que no tienen trabajo y para los que teniéndolo reciben salarios injustos.

Esfuérzate por presentar al propietario de la viña como alguien ocupado, interesado, siempre en la búsqueda para que el campo y el trabajador produzcan frutos.

EVANGELIO   Mateo 20:1–16

Lectura del santo Evangelio según san Mateo

En **aquel** tiempo, **Jesús** dijo a sus discípulos **esta parábola:**
"**El Reino de los cielos** es **semejante** a un **propietario**
    que, al amanecer, salió a **contratar trabajadores** para su **viña.**
Después de **quedar** con ellos en pagarles un **denario** por día,
    los **mandó** a su **viña.**
Salió **otra vez** a media mañana,
vio a **unos** que estaban **ociosos** en la **plaza** y les **dijo:**
'Vayan **también ustedes** a mi **viña** y les **pagaré**
    lo que sea **justo'.**
Salió de nuevo a **medio día** y a **media tarde** e hizo **lo mismo.**

EVANGELIO   El tema de la parábola refleja una situación bastante común en tiempos de Jesús.

La justicia y la gratuidad de Dios. Pero el evangelio va mucho más allá. El viñador no le hace injusticia a los primeros. Sin embargo, ellos deben entender dos cosas fundamentales: por un lado, se trabaja en la viña no para conseguir méritos porque eso provoca, tarde o temprano, sentirse más merecedor que otros y, por tanto, con derecho a despreciarlos. Por otro, el patrón es libre de hacer lo que quiera con sus bienes. Su bondad no menoscaba la justicia hacia los otros. Al contrario, la redimensiona.

Si está siendo justo con unos ¿deberían éstos enojarse porque está siendo bueno con otros?

No olvidemos que las personas que escuchaban esta parábola inmediatamente sabían que se refería a Dios y su pueblo, en este caso los judíos. Para muchos de ellos hacer méritos era lo más importante. Más aún, cumplir adecuadamente con los deberes les concedía cierta permisividad para opinar sobre los demás y decir cómo debería ser Dios. Sin embargo, la parábola le da una voltereta a esta manera de pensar. Y es que las parábolas cuentan historias que se refieren a la vida diaria; son relatos de lo

cotidiano. Cuentan la historia de tal modo que se produce un corte con lo normal, con lo cotidiano. En este corte con lo normal es donde la parábola nos quiere enseñar lo realmente valioso. Las parábolas nos enseñan que lo que tendría que ser normal nos resulta extravagante y lo que tendría que ser cotidiano parece sorprendernos. Es decir, los seres humanos hemos "organizado" la vida de tal manera que nos resulta extravagante la bondad extrema y la libertad de Dios para ser bueno con todos. Se nos hace inadmisible que el dueño de una viña sea tan bueno que a la hora de pagar

Por último, salió **también** al caer la **tarde**
 y encontró **todavía otros** que estaban en la **plaza** y les **dijo**:
'¿**Por qué** han estado aquí **todo** el día **sin trabajar**?'
Ellos le respondieron: 'Porque **nadie** nos ha **contratado**'.
Él les dijo: 'Vayan **también ustedes** a mi **viña**'.

Al atardecer, el **dueño de la viña** le dijo a su **administrador**:
'**Llama** a los **trabajadores** y **págales su jornal**,
 comenzando por los **últimos** hasta que llegues a los **primeros**'.
Se **acercaron**, pues, los que habían llegado al **caer la tarde**
 y **recibieron** un denario **cada uno**.

Cuando les llegó su turno **a los primeros**,
 creyeron que **recibirían más**;
 pero **también ellos** recibieron un denario **cada uno**.
Al recibirlo, **comenzaron** a **reclamarle** al **propietario**, diciéndole:
 '**Ésos** que llegaron **al último** sólo trabajaron **una hora**,
 y **sin embargo**, les pagas **lo mismo** que a **nosotros**,
 que **soportamos** el **peso** del **día** y del **calor**'.

Pero él respondió a **uno de ellos**:
'**Amigo**, yo no te hago **ninguna injusticia**.
¿**Acaso** no quedamos en que te pagaría **un denario**?
Toma, pues, **lo tuyo** y vete.
Yo quiero darle al que llegó al último **lo mismo** que **a ti**.
¿**Qué** no puedo hacer con **lo mío** lo que **yo quiero**?
¿O vas a tenerme **rencor** porque **yo soy bueno**?'

De **igual** manera, los **últimos** serán los **primeros**,
 y los **primeros**, los **últimos**".

La hora de pago es un momento culminante. Aumenta la entonación y mira con más atención a la asamblea mientras desvelas la fragilidad humana y revelas la generosidad de Dios.

Haz notar que a los jornaleros lo que en realidad les incomoda es la bondad de Dios que pone al descubierto su falta de disposición a entrar en ese camino.

La respuesta del patrón es desafiante y clara, no dudes en transmitir ese mismo desafío y claridad a tus hermanos y hermanas presentes.

Concluye aclarando lo que a muchos da dolor de cabeza: Que Dios siempre está de parte de los pobres sin despreciar a los ricos.

no ponga atención en la hora de llegada de cada uno de los trabajadores.

Algo más que méritos. Podríamos decir entonces que Jesús en esta parábola se opone rotundamente a un tipo de Dios que paga según sus méritos; para Jesús Dios no se relaciona con los seres humanos según el principio calculador de los méritos de cada uno, sino desde el principio desconcertante de la bondad que no anda calculando lo que a cada cual le corresponde.

Según esta parábola ante Dios no es cuestión de mérito, ni de cantidad de trabajo y mucho menos de premios de producción o de antigüedad laboral. Así como la llamada al trabajo en la viña es gracia, también el premio es don. La respuesta y el compromiso siguen siendo necesarios pero la recompensa depende siempre de la gratuidad y de la bondad de Dios no del cálculo meticuloso y a veces profundamente egoísta del ser humano.

Esto no significa que no valga lo que se hace; claro que tiene su valor. La parábola habla del "paga convenida", del "salario debido" pero ubicándolo desde la gratuidad y bondad de Dios, por un lado; y por otro, de la apertura honesta tanto de los que llegaron primero como los que trabajaron después. Y es que un riesgo permanente es hablar sólo de códigos y reglas que cumplir, merecimientos y premios, olvidándonos de la gracia, la bondad y la misericordia. El deber y el mérito deben redimensionarse desde la bondad extrema de Dios, de lo contrario envilecen a las personas.

El gran misterio —no porque no se pueda explicar sino porque es imposible agotarlo— es la extrema bondad de Dios. A muchas personas no les asusta la severidad de Dios; les quita el sueño, por desgracia, su bondad y misericordia extremas.

XXVI DOMINGO ORDINARIO

I LECTURA   Ezequiel 18:25–28

Lectura del libro del profeta Ezequiel

Este oráculo es una "defensa" divina, así que ponle un tono firme e irrefutable. Como quien pone "las cartas sobre la mesa".

Esto dice el **Señor**: "Si **ustedes** dicen:
  'No es **justo** el proceder del Señor', **escucha**, casa de **Israel**:
¿Conque es **injusto** mi proceder?
¿No es **más bien** el proceder de **ustedes** el **injusto**?

Cuando el justo **se aparta** de su **justicia**,
  comete la **maldad** y **muere**;
  muere por la maldad que **cometió**.
Cuando el pecador **se arrepiente** del **mal** que hizo
  y practica la **rectitud** y la justicia, **él mismo salva** su vida.
Si **recapacita** y **se aparta** de los **delitos cometidos**,
  ciertamente vivirá y **no morirá**".

Sé muy claro y firme al dejar saber las consecuencias del comportamiento del justo y del pecador al mismo tiempo que concluyes sin que tiemble para nada la voz. Sé claro como el agua.

Para meditar

SALMO RESPONSORIAL   Salmo 24:4–5, 6–7, 8–9

R. Recuerda, Señor, que tu misericordia es eterna.

Señor, enséñame tus caminos, instrúyeme en tus sendas, haz que camine con lealtad; enséñame, porque tú eres mi Dios y Salvador, y todo el día te estoy esperando. **R.**

Recuerda, Señor, que tu ternura y tu misericordia son eternas; no te acuerdes de los pecados ni de las maldades de mi juventud; acuérdate de mí con misericordia, por tu bondad, Señor. **R.**

El Señor es bueno y es recto, y enseña el camino a los pecadores; hace caminar a los humildes con rectitud, enseña su camino a los humildes. **R.**

El discípulo de Jesús no sólo debe saber decir cosas sino practicar principios; más aún, no sólo debe hacer la voluntad de Dios sino realizarla en el momento oportuno. Así, disponibilidad y oportunidad son dos elementos que no deben faltarle al discípulo de Jesús.

I LECTURA Ante una manera de pensar que a veces enfatizaba parcialmente lo colectivo en detrimento de la libertad y responsabilidad personal, Ezequiel defiende la responsabilidad personal. No significa en modo alguno que lo que se haga no tenga consecuencias colectivas sino de que la responsabilidad ante el bien y el mal (cf. Dt 30:19ss) es, ante todo, personal. El profeta invita a todos a confiar en la bondad y en el perdón infinito de Dios. Cada uno es responsable de sus actos y no puede esconderse en el grupo al que pertenece.

II LECTURA Pablo quiere edificar una comunidad fraterna unida en el amor. Da consignas muy concretas de humildad, pero, sobre todo, propone el mejor ejemplo, Cristo Jesús, que "no hizo alarde de su categoría de Dios" y se rebajó hasta la muerte, entregándose para la salvación de todos: "tengan entre ustedes los sentimientos propios de Cristo Jesús".

Para entender la humildad a la luz de Cristo habría que entender "rebajó" como la entrega total de Jesús a cumplir la voluntad de su Padre. La falsa humildad que ronronea en la vida de algunos de nosotros podría ser más bien una estrategia o manera de querer llamar la atención en algo que no somos.

EVANGELIO *No se trata sólo de hacer el bien sino de hacerlo oportunamente.* Este pasaje está relacionado

Sé consciente del tono fino y cariñoso de Pablo al invitar a los hermanos a vivir la fe con sencillez y pensando en los demás. Nada de empalagoso hay aquí, pura caridad con claridad.

Como si conocieras los males que aquejan a la comunidad, adviérteles con todo tu corazón sobre el peligro del egoísmo.

Al invocar la semejanza con Cristo en su sentir, hazlo con fuerza y total convicción. Que se sienta dónde estás poniendo tu propia vida.

Menciona cada cualidad divina con firmeza y hasta cierto desdén ya que Cristo renunció a todo ello por compartir nuestra condición humana.

II LECTURA   Filipenses 2:1–11

Lectura de la carta del apóstol san Pablo a los filipenses

Hermanos:
Si **alguna fuerza** tiene una **advertencia** en nombre de **Cristo**,
    si **de algo** sirve una **exhortación** nacida del **amor**,
    si **nos une** el mismo **Espíritu** y si ustedes **me profesan**
    un afecto **entrañable**, llénenme de **alegría** teniendo
    todos una **misma manera** de **pensar**,
    un **mismo** amor, unas **mismas** aspiraciones y **una sola** alma.
Nada hagan por espíritu de **rivalidad** ni **presunción**;
    antes bien, por **humildad**,
    cada uno considere **a los demás** como **superiores** a sí mismo
    y **no busque** su **propio interés**, sino **el** del **prójimo**.
Tengan los **mismos** sentimientos que tuvo **Cristo Jesús**.

Cristo, siendo Dios,
    no consideró que debía **aferrarse**
    a las prerrogativas de su **condición divina**,
    sino que, **por el contrario**, **se anonadó** a sí mismo,
    tomando la **condición** de **siervo**,
    y se hizo **semejante** a los **hombres**.
Así, hecho **uno** de ellos, **se humilló** a sí mismo
    y por obediencia **aceptó** incluso la muerte,
    y una **muerte de cruz**.

Por eso Dios lo **exaltó** sobre **todas** las cosas
    y le **otorgó** el **nombre** que está sobre **todo nombre**,
    para que, al **nombre de Jesús, todos** doblen la rodilla
    en el **cielo**, en la **tierra** y en los **abismos**,
    y **todos** reconozcan **públicamente** que **Jesucristo** es el **Señor**,
    para **gloria** de **Dios Padre**.

Forma breve: Filipenses 2:1–5

con la discusión que tiene Jesús con los jefes religiosos (vv. 23–27). De hecho, es a los sumos sacerdotes y a los ancianos del pueblo a quienes se dirige la parábola. Igual de probable es que tenga relación con la siguiente parábola, en lo que se refiere a dar frutos: "por eso les digo que se les quitará el Reino de Dios para dárselo a un pueblo que rinda sus frutos" (v. 43); aparte de que los sumos sacerdotes que aparecen en el v. 45 son los mismos que ya habían sido mencionados en el v. 23 y forman parte del grupo que escucha ambas parábolas (vv. 28–44). Incluso podríamos pensar que la

parábola de los dos hijos, tiene relación con los vv. 18ss que hablan de la higuera que no daba más que hojas.

No sólo hay que decir, sobre todo hay que practicar. El punto central es la pregunta que lanza Jesús a las autoridades judías "¿Cuál de los dos hizo la voluntad del Padre?" (v. 31). Hacer la voluntad del Padre es lo que distingue al verdadero discípulo. Por eso el mismo evangelio de Mateo desde el comienzo ha dejado claro que no basta con decir "Señor, Señor" (así se ha dirigido el segundo hijo a su padre) sino hacer la voluntad del Padre (7:21; también v. 22); se

trata de oír y poner en práctica (v. 24). Y al hablar del verdadero parentesco con Jesús se afirma que "todo el que cumpla la voluntad de mi Padre de los cielos, ése es mi hermano, mi hermana y mi madre" (12:50). Hacer la voluntad del papá equivale a hacerle caso, no sólo saber lo que dice.

De acuerdo a la parábola hacer la voluntad del padre no es dirigirse a él de manera educada y bonita solamente; de hecho, el segundo hijo le dice "señor", una palabra que estaba reservada para que los esclavos se dirigieran a sus amos. Es más, le promete obediencia. Pero ¡no va! En cambio, el otro

EVANGELIO   Mateo 21:28–32

Lectura del santo Evangelio según san Mateo

En **aquel** tiempo,
    Jesús dijo a los **sumos sacerdotes** y a los **ancianos** del pueblo:
"¿Qué opinan de **esto**?
Un **hombre** que tenía **dos hijos** fue a ver al **primero** y **le ordenó**:
'**Hijo**, ve a trabajar **hoy** en la **viña**'.
Él le contestó: '**Ya voy**, señor', pero **no fue**.
El **padre** se dirigió al **segundo** y le dijo **lo mismo**.
Éste le respondió: '**No quiero ir**', pero **se arrepintió** y fue.
¿**Cuál** de los **dos** hizo la **voluntad del padre**?"
Ellos le respondieron: "El **segundo**".

Entonces **Jesús** les dijo:
"Yo les **aseguro** que los **publicanos** y las **prostitutas**
    se les han **adelantado** en el **camino** del **Reino de Dios**.
Porque **vino** a ustedes **Juan**, predicó el camino de la **justicia**
    y **no le creyeron**;
    en **cambio**, los **publicanos** y las prostitutas, **sí** le creyeron;
    ustedes, **ni siquiera** después de haber visto,
    se han arrepentido **ni han creído** en él".

Procura que la pregunta de Jesús suene suavemente, como quien sincera y pacíficamente quiere encontrar la verdad.

El ejemplo del diálogo del padre con los hijos no es moralizante, proclámalo con un ejemplo tranquilo, sin mucho filo. Jesús quiere que cada quién caiga en cuenta.

Sube de tono la pregunta, aquí empieza el desafío y va en serio…

---

hijo había respondido: "no quiero" pero después se arrepintió y fue (v. 29). El verbo "arrepentirse" (en griego *metamélomai*) tiene el sentido de "decidirse en otra dirección", "recapacitar". Tendríamos dos hijos arrepentidos: el primer hijo de la parábola se arrepiente de haber dicho *no* y va; el segundo, se arrepiente de haber dicho *sí*, y no va. Y es que la viña no se cultiva a fuerza de buenas intenciones sino con trabajo.

Y no se trata de simular ser buen hijo… Hijo que hizo la voluntad del padre no era el que simulaba portarse como hijo sino el que realmente le hacía caso. Esta parábola deja claro lo que expresa el refrán: "del dicho al hecho hay mucho trecho". El que cumple la voluntad del papá es el que hace, no el que dice que hace. Pero el evangelio va más allá todavía. No se trata sólo de hacer algo sino de *ir a trabajar en la viña del padre*. No es suficiente con hacer o cumplir algo bueno; eso es relativamente fácil y hasta tranquilizante. Se trata de hacer la voluntad del Padre; no se trata de ser buenos, sino de comportarnos como Hijos de Dios. No se trata ni siquiera de cumplir mandamientos sin más sino de cumplirlos desde el principio del amor y del seguimiento como lo ha dejado bien claro Mateo en los textos que acorralan la parábola de los dos hijos (19:14–22 y 22:34–40). Es decir, no se trata de ser buenos en lo que a nosotros nos parezca mejor o de cumplir lo que nos dé cierta tranquilidad de conciencia, sino de hacer la voluntad del Padre, es decir, vivir los principios que Dios quiere que pongamos en práctica aquí y ahora. Aquí se ubican las fortísimas palabras de Jesús dirigidas a los dirigentes judíos: "les aseguro que los publicanos y las prostitutas llegarán antes que ustedes al Reino de Dios" (v. 31).

XXVII DOMINGO ORDINARIO

I LECTURA   Isaías 5:1–7

Lectura del libro del profeta Isaías

Inicia tu lectura con ritmo y sabor (¡un cántico!) sintiendo en tu interior la bondad de Dios y su favor para con nosotros.

Voy a **cantar**, en **nombre** de mi **amado**,
   una **canción** a su **viña**.
Mi amado **tenía** una **viña**
   en una **ladera fértil**.
Removió la tierra, **quitó** las piedras
   y **plantó** en ella **vides selectas**;
   edificó en medio una **torre**
   y **excavó** un **lagar**.
Él esperaba que su **viña** diera **buenas uvas**,
   pero la viña dio **uvas agrias**.

Avienta las preguntas al aire con maestría y sostenlas ahí arriba con un silencio como esperando que alguien responda con honestidad y valentía.

Ahora bien, habitantes de **Jerusalén**
   y gente de **Judá**, yo les **ruego**,
   sean **jueces** entre mi **viña** y **yo**.
¿**Qué más** pude hacer por mi **viña**,
   que yo **no lo hiciera**?
¿**Por qué** cuando yo **esperaba** que diera **uvas buenas**,
   las dio **agrias**?

Ahora voy a darles a **conocer** lo que **haré** con mi **viña**;
   le **quitaré** su **cerca** y será **destrozada**.
Derribaré su **tapia** y será **pisoteada**.
La **convertiré** en un erial,
   nadie la podará **ni** le quitará los **cardos**,
   crecerán en ella los **abrojos** y las **espinas**,
   mandaré a las **nubes** que **no lluevan** sobre ella.

I LECTURA Dios cuida y ama su Viña. El poema es tan bello como sorprendente y poético. El profeta hace comprender al pueblo que Dios ha cuidado de él, lo trata con especial amor, se preocupa de su crecimiento y, sin embargo, el pueblo no corresponde. La pregunta del dueño de la viña es extrema: ¿Qué más cabía hacer por mi viña que yo no lo haya hecho? Parece que nos adentramos en el corazón mismo de Dios que ama a Israel. ¿Qué le ha faltado al amor de Dios? ¿No es verdad que, durante todas las pruebas de Israel, ha estado Yahveh siempre cerca?

Dios es fiel y nunca ha dejado a un justo defraudado.

Nos encontramos con que la viña no da buenos frutos. Esta viña, a pesar del cuidado sabio del viñador, que es el Señor de los ejércitos, no prospera, no da fruto, no da uvas dulces; da uvas inmaduras y silvestres. Es una alegoría. Los oyentes comprenden que la viña representa a Israel y que el viñador no es otro que el mismo Dios. A pesar de que Israel ha sido cuidado como un hijo, a pesar de que ha sido liberado, a pesar de que el Señor lo ha elegido como pueblo de su propiedad, Israel no produce frutos de salvación.

Llama la atención la tristeza profunda del viñador y, a la vez, su firmeza ante la viña improductiva. Él vendrá y la devastará, la dejará desolada, parece que no hay remedio.

El poema del profeta Isaías y la parábola de Jesús ponen en claro la importancia de producir frutos. En el primer caso, es la viña que no ha producido lo que se esperaba de ella. En el segundo caso, son los viñadores homicidas que no entregan los frutos debidos al dueño. En un ambiente tan marcado por la urgencia de producir frutos en los trabajos y en las empresas, en los programas y en los proyectos, el tema de los frutos

Para meditar

Sé firme ante las consecuencias que amenazan a un pueblo de Dios cuando no corresponde al amor de Dios. No hay castigos, sino consecuencias. ¡Despierta a tu comunidad con este mensaje!

Pues bien, la **viña del Señor** de los ejércitos
　　es la casa de **Israel**,
　　y los hombres de **Judá** son su plantación **preferida**.
El Señor **esperaba** de ellos que obraran **rectamente**
　　y ellos, **en cambio**, cometieron **iniquidades**;
　　él esperaba **justicia**
　　y **sólo** se oyen **reclamaciones**.

SALMO RESPONSORIAL　Salmo 79:9 y 12, 13–14, 15–16, 19–20

R. La viña del Señor es el pueblo de Israel.

Sacaste, Señor, una vid de Egipto, expulsaste a los gentiles, y la trasplantaste. Extendió sus sarmientos hasta el mar y sus brotes hasta el Gran Río. **R.**

¿Por qué has derribado su cerca, para que la saqueen los viandantes, la pisoteen los jabalíes y se la coman las alimañas? **R.**

Dios de los Ejércitos, vuélvete, mira desde el cielo, fíjate, ven a visitar tu viña, la cepa que tu diestra plantó y que tú hiciste vigorosa. **R.**

No nos alejaremos de ti; danos vida, para que invoquemos tu nombre. Señor Dios de los Ejércitos, restáuranos, que brille tu rostro y nos salve. **R.**

II LECTURA　Filipenses 4:6–9

Lectura de la carta del apóstol san Pablo a los filipenses

Hermanos:
No se inquieten **por nada**;
　　más bien presenten en **toda ocasión** sus peticiones a **Dios**
　　　　en la **oración** y la **súplica**,
　　llenos de **gratitud**.
Y que la **paz de Dios**, que sobrepasa **toda** inteligencia,
　　custodie sus **corazones** y sus **pensamientos** en **Cristo Jesús**.

Por lo demás, **hermanos**, aprecien **todo** lo que es **verdadero**
　　y **noble**,
　　cuanto hay de **justo** y **puro**, **todo** lo que es **amable** y **honroso**,
　　todo lo que sea **virtud** y merezca **elogio**.

Antes de proclamar la lectura pasea tu mirada con naturalidad por los presentes, imaginando el montón de preocupaciones que traen en su corazón… entonces da tu mensaje de paz con determinación.

Saca fuerza y convicción desde tus propias entrañas, vocaliza desde el estómago procurando ser convincente y claro con todos sobre lo que dices y anuncias.

según el querer de Dios debería ser entendido con mucha claridad, pero a veces no parece ser así. Este tema exige de nosotros un análisis serio y profundo para distinguir los tipos de frutos, los tipos de producción y las imágenes actuales de la viña del Señor. El Señor espera por parte de su pueblo una respuesta y abundantes frutos de santidad en el amor, la verdad y la justicia.

II LECTURA　San Pablo motiva a la comunidad de bautizados a vivir una vida atenta desde la fe. Capaz de apreciar distinguir la presencia de Dios en todo.

Capaces de vivir en la gratuidad de Dios y afinar el corazón y todos los sentidos al tono de Cristo para cumplir nuestro deber de dar buenos frutos. Solo injertando nuestra vida en Cristo podremos dar frutos de verdad, frutos de vida eterna. Así como el Padre ha enviado al mundo a Cristo a cumplir la misión redentora, así Cristo envía a los cristianos, especialmente a los apóstoles, a cumplir una misión. No siempre los frutos del cristiano serán manifiestos o inmediatos, pero no cabe dudar que el alma que permanece unida a Cristo, como el sarmiento permanece unido a la vid, producirá frutos a su tiempo. El Señor nos ha enviado

para que produzcamos frutos y que nuestros frutos perduren. En esto Dios es glorificado en que demos fruto. Veamos, pues, que nuestro deber no es pequeño en la historia de la salvación. Tenemos asegurada la ayuda y el poder de Dios y, por lo tanto, no cabe dudar que, si somos fieles y permanecemos unidos a la vid, que es Cristo, esos frutos llegarán. Cultivemos con cuidado nuestra viña, sepamos acoger las lluvias tempranas, para que a su tiempo no estemos con las manos y el corazón vacíos ante Dios y nuestros hermanos.

Pongan por obra cuanto han **aprendido** y **recibido** de mí,
  todo lo que yo he **dicho** y me han **visto** hacer;
  y el **Dios** de la **paz** estará con **ustedes**.

EVANGELIO   Mateo 21:33–43

Lectura del santo Evangelio según san Mateo

En **aquel** tiempo,
  Jesús dijo a los **sumos sacerdotes** y a los **ancianos** del pueblo
    esta parábola:
"Había una vez un **propietario** que **plantó** un **viñedo**,
  lo **rodeó** con una cerca, **cavó** un lagar en él,
  construyó una **torre** para el **vigilante**
  y luego lo **alquiló** a unos **viñadores** y **se fue** de viaje.

Llegado el **tiempo** de la **vendimia**,
  envió a sus **criados** para pedir su parte de los
    a los **viñadores;**
  pero **éstos** se **apoderaron** de los **criados**,
  golpearon a uno, **mataron** a otro y a **otro más** lo **apedrearon.**
Envió de nuevo a **otros criados**,
  en **mayor número** que los **primeros**,
  y los trataron del **mismo** modo.

Por último, les **mandó** a su **propio hijo**, pensando:
'A **mi hijo** lo **respetarán**'.
Pero cuando los viñadores **lo vieron**, se dijeron **unos a otros:**
'**Éste** es el **heredero.**
Vamos a **matarlo** y **nos quedaremos** con su **herencia**'.
Le **echaron** mano, lo **sacaron** del viñedo y lo **mataron.**

Ahora, **díganme**: cuando **vuelva el dueño** del viñedo,
  ¿qué hará con esos viñadores?"

Introduce la parábola como quien no sabe el desenlace final y poniéndote tú mismo a merced de un final injusto. Transmite este sentir al pueblo que, en el fondo, está también en esta parábola como la Viña del Señor.

Deja bien claro desde el principio a quienes está dedicando esta parábola Jesús. De otro modo la comunidad no agarra el sentido y la dirección de las preguntas finales.

El asesinato del heredero debe sonar sarcástico y desvergonzado, pues aquí se destapan las intenciones del mal que ataca Jesús.

EVANGELIO Jesús insistió siempre en la necesidad de producir frutos, no en cosecharlos sino en sembrar y hacer posible las cosas que Dios ha de producir. En el evangelio de hoy se refiere directamente al pueblo de Israel. La viña lo representa. Dios lo escogió para producir frutos de justicia, fraternidad, amor. Dios es el dueño de la viña. Él liberó al pueblo de la esclavitud de Egipto para que pasara de esa situación de opresión a su servicio cumpliendo sus mandamientos que se sintetizan en el amor a Dios y al prójimo. Él envió a sus siervos los profetas para recordar y exigir esos frutos, pero el pueblo no hizo caso, los rechazó e incluso mató a algunos. Cristo es el hijo, enviado por el Padre y él también fue rechazado y condenado por la autoridad civil y religiosa. Los otros viñadores a quienes se arrendará la viña para que entreguen frutos a su tiempo serán los pueblos que no son el pueblo de Israel.

En el evangelio de este domingo podemos leer e interpretar un mensaje en clave personal. Nosotros somos los sarmientos de la vid que es Cristo. Para que el sarmiento de la viña produzca frutos debe estar unida a la vid. Estos frutos son el amor, la solidaridad, la fraternidad. Cristo nos pide superar el egoísmo y abrirnos a los demás; a buscar no sólo lo nuestro sino a ser solidarios con nuestros hermanos. Así colaboraremos a que en la sociedad se den esos frutos. Cada uno de nosotros, junto con aquellos con quienes vivimos, somos una pequeña parcela del viñedo. Allí podemos producir los frutos que Cristo espera de nosotros y ser como una pequeña célula que contribuye al bien de la sociedad. En nuestro medio ambiente, en nuestra familia, en la comunidad humana en la que vivimos podemos sembrar amor, solidaridad, entrega, fraternidad que son los frutos que Dios nos pide y espera de nosotros a tiempo y a destiempo.

Ellos le respondieron:
"**Dará muerte terrible** a esos **desalmados**
   y **arrendará** el viñedo a **otros** viñadores,
   que le **entreguen** los frutos **a su tiempo**".

Entonces **Jesús** les dijo:
"¿No han leído **nunca** en la **Escritura**:
La **piedra** que **desecharon** los **constructores**,
   es **ahora** la piedra **angular**.
Esto es **obra del Señor** y es un **prodigio admirable**?

Por **esta** razón les digo a **ustedes**
   que les **será quitado** el **Reino de Dios**
   y se le **dará** a un pueblo que **produzca** sus **frutos**".

La pregunta no es adivinanza, colócala con el desafío de saber concluir con sentido cuando se ve la realidad de las cosas. Los falsos líderes de la comunidad deben escuchar esta pregunta y esta conclusión.

El asunto de la Viña y la espera de la cosecha debe ser leído con normalidad, como normal es producir y cosechar frutos.

En la actualidad tenemos una fuerte experiencia sobre la urgencia de producir. De hecho el trabajo esta casi quedando reducido a ello. Hasta la vida misma de las personas. Quien no produce es un cero a la izquierda de todos. La utilidad y la ganancia en todo dirigen nuestras vidas y las vidas e interés de quienes están para dirigir la producción. Ordinariamente el propietario cuenta con un equipo de personas responsables de seguir sus indicaciones y cumplir con la finalidad de esa industria o empresa. Cuando éstos no logran llevar adelante la producción o lo que producen es de baja calidad son despedidos y se busca una nueva administración que garantice los productos y su autenticidad. En tiempo de Jesús, en una sociedad agrícola lo que se buscaba cultivar eran plantas que dieran los frutos que se esperaban de ellas. Cuando esto no sucedía por culpa de los campesinos éstos eran despedidos y se buscaban otros que fueran capaces de hacer crecer y madurar los frutos de las diversas plantas.

Concluyamos: El pueblo de Dios (su Viña preferida) esta llamado a producir los frutos que Dios hará brotar al vivir con Dios en medio de dicho pueblo. Ninguna empresa ni mentalidad de producción podría acercarse a la visión que el evangelio nos presenta. El pueblo de Dios, de hecho, esta produciendo frutos que pertenecen solo a Dios y a nadie le está permitido negar, esconder o pretender dichos frutos. Sería como pretender adueñarse de la Viña, de sus frutos y querer ocupar el lugar de Dios a costa de todo, incluso a costa de Dios mismo maltratando y asesinando a los enviados por Dios para recodar a todos, especialmente a los dirigentes, lo sagrado de la Viña, de sus frutos y de su dueño que es Dios mismo.

XXVIII DOMINGO ORDINARIO

I LECTURA   Isaías 25:6–10a

Lectura del libro del profeta Isaías

Métete en la grandiosidad de esta visión profética y vibra con ella mientras la proclamas. Nos estamos quedando huérfanos de imaginación profética. Abre el horizonte.

En **aquel** día, el **Señor** del universo
  preparará sobre **este monte**
  un **festín** con platillos **suculentos**
  para **todos** los pueblos;
  un **banquete** con vinos **exquisitos**
  y manjares **sustanciosos**.

Describe orgullosamente todo lo que Dios hará con su pueblo, contagia a la asamblea del mismo entusiasmo que embarga al profeta.

Él **arrancará** en este monte
  el **velo** que **cubre** el **rostro** de **todos** los pueblos,
  el **paño** que **oscurece** a **todas** las naciones.
Destruirá la **muerte** para **siempre**;
  el Señor Dios **enjugará** las **lágrimas** de **todos** los rostros
  y **borrará** de **toda** la tierra la **afrenta** de su **pueblo**.
Así lo ha dicho el **Señor**.

Mete en la asamblea esta idea del mensaje de Dios: él no quiere el sufrimiento de su pueblo. Inyecta entusiasmo y responsabilidad para trabajar en equipo con él.

En **aquel** día se dirá:
  "**Aquí** está **nuestro Dios**,
  de quien **esperábamos** que nos **salvara**.
Alegrémonos y **gocemos** con la **salvación** que nos trae,
  porque la **mano** del Señor **reposará** en **este monte**".

Nos duele la exclusión, nos preocupa la discriminación. Deseamos con todo el corazón una sociedad, no sólo en la que todos tengamos un espacio, sino que el espacio sea un lugar compartido en el que todos podamos convivir como hermanos. Queremos una sociedad e iglesia incluyentes en la que además de beneficiarnos de la inclusión, nos comprometamos a vivirla.

I LECTURA El profeta Isaías presenta la acción salvadora de Dios con su pueblo con la imagen de un banquete. El elemento más importante es su carácter incluyente, es un banquete para todos; no sólo para todas las personas de un pueblo, sino todos los pueblos. La inclusión tiene sus características, o mejor dicho trae sus consecuencias: no habrá nada oculto ("arrancará el velo que cubre a los pueblos"), no habrá muerte ("aniquilaré la muerte para siempre"), desaparecerá la tristeza ("enjugará las lágrimas de todos los rostros") y no habrá humillaciones ("el oprobio de su pueblo lo alejará del país"). Todo esto indica que ha llegado la salvación. Esta bella imagen sobrevira hasta nuestros días. Primero y ante todo en la vida de Jesús que comparte la mesa con todos, especialmente con pobres y pecadores, como una realidad que anticipa y apunta al banquete final en el que todos son invitados y Dios es el anfitrión. Sentados en la mesa como signo de igual dignidad, la vida se hace abundante y suculenta.

Para meditar

SALMO RESPONSORIAL   Salmo 22:1–3a, 3b–4, 5, 6

R. Habitaré en la casa del Señor, por años sin término.

El Señor es mi pastor, nada me falta: en verdes praderas me hace recostar, me conduce hacia fuentes tranquilas y repara mis fuerzas. **R.**

Me guía por el sendero justo por el honor de su nombre. Aunque camine por cañadas oscuras, nada temo, porque tú vas conmigo: tu vara y tu cayado me sosiegan. **R.**

Preparas una mesa ante mí enfrente de mis enemigos; me unges la cabeza con perfume, y mi copa rebosa. **R.**

Tu bondad y tu misericordia me acompañan todos los días de mi vida, y habitaré en la casa del Señor por años sin término. **R.**

II LECTURA   Filipenses 4:12–14, 19–20

Lectura de la carta del apóstol san Pablo a los filipenses

El mensaje de Pablo es muy claro y honesto. No le agregues piedad ni lo endulces.

Hermanos:
Yo sé lo que es **vivir** en **pobreza**
  y **también** lo que es tener de **sobra**.
Estoy **acostumbrado** a **todo**:
  lo mismo a comer bien que a pasar **hambre**;
  lo mismo a la abundancia que a la **escasez**.
Todo lo puedo unido a **aquél** que me da **fuerza**.
Sin embargo, han hecho **ustedes** bien en **socorrerme**
  cuando **me vi** en **dificultades**.

Cuando digas la frase "todo lo puedo unido a aquél que me da fuerza" imprime una seguridad auténtica, piensa y siente que estás hablando en plural para con tu comunidad.

Mi Dios, **por su parte**, con su **infinita riqueza**,
  remediará con esplendidez **todas** las necesidades de **ustedes**,
  por medio de **Cristo Jesús**.
Gloria a Dios, nuestro **Padre**, por los **siglos** de los siglos. **Amén**.

Asegúrate de que la asamblea se lleve en su interior la misma confianza que Pablo en Dios. Comenzando contigo. Que esta confianza dure por lo menos hasta el próximo domingo.

II LECTURA   En el contexto de los últimos consejos Pablo agradece a la comunidad de Filipos su solidaridad. Pablo hace reconocimiento de la ayuda que le había ofrecido la comunidad (cf. también 2:25–30) pero al mismo tiempo hace profesión de su independencia y sana libertad para su misión apostólica. En esto, como en otras cosas, Pablo es ejemplar. Así, por ejemplo, Pablo aceptaba la ayuda financiera de una comunidad sólo después de haberse marchado (4:15; también 1 Cor 9:1–18). Necesita de la comunidad pero su fortaleza está en Cristo; esto le permite sentirse necesitado pero no enfermizamente dependiente. Al tener su fortaleza en Cristo su preocupación es cimentar su apostolado en él, no en sus bienhechores.

San Pablo se manifiesta fuerte, pero no como los estoicos que confiaban en la autarquía, es decir, en la auto-fortaleza; para Pablo el cristiano se fortalece en Cristo y en la comunidad. Esta carta y el mensaje de este texto son la visión y la esperanza para toda la Iglesia de Jesús que no tiene otra fuerza y punto de apoyo para su confianza que Cristo mismo y el humilde testimonio de su entrega fiel al evangelio.

EVANGELIO   Mateo 22:1–14

Lectura del santo Evangelio según san Mateo

En **aquel** tiempo, volvió **Jesús** a hablar en **parábolas**
        a los **sumos sacerdotes**
    y a los **ancianos** del pueblo, diciendo:
"El **Reino de los cielos** es **semejante** a un **rey**
    que preparó un **banquete de bodas** para **su hijo.**
Mandó a sus **criados** que **llamaran** a los **invitados,**
        pero **éstos no quisieron ir.**

Envió **de nuevo** a **otros criados** que les dijeran:
'**Tengo preparado** el **banquete;**
    he hecho **matar** mis **terneras** y los **otros animales gordos;**
        todo está listo.
Vengan a la **boda'.**
Pero los **invitados** no hicieron **caso.**
Uno se fue a su campo, **otro** a su negocio
    y **los demás** se les echaron **encima** a los **criados,**
        los **insultaron** y los **mataron.**

Entonces el **rey** se **llenó** de **cólera**
    y **mandó** sus **tropas,** que dieron **muerte** a **aquellos asesinos**
    y **prendieron fuego** a la **ciudad.**

Luego les dijo a sus **criados:**
'La **boda** está **preparada;** pero los que habían sido **invitados**
        no fueron **dignos.**
Salgan, pues, a los **cruces** de los **caminos**
    y **conviden** al **banquete de bodas** a **todos** los que **encuentren'.**
Los criados **salieron** a los **caminos**
    y **reunieron** a **todos** los que encontraron, **malos** y **buenos,**
    y la **sala** del banquete **se llenó** de **convidados.**

Abre la introducción como quien está abriendo la puerta del lugar donde será el banquete. El banquete del reino es para todos y todas.

El llegar a la primera comparación remacha el detalle de que algo no anda bien con los invitados.

Por otro lado, debe resaltar el corazón magnánimo del rey y del sumo cuidado que tiene para preparar el banquete y hacer llegar la invitación a quienes quiere ver sentados en su mesa.

Alza el tono de tu voz, cambia el rumbo de tu mirada, deja claro que hay un cambio fuerte: más urgencia y nuevos invitados no como "segunda" opción, sino como verdadera intención del rey.

EVANGELIO   *Un rechazo incomprensible ante la generosidad del banquete.* Pongamos atención en la grandiosidad del banquete: es un banquete extraordinario pues se hace una gran matanza de animales; además, es especial pues es con motivo de la boda del hijo del rey. De ahí que el desprecio del banquete de bodas sea, en el fondo, un desaire a la persona del rey. Sin embargo, la grandiosidad del banquete contrasta con el desprecio de los invitados.

Unas reacciones contradictorias. La respuesta de los invitados está llena de contrastes y contradicciones: los pretextos que ponen para no asistir (ir al campo y a su negocio) son insignificantes en comparación con el banquete de la boda del hijo del rey; más aún, a la invitación del rey algunos de ellos corresponden con crueldad y hasta matando a los enviados. Por eso el evangelio insiste en que no fueron dignos porque conscientemente no fueron a la fiesta; más aún, no sólo no quisieron participar de la

fiesta, sino que sin ningún motivo atentaron contra los enviados del rey. Recordemos que en la antigüedad los súbditos del rey tenían la obligación de ir a los eventos de la familia real; por eso sorprende que no vayan y que sean invitados con insistencia en dos ocasiones. La insistencia del rey para que asistan a la fiesta que está a punto de comenzar contrasta con la ligereza de los súbditos para no asistir.

Aunque algunos se nieguen a participar, de todas maneras existe el Banquete del Reino. No se suspende la fiesta por falta

Ayuda a la comunidad a imaginar un banquete en el que los pobres y marginados sean bien atendidos y colocados en los primeros lugares.

Concluye tajante y claramente pues no podemos ser injustos, ambiciosos y abusivos y pretender tener parte en el reino de Dios.

Cuando el rey **entró** a **saludar** a los **convidados**
    vio **entre ellos** a un **hombre que no iba vestido**
        con **traje de fiesta** y le **preguntó:**
'**Amigo,** ¿cómo has **entrado** aquí **sin traje de fiesta?'**
Aquel hombre se quedó **callado.**
Entonces el **rey** dijo a los **criados:**
'**Átenlo** de pies y manos y **arrójenlo fuera,** a las **tinieblas.**
Allí será el **llanto** y la **desesperación.**
Porque **muchos** son los **llamados** y **pocos** los **escogidos'".**

Forma breve: Mateo 22:1–10

de invitados; la fiesta debe realizarse. Los siervos salen a los cruces de los caminos; el evangelio insiste en que llevaron a malos y buenos y con ellos se llenó el salón de la fiesta. *Los cruces de los caminos* se refieren a los lugares que están más allá de los límites de la ciudad; más allá de los límites del pueblo de Israel.

Pero aunque el Reino sea incluyente esto no necesariamente significa irresponsabilidad de los invitados. Mateo, a diferencia de Lucas (14:16–24), presenta la entrada del rey al salón de la fiesta. Se percibe el riesgo de que, al poder entrar todos a la fiesta, se llegue a pensar que la participación en el banquete no exige absolutamente nada de parte de cada uno de los invitados. El evangelio deja suficientemente claro, en este sentido, que el hecho de ser llamado debe provocar un comportamiento de escogido.

Se indica con suficiente claridad que aquellos invitados no fueron dignos. Eran gente cercana; la costumbre corriente en aquel tiempo y en aquella cultura era invitar a las comidas sólo a los más cercanos, a los del propio grupo. Comer con gente extraña era uno de los modos más fáciles de perder el honor y de ser avergonzado. Por esto precisamente llama aún más la atención que, mientras los cercanos y amigos, han despreciado la invitación, unos desconocidos (malos y buenos) sean recibidos en el banquete para participar de la fiesta. Pero la apertura para que todos entren al nuevo banquete exige responsabilidad, llevar el traje de fiesta adecuado.

XXIX DOMINGO ORDINARIO

I LECTURA   Isaías 45:1, 4–6

Lectura del libro del profeta Isaías

Así habló el **Señor** a **Ciro**, su **ungido**,
   a quien ha tomado **de la mano**
   para **someter ante él** a las naciones
   y **desbaratar** la **potencia** de los **reyes**,
   para **abrir ante** él los portones
   y que no quede **nada cerrado:**
"Por amor a **Jacob**, mi **siervo**, y a **Israel**, mi **escogido**,
   te llamé por tu nombre y **te di** un título de **honor**,
   aunque **tú no me conocieras.**
Yo soy el Señor y **no hay** otro;
   fuera de mí no hay Dios.
Te hago **poderoso**, aunque **tú no me conoces**,
   para que **todos** sepan, de **oriente a occidente**,
   que **no hay** otro Dios **fuera de mí.**
Yo soy el Señor y **no hay otro".**

SALMO RESPONSORIAL   Salmo 95:1 y 3, 4–5, 7–8, 9–10a y c

R. Aclamen la gloria y el poder del Señor.

Canten al Señor un cántico nuevo, canten al Señor, toda la tierra. Cuenten a los pueblos su gloria, sus maravillas a todas las naciones. **R.**

Porque es grande el Señor, y muy digno de alabanza, más temible que todos los dioses. Pues los dioses de los gentiles son apariencia, mientras que el Señor ha hecho el cielo. **R.**

Familias de los pueblos, aclamen al Señor, aclamen la gloria y el poder del Señor, aclamen la gloria del nombre del Señor, entren en sus atrios trayéndole ofrendas. **R.**

Póstrense ante el Señor en el atrio sagrado, tiemble en su presencia la tierra toda. Digan a los pueblos: "el Señor es rey", él gobierna a los pueblos rectamente. **R.**

Imagina que estés ante un gran auditorio y todo el pueblo está esperando un mensaje, pero es algo totalmente nuevo y grande, no te cabe en el pecho.

Resalta con tono glorioso todos los beneficios que Dios ha hecho a través de un rey que no le adora, pero igual, es parte de un plan mundial y divino.

Acenta el poder de Ciro pues no es otra cosa que resaltar el poder de Dios. De hecho así debes concluir sin duda y con más fuerza que como empezaste.

Para meditar

I LECTURA El rey de los persas, Ciro, fue providencial para Israel. Con su decreto del año 538 antes de Cristo, después de conquistar Babilonia, no sólo da permiso a los israelitas que quieran de volver a su patria, sino que les da facilidades para que puedan reconstruir su país, sobre todo el Templo.

Estamos ante un caso único en la literatura bíblica; por primera vez en la historia del pueblo de Israel, Dios dirige su palabra favorable a un rey extranjero llamándolo su "ungido", nivelándolo de algún modo, al rey davídico. A Nabucodonosor lo llamó "siervo"

(Jr 27:6). Con esto el profeta Isaías, lejos de legitimar a un rey y sus acciones, pretende dejar claro que el Dios, el Señor de Israel, es el Soberano de la historia; nadie está por encima de él. El énfasis no está en Ciro; de hecho su elección y reconocimiento son totalmente gratuitos pues nunca se reconoce que acepte a Dios como su único Señor o que se convierta al culto del Señor.

Ciro por tanto es un instrumento de Dios, el único Señor de la historia.

II LECTURA Comenzamos a leer algunas partes de la carta de san

Pablo a los cristianos de Tesalónica, la actual Salónica. Su escrito es considerado el primero del Nuevo Testamento, fechado hacia el año 51 d. C., es decir, unos veinte años después de la muerte de Cristo. En esta ocasión leemos el saludo de Pablo, a quien se unen Silvano y Timoteo, y unas expresiones bellas de acción de gracias por la experiencia cristiana de la comunidad.

En estas alabanzas se mencionan las tres virtudes que serán llamadas teologales. Cada una es mencionada con una peculiaridad. Sólo en la práctica del amor sincero y

II LECTURA 1 Tesalonicenses 1:1–5ab

Lectura de la primera carta del apóstol san Pablo a los tesalonicenses

En poquísimas ocasiones leemos un saludo tan especial y que venga de un equipo que muestra el amor y la comunión del liderazgo. Aprovecha este impulso, dale sabor y vida al saludo.

Pablo, Silvano y **Timoteo**
deseamos la **gracia** y la **paz** a la comunidad **cristiana**
de los **tesalonicenses**,
congregada por **Dios Padre** y por **Jesucristo**, el **Señor.**

En **todo** momento **damos gracias** a Dios por **ustedes**
y los tenemos **presentes** en **nuestras oraciones.**
Ante **Dios**, nuestro **Padre**,
recordamos **sin cesar** las obras que **manifiestan** la fe de **ustedes,**
los **trabajos fatigosos** que ha emprendido su **amor**
y la **perseverancia** que les da su **esperanza**
en **Jesucristo**, nuestro **Señor.**

Abre con la asamblea la invitación a vivir la obra de Jesús en el Espíritu produciendo frutos con sabor, con entusiasmo, con paz. Ponle este sabor desde ya a su presencia y tu proclamación.

Nunca perdemos de vista, **hermanos muy amados** de **Dios,**
que **él** es quien los ha **elegido.**
En efecto, nuestra **predicación** del **Evangelio** entre **ustedes**
no se llevó a cabo **sólo** con **palabras,**
sino **también** con la **fuerza** del **Espíritu Santo,**
que produjo en ustedes **abundantes** frutos.

EVANGELIO Mateo 22:15–21

Lectura del santo Evangelio según san Mateo

Inicia este evangelio con suavidad y un poco de intriga ya que estamos entrando a una trama interesante de la Verdad y la trampa.

En **aquel** tiempo,
se reunieron los **fariseos** para ver la manera de **hacer caer**
a **Jesús,**
con **preguntas insidiosas**, en algo de que pudieran **acusarlo.**

Le **enviaron**, pues, a **algunos** de sus **secuaces,**
junto con **algunos** del partido de **Herodes**, para que le dijeran:

continuo podemos mostrar que hay esperanza en nosotros, que creemos que un mundo nuevo y mejor es posible. Solo en el amor la esperanza se hace realidad. Sólo el amor hace posible que la espera no se transforme en angustia desesperada. Esta relación entre amor y esperanza son la mejor prueba de que nuestra fe es auténtica. San Agustín de Hipona acuñó una frase que sintetiza todo lo que hemos tratado de explicar: "Que teniendo fe, espere y que esperando, ame".

EVANGELIO *El pago de impuestos, un tema muy discutido en el tiempo de Jesús.* La pregunta de los herodianos es asunto espinoso, entonces y ahora. Así, por ejemplo, un tratado judío decía: "no trates de evitar el tributo, no sea que te descubran y te quiten todo lo que tienes". Es más, los rabinos discutían si estaba permitido esquivar el tributo al César. Por eso, le piden —aunque con maldad— un consejo autorizado: "¿Está permitido?", "¿Es lícito?" (v. 17).

Había muchos impuestos. El imperio romano se sostenía sobre el complejo y excesivo sistema de impuestos. Había impuestos por la tierra (*tributum soli*), y por cada persona (*tributum capitis*); pero también por el transporte de bienes, esclavos o animales; de compraventa, sobre herencias creado por Octaviano en el año 6 d. C., sobre traspasos de propiedad, y el que se pagaba por licencia de negocios u oficios organizados. A este último se refiere el evangelio.

Unos funcionarios hipócritas. Los herodianos eran partidarios de la familia reinante. El texto los retrata como hipócritas; fingen preocuparse por una cuestión de actualidad pero, en realidad, solo le están poniendo una trampa a Jesús.

Haz notar que incluso los fariseos reconocen en Jesús a alguien muy diferente de ellos. Así mismo ponle un toque de ironía e hipocresía previniendo las torcidas intenciones detrás de sus palabras.

La denuncia es ¡hipócritas! Y del mismo modo debe sonar y resonar en el ambiente.
Transmite la sagacidad y astucia en este intercambio. Hay mucha inteligencia en ambas partes.

Haz que la comunidad vea en Jesús el modelo de vida por el reino. No es ofensivo, mucho menos tonto. Es muy audaz y va siempre más adelante.

"**Maestro**, sabemos que eres **sincero** y enseñas con **verdad**
  el **camino de Dios**,
  y que **nada** te arredra, porque **no buscas** el favor de **nadie**.
Dinos, pues, **qué** piensas:
¿Es **lícito** o no **pagar** el **tributo** al **César**?"

Conociendo **Jesús** la **malicia** de sus intenciones, les **contestó**:
"**Hipócritas**, ¿por qué **tratan** de **sorprenderme**?
Enséñenme la moneda del **tributo**".
Ellos le presentaron una **moneda**.
Jesús les **preguntó**:
"¿De **quién** es **esta imagen** y **esta inscripción**?"
Le respondieron: "**Del César**".
Y **Jesús concluyó**:
"**Den**, pues, **al César** lo que es **del César**,
  y **a Dios** lo que **es de Dios**".

Ningún poder —y nadie que lo ejerza— se puede adueñar de las personas. Ante la trampa Jesús les pide que le muestren la moneda del tributo; una moneda romana, la única válida para pagar. Tenía acuñada la imagen del emperador. Existe mucha probabilidad de que esta imagen se pueda relacionar con la divinización de los emperadores ya que el denario de Tiberio, conocido entonces en Palestina, tenía delante la cabeza del emperador y en el reverso el de su madre Livia, diosa de la paz; la leyenda en el lado del emperador tenía elementos que lo equiparaban a un dios. Y es que las monedas imperiales no sólo eran objetos de valor sino que implicaban sumisión y respeto al poder político y religioso del emperador. En el fondo lo que les quiere decir Jesús es que, al utilizar la moneda con símbolos políticos y religiosos del poder romano, han reconocido su soberanía absoluta, es decir, le han dado el lugar de Dios a alguien que no lo es.

"Al César lo que es del César, y a Dios lo que es de Dios", Jesús no estaba separando campos sino delimitando actitudes. Quería dejar claro que al César le correspondía la moneda. Jesús no se estaba oponiendo a que se pagara el tributo. Sin embargo, estaba dejando suficientemente claro que Dios era el único dueño de la persona que portaba la moneda. Dios es el único dueño de las personas; Él las creó a su imagen y semejanza. El César poseía sólo lo que él había acuñado, las monedas para el impuesto.

Hay que evitar el endiosamiento de las personas y de los poderes. Desde esta perspectiva el evangelio contiene una fuerte invitación a evitar el endiosamiento de las personas. Nadie es dueño de los demás; ninguna autoridad o poder puede adueñarse de los seres humanos.

XXX DOMINGO ORDINARIO

I LECTURA   Éxodo 22:20–26

Lectura del libro del Éxodo

Esto dice el **Señor** a su **pueblo:**
"**No hagas** sufrir **ni oprimas** al **extranjero,**
    porque **ustedes** fueron extranjeros en **Egipto.**
No explotes a las **viudas** ni a los **huérfanos,**
    porque si los **explotas** y ellos **claman** a mí,
    ciertamente oiré yo su **clamor;**
    mi ira se **encenderá,** te **mataré** a espada,
    tus **mujeres** quedarán **viudas** y tus **hijos, huérfanos.**

Cuando **prestes dinero** a uno de mi **pueblo,**
    al **pobre** que está **contigo,**
    no te portes con él como **usurero,** cargándole **intereses.**

Si **tomas** en prenda el **manto** de tu **prójimo,**
    devuélveselo **antes** de que **se ponga el sol,**
    porque no tiene otra cosa con qué **cubrirse;**
    su **manto** es su **único** cobertor
    y **si no** se lo devuelves, **¿cómo** va a **dormir?**
Cuando él **clame** a mí, **yo** lo escucharé,
    porque soy **misericordioso".**

Nadie debiera quedar inmóvil ante textos como éste. Así que asegúrate de que se escuche potentemente la demanda de justicia por parte de Dios en favor de los nuevos pobres del mundo: los migrantes y extranjeros.

En relación a los préstamos y lo que se roba legalmente a los demás, sé fríamente firme. El juicio está dado.

Habla como nadie lo haría, al concluir la manera de ser de Dios. Atento y misericordioso ¿se puede transmitir eso en la voz?

Amar es punto de partida y de llegada de lo que hagamos. Hay muchas cosas que cumplir, muchísimas normas que observar... Sin embargo, todo —absolutamente todo— adquiere sentido desde un esfuerzo serio y permanente por amar con la misma intensidad y seriedad al Dios de Jesús y a nuestros prójimos.

I LECTURA En ruta hacia la tierra de los padres, Israel llega al Sinaí para pactar la alianza. Generalmente la resumimos en los diez mandamientos, pero la alianza acompasa la vida entera de la comunidad. Ahora escuchamos unas pocas normas, relacionadas con deberes de justicia social, especialmente hacia inmigrantes y forasteros, los más pobres y débiles en cualquier sociedad.

Las viudas, huérfanos y emigrantes no se refieren a una situación familiar sino a estatutos sociales; es decir, una viuda no es la mujer a la que se le murió su esposo sino aquella mujer que, precisamente porque se le murió su esposo, es marginada y vulnerable. Igualmente un inmigrante no es simple y llanamente alguien que dejo su país para entrar en otro, sea como negociante o turista.

Migrante será aquél y aquéllas que no tienen patria, ni hogar y que sumidos en el anonimato, la sospecha, y el desprecio directo o disimulado, viven como sombras y al borde de la muerte.

Los pobres y marginados son, en pocas palabras, los rostros que a nadie agradan... Como dijo el Cardenal de la Arquidiócesis de los Ángeles hace unos años, el rostro más claro de los pobres hoy son los migrantes indocumentados y a ellos debemos de servir por razón de nuestra fe y la causa del evangelio.

Para meditar

SALMO RESPONSORIAL　Salmo 17:2–3a, 3bc–4, 47 y 51ab

R. Yo te amo, Señor, tú eres mi fortaleza.

Yo te amo, Señor, tú eres mi fortaleza, Señor, mi roca, mi alcázar, mi libertador. **R.**

Dios mío, peña mía, refugio mío, escudo mío, mi fuerza salvadora, mi baluarte. Invoco al Señor de mi alabanza y quedo libre de mis enemigos. **R.**

Viva el Señor, bendita sea mi Roca, sea ensalzado mi Dios y Salvador. Tú diste gran victoria a tu rey, tuviste misericordia de tu ungido. **R.**

II LECTURA　1 Tesalonicenses 1:5c–10

**Lectura de la primera carta del apóstol san Pablo
　a los tesalonicenses**

Hermanos:
Bien saben **cómo** hemos actuado entre **ustedes** para su **bien**.
Ustedes, por su parte, se hicieron **imitadores** nuestros
　y del **Señor**,
　pues en medio de **muchas tribulaciones**
　y con la **alegría** que da el **Espíritu Santo**,
　han aceptado la palabra de Dios **en tal forma**,
　que han llegado a ser **ejemplo** para **todos** los creyentes
　　de **Macedonia** y **Acaya**,
　porque **de ustedes** partió y se ha **difundido** la **palabra**
　　del **Señor**:
　y su **fe en Dios** ha llegado a ser **conocida**,
　no sólo en **Macedonia** y **Acaya**, sino en **todas** partes;
　de **tal manera**, que nosotros **ya no teníamos** necesidad
　　de decir **nada**.

La asamblea estará muy contenta de sentir de parte tuya un sentimiento como el que anima a Pablo y sus hermanos: está satisfecho y seguro de su fe y de sus hermanos.

Enumera con claridad y orgullo todo lo que esta comunidad hace y vive como si fuese la propia comunidad tuya.

II LECTURA　La comunidad de Tesalónica era joven y vivía el entusiasmo ardoroso por el Evangelio y la incertidumbre ante modos distintos de vivir. De modo que Pablo le exhorta a que, bajo la acción del único Espíritu, siga en el mismo destino y unida por la misma vocación. Los tesalonicenses son solidarios en la entrega de la vida —en la cruz— al mismo tiempo que copartícipes de la alegría de los frutos de la resurrección.

Por esto, la comunidad de Tesalónica resulta modelo, punto de referencia y foco de irradiación del Evangelio.

EVANGELIO　*El amor a Dios y al prójimo en el mismo nivel y con la misma importancia.* Las palabras de Jesús a la pregunta por el mandamiento madre de todos los mandamientos, van mucho más allá de lo consabido. Si tenemos en cuenta que todo piadoso repetía el *Shema* o *Escucha Israel* (Dt 6:2–6) a la mañana y a la tarde, la gente tenía bien claro que el mandamiento principal era el del amor a Dios. Sin embargo, Jesús agrega en igualdad de importancia el amor al prójimo. Aquí está su originalidad principal. Es muy diferente aceptar el amor a Dios y al prójimo por separado que unirlos en uno solo.

Un amor aplicando todas las capacidades. El evangelio señala que se debe amar a Dios con la totalidad de las capacidades del ser humano (corazón, alma, mente y fuerzas) y con *la entereza* de cada uno de ellos. *Todo* podría estar significando *totalidad* al mismo tiempo que *intensidad, entereza, seriedad, importancia,* etc. Así, debe amarse desde el lugar donde se orienta la vida, desde donde se decide (el corazón); con la existencia (alma), con la inteligencia o sabiduría (mente) y con las habilidades (fuerzas). Ahora bien, en el caso del prójimo, no se encontró mejor manera de decirlo más que

Tú sabes que el amor siempre da para más; así que aumenta el ánimo de tu proclamación invitando a la comunidad a dar más en su entrega por Jesús y el evangelio.

Porque **ellos mismos** cuentan de **qué** manera **tan favorable**
  nos acogieron **ustedes**
y cómo, **abandonando** los ídolos,
se convirtieron al Dios **vivo** y **verdadero** para **servirlo**,
esperando que venga desde el cielo su Hijo, **Jesús**,
a quien él **resucitó** de entre los **muertos**,
y es quien **nos libra** del castigo venidero.

EVANGELIO   Mateo 22:34–40

Lectura del santo Evangelio según san Mateo

Proclama como si estuvieras en medio de la discusión que aquí se narra. Estás viendo y escuchando todo, así que anímate y avisa a tus oyentes de este suceso.

En **aquel** tiempo, habiéndose enterado los **fariseos**
  de que **Jesús** había dejado **callados** a los **saduceos**,
  se acercaron a él.
Uno de ellos, que era **doctor de la ley**,
  le preguntó para **ponerlo a prueba**:
"Maestro, ¿**cuál** es el mandamiento **más grande** de la **ley**?"

Haz que se vea con toda claridad el sentido torcido de la pregunta pues ¿cómo un especialista en el tema no sabe tal respuesta?

Jesús le respondió:
"**Amarás al Señor**, tu Dios, con **todo tu corazón**,
  con **toda tu alma** y con **toda tu mente**.
Éste es el **más grande** y el **primero** de los mandamientos.
Y el segundo es **semejante** a éste:
Amarás a tu **prójimo** como a **ti mismo**.
En estos **dos mandamientos** se fundan **toda la ley** y los **profetas**".

Cuando presentes los textos de Antiguo Testamento mira a la asamblea con atención, casi con reclamo pues todos deberíamos saber esto. Es lo esencial.

---

a través de la indicación de uno mismo. Se hace eco de aquella antigua regla de oro, común en la antigüedad: "haz a otros como quieras que te hagan".

El amor nos convierte en partícipes del Reino. Tras marcar la calidad del amor "mandado", Jesús resalta que la práctica de este amor trae como consecuencia la cercanía al Reino de Dios, es decir, la vivencia de lo bueno, del verdadero discipulado. Porque el amor es para vivirse, no para platicarse. Quien practica este amor a Dios y al prójimo hace realidad todo lo que Dios tiene preparado para el ser humano.

El peligro de amar a Dios y al prójimo separadamente. Mucha gente acepta, de hecho, ambos mandamientos pero separadamente. Muchos cristianos desean amar a Dios y al prójimo pero separadamente; y hasta se piensa que es más importante el amor a Dios que el amor a las personas. Sin embargo, Jesús pone exactamente al mismo nivel el amor a Dios y al prójimo.

Es posible que estemos ante un doble principio que quería enfatizar un único convencimiento: el amor a Dios y al prójimo son inseparables. El amor al hermano sin amor a Dios dura poco; el amor a Dios sin amor al hermano es insostenible, conduce a la incredulidad.

Es tan sagrado el amor a Dios como el amor al hermano. Uno y otro deben ser el criterio fundamental de nuestra vida. Esto es más urgente porque para algunas personas el amor a Dios se ha convertido en un sutil pretexto para no amar a nadie o para vivir sin comprometerse en nada. Para otros, por el contrario, cierta manera de comprender el amor al prójimo es una excusa para vivir sin un Dios personal, amoroso y exigente.

TODOS
LOS SANTOS

I LECTURA   Apocalipsis 7:2–4, 9–14

Lectura del libro del Apocalipsis del apóstol san Juan

Yo, **Juan**, vi a un **ángel** que venía del **oriente**.
Traía consigo el **sello** del **Dios vivo**
    y **gritaba** con **voz poderosa** a los **cuatro ángeles**
    encargados de hacer **daño** a la **tierra** y al **mar**.
Les dijo:
"**¡No hagan daño** a la tierra, **ni al mar, ni** a los árboles,
    hasta que **terminemos** de **marcar** con el **sello**
    la **frente** de los servidores de **nuestro Dios!**"
Y **pude oír** el **número** de los que habían sido **marcados:**
    eran **ciento cuarenta** y **cuatro mil,**
    procedentes de **todas** las tribus de **Israel**.

Vi luego una **muchedumbre tan grande,**
    que **nadie** podía **contarla**.
Eran individuos de **todas** las **naciones** y **razas,**
    de **todos** los **pueblos y lenguas**.
Todos estaban de pie, **delante** del **trono** y del **Cordero;**
    iban **vestidos** con una **túnica blanca;**
    llevaban **palmas** en las **manos**
    y **exclamaban** con **voz poderosa:**
"La **salvación** viene de **nuestro Dios,**
    que está **sentado** en el **trono,** y del **Cordero**".

Proclama con emoción provocando en la asamblea una impresión sagrada, no de miedo, sino de misterio nuevo.

Realza los detalles de salvación con elocuencia y sin poner mucha atención al símbolo numérico, pues la mayoría pierde el mensaje por enfrascarse en este número.

Vive la indescriptible belleza de la salvación en procesión y adoración divina.

I LECTURA Celebramos la fiesta de Todos los Santos que, conocidos o desconocidos, gozan de la vida eterna con Dios y siguen vinculados a nuestra memoria y nuestra historia. Es bellísima, en este y otros sentidos, la fe de la Iglesia en la comunión de los santos. Esta celebración fue instituida por el Papa Bonifacio IV como fiesta anual a partir del año 609.

La inculturación del evangelio en esta celebración en el mundo hispano, es tan apreciada como cuestionada por ser una área que debiera lucir con la luz del misterio pascual de Cristo.

II LECTURA La salvación es universal. Los famosos "ciento cuarenta mil" que se han de salvar no alcanzarían ni para una de las más pequeñas ciudades del mundo actual. El número indica que "todo Israel", doce mil de cada una de las doce tribus, seguirá al Cordero. Además, el Apocalipsis habla de una 'inmensa multitud', una cantidad de personas que no podemos medir ("in-menso" = sin medida) que está de pie ante Dios como signo de que ha ganado y merecido la salvación. No sabemos cuántos son los salvados. Ni lo sabremos. Lo que sí debemos es que

esta puerta está abierta y nadie la puede cerrar en forma definitiva. Es la voluntad de Dios.

La incontable multitud es un nuevo pueblo sacerdotal todo él ofreciendo sus manos llenas de vida como ofrenda digna a Dios. Todos estos santos y santas que comparten con nosotros la vida y la resurrección en medio de estas dos dimensiones separadas por la muerte, todos ellos son el nuevo pueblo pascual que ha cruzado y está cruzando el último umbral y, alabando a Dios cara a cara. Todos ellos y ellas interceden por nosotros y nos muestran el camino. ¿Alguna

Y **todos los ángeles** que estaban alrededor del **trono**,
   de los **ancianos** y de los **cuatro seres vivientes**,
   cayeron **rostro** en tierra delante del **trono**
   y **adoraron a Dios**, diciendo:
"**Amén.** La **alabanza**, la **gloria**, la **sabiduría**, la **acción de gracias**,
   el **honor**, el **poder** y la **fuerza**,
   se le deben **para siempre** a **nuestro Dios**".

Entonces **uno de los ancianos** me preguntó:
"**¿Quiénes** son y de **dónde** han **venido** los que llevan
      la **túnica blanca**?"
Yo le respondí: "Señor mío, **tú eres** quien lo **sabe**".
Entonces él me dijo:
"Son los que han **pasado** por la **gran persecución**
   y han **lavado** y **blanqueado** su **túnica**
   con la **sangre del Cordero**".

Cierra la proclamación con un sentido profundo de amplitud y confianza. Que todos sepan que nada de la vida y los esfuerzos queda fuera de Dios.

Para meditar

SALMO RESPONSORIAL   Salmo 23:1–2, 3–4a, 5–6

R. Ésta es la raza de los que buscan tu rostro, Señor.

Del Señor es la tierra y cuanto la llena, el orbe y todos sus habitantes: él la fundó sobre los mares, él la afianzó sobre los ríos. **R.**

¿Quién puede subir al monte del Señor? ¿Quién puede estar en el recinto Sacro?

El hombre de manos inocentes y puro de corazón. **R.**

Ése recibirá la bendición del Señor, le hará justicia el Dios de salvación. Éste es el grupo que busca al Señor, que viene a tu presencia, Dios de Jacob. **R.**

II LECTURA   1 Juan 3:1–3

Lectura de la primera carta del apóstol san Juan

Queridos hijos:
Miren **cuánto amor** nos ha tenido el **Padre**,
   pues **no sólo** nos llamamos **hijos de Dios**, sino que lo **somos**.
Si el mundo **no nos reconoce**,
   es porque **tampoco** lo ha reconocido a **él**.

Esta lectura debe sonar a partir de ti como una confesión que toda la humanidad no ha llegado a comprender ni a emprender, aún.

---

preferencia en esta selección? ¿Alguna cultura, clase o grupo especial? Ninguna. Pero Dios sabe y siempre supo, quiénes son, por dónde caminan y cómo han llegado.

Esta visión que revela esperanza, es para toda la Iglesia una luz de su destino: dar testimonio de Cristo en el mundo, para que todos y todas crean y acepten la oferta de salvación universal.

II LECTURA La primera carta de Juan forma parte de ese fresco y rico manantial que la Iglesia reconoce como la tradición juánica: el evangelio de Juan, las

tres cartas y el Apocalipsis. La Primera carta, escrita después del evangelio entrega una breve y sustanciosa reflexión de fe que nos pone frente a lo práctico de la vida cristiana.

Vivir en el amor de Dios es la esperanza de todos los hijos e hijas de Dios. El asunto de ser hijos de Dios (filiación divina) no se toca aquí de forma complicada que exija grandes esfuerzos intelectuales. Puro corazón, esa fuente de verdad verdadera. Hay que "mirar" el amor de Dios. ¿Qué hijos no saben de esta gran verdad? Mirar el amor de nuestros padres cuando nos ven como sus hijos queridos esconde una verdad que

sólo quien ha perdido a su padre (ahora entre la lista de los santos) sabrá lo que es perder la oportunidad de mirar el amor suyo.

La santidad es una vocación universal abierta a todos, siempre. Dios es el único que tiene la última palabra en la vida de sus hijos e hijas que lo acogen en su corazón y van caminando, esforzándose en la lucha diaria, purificándose con esa esperanza.

EVANGELIO En el AT, Moisés subió al Monte Sinaí para recibir la Ley de Dios y transmitirla al pueblo de Israel que caminaba hacia la tierra de la libertad y

Anima e impulsa la necesidad de ser más sensibles y contemplativos, concluyendo con firmeza cordial.

Hermanos míos, **ahora** somos **hijos de Dios**,
    pero **aún** no se ha manifestado **cómo** seremos al **fin**.
Y **ya sabemos** que, cuando **él** se manifieste,
    vamos a ser **semejantes** a él,
    porque lo veremos **tal cual es**.

Todo el que tenga **puesta** en Dios **esta esperanza**,
    se purifica a **sí mismo**
    para ser **tan puro** como **él**.

EVANGELIO   Mateo 5:1–12a

Lectura del santo Evangelio según san Mateo

Este sermón no es de los típicos sermones que hoy escuchamos. Es el más hermoso y profundo programa de vida que la humanidad haya conocido jamás. No tiembles, más bien goza y da vida a las palabras de Jesús, revive su espíritu.

En **aquel** tiempo, cuando **Jesús** vio a la **muchedumbre**,
    subió al **monte** y **se sentó**.
Entonces se le acercaron sus **discípulos**.
Enseguida comenzó a **enseñarles**, hablándoles **así**:

"**Dichosos** los **pobres de espíritu**,
    porque **de ellos** es el **Reino de los cielos**.
Dichosos los que **lloran**,
    porque serán **consolados**.
Dichosos los **sufridos**,
    porque **heredarán la tierra**.
Dichosos los que tienen **hambre** y **sed** de **justicia**,
    porque serán **saciados**.
Dichosos los **misericordiosos**,
    porque obtendrán **misericordia**.

Ve poniendo una breve pausa intermedia después de cada declaración de felicidad, dale un segundo al oído humano para abrazar el mensaje.

Dichosos los **limpios de corazón**,
    porque **verán a Dios**.
Dichosos los que trabajan por la **paz**,
    porque se les llamará **hijos de Dios**.
Dichosos los **perseguidos** por causa de la **justicia**,
    porque **de ellos** es el **Reino de los cielos**.

---

de la promesa. Al igual que Moisés, Jesús sube al Monte y, mirando a la multitud, proclama la Nueva Ley. Es significativa la manera solemne como Mateo introduce la proclamación de la Nueva Ley: "Viendo la muchedumbre, subió al monte, se sentó, y sus discípulos se le acercaron. Y, tomando la palabra, les enseñaba diciendo: 'Bienaventurados los pobres de espíritu, porque de ellos es el Reino de los Cielos'". Las ocho Bienaventuranzas forman una solemne apertura del "Sermón de la Montaña". En ellas Jesús define quién puede ser considerado bienaventurado, o partícipe del Reino.

Estas ochos categorías de vida nos orientan para ser una persona nueva con una nueva identidad frente el reino de Jesús y a partir de una, o varias de estas puertas. Ocho puertas para entrar en el Reino, para la Comunidad. ¡No hay otras entradas! Quien quiere entrar en el Reino tendrá que identificarse por lo menos con una de estas categorías.

El asunto de los pobres en la historia ha sido siempre ignorado, distorsionado ocultado. Por otro lado, siempre ha dado mucha esperanza que Jesús haya optado por los pobres: "¡Bienaventurados los pobres

de espíritu!" O, los que "tienen el espíritu del pobre" traducirán otros. Jesús reconoce la riqueza y el valor de los pobres (Mt 11:25–26). Define su propia misión como la de "anunciar la Buena Nueva a los pobres" (Lc 4:18). Él mismo vive pobre. No posee nada para sí, ni siquiera una piedra donde reclinar la cabeza (Mt 8:20). Y a quien quiere seguirle manda escoger: ¡O Dios, o el dinero! (Mt 6:24). En el evangelio de Lucas se dice: "¡Bienaventurados los pobres!" (Lc 6:20). Entonces, ¿quién es "pobre de espíritu"? Es el pobre que tiene el mismo espíritu que animó a Jesús. No es el rico. Ni es el pobre

La conclusión es abierta. No se cierra el mensaje, así que será mucho más adecuado si dejas en suspenso abierto al terminar la lectura.

Dichosos serán **ustedes**, cuando los **injurien**, los **persigan**
   y digan **cosas falsas** de ustedes por **causa mía**.
Alégrense y **salten de contento**,
   porque su **premio** será **grande** en los **cielos**".

como mentalidad de rico. Es el pobre que, como Jesús, piensa en los pobres y reconoce su valor. Es el pobre que dice: "Pienso que el mundo será mejor cuando el menor que padece piensa en el menor".

"Bienaventurados los perseguidos por causa de la justicia, de ellos es el Reino de los Cielos".

Cada vez que en la Biblia se intenta renovar la Alianza, se empieza estableciendo el derecho de los pobres y de los excluidos. Sin esto, ¡la Alianza no se rehace! Así hacían los profetas, así hace Jesús. En las bienaventuranzas, anuncia al pueblo el nuevo proyecto de Dios que acoge a los pobres y a los excluidos. Denuncia el sistema que ha excluido a los pobres y que persigue a los que luchan por la justicia. La primera categoría de los "pobres en espíritu" y la última categoría de los "perseguidos por causa de la justicia" reciben la misma promesa del Reino de los Cielos. Y la reciben desde ahora, en el presente, pues Jesús dice "¡de ellos es el Reino!" El Reino ya está presente en su vida. Entre la primera y la última categoría, hay tres otras categorías de personas que reciben la promesa del Reino.

En estos tres pares de bienaventuranzas se transparenta el nuevo proyecto de vida que quiere reconstruirla en su totalidad a través de un nuevo tipo de relaciones: con los bienes materiales (primer par de bienaventuranzas); con las personas entre sí (segundo par); con Dios (tercer par). La comunidad cristiana debe ser una muestra de este Reino, un lugar donde el Reino empieza a tomar forma desde ahora mismo.

TODOS LOS FIELES DIFUNTOS

I LECTURA   Sabiduría 3:1–9

Lectura del libro de la Sabiduría

Las almas de los justos están en las **manos** de Dios
      y no los alcanzará **ningún tormento.**
Los insensatos **pensaban** que los justos habían muerto,
que su salida de este mundo era una **desgracia**
y su salida de entre nosotros, una completa **destrucción.**
Pero los justos están en **paz.**

La gente **pensaba** que sus sufrimientos eran un **castigo,**
pero ellos esperaban **confiadamente** la inmortalidad.
Después de **breves** sufrimientos
Recibirán una **abundante** recompensa,
pues Dios los puso a **prueba**
y los halló **dignos** de sí.
Los probó como **oro** en el crisol
y los aceptó como un holocausto **agradable.**

En el día del juicio **brillarán** los justos
como **chispas** que se propagan en un cañaveral.
Juzgarán a las naciones y **dominarán** a los pueblos,
y el Señor **reinará** eternamente sobre ellos.
Los que confían en el Señor comprenderán la verdad
y los que son **fieles** a su amor permanecerán a su lado,
porque **Dios ama** a sus elegidos y cuida de ellos.

Comunica con asombro y emoción la obra justiciera de Dios para un pueblo angustiado por la muerte en vida.

Resuelto y firme haz sentir a la comunidad que Dios lleva cuentas de los sufrimientos de su pueblo.

Resalta confiado el esplendor de los justos que se mantienen fieles al Señor en medio de la tribulación.

La conmemoración de los fieles difuntos fue instituida por san Odilón, quinto abad de Cluny, el año 998. Al orar por los difuntos, la Iglesia contempla ante todo el misterio de la resurrección de Cristo que, con su Cruz, nos obtiene la salvación y la vida eterna.

I LECTURA El mensaje del libro de Daniel es apocalíptico en tiempos de intensa persecución y crisis para el pueblo. Está en juego su identidad misma al tambalearse la cultura judía por la crisis de valores, normas y costumbres del pueblo. Así que es necesario ir a los fundamentos,

las raíces mismas del pueblo y proponer nuevos y mejores modelos y una renovada esperanza como pueblo de Dios.

Dios protege a su pueblo por medio del ángel Miguel, jefe de los ejércitos celestiales. Él mismo derrota al enemigo como signo anticipatorio que el momento final está acercándose. La justicia viene acercándose por medio de acontecimientos históricos y cósmicos inmensos (estilo del género apocalíptico). Dios mismo lleva cuentas de quienes han de ser rescatados y coronados de esplendor sin fin.

II LECTURA Aunque hablamos mucho del pecado y también de la gracia en los ambientes pastorales y en los grupos eclesiales. La formación de la conciencia cristiana sobre lo bueno y lo malo apunta en muchas direcciones y con toda seguridad, tenemos muchas preguntas, incluso convencimientos que, en lugar de fortalecernos en la fe, nos desaniman o no dirigen a otro camino, a otro tipo de vida.

San Pablo se encuentra de frente a una realidad parecida con los cristianos de Roma. Posiblemente los malos entendidos

Para meditar

SALMO RESPONSORIAL   Salmo 22:1–3a, 3b–4, 5, 6

R. El Señor es mi pastor, nada me falta.

El Señor es mi pastor, nada me falta: en verdes praderas me hace recostar, me conduce hacia fuentes tranquilas y repara mis fuerzas. R.

Me guía por el sendero justo por el honor de su nombre. Aunque camine por cañadas oscuras, nada temo, porque tú vas conmigo: tu vara y tu cayado me sosiegan. R.

Preparas una mesa ante mí enfrente de mis enemigos; me unges la cabeza con perfume, y mi copa rebosa. R.

Tu bondad y tu misericordia me acompañan todos los días de mi vida, y habitaré en la casa del Señor por años sin término. R.

II LECTURA   Romanos 6:3–9

Lectura de la carta del apóstol san Pablo a los romanos

Hermanos: ¿**No saben ustedes que todos** los que hemos sido **incorporados** a **Cristo Jesús**
por medio del **bautismo**,
hemos sido **incorporados** a su **muerte**.
En efecto,
por el **bautismo** fuimos **sepultados** con él en su **muerte**,
para que, así como **Cristo resucitó** de entre los **muertos**
por la **gloria del Padre**,
así también nosotros llevemos una **vida nueva**.

Porque, si hemos estado **íntimamente unidos** a él
por una **muerte semejante** a la **suya**,
también lo estaremos en su **resurrección**.
Sabemos que **nuestro viejo yo** fue **crucificado** con **Cristo**,
para que el **cuerpo del pecado** quedara **destruido**,
a fin de que **ya no sirvamos** al **pecado**,
pues el que ha **muerto** queda **libre** del **pecado**.

Proclama esta excelente catequesis paulina con el ímpetu de un convertido de verdad. Su fuerza y su testimonio deben sentirse en toda la extensión de la palabra.

Cuando estés hablando de los efectos del bautismo mira atentamente a la asamblea, incítala a vivir de acuerdo a la fe profesada.

Mira a los presentes como asegurándoles que lo malo siempre ha de quedar atrás. Jesucristo y todos los santos que celebramos son la prueba irrefutable.

sean semejantes a lo que sigue: El entendimiento del bautismo como un evento algo mágico. Algo que hay que cumplir para ser salvados y continuar viviendo del mismo modo. La pregunta del apóstol (6:1) apunta a una mentalidad de su tiempo que raya en la estupidez, pero que no podemos negar su existencia. ¿Se necesita el pecado para que obre la gracia? Parece simple pero sugiere que analicemos con más fineza las consecuencias de una perspectiva semejante. Tiene serias consecuencias en la fuerza que le damos al mal en nuestra vida y en la des-

figuración que aplicamos a nuestra fe, especialmente en el sacramento del bautismo y en cuanto a nuestra vida en Cristo.

De aquí que San Pablo sea tajante en su exposición de la fuerza de la gracia que, por el bautismo, nos hace personas nuevas en Cristo. Nuestra raíz, nuestra vocación y nuestra opción de vida en Jesús es vivir orientados por la gracia, superando continuamente la ignorancia de ser expertos en el pecado pretendiendo, con ello, ser buenos discípulos de Cristo. Es muy probable que tengamos más preguntas que respuestas.

EVANGELIO   Al meditar este texto, no puedo evitar una breve nota personal: La figura de mi padre llevando la comunión a los enfermos diariamente por más de 40 años. Su experiencia y "sus" enfermos se volvieron parte de la familia. Conversaciones, noticias, testimonios y el discurso de Jesús como Pan de Vida que es vida verdadera y esperanza real para los enfermos. No simplemente por enfermos, sino por la gran sensibilidad que hay en estos momentos para valorar y apreciar la vida. La experiencia profunda de vivir la comunión íntima con Cristo en la eucaristía

Proclama con mucha fuerza la esperanza de la resurrección como asegurando esta fe en toda la tradición de la Iglesia.

Por lo tanto,
si hemos **muerto en Cristo**,
estamos **seguros** de que **también viviremos** con él;
pues **sabemos** que **Cristo** una vez **resucitado**
de entre los **muertos**,
ya **nunca morirá**.
La **muerte ya no tiene dominio** sobre él.

EVANGELIO   Juan 6:37–40

Lectura del santo Evangelio según san Juan

En **aquel** tiempo,
Jesús dijo a la **multidud**:
"**Todo aquel** que me da el **Padre** viene hacia **mí**;
y al que **viene** a mí **yo** no lo echaré **fuera**,
porque he **bajado** del **cielo**,
no para hacer **mi voluntad**,
sino la **voluntad** del que **me envió**.

Y la **voluntad** del que **me envió**
es que **yo no pierda nada** de lo que **él** me ha **dado**,
sino que lo **resucite** en el **último día**.
La **voluntad** de mi Padre **consiste** en que **todo** el que vea al **Hijo**
y **crea en él**,
tenga **vida eterna** y yo lo **resucitaré** en el **último día**".

Proclamas uno de los discursos más bellos que ofrece Jesús en el evangelio de Juan. Sé digno y elocuente también en tu lenguaje corporal.

Cuando te refieras a la voluntad de Dios vuelve tu mirada a la comunidad llenándole de confianza ante el destino de nuestros difuntos y de nuestra propia vida.

y en la presencia de la familia abre la esperanza que San Juan nos relata en estos versitos. La voluntad de Dios es que nadie quede fuera de la salvación. Quienes creen en el Hijo, están recibiendo ya un don del Padre (la fe) y este don incluye una vida nueva en toda su amplitud: la salvación y la resurrección. La forma típica de San Juan "no para… sino para" es una manera de precisar e indicar con toda claridad que el Padre es quien ha enviado al Hijo y vino para salvar y no para condenar.

Notemos la insistencia (vv. 39 y 40) de dejar claro que se trata de la voluntad del Padre (v. 39) en la que hay plena coincidencia con la única misión del Hijo (v. 40). La comprensión de nuestra vida a la luz de la fe en Cristo ha de situarnos en una perspectiva totalmente nueva de todo. De la salud y de la enfermedad, del trabajo y el descanso, de nuestro origen y de nuestro destino. De nuestros difuntos y de nosotros mismos.

Con ocasión, no de este texto sino de esta fiesta litúrgica, el Papa Benedicto XVI dijo unas palabras en el Ángelus del 5 de

noviembre del 2006, que me gustaría recordar: "Morir, en realidad, forma parte de la vida y no sólo de su final, sino también, si prestamos atención, de todo instante. A pesar de todas las distracciones, la pérdida de un ser querido nos hace descubrir el 'problema', haciéndonos sentir la muerte como una presencia radicalmente hostil y contraria a nuestra natural vocación a la vida y a la felicidad".

DEDICACIÓN DE LA BASÍLICA DE LETRÁN

I LECTURA   Ezequiel 47:1–2, 8–9, 12

Lectura del libro del profeta Ezequiel

En aquellos **tiempos**,
    un hombre me **llevó** a la entrada del **templo**.
Por **debajo** del umbral
    manaba **agua** hacia el **oriente**,
    pues el templo miraba hacia el oriente,
    y el **agua bajaba** por el lado derecho **del templo**,
    al **sur** del altar.

Luego **me hizo salir** por el pórtico del norte
    y **dar la vuelta** hasta el pórtico que mira hacia **el oriente**,
    y **el agua corría** por el lado derecho.

Aquel hombre **me dijo:**
    "**Estas aguas** van hacia la región oriental;
bajarán hasta el Arabá,
    entrarán en el mar de aguas saladas y lo sanearán.
Todo **ser viviente** que se mueva
    por donde **pasa el torrente**, vivirá;
    habrá peces en abundancia,
    porque los lugares a **donde lleguen**
    estas aguas quedarán **saneados**
    y por **dondequiera** que el torrente pase, **prosperará** la vida.

Abre la lectura con cierta naturalidad y ve aumentando el ritmo y la intensidad poco a poco.

La visión profética es un género que tiene mucho de mística, poesía y profundas convicciones. Agárrate de alguna de estas áreas de tu vida para proclamar esta lectura.

Constantino, el primer emperador romano convertido al Cristianismo, puso fin a un largo período de persecuciones contra los cristianos. Fue él quien le entregó al Papa el Palacio lateranense como lugar de residencia, y para edificar allí la primera basílica pública de la cristiandad. El término "basílica" significa "regia" o "real".

Por mucho tiempo la Basílica de san Juan de Letrán sería el centro de la vida cristiana en Roma, y por eso fue designada "Madre y cabeza de todas las Iglesias de la ciudad y del mundo".

I LECTURA El profetismo bíblico abunda en visiones. Esos arrebatos poéticos, llenos de imagen, de colorido, pero sobre todo de significado para los escuchas. Ezequiel, unos 600 años antes de Cristo, es un profeta raro y misterioso; en él se combina la imaginación utópica con el análisis de la realidad. Visionario extraordinario, esta cuarta visión sobre el templo tiene como motivo poderoso el agua que todo lo renueva y vivifica, incluido el Mar Muerto. Así es Dios: principio y origen de vida nueva. De hecho, el evangelio de Juan, tomará esta imagen y la predicarán de Jesús.

II LECTURA Los cristianos de Corinto reciben continuamente la invitación de Pablo para edificar el Cuerpo de Cristo, para vivir de acuerdo al evangelio anunciado por Jesús. Esta edificación requiere de la participación de todos, pues todos son llamados y todos son parte en la obra de Dios. Recomendamos redondear más la lectura del texto, ir más adelante y atrás de los versos señalados, pues su selección corta el ritmo y el sentido de la lectura para su mejor entendimiento. Los detalles de una lectura corrida de 3:5–17 nos darán detalles importantes de los puntos clave

Sé muy generoso en la expresión para que también la asamblea vibre con la hermosa visión del profeta. Mira el templo, contempla a la comunidad.

En ambas **márgenes** del torrente crecerán
    árboles frutales de toda especie,
    de **follaje perenne** e inagotables frutos.
Darán **frutos nuevos** cada mes,
    porque los riegan las aguas que **manan del santuario**.
Sus **frutos servirán** de alimento y sus hojas, de **medicina**".

Para meditar

SALMO RESPONSORIAL   Salmo 45:2–3, 5–6, 8–9

R. El correr de las acequias alegra la ciudad de Dios, el Altísimo consagra su morada.

Dios es nuestro refugio y nuestra fuerza, poderoso defensor en el peligro. Por eso no tememos aunque tiemble la tierra, y los montes se desplomen en el mar. **R.**

El correr de las acequias alegra la ciudad de Dios, el Altísimo consagra su morada.

Teniendo a Dios en medio, no vacila; Dios la socorre al despuntar la aurora. **R.**

El Señor de los ejércitos está con nosotros, nuestro alcázar es el Dios de Jacob. Vengan a ver las obras del Señor, las maravillas que hace en la tierra. **R.**

II LECTURA   1 Corintios 3:9c–11, 16–17

Lectura de la primera carta del apóstol san Pablo a los corintios

Proclama estas primeras frases como elevando antes los ojos de la asamblea un deseo y mandato del Señor. Que todos lo vean, lo sientan y lo entiendan.

Hermanos:
Ustedes son la casa que Dios edifica.
Yo, por **mi parte**,
    correspondiendo al don que Dios me ha concedido,
    como un buen arquitecto, **he puesto** los **cimientos**;
    pero **es otro** quien construye sobre ellos.
Que cada uno se **fije cómo va** construyendo.
Desde luego, **el único cimiento** válido
    es **Jesucristo** y nadie puede poner otro distinto.

Ahora expresa con fuerza sin par, una pregunta que es más bien una afirmación sobre nuestras personas y sobre la obra de Cristo.

¿No saben acaso ustedes que son el **templo de Dios**
    y que el **Espíritu de Dios** habita en ustedes?

---

señalados por los versos 9, 11, 16 y 17. Afirmando que nuestra colaboración en la obra de Dios nos incluye a nosotros mismos. Digamos de otra manera: no solo se trata de edificar el cuerpo de Cristo, sino de dejarnos edificar por él, cuando estamos en esta tarea. Él es el maestro, nosotros los colaboradores. Él es la base y solo desde aquí podremos trabajar por una auténtica unidad en la Iglesia, por mencionar una tarea muy mencionada en nuestros campos. Ninguna cultura, ningún modelo de Iglesia puede suplir a Jesús como base de la unidad. En este sentido, la dignidad de cada persona

en cuanto templo del Espíritu Santo habrá de ser la segunda base para que la obra de Dios se vaya realizando en bases solidas y verdaderas: Cristo y la dignidad humana de las personas.

EVANGELIO Para comprender este evangelio necesitamos tomar en cuenta tres elementos: El primero apunta a la intención del evangelista Juan que, a diferencia de los otros evangelios que colocan este evento en la última semana de la vida de Jesús, aquí se ve como un suceso mucho más temprano. La purificación que

Jesús hace del templo es entendida como un símbolo de su propia muerte y resurrección. No queriendo decir que la muerte de Jesús sea de purificación sino exponiendo su vida, su comportamiento y hasta las últimas consecuencias (muerte y resurrección) como verdadero "lugar" de alabanza a Dios. Este acto simbólico de Jesús es un poder inigualable. En primer lugar porque asume, critica y supera toda la gran tradición del pueblo de Israel en relación a la presencia de Dios.

El templo, como lugar físico es un espacio para vivir y celebrar lo sagrado de la

Quien **destruye** el templo de **Dios**,
  será **destruido** por Dios,
  porque el templo de **Dios es santo**
  y ustedes son ese **templo**.

EVANGELIO   Juan 2:13–22

Lectura del santo Evangelio según san Juan

Inicia la narración en forma tranquila; es apenas la preparación a la pascua.

Cuando se **acercaba** la **Pascua** de los judíos,
  Jesús llegó a **Jerusalén**
  y **encontró** en el templo a los **vendedores**
  de bueyes, **ovejas** y palomas,
  y a los **cambistas** con sus mesas.

Ahora que narraste el escenario presenta a Jesús mirando todo eso. Sé detallista en la mención de lo que sucedía y en la reacción de Jesús.

Entonces hizo **un látigo** de cordeles y los **echó** del templo,
  con todo y sus ovejas y bueyes;
  a los **cambistas** les volcó las mesas
  y les tiró al suelo **las monedas**;
  y a los **que vendían** palomas les dijo:
  "Quiten todo de aquí y **no conviertan**
  en un **mercado** la casa de mi Padre".

La frase de Jesús debe estar llena de intensidad, fuerza y coraje ante tal situación tan revertida y distorsionada. No suavices lo que el evangelio quiere que quede bien claro.

En ese **momento**,
  sus discípulos se **acordaron** de lo que estaba escrito:
  El celo de tu casa **me devora**.

Después **intervinieron** los judíos para **preguntarle**:
  "¿Qué señal nos das de que tienes
  autoridad para actuar así?".
Jesús les **respondió**:
  "**Destruyan** este templo y en **tres días** lo reconstruiré".

La respuesta de Jesús no está esquivando la pregunta, sino ampliando su sentido. Dale credibilidad a tus palabras.

vida del pueblo y de la obra de Dios. La crítica de los profetas a los abusos del culto y de las reglas y obligaciones de la religión judía y el templo encuentra en esta acción de Jesús su máxima expresión, su mejor ejemplo. En segundo lugar conviene notar que San Juan nos está mostrando también la manera como los discípulos y primeros cristianos llegaron a comprender el lugar de Jesús frente a las tradiciones de la fe judía. Sin olvidar que dichas tradiciones seguían vivas y actuantes en la conciencia y costumbre de muchos de los cristianos convertidos. En tercer lugar, conviene que entretejamos estos hilos del evangelio para iluminar nuestra realidad de fe, la fiesta litúrgica que celebramos y nuestras actitudes personales.

La obra de Jesús y el amor de Dios tiene un lugar en el espacio físico del templo, pero nunca el templo podrá atrapar, por así decirlo, a Dios, a la vida y a la fe. Más aún, si atendemos a lo que sabemos de Jesús desde el punto de vista histórico y el testimonio de los mismos evangelios, él mismo, siendo judío participó de las tradiciones religiosas y, en concreto, en el templo. En este sentido ni los profetas ni Jesús fueron contra el templo, sino contra los usos y los abusos de ese espacio sagrado y lo sagrado del pueblo y la religión misma. Pero también está muy claro que el ministerio de Jesús y su predicación del Reino no está dependiendo del templo. Todas las instituciones especialmente el templo con su fuerza y sus formas de organización se verán seriamente desafiadas ante la persona de Jesús. Recordemos un detalle más sobre el templo de Jerusalén y la presencia de Dios. Al principio no había templo, la alianza con Dios brotó en la edificación de un pueblo nómada, caminante. Dios encuentra a su pueblo, lo llama a caminar y camina con él. El símbolo

Replicaron los judíos:
"**Cuarenta y seis años** se ha llevado la **construcción** del templo,
¿y tú lo vas a levantar en **tres días**?".

Pero él hablaba del templo **de su cuerpo**.
Por eso, **cuando resucitó** Jesús de entre los muertos,
se **acordaron sus discípulos** de que había dicho aquello
y **creyeron** en la **escritura**
y en las **palabras** que **Jesús** había dicho.

de la Alianza está puesto en un Arca móvil. Esa presencia de Dios se fue institucionalizando al entrar a la monarquía, intentó construir una "casa" para Dios y nació el templo. Ese lugar (el templo) sagrado se reforzó con la creación de un día sagrado (el sábado) para el Señor. Ya en tiempos de Jesús y de los primeros cristianos fue imposible evitar la crítica al templo y sus desvíos por dos razones especialmente. En primer lugar porque era necesario limpiar esta obra que en sus orígenes había sido muy buena y que ahora había llegado a la desfiguración de su sentido. En segundo lugar, y más im-

portante aun, porque ahora en la persona de Jesús contamos con la presencia viva de Dios y su obra de salvación. La lectura de este evangelio y sus líneas de sentido y mensaje no se presentan de fácil, pero sí posible, aplicación para la fiesta que celebramos. La Basílica de San Juan de Letrán como primera y más antigua basílica (siglo IV) es considerada la madre de todas las iglesias y basílicas de la Iglesia católica. Es también, junto con la basílica de san Pedro, la sede del obispo de Roma, el papa. Este regalo del emperador Constantino marcó el inicio de la cristiandad en la Iglesia. Una

mentalidad que aun late en muchos rincones de nuestra Iglesia. Hablando con sinceridad, el evangelio y Jesús mismo tienen mucho que decir a los usos y abusos de los santuarios en el mundo católico. Tal vez la mejor guía para vincular estas dos realidades (templos y anuncio del evangelio) sea el pensamiento del propio papa Benedicto XVI: "La Iglesia-edificio es un signo concreto de la Iglesia-comunidad de piedras vivas a las que hay que edificar".

XXXIII DOMINGO ORDINARIO

I LECTURA   Proverbios 31:10–13, 19–20, 30–31

Lectura del libro de los Proverbios

Dichoso el hombre que encuentra una **mujer hacendosa**:
 muy superior a las **perlas** es su **valor**.

Su marido **confía** en ella
 y, con su **ayuda**, él **se enriquecerá**;
 todos los días de su **vida**
 le procurará **bienes** y **no males**.

Adquiere lana y lino
 y los **trabaja** con sus **hábiles manos**.

Sabe manejar la **rueca** y con sus dedos **mueve** el huso;
 abre sus manos al **pobre** y las **tiende** al **desvalido**.

Son **engañosos** los **encantos** y **vana** la **hermosura**;
 merece **alabanza** la mujer que **teme al Señor**.

Es **digna** de **gozar** del fruto de sus **trabajos**
 y de ser **alabada** por **todos**.

SALMO RESPONSORIAL   Salmo 127:1–2, 3, 4–5

R. Dichoso el que teme al Señor.

¡Dichoso el que teme al Señor, y sigue sus caminos! Comerás del fruto de tu trabajo, serás dichoso, te irá bien. **R.**

Tu mujer, como parra fecunda, en medio de tu casa; tus hijos, como renuevos de olivo, alrededor de tu mesa. **R.**

Ésta es la bendición del hombre que teme al Señor. Que el Señor te bendiga desde Sión, que veas la prosperidad de Jerusalén, todos los días de tu vida. **R.**

Estás proclamando un poema de felicidad por haber encontrado al complemento de tu vida. Siente el amor en todo tu ser y transmítelo mientras proclamas.

Enumera las cualidades de la mujer con elocuencia inigualable. Haz las pausas y ve señalando los cambios, como si el espacio no fuese suficiente para el amor en persona.

Para meditar

Estamos en el penúltimo domingo del año litúrgico y las lecturas, especialmente, la del evangelio, harán una invitación precisa a dar frutos. Este mismo contenido aparecerá enfatizado en la primera lectura en donde se habla, de acuerdo a los parámetros de la antigüedad, del modelo de mujer. Y en el caso de la segunda lectura se nos recordará la necesidad de vivir como hijos de la luz y no como hijos de las tinieblas.

I LECTURA Tengamos como trasfondo de este pasaje que el libro de Proverbios está formado por una serie de poemas y una amplia recopilación de dichos —más de novecientos— muy cercanos a nuestros refranes o dichos donde brilla la sabiduría profunda y acumulada de nuestras comunidades. El pasaje que leemos hoy es un poema que canta la alabanza de la mujer ideal según los criterios de la sociedad de su época.

Su marido se fía de ella. Su casa sale ganando con su actitud cuidadosa y con la destreza de sus manos (trabajando el huso y la rueca). Pero esta mujer es, a su vez, generosa, lo cual la hace doblemente valiosa pues en la mentalidad de aquel tiempo aumentaba la reputación y calidad de la familia.

Por eso, los autores del libro de los Proverbios no se fijan en su hermosura "engañosa y fugaz". Una mujer así "vale mucho más que las perlas" y merece que sus obras las alaben todos en la plaza, y además por su fe: "la que teme al Señor merece alabanza".

II LECTURA El texto de primera Tesalonicenses expresa el modo imprevisible de la llegada del Señor y, por tanto, la necesidad de estar preparados

---

II LECTURA   1 Tesalonicenses 5:1–6

**Lectura de la primera carta del apóstol san Pablo
a los tesalonicenses**

Hermanos:
Por lo que se refiere al **tiempo** y a las **circunstancias**
     de la **venida** del **Señor**,
     no necesitan que les escribamos **nada**,
     puesto que **ustedes** saben **perfectamente**
     que el **día del Señor** llegará como un **ladrón** en la **noche**.
Cuando la **gente** esté diciendo:
     "¡Qué **paz** y qué **seguridad** tenemos!",
     de repente vendrá sobre ellos la **catástrofe**,
     como **de repente** le vienen a la **mujer** encinta
          los **dolores** del parto,
     y **no** podrán **escapar**.

Pero a **ustedes**, **hermanos**, ese día **no** los tomará por **sorpresa**,
     como un **ladrón**,
     porque ustedes **no viven** en **tinieblas**,
     sino que son **hijos** de la **luz** y del **día**, no de la **noche**
          y las **tinieblas**.

Por tanto, **no** vivamos **dormidos**, como los **malos**;
     antes bien, mantengámonos **despiertos** y vivamos **sobriamente**.

La parte inicial de este texto debe sonar un tanto cuanto serio, pero no frío. Como si estuvieses diciendo a tus oyentes que no hay nada que temer, que todo está bajo control.

Cuando proclames la paz y la seguridad observa detenidamente a los presentes, no vaya a ser que estén demasiado confiados y los cambios les agarren mal parados.

Reconoce a los presentes la ventaja de estar viviendo en la luz de Cristo. Que sientan tu apoyo.

El llamado a vivir conscientes, bien despiertos, debe ser enfático. Que no quede duda en nadie, mucho menos en ti.

---

y vigilantes. Se deja claro que la venida del Señor es imprevista e imprevisible: "vendrá como un ladrón en plena noche" (v. 2), llegará cuando menos se espere (v. 3).

Ahora bien no se condenan los cansancios sino los descuidos. Por eso, san Pablo, insiste en que esta actitud de espera no es sólo a nivel intelectual sino sobre todo moral. Pablo explica lo que significa vigilar cuando dice de manera resumida: "no durmamos como hacen los demás, sino vigilemos y vivamos sobriamente" (v. 6).

Para Pablo, dormir es aquella actitud que nubla la mente y entorpece la concien-

cia y debilita el corazón. De esta manera, todo aquel que desea estar vigilante, debe estar en permanente aprendizaje de saber decidir, en un equilibrio adecuado, en una libertad generosa. El cristiano que se mantiene despierto es hijo del día, desafía la noche, caminando al encuentro del Señor.

EVANGELIO   *Un mensaje importante para el presente.* Debemos tener en cuenta que estos textos se ubican en el llamado "Discurso Escatológico" (24:1—25:46), y han propiciado que, con mucha facilidad, se interpreten como si

Mateo estuviera hablando del futuro y no del presente, del final y no del comienzo. El evangelista ha colocado un texto sobre la buena marcha de la comunidad en un discurso escatológico precisamente porque le interesa dar a entender que lo que dirá a continuación tiene utilidad, seriedad e importancia para la vida presente. En la cultura mediterránea cuando algo se desplaza al final es, entre otras cosas, para enfatizar su seriedad e importancia para la vida presente.

¿Quién es el servidor fiel y prudente? El texto de Mt 24:43–51 aparece profundamente ligado a la parábola de las diez vírgenes, a

EVANGELIO   Mateo 25:14–30

Lectura del santo Evangelio según san Mateo

En **aquel** tiempo, **Jesús** dijo a sus discípulos **esta parábola**:
"El **Reino** de los cielos se parece **también** a un hombre
    que iba a salir de viaje a **tierras lejanas**;
    llamó a sus servidores de confianza y les encargó sus bienes.
A uno le dio **cinco** talentos; a otro, **dos**; y a un tercero, **uno**,
    según la capacidad **de cada uno**, y luego se fue.

El que recibió **cinco** talentos fue **enseguida** a negociar con ellos
    y **ganó** otros cinco.
El que recibió dos hizo **lo mismo** y ganó **otros dos**.
En cambio, el que recibió un talento **hizo** un hoyo en la tierra
    y allí **escondió** el dinero de su señor.

Después de mucho tiempo **regresó** aquel hombre
    y llamó a cuentas a sus servidores.

Se acercó el que había recibido **cinco** talentos
    y le presentó **otros cinco**, diciendo:
'Señor, **cinco talentos** me dejaste;
    aquí tienes otros cinco, que con ellos **he ganado**'.
Su señor le dijo:
'**Te felicito**, siervo **bueno y fiel**.
Puesto que has sido **fiel en** cosas de poco valor
    te confiaré cosas de **mucho** valor.
Entra a tomar parte en **la alegría** de tu señor'.

Se acercó luego el que había recibido **dos talentos** y le dijo:
'**Señor, dos** talentos me dejaste; aquí tienes otros dos,
    que con ellos **he ganado**'.
Su señor le dijo: '**Te felicito**, siervo **bueno y fiel**.
Puesto que has sido **fiel en** cosas de poco valor,
    te confiaré cosas de **mucho** valor.
Entra a tomar parte en **la alegría** de tu señor'.

Esta parábola está llena de imágenes muy familiares para los oyentes de Jesús y, muy posiblemente también para los que te escuchan. De un modo u otro dale vida a tan bella descripción que hace Jesús.

Imprime ánimo en tu proclamación, participa a la comunidad el entusiasmo del amo que confía en sus servidores. No es una comparación tramposa, ¡al contrario!

Marca un silencio breve en las partes del evangelio que permita a la comunidad captar el comportamiento de los siervos y los dones confiados; es la idea.

Que a nadie le quede duda de la importancia de dar y producir frutos. La fe no es una ilusión desencarnada.

---

la de los talentos y al relato del juicio final. La presentación de un siervo fiel y prudente y de otro malvado introduce al lector atento en las actitudes que aparecerán en los textos posteriores: las diez vírgenes: cinco necias y cinco prudentes; los servidores a los que les fueron entregados los talentos: el de cinco y el de dos son catalogados como buenos y fieles, en cambio el que recibió uno, el que no produjo nada, es presentado como malo y perezoso. Por último, se presenta al Hijo del Hombre separando a las ovejas de los cabritos, los benditos de los malditos. De este modo, parece que sólo se

puede resolver la pregunta sobre quién es servidor fiel y prudente a partir de las parábolas de las diez vírgenes, la de los talentos y del relato de la venida del Hijo de Hombre.

Pero, ¿qué significa para Mateo *fiel y prudente*? El término *fiel* aparece, al menos en los evangelios de Mateo y Lucas, con el significado de *ser digno de confianza, cumplidor, responsable*. Estamos ante una palabra que enfatiza el desempeño adecuado de alguien, la responsabilidad de estar a la altura de las circunstancias para cumplir lo encomendado. En el caso del término *prudente* está detrás el significado de pensar,

comprender y ser competente. En Mateo se confirman estos significados con el matiz de cordura y sensatez en oposición a estupidez (7:24), de habilidad ante los peligros (10:16) y de previsión (25:4). Fidelidad y prudencia tienen que ver en Mateo, entre otras cosas con el desempeño competente de una responsabilidad que ha sido confiada. El alcance del desempeño adecuado de estas cualidades se percibe en que, quien es fiel y prudente, se gana la confianza absoluta del dueño de la casa para poder estar al frente de toda la hacienda (24:47).

Insiste en la responsabilidad (o irresponsabilidad) y el reconocimiento del amo que sabe ver en lo profundo y tiene claro su plan.

El castigo al siervo perezoso debe ser transmitido con un sentido fuerte y claro. Los oyentes deben reconocer que no hay castigo sino consecuencias de la mala decisión, incluso de la flojera.

Finalmente, se acercó el que había recibido **un talento** y le dijo:
'Señor, **yo sabía** que eres un hombre **duro**,
    que **quieres** cosechar lo que **no has plantado**
    y **recoger** lo que no has sembrado.
Por eso **tuve miedo** y fui a **esconder** tu millón bajo tierra.
Aquí tienes lo tuyo'.

El señor le respondió: 'Siervo **malo y perezoso. Sabías** que cose-
    cho lo que no he plantado
y **recojo** lo que **no he sembrado.**
¿Por qué, entonces, no pusiste mi dinero **en el banco,**
    para que a mi regreso lo recibiera yo **con intereses?**
Quítenle el talento y **dénselo** al que tiene **diez.**
Pues al que **tiene se le dará** y **le sobrará**;
    pero al que tiene **poco**, se le quitará aun eso **poco** que tiene.

Y a este hombre inútil, échenlo fuera, **a las tinieblas.**
Allí será el llanto y la **desesperación'''.**

Forma breve: Mateo 25:14–15, 19–21

Unos servidores que supieron estar a la altura de las circunstancias. La parábola de los talentos remarca las características del siervo fiel y prudente en la bondad y fidelidad de los dos servidores que administraron bien los talentos. La capacidad de aquellos siervos para estar a la altura de las circunstancias de lo que se les había encomendado los hacía merecedores de mayor confianza y de participar, cosa sumamente extraordinaria en aquel tiempo y cultura de la alegría (de la vida, de la casa) de su señor. Su acierto estuvo en saber ser administradores.

Como contraparte a lo anterior se presenta al mal siervo. Desde la perspectiva de esta sección del evangelio de Mateo el mal servidor es el tonto, el que se olvida de lo elemental, de lo relevante. El servidor malo es el que por comodidad o resentimiento no sólo no produce con el talento que le fue confiado sino que, además, lo pone en riesgo enterrándolo; es un siervo inútil (literalmente *que no proporciona provecho alguno, improductivo, sin mérito*).

El Señor confía en el siervo; sin embargo, esto no lo hace dueño de los talentos. Más aún, en la medida en que el siervo se comporta como dueño se inutiliza y pone en riesgo lo que le ha sido confiando. Y es que el ser humano tiene el riesgo, ante la incapacidad de dar frutos, de buscar pretextos o excusas que a fuerza de enfatizarlas quiere convertirlas en razones.

NUESTRO SEÑOR JESUCRISTO, REY DEL UNIVERSO

I LECTURA Ezequiel 34:11–12, 15–17

Lectura del libro del profeta Ezequiel

Esto **dice** el Señor Dios:
"Yo mismo iré a **buscar** a mis ovejas y **velaré** por ellas.
Así **como un pastor** vela por su rebaño
cuando las ovejas se **encuentran dispersas**,
   así **velaré** yo por **mis** ovejas
   e **iré** por **ellas** a todos los lugares por donde se **dispersaron**
   un día de **niebla** y **oscuridad**.

Yo mismo **apacentaré** a mis ovejas, yo mismo **las haré** reposar,
   dice el **Señor Dios**.
Buscaré a la **oveja perdida** y haré volver a la **descarriada**;
   curaré a la herida, **robusteceré** a la débil,
   y a la que está gorda y fuerte, **la cuidaré**.
Yo las **apacentaré** con justicia.

En cuanto a ti, **rebaño mío**,
   he aquí que yo voy a juzgar entre **oveja y oveja**,
   entre **carneros** y machos **cabríos**".

Siente las palabras y las acciones que Dios, enamorado de su pueblo, es capaz de hacer para dar y cuidar la vida.

Asegúrate de que las expresiones de Dios ("yo mismo") vayan acompañadas de un amor bien claro, expresivo, grande.

Dios, rey de la vida, es también rey de la justicia. Concluye potentemente con esta verdad para tu pueblo, todos deben estar atentos y conscientes de esto.

La fiesta de Cristo Rey del Universo antes se celebraba el último domingo de octubre, desde el año 1925 en que la instituyó el papa Pío XI. Pero en la reforma de Pablo VI, el 1969, se trasladó, de muy buen acuerdo, al último domingo del año cristiano, el domingo 34º del Tiempo Ordinario.

Los cristianos tenemos muchas maneras de expresar y experimentar la presencia de Dios; entre ellas, sobresale una que es la que precisamente nos presenta el evangelio de hoy: la presencia de Dios en cada una de las personas que sufren. La fiesta de Jesucristo, Rey del Universo, es una valiosa oportunidad para que tomemos conciencia de que cada una de las personas, sobre todo los más pobres y necesitados, son presencia viva de Dios y en la solidaridad con ellos nos jugamos la participación eterna en el Reino definitivo de Dios.

I LECTURA Este texto fue dirigido primeramente, al parecer, a los responsables del pueblo con la imagen del buen pastor (cf. Jr 23:1–6). Por una parte, es un texto que denuncia a los reyes y cuantos estaban investidos de autoridad o poder (sacerdotes y escribas) por haber faltado a sus deberes como guías o líderes del pueblo. Todo lo que han hecho con las ovejas (el pueblo de Israel) es nefasto y moral: han pensado sólo en ellos, en sus intereses, nunca en las necesidades del pueblo; incluso han empleado la violencia.

Por todo esto, en contraparte, este texto es un mensaje esperanzador para todo el pueblo. El profeta anima a su pueblo, en los momentos más tristes de su historia, con palabras esperanzadoras. Dios se presenta a sí mismo —y la promesa se cumplirá de un modo completo en futuro rey o Mesías—, como un Pastor bueno, que apacienta a sus

Para meditar

SALMO RESPONSORIAL Salmo 22:1–2a, 2b–3, 5, 6

R. El Señor es mi pastor, nada me falta.

El Señor es mi pastor, nada me falta: en verdes praderas me hace recostar. **R.**

Me conduce hacia fuentes tranquilas y repara mis fuerzas. Me guía por el sendero justo por el honor de su nombre. **R.**

Preparas una mesa ante mí enfrente de mis enemigos; me unges la cabeza con perfume, y mi copa rebosa. **R.**

Tu bondad y tu misericordia me acompañan todos los días de mi vida, y habitaré en la casa del Señor por años sin término. **R.**

II LECTURA   1 Corintios 15:20–26, 28

Lectura de la primera carta del apóstol san Pablo a los corintios

Hermanos: Cristo **resucitó**,
  y resucitó como **la primicia** de todos los **muertos**.
Porque si por un **hombre** vino la **muerte**,
  también por un **hombre**
  vendrá la **resurrección de los muertos**.

En efecto, así como en **Adán** todos **mueren**,
  así en **Cristo** todos volverán **a la vida**;
  pero **cada uno** en su orden: **primero Cristo**, como primicia;
  después, **a la hora** de su advenimiento, **los que son de Cristo**.

Enseguida será **la consumación**, cuando,
  después de haber **aniquilado** todos los poderes del mal,
  Cristo **entregue el Reino** a su Padre.
Porque **él** tiene que **reinar**
  hasta que el **Padre** ponga bajo **sus pies**
  a todos sus **enemigos**.
El **último** de los **enemigos** en ser aniquilado,
  será **la muerte**.
Al **final**, cuando todo se le **haya sometido**,
  Cristo mismo **se someterá al Padre**,
  y así Dios **será todo** en todas las cosas.

Sé muy claro en tu dicción y entonación poniendo siempre a Cristo resucitado en el centro del relato y de los ojos de la asamblea.

Ve manteniendo un tono ascendente que, desde Cristo culmina en Dios Padre. Que todos los ojos de los oyentes y sus pensamientos sigan tu guía.

Sábete que el final de la proclamación debe ser como un cierre victorioso sobre la muerte. Sin exagerar, finaliza como un excelente director de música que concluye enfáticamente una melodía bien lograda.

---

ovejas, las busca y recoge si se dispersan, las libra de los peligros que puedan correr, las venda y cura si se hieren.

Podemos decir entonces que el profeta no anuncia a unos dirigentes que sustituyan a otros; sino a Dios que, más que sustituir a los dirigentes humanos, pone de una vez por todas el criterio fundamental para cualquier dirigente: quien pretenda serlo tendrá que ser al estilo del Señor.

II LECTURA Pablo, ya casi al final de esta carta a los Corintios (cap. 15), eleva un canto a la realeza de Cristo

Jesús. Es una visión grandiosa del reinado de Cristo; no porque esté consumado, sino porque está en proceso, desarrollándose. Jesús, si bien ha resucitado, continúa la lucha contra el pecado del mundo y la muerte. Los cristianos viven la certeza que es también nuestra esperanza, de que la muerte y el mal serán derrotados, y Cristo podrá entregar su Reino al Padre.

La realeza de Jesús se manifiesta en su plena generosidad y solidaridad; Jesucristo no ha querido ser el único en triunfar sobre la muerte, pues ha unido consigo a toda la Iglesia, pueblo de Dios, proporcionándole los medios para vencer el pecado y la muerte.

El primer Adán arrastró a toda la humanidad a la muerte. Jesucristo, el segundo Adán, lleva a los suyos a la vida, a la resurrección. Es el primer fruto (v. 23), algo así como la primera célula del mundo nuevo. Nos llena de esperanza la convicción de que "es necesario que Cristo reine hasta que Dios ponga a todos sus enemigos bajo sus pies" (v. 25).

EVANGELIO *Hay que solucionar lo que podamos pero sobre todo no hay que dejar solo a nadie.* Llama la atención el tipo de carencias o necesidades

EVANGELIO Mateo 25:31–46

Lectura del santo Evangelio según san Mateo

En aquel tiempo, **Jesús** dijo a sus **discípulos:**
"Cuando **venga** el **Hijo del hombre,**
    rodeado de su gloria, **acompañado** de todos sus **ángeles,**
    se sentará en su trono **de gloria.**
Entonces serán **congregadas** ante él todas **las naciones,**
    y él **apartará** a los unos de los **otros,**
    como **aparta** el pastor a las **ovejas** de los **cabritos,**
    y **pondrá** a las ovejas a su **derecha**
    y a los **cabritos** a su **izquierda.**

Entonces dirá el rey a los de **su derecha:**
'**Vengan,** benditos de mi **Padre;**
    tomen **posesión** del **Reino** preparado para ustedes
    desde la **creación** del **mundo;**
    porque estuve **hambriento** y me dieron de **comer,**
    sediento y me dieron de **beber,**
    era **forastero** y me **hospedaron,**
    estuve **desnudo** y me **vistieron,**
    enfermo y me **visitaron,**
    encarcelado y fueron **a verme'.**
Los **justos** le **contestarán** entonces:
'Señor, ¿**cuándo te vimos** hambriento y te dimos de comer,
    sediento y te dimos de **beber?**
¿**Cuándo te vimos** de **forastero** y te **hospedamos,**
    o **desnudo** y te **vestimos?**
¿**Cuándo te vimos enfermo** o encarcelado y **te fuimos a ver?'**
Y el rey les dirá:
'**Yo les aseguro** que, cuando lo **hicieron** con **el más**
    insignificante de mis hermanos, **conmigo** lo hicieron'.

Reviste tu persona de fe y seguridad. Ayuda a que toda la asamblea entre en la esperanza del final de los tiempos.

Haz que todos escuchen muy claramente lo que el rey dirá a los corderos. Que sientan esas palabras con dedicatoria personal.

Procura que la respuesta de los justos suene muy auténtica, pues es precisamente lo que han hecho, vivir con autenticidad evangélica.

---

humanas: tener hambre, estar sediento, ser forastero, estar desnudo, estar enfermo, ser encarcelado. Todas ellas representan los espacios que, de acuerdo a muchísimos textos del Primer Testamento, reflejan cuando alguien es verdaderamente justo (Job 22:6–7; 31; 32; Is 58:7; Ez 18:7, 16; Tob 4:16; Prov 25:21; Sir 7:35). Sorprende además que casi todas las necesidades las pueda solucionar el hombre justo: sacia el hambre y la sed, acoge y viste; sin embargo, en el caso de los enfermos se habla de preocupación, de cuidado; en el de los encarcelados, de cercanía, de hacer presencia eficaz. Hay nece-

sidades que se deben solucionar pero, aún en las que rebasan la capacidad humana, la solidaridad efectiva no debe estar ausente.

… *A Dios mismo se lo hacemos…* Es de gran importancia la identificación que hace el Hijo del Hombre rey y juez de sí mismo con quienes padecen estas carencias. Él mismo se atribuye las necesidades (vv. 35–36, 42–43) y ante la pregunta de unos y otros confirma tajantemente esta identificación: "cuanto le hicieron a uno de estos hermanos míos más pequeños, a mí me lo hicieron" (v. 40). De acuerdo a otros textos de Mateo (especialmente Mt 18) los "más

pequeños" no son únicamente los buenos. Los pequeños pueden ser los más débiles y sencillos (18:6, 10) pero también son los extraviados (vv. 12–14), los que fallan (vv. 15ss). El olvido de los más pequeños es tan grave que quien no les dé importancia sería mejor que se muriera (v. 6) pues Dios no quiere que se pierdan (v. 14). La cercanía o la indiferencia con estos más pequeños es cercanía o indiferencia con Jesús (Mt 25:40, 45). Es posible que la comunidad de Mateo tuviera serios problemas para convencerse de esta identificación; ambos, los justos y los injustos, se sorprenden de que lo que

Imposible no cambiar de tono cuando el rey se dirige reprochando a quienes decidieron vivir sin compasión ni misericordia. La entonación de reproche por lo menos será la apropiada.

Entonces **dirá** también a los de la **izquierda**:
'**Apártense** de mí, malditos;
 vayan al fuego eterno, preparado para **el diablo** y **sus ángeles**;
 porque estuve **hambriento** y **no me dieron** de comer,
 sediento y **no me dieron** de beber,
 era **forastero** y **no me hospedaron**,
 estuve **desnudo** y **no me vistieron**,
 enfermo y encarcelado y **no me visitaron**'.

Entonces ellos le responderán:
 'Señor, **¿cuándo te vimos** hambriento o sediento,
  de **forastero** o desnudo,
 enfermo o **encarcelado** y **no te asistimos**?'
Y él les **replicará**:
'**Yo les aseguro** que,
 cuando **no lo hicieron** con uno de aquellos más **insignificantes**,
 tampoco lo hicieron **conmigo**'.
Entonces irán **éstos** al **castigo eterno** y los justos a la **vida eterna**".

Concluye con un premio de infinito valor (la vida en Dios) y haz sentir de este modo que la fiesta de Cristo rey es por los valores del reino y no por recordar reyezuelos de pacotilla en la historia humana.

hicieron o dejaron de hacer a aquellos más pequeños haya sido al mismo Jesucristo.

No ver al Señor en los más pobres y desprotegidos nos hace agentes de maldad. El relato de la venida del Hijo del Hombre relaciona la bondad o la maldad (de los servidores) con la capacidad de descubrir y tratar a las personas, sobre todo a los más necesitados, como presencia real de Jesucristo. En este sentido, para Mateo el servidor fiel y prudente sería también el que es capaz de comportarse con justicia. Quien quiera ser un ser servidor fiable y competente debe convencerse de que las demás personas, sobre todo los que más sufren, *son* Jesucristo. En nuestro caminar por la vida no vamos encontrando extraños sino hermanos, no trabajamos con números de la estadística sino con personas; cualquier descuido en la atención y en el compromiso con los más necesitados pone en riesgo nuestra fidelidad a Dios y la vida que dura para siempre, la vida eterna.